会社持分支配権濫用の法理

――多数派社員の誠実義務理論――

潘　阿憲著

信　山　社

はしがき

本書は、私が法政大学に提出した博士学位論文をベースにまとめた「閉鎖的資本会社における少数派社員の保護の法理」と題する論文（法学志林九四巻二、三、四号、九五巻一、二、四号、九七巻二、三号）に、若干の加筆・修正を加えて、一冊にまとめたものである。

資本会社における少数派社員の保護の問題、なかんずく、小規模閉鎖的な株式会社および有限会社における少数派社員の利益を、多数派社員による持分支配権の濫用から如何に保護すべきかは、現代会社法の当面する課題の一つと言われており、それは、私が会社法の研究を始めたときから、関心を持ち続けてきたテーマでもあった。その解決法の一つとして、本書は、アメリカやドイツの判例・学説上展開されてきたいわゆる誠実義務の理論に着目し、同理論の日本法への導入を試みた。もちろん、一般条項ないし一般原則としてのこの誠実義務理論には、要件・効果等について、まだ議論の余地のある問題点が多く残されていることは事実であり、また、そもそも同理論の日本法への導入の試みが果たしてどれほど成功したのか、不安に感じるところである。その意味では、本書は、現段階における私の研究の結果をひとまず公にしたという程度のものに過ぎず、今後、諸先生方のご批判・ご教示を賜りながら、さらに同理論の精緻化に努めていきたいと考える次第である。

甚だ未熟なものではあるが、本書をまとめることができたのを機会に、元法政大学教授で、現筑波大学教授の前田重行先生に、心より感謝の言葉を捧げたい。前田先生には、私が法政大学への留学を希望する際に、快く指導を引き受けていただいたのみならず、その後の大学院修士課程と博士課程から現在に至るまで、温かく懇切な研究指導を賜ってきた。学問とは何かをほとんど知らなかった私が、ようやく研究者の道を歩み始められたのも、先生から賜った指導なくしてはありえなかった。ご学恩に応えるためにも、今後一層研究に精進していく所存である。

また西嶋梅治先生（法政大学名誉教授）には、学位論文の審査につき労を取っていただいたのみならず、保険法のご指導を今日まで賜ってきた。この機会に西嶋先生に改めて感謝を申し上げたい。そのほか、大学院在学中に、ゼミ等においてご指導くださった法政大学法学部の先生方に心より謝意を表したい。

さらに共同通信社元編集員室長の奥村照男氏には、来日の際に身元保証をお引き受けいただいたうえ、今日まで一方ならぬお世話になってきた。奥村氏の並々ならぬご尽力とご支援がなければ、私の留学計画はおそらく実現し得なかっただろうし、その後の人生も違ったものになっていたであろう。ご恩義に対し、この場を借りて厚くお礼を申し上げたい。

本書をまとめるに際して、法政大学法学志林協会より格別なご配慮をいただいた。同協会に対し感謝を申し上げる。また、本書の出版を快くお引き受けくださった信山社の渡辺左近氏に、心からお礼を申し上げる。

最後に、私の研究生活を傍らで支えてくれている妻の張晨にも感謝を捧げたい。

なお、本書の刊行につき、財団法人横浜学術教育振興財団より平成一一年度の研究論文刊行費助成を受けた。記して感謝を申し上げる。

二〇〇〇年五月

潘　阿憲

目　次

第一編　序　論

第一章　問題提起

現代の経済がほとんど会社企業によって担われている中で、巨大な資本が集中し、所有と経営の分離がなされている大規模な株式会社が最も重要な役割を果たしていることは、明らかな事実である。しかし他方において、資本規模が小さいながらも、かなりの数に上る中小規模の株式会社および有限会社が存在し、国民経済の重要な一翼を担っているのも否めないことである。統計によると、平成九年度の時点で株式会社は一〇九万九〇〇〇社あり、そのうち資本金が一億円未満の中小会社は約一〇六万六〇〇〇社で、全体のほぼ九七%、また総数一二九万七〇〇〇社の有限会社のうち資本金一〇〇〇万未満の会社は約一二一万五〇〇〇社で、全体のほぼ九四%を占めている。(1)

このように、株式会社および有限会社の大多数は、企業規模の小さい会社が占めていることになるが、こうした小規模な会社は、大規模な公開会社と異なる特徴を有する。すなわち、これらの会社にあっては、株主(社員)の数が少なく、家族や親戚、友人関係などを背景とした密接な人的つながりが存在する。また株主(社員)は会社の役員または従業員として、企業の経営に直接携わるのが一般的であり、大規模な公開会社に見られるような所有と経営の分離は行われていない。さらに、小規模な株式会社においては株主間の緊密な関係を維持し、部外者の進入によってそれが破壊されないために、会社の定款において株式の譲渡制限の定めを設けることが多い。(2)ここでは、このような小規模な株式会社および有限会社を、その株式(持分)の市場性の無さや社員関係の閉鎖性などの特徴に着目して、閉鎖的資本会社と称しておく。(3)

株主（社員）の企業経営への直接的参加や、株主（社員）間の人的信頼関係の存在といった特徴は通常、合名会社のような人的会社において現れているが、にもかかわらず株式会社や有限会社のような資本会社の法形態をとっている右の閉鎖的会社においても実際に見られるのである。その意味でこれらの会社にあっては、その内部関係は実質的に人的会社の場合と同様、組合のような性質を有するものと言える。[(4)]

しかしながら、現行の株式会社法は大規模な公開会社という株式会社の理念型を規整の対象としており、所有と経営の分離と、資本多数決制度を前提とするものであるため、右のような小規模閉鎖的な株式会社には必ずしも適切に対応できないのである。[(5)] また有限会社法も、基本的に有限会社の社団性を前提に規整しているため、実質的に組合たる性質を有する会社の内部関係を必ずしも公正妥当に調整しえないことは、明らかである。したがって、現行会社法と会社の実態との間に乖離が生じてきたといえよう。[(6)]

このような法と現実の乖離は、閉鎖的資本会社にさまざまな問題をもたらしたが、その中でも多数派株主（社員）と少数派株主（社員）との利害衝突の問題、とりわけ多数派による少数派の抑圧という問題が顕著である。[(7)] すなわち、右に述べたように閉鎖的資本会社では、株主（社員）は相互の信頼関係に基づき、会社の役員または従業員として直接に企業の経営に参加するということが一般的に行われている。それゆえ共同事業を営む中で、株主（社員）間に種々様々な利害衝突が起きてくるのは、不可避のことである。ところが意見の対立により紛争が生じてきた場合に、これらの会社にあっても大規模な公開会社と同様に、資本多数決制度による会社の意思形成を通じて利害の調整が行われる。その結果は、少数派の意思が完全に無視され、代わりに多数派の意思が会社全体の意思として擬制され貫徹される、ということになる。こうした会社の意思形成を通じて行われる利害調整のメカニズムにおいて、多数派の恣意的な行為により少数派の権利ないし利益が害される危険性をはらんでいることは、明白である。[(8)] 実際に、多数派は対立している少数派を困窮させるために、しばしばその有する支配権を利用して、会社が相当の利益を挙げているのにこれを配当しない一方で、自らが高額の役員報酬を受け取ったり、株主（社員）

総会や取締役会をきちんと開催せず、少数派による会計帳簿・書類の閲覧請求や会社の業務執行状況についての説明の要求を不当に拒否したりする。そして極端な場合には、多数派株主（社員）は少数派株主（社員）を会社の取締役または従業員としての地位から、不当に締め出すことがある。このような場合には、少数派は持分割合に応じた経済的利益の享受から排除されるのみならず、その所有する株式（持分）が取引市場のないために売却譲渡できず、投下資本を回収することができないなど、その利益に関して著しく不公正な取り扱いを受けることになる。(9)

こうした多数派の少数派に対する抑圧は、例えば右に述べたように、多数派がその反対派である少数派を取締役の地位から解任するか、または取締役に再選しなかったり、有限会社または株式譲渡制限のある株式会社の多数派が出資引受権または新株引受権を排除して増資または新株発行を行い、少数派の持分割合を減少せしめるなどのように、株主（社員）総会の場において議決権の行使を通じてなされることもあれば、また少数派を常勤取締役から非常勤取締役に降格させてから株主（社員）総会でその報酬を減額ないし無報酬にしたり、会社の従業員の地位から解雇するなどのように、会社の業務執行機関レベルで多数派の事実上の支配力に基づく影響力を行使することによって行われることもある。このような濫用的ないし抑圧的な行為は、会社の持分の多数を所有する者によってその持分に基づく支配作用を通じて行われるため、これを多数派の持分支配権の濫用と称しておく。(10)こうした多数派の持分支配権の濫用をいかに抑制し、閉鎖的資本会社における少数派に対しいかなる法的保護を与えるべきかが、会社法学における大きな課題の一つとなっている。

(1)　国税庁企画課・平成九年分税務統計から見た法人企業の実体―会社標本調査結果報告―(平成一〇年一二月)一二頁。

(2)　こうした株式会社および有限会社の実態は、これまでの小規模会社に関する実態調査においてつとに指摘されてきたものである。例えば、伊沢実「中小会社の株式会社性並びに会社法運用の実態ⅠⅡ」商事法務研究三二号一〇頁、三三号五頁（昭和三一年）、東大会社法調査研究会（報告者飯島久雄＝責任者石井照久）「実態調査―法的観点から見た有限会社」商事法務研究一七九号五頁（昭和三五年）、同「法的観点から見た小規模な株式会社ⅠⅡ」商事法務研究一八四号三一頁、二〇三号一三頁（昭和三五年）、会社規模研究会（神戸大学）「小規模株式会社法の法的実態（一）～(四)」神戸法学雑誌一三巻四号五三二頁、一四巻一号一二七頁、二号三八五頁、三号五六五頁（昭和三九年）、商法改正研究会「会社法運用の実態とその分析―非公開会社編」商事法務研究六〇六号六頁（昭和四七年）、志村治美「福岡市における小規模株式会社の法的実態（一）～(四)」西南学院大学商学論集一二巻三号一〇三頁、四号二三頁、一三巻一号四七頁、四号一〇三頁（昭和四〇年～四二年）、同「有限会社の法的実態―京都市を中心として」立命館法学一二一・一二二・一二三・一二四合併号五三七頁（昭和五〇年）、北沢正啓＝浜田道代「小規模株式会社および有限会社に関する実態・意見調査―中間報告―」商事法務九六二号二一頁（昭和五八年）、浜田道代「小規模閉鎖会社における経営・株主（社員）構成の実態」商事法務九七三号三九頁（昭和五八年）、日本大学会社法研究会「小規模株式会社の実態とその法的分析（一）～(三)」日本法学四九巻二号九七頁、三号七五頁、四号一一九頁（昭和五九年）、企業と法研究会・砂田太士＝武士俣敦「福岡市における小規模株式会社の実態ならびに『商法・有限会社法改正試案』に関する意識調査―中間報告―」福岡大学法学論叢三一巻二・三・四合併号二六五頁（昭和六二年）、企業と法研究会・武士俣敦＝砂田太士「福岡市における小規模有限会社の実態ならびに『商法・有限会社法改正試案』に関する意識調査―中間報告―」福岡大学法学論叢三二巻三・四合併号四二七頁（昭和六三年）、野村修也「福岡市における閉鎖的株式会社の内部関係に関する実態調査ⅠⅡ」西南学院大学法学論集二六巻四号一三〇頁、二七巻三号一三二頁（平成六年・七年）など。

(3)　「閉鎖」会社という概念はアメリカの close corporation に由来するが、これは会社の構成員の閉鎖性に着目した区分であり、上場会社を典型とする「公開」会社の概念と対置される。稲葉威雄・大小会社区分立法に関する諸問題（別冊商事法務七三号）一三頁（昭和五九年）。なお、酒巻俊雄「閉鎖的会社―その特質と法規整―」閉鎖的会社の法理と立法（昭和四八年、日本評論社）一五五頁参照。閉鎖的資本会社という概念については、野村修也「閉鎖的株式会社における社員関係の解消手段について」西南学院大学法学論集二八巻一・二合併号（平成七年）一七一頁注(1)を参考にさせていただいた。

(4)　大野正道「有限会社における社員の除名制度―西独の判例および学説を参考にして―」商事法務一一一九号(昭和六二年)四九頁(中小会社法の研究二九頁以下所収)。この点について詳しくは、本書第四編第一章関連部分を参照されたい。

(5)　たしかに、昭和四一年の商法改正で定款による株式譲渡制限が認められ(商法二〇四条～二〇四条ノ五)、また平成二年法改正では発起人一人による設立を許容し(同法一六五条)、株式払込および現物出資・財産引受について検査役の調査を一部免除し(同法一七〇条項、一七三条一項二項三項、一八一条二項)、株式譲渡制限会社につき株主の新株引受権を法定する(同法二八〇条ノ五ノ二)など、小規模閉鎖会社に対応した立法が行われてきたが、しかし昭和六一年五月に公表された「商法・有限会社法改正試案」に提案されていた株券不発行の許容や取締役の員数の削減などといった株式会社法の手続・機構の簡略化の諸措置はいずれも立法化するには至っていない。その意味では小規模閉鎖会社立法はまだ十分に行われていないと言わざるを得ない。なお、小規模会社の立法に関する議論は後掲注(6)の諸文献参照。

(6)　このような会社法と小規模閉鎖会社の実態との乖離に伴う問題点とそれに対する解釈論・立法論の展開、および立法の動向等をめぐる議論については、服部栄三「中小企業と株式会社法」高田源清教授還暦記念・商法・経済法の諸問題(昭和四七年、評論社)三頁、竹内昭夫「閉鎖的会社の実態と改正問題」会社法の理論Ⅰ(昭和五九年、有斐閣)六一頁、鴻常夫「商法・有限会社法改正試案と中小会社」会社法の諸問題Ⅱ(平成元年、有斐閣)二三三頁、酒巻俊雄・閉鎖的会社の法理と立法(昭和四八年、日本評論社)、同・新版大小会社の区分立法(昭和六一年、学陽書房)、同「閉鎖的株式会社法の立法動向一・二」法律時報五五巻八号五九頁、九号五三頁(昭和五八年)、同「閉鎖的株式会社の運営機構」法律のひろば三七巻八号三〇頁(昭和五九年)、北沢正啓「大小株式会社の区分の方法」株式会社法研究Ⅱ(平成元年、有斐閣)六五頁、同「小規模株式会社立法の動向」株式会社法研究Ⅱ一七五頁、浜田道代・アメリカ閉鎖会社法―その展開と現状および日本法への提言(昭和四九年、商事法務研究会)、同「閉鎖的会社の法に関する一提言―実務・法解釈・立法について(Ⅰ)～(Ⅲ)」商事法務六六六号四六頁、六六八号二五頁、六六九号一〇頁（昭和四九年）、同「閉鎖会社における株式制度の改正」ジュリスト九六三号四八頁（平成二年）、同「小規模会社に関する立法上の問題点」商法の争点Ⅰ（平成五年）三〇頁、竹内昭夫＝稲葉威雄＝前田庸ほか「中小会社立法―商法・有限会社法改正試案―（上）（中）（下）」ジュリスト八六五号一〇頁、八六六号八六頁、八六七号八八頁（昭和六一年）、蓮井良憲「小規模会社の実態と会社法改正の方向」法律のひろば三〇巻六号四頁（昭和五二年）、柿崎栄治「小規模会社における株主総会・取締役会をめぐる問題」法律のひろば三〇巻六号一八頁（昭和五二年）、同「小規模会社における社団的運営の喪失と解釈」民商法雑誌七八巻臨時増刊号2（末川先生追悼論集・法と権利2）二三二頁（昭和五三年）、三戸岡道夫「有限会社法の問題点と改善の方向」法律のひろば三〇巻六号二五頁（昭和五二年）、青竹正一・小規模閉鎖会社の法規整（昭和五四年、文眞堂）、同・続小規模閉鎖会社の法規整（昭和六三年、文眞堂）、同「小規模・閉鎖会社に適合する法規整」現代会社法の課題と展開（平成七年、中央経済社）三頁、倉沢康一郎「大小会社の区分について」法律のひろば三六巻一一号一二頁（昭和五八年）、同「大小会社区分の意義」会社法改正の論理（平成六年、成文堂）三八頁、同「『大小会社区分立法』の動向―各界意見の分析と若干の私見―」会社法改正の理論四六頁、上村達男「小規模閉鎖会社の運営機構」法律のひろば三六巻一一号二五頁（昭和五八年）、龍田節「小規模・閉鎖会社の運営機構」商事法務九八四号一〇頁（昭和五八年）、同「大小会社の区分立法について」代行リポート七〇号一頁（昭和五九年）、森淳二朗「閉鎖会社における支配の維持と投下資本の回収―大小会社区分立法構想の問題点―」法律時報五六巻一一号二五頁（昭和五九年）、大野正道「少数派株主の救済制度と会社法改正試案について―英国および西独の法制度を参考にして―」判例タイムズ六四〇号（昭和六二年）五〇頁（中小会社法の研究九九頁以下所収）、宍戸善一「商法改正試案と閉鎖会社法の問題点（上）（中）（下）」商事法務一一五四号二四頁、一一五五号三五頁、一一五六号二四頁（昭和六三年）、前田重行「有限会社社員総会についての若干の考察」服部栄三先生古稀記念・商法学における論争と省察（平成二年、商事法務研究会）八三九頁、中島史雄「小規模閉鎖株式会社における経営機構の法と現実」堀口亘先生退官記念・現代会社法・証券取引法の展開（平成五年、経済法令研究会）二〇一頁、尾崎安央「小規模閉鎖会社法理と有限会社法」斉藤武＝森淳二朗＝上村達男編著・現代有限会社法の判例と理論（平成六年、晃洋書房）一〇頁、奥島孝康「大小会社区分立法と有限会社法」斉藤＝森＝上村・前掲書二〇頁以下など参照。

(7)　多数派株主（社員）を正確に定義づけることは難しいが、株主（社員）総会の意思決定に際して普通決議を成立させるに足る株式（持分）を有する株主（社員）が総会の意思決定を左右することができ、会社を現実に支配する権能を有することから、普通決議を成立させるに足る株式（持分）を有する者を多数派株主（社員）または支配株主（社員）と称しておく。前田重行「株主の企業支配と監督」竹内昭夫＝龍田節編・現代企業法講座第三巻企業運営（昭和六〇年、東大出版会）二一五頁参照。

(8)　浜田教授は、「小規模会社の内輪もめや相続を巡るお家騒動に関して法律的に真に問題なのは、関係者が法律を守ったとしても出資者間の利害が公正適切に調整されえない点にある。その問題の根源は資本多数決にあ」る、と指摘されている。浜田・前掲注(6)商法の争点I三一頁。

(9)　浜田・前掲注(6)商事法務六六六号四九～五〇頁、森・前掲注(6)法律時報五六巻一一号二五頁、大賀祥充「非公開会社における少数派株主・社員の抑圧からの救済」修道法学一〇巻二号二七七頁（昭和六三年）、青竹正一「企業の形態と規模」続小規模閉鎖会社の法規整（昭和六三年、文眞堂）一六頁、稲葉・前掲注(3)八七頁、八九頁。

(10)　龍田節「株主総会における議決権ないし多数決の濫用」末川先生古稀記念・権利の濫用中（昭和三七年、有斐閣）一四六頁は、持分支配権を議決権の意味に用いておられるが、本書はそれよりも広い意味をとり、総会における議決権のみならず、総会の場を離れた、持分に基づくからこそ可能となるような他の社員の社員たる地位に基づく利益への影響力（勢力）の行使をも含むものとする。したがって多数派の持分支配権の濫用と言う場合には、多数派の議決権の濫用のみならず、それ以外の多数派の勢力の濫用をも含むものとする。

第二章　日本法の現状と問題

一　株式会社および有限会社においては資本多数決原則が妥当する。それゆえ株主（社員）総会、取締役および監査役による会社の運営は、多数派株主（社員）の直接・間接の関与により妥当かつ合法的に行われないという弊害が生じうる。妥当性を欠くまたは違法な会社の運営から株主（社員）の利益を守るために、法は株主（社員）に対しこれを監督是正しうる諸権利を認めている。(1) すなわち、総会決議取消訴権（商法二四七条、有限会社法四一条）、新株発行無効訴権（商二八〇条ノ一五）、資本増加無効訴権（有五六条）、設立無効訴権（商四二八条、有七五条一項）、累積投票請求権（商二五六条ノ三、有二五条ノ二）、代表訴訟提起権（商二六七条・一九六条・二八〇条一項・二八〇条ノ一一第二項・二九四条の二第四項・四三〇条二項、有三一条・三四・七五条二項）、取締役・清算人の違法行為差止請求権（商二七二条・四三〇条二項、有三一条ノ二・七五条二項）、書類閲覧権（商二六三条二項・二四四条四項・二八二条二項・四二〇条四項・四三〇条二項、有二八条三項・四一条・四三条ノ二第二項・七五条一項二項）、提案権（商二三二条ノ二、四三〇条二項）、総会招集権（商二三七条一項二項・四三〇条二項、有三七条・七五条二項）、取締役・監査役の解任請求権（商二五七条三項・二八〇条一項、有三一条ノ三・三四条）、整理申立権（商三八一条一項）、清算人解任請求権（商四二六条二項、有七四条二項）、帳簿閲覧権（商二九三条ノ六・四三〇条二項、有四四条ノ二・七五条二項）、検査役選任請求権（商二三七条ノ二・二九四条一項、有四五条）、解散請求権（商四〇六条ノ二、有七一条ノ二）、などである。株主（社員）に認められているこれらの監督是正権は、多数派の専横を抑え、株主（社員）の利益を保護するための救済的権利だとされている。(2)

しかしながら、既述のように、多数派の持分支配権の濫用は多様な形でなされるものであり、総会における議決権行使を通じて会社と少数派の損害において私的利益を追求するといった濫用のみならず、議決権の行使によらないで、多数派の事実上の支配力に基づき、業務執行機関に対する影響力の行使を通じて、不当な利益の追求をなすこともある。(3) 特に後者のような多数派の濫用に対しては、右の少数派救済的な諸制度は、必ずしも適切に対処することができないのであって、実定法による少数派の利益保護はここにその限界が現れてくるのである。(4) そのため、少数派保護のための会社法上の制度が、今後一層整備・充実されるべきであることは、言うまでもない。(5)

しかしまた他方では、会社内部における株主(社員)間の利益状況が複雑多様であり、かつ企業を取り巻く経済生活の多様性とその目まぐるしい発展のゆえに、立法者が想像しうるあらゆる濫用に備えてカズイスティックに予防的な諸規定を定めておくことは、そもそも不可能である。(6) また、仮に可能だとしても、固定的かつ強制的な規定によって、想定しうるあらゆる株主(社員)間の利益衝突を規整しておくことは、裁量判断の余地が必要とされる企業の経済的活動を大きく損なうことにもなりかねない。(7) このようなことから、会社法における欠缺を補充し、株主(社員)間の利益衝突をめぐる個々の事案における具体的事情の考慮を可能にするような法の一般条項または一般原則による解決が必要とされるわけである。この法の一般条項または一般原則による株主(社員)間の利益調整は実体法上の固定的規整に対し、動的規整とも呼ばれている。(8)

二　資本会社における少数派・多数派間の利益衝突の問題に関しては、従来主として総会の場における多数派の議決権の濫用に関心が持たれ、それに対処するための動的規整の法理として多数決濫用の理論が唱えられてきた。(9) そしてこのような理論に立脚して、株主(社員)総会における多数決の濫用を決議瑕疵の一カテゴリーとしてとらえるのが、通説の立場である。(10) それによれば、多数派が利己的な利益を追求するために会社または少数派の損害において議決権を行使した場合には、議決権の濫用に当たり、それにより成立した総会決議の効力が否認されることになる。

また、多数決の濫用を決議瑕疵の一カテゴリーとして認めることの必要性を説得するための理論構成として、これまで固有権理論や株主(社員)平等の原則、良俗違反の理論などが用いられてきた。しかし、これらの理論ないし原則は多数決濫用法理の理論的根拠として果たして適切か否か、またこのように理論構成される多数決濫用理論は、多数派の持分支配権の濫用に十分対処しうるものか否かについては、いま一度検討してみる必要があるように思われる。

1　固有権理論

いわゆる固有権理論は、株式会社法がいまだ未成熟の時代に、株主総会における多数決によって株主の権利を奪いうる限度を確定しようとするもの、すなわち多数決の限界を画するための理論である。[11] 田中(耕)博士によれば、固有権の問題は、団体における団体の領分 (Korporationssphäre) と個人の領分 (Einzelsphäre) との対立関係から発生するものである。すなわち、社団である株式会社は、固有の利益を有し、社員とは対立する存在であり、そこにおいては多数決原理が行われるが、この多数決原理の結果として、多数派の意思が団体の意思として少数の構成員の意思に対立し、前者が後者の上に団体主義的支配を行うことに至り、ここにおいて、構成員の固有権、すなわちある者がその団体の構成員たる地位に基づいて有する利益を、多数決をもってしても侵害され得ない権利の問題が生じてくる、とされる。そして具体的に社員の有する諸権利のうち何が固有権に属するかについては、学説の主張が多岐に分かれているが、博士は、共益権は多数意思に服すべき性質のもので、定款変更により剝奪され得るが、自益権は多数意思から保護され、定款変更により剝奪され得ないもので、固有権に属する、とされる。[12]

このように、固有権理論は、多数決原理の行われている団体において、少数派の利益を守るために多数決の限界を画する機能を持つとされていたが、しかしこの理論は、単に一九世紀後半の株式会社立法の形成時代において成文法の欠缺を補い、将来の立法の準備のための論争に過ぎず、その後の立法によって、一方では多数決による定款変更の可能性が認められ、また他方では株主のある種の権利（例えば議決権のごとく）に関する規定の強行法的性質が認められるようになったことから、その実益は著しく減少したのであり、今日もはや「その任務を果たした株式会社法学説史上における一つの記念碑に過ぎない[13]」のである。したがって、その意味では、今日その役割をほぼ終えたとされるこの固有権理論をもって、現代の企業社会における複雑多様な多数派濫用の問題に対処することは、必ずしも適切とは言えないように思われる[14]。

2　株主（社員）平等原則

株主（社員）平等原則とは、株主（社員）が社員たる資格に基づく法律関係において、その有する株式（持分）の数に応じて会社から平等の取扱を受けることである[15]。鈴木博士によれば、この原則は法の理念たる衡平にその基礎を有し、共通の利益関係を有する団体の構成員間に必ず認められるべきものである。すなわち、社員が同一の参与の関係に立つ以上、団体がそのうちの一人を他の者と異なって待遇するのは法の理念に反するもので、許されない。そして多数決をもってしてもこれを破り得ないのは、多数決の原理がこの原則の承認を前提としてその上に立つものだからである[16]。それゆえ平等原則は、団体における多数決の原則の宿命的に蒙る限界であって、それは純然たる団体支配の領域においても多数決をもっては越えるべからざる最後の一線である[17]。このような団体法に普遍な平等の原則によって、社員は団体に対する参与の程度に応ずる待遇を受け、その同意がなければ、業務執行の処分によってもまた総会の決議によってもとくに他に比して不利益な取扱を受けることはない[18]。そしてこの原則は、取締役大株主による権力の濫用の危険が特に大きい株式会社において一層強調され、株式会社法全体を貫く強行法的精神によって強行法化され[19]、この結果、これに違反した決議ないし執行行為は、無効となる[20]、とされる。

このように、株主（社員）平等原則は、いわば多数決原則の限界づけを画し、多数決の横暴・濫用から少数派の利益を保護する機能を持つものとされているわけである。しかしながら、この原則については、それが多数決濫用を制約する法理としては致命的な限界を持っていることが既に指摘されているところである。[21] すなわち、まず、この原則は株主（社員）対会社の法律関係、すなわち株主（社員）が会社に対し社員たる資格に基づいて有する法律関係においてのみ適用され、株主（社員）がその社員たる資格を離れる場合には、全く適用されないのである。[22] また、八木博士が指摘されたように、例えばコンツェルン関係において、甲乙両会社の大株主Aが乙会社の利益のために甲会社の総会で乙会社に有利な決議を成立させた場合、Aは乙会社の大株主として利益を享受することになるが、Aはまた同時に甲会社の他の株主とともに一律に不利益を蒙るため、平等原則は機能しないのである。[23] さらに同一の会社内においても、株式種類の増大に伴い各種の利益群が生まれ、種類株主間の平等は従来の同一利益群を中心に構成されてきた平等観念をもってはその間の実質的衡平を期するのが困難になってきたことも見逃されてはならない。[24] このように株主（社員）平等原則は、その適用範囲がかなり限定されているのであり、多数決の濫用からの少数派保護を図るには、甚だ不十分だと言わざるを得ない。[25]

3　良俗違反

良俗違反の理論は、特に第一次世界大戦後の一時期に著しかった株式会社における多数決の濫用の問題に対処するために、ドイツのライヒ裁判所がドイツ民法典から援用したものであり、[26] 後に大隅博士によって詳しく紹介されている。[27]

それによれば、株主総会の決議に関しては三種の良俗違反の類型が認められる。すなわち、一つは、決議の対象に関して良俗違反の存する場合である。例えば密貿易をなすこととか、反良俗的な他人の搾取を包含する契約・暴利契約・奴隷契約等を締結することに関する決議のように、決議の内容につき良俗違反がある場合には、かかる決議は絶対に無効である。[28] もう一つは、多数派がその勢力を濫用した点に良俗違反の存する決議であり、これは右第一種のものより遙かに重要かつ複雑で、単に内容のみを検討するに止まらず、その内容動機および目的の関連から明らかにされ得るところの決議の全性質について考察しなければならないが、一般的に言えば、議決権は自益権と異なり会社の業務に関与する権利であり、会社自体の利益のために行使されるべき性質を具有するため、これを会社の利益の明白な侵害において行使することは、明らかに正当な権利の範囲を踰越するもので、権利濫用に当たり、かかる不法の表決に基づいて成立した決議は良俗に違反する。(29) そして最後は、良俗違反が株主総会の決議の成立過程において存する場合であって、これは実際上十分な多数を有しない一群の株主が、投票の買収とか反対派株主の総会からの隔離などの不正な手段によって、決議を成立させた場合において認められる。(30)

このようなドイツ法における良俗違反法理の展開より影響を受けて、日本法においても、多数派株主がその議決権の行使により自己または第三者のために会社利益を侵害して特別利益を追求し、かつ決議がかかる目的に利用され得る場合は、良俗違反の決議として当然無効と解すべきである、とする見解が有力に主張されるようになった。(31)

しかしながら、多数決の濫用によって不当な決議が成立した場合に、かかる決議を良俗違反としてとらえた上で、これを無効とする考え方に対しては、次のような批判が加えられている。すなわち、良俗違反の概念は倫理的色彩が強く、このような倫理的観念を純然たる経済的利益の問題に関する領域に持ち込むのは、概念の不当な拡張であり、適切ではない。(32) また良俗違反の概念は非常に漠然としており、こうした不明確な概念を基準として決議の無効の有無を判断するのは正当ではない。(33) したがって、良俗違反の法理も多数決濫用を抑制する法理としては、必ずしも適切でないことは明らかである。

4　権利濫用理論

右のように、多数決濫用の法理を理論構成するために、これまで固有権理論や株主（社員）平等の原則、良俗違反といった理論ないし原則が主張されてきたが、いずれにおいても固有の欠陥が内在しており、多数決濫用の法理として十分に機能できないものである。そこで、こうした理論的状況を踏まえ、龍田教授はフランス法やドイツ法に対する比較法的研究を通じて、より妥当な理論構成を模索されたのである。

教授は、多数決濫用の要件と効果を次のように抽象的に命題化される。すなわち、「決議によって株主中の一部の者が合理的な理由なく利得を得、それによって他の株主が不当に損害を蒙る場合、その決議は多数決の濫用として効力を否認される」(34)。つまり、教授によれば、多数決濫用の要件は、多数派株主が決議によって合理的な理由なく利得を得ること、およびそれによって少数派株主が損害を蒙ることであり、そしてこの要件を満たした場合の法的効果として、決議の内容が違法なものとして無効となり、また多数決の濫用が同時に不法行為の要件も備える場合には、決議の効力を否認してもなお残る損害につき、株主は賠償請求をなすことができる(35)。

そうして右のような要件と効果を結びつける理論構成に関して、教授は、理論構成は副次的な問題に過ぎず、従来の固有権理論などを合理的に解釈すれば利用可能であるとしながらも、概念そのものの欠陥がより少ない方がよいとして、民法の権利濫用に関する規定（民法一条三項）にこれを求められたのである(36)。このように多数決濫用の理論的根拠を権利濫用論に求めたことについて、教授は次のように説明されている。すなわち、所有と契約の両モメントの結合からなる株式会社において、株主による持分に基づく支配は、統一された複合所有全体に効果が及び、他人の持分と無関係には作用し得ないため、ここに、社会通念上許容される限度を超えて他人の持分を害してはならないという制約が、会社内部における持分支配権の行使につき課されることになる。社会通念上許容される限度のいかんは、契約的モメントによってきまるが、株式会社においては、法人という擬制体をとおして給付（出資・服従約束）・反対給付（そこから得られる利益）が株主相互間に行われ、個人が両給付間の対価関係を無視して自己の利益を処分することができるのと同様に、株式会社においても総株主の同意があれば、それは可能である。しかしそれ以外の場合には、平均株主が入社に際して期待した対価関係を破ってはならないのであり、持分（所有）に基づく支配作用はここに限界を見い出す、というわけである(37)。

本来、構成員の私的利益の追求を目的とする株式会社において、多数派が自己の利益を図るために議決権を行使し、その結果会社または少数派に損害を与えたとしても、それが直ちに権利濫用に当たるとは言えないはずである。したがって、龍田教授がここで説かれているところの権利濫用理論は、いわば会社利益を基準にして株式会社の団体性に適合するように必要な変容を加えられたものである。(38) この理論の下では、株主総会における多数決濫用の多くがコントロールされることができ、また従来の理論に比べて、多数決濫用に関する要件と効果が一層明確化されたところに、特徴があると言えよう。

しかしながら、このように権利濫用理論に基づいて理論構成された多数決濫用の法理は、多数派による持分支配権の濫用を完全に是正しえないという欠陥を内包していることを指摘しておかなければならない。すなわち、龍田教授自身が認められているように、(39) 多数派の持分に基づく支配権が議決権行使→多数決→総会決議の形で行使される場合には、この法理は著しい不公正を除去することができるが、(40) 持分所有に基づく支配が右のような直接の議決権行使の形をとらずに、その潜在力を利用して経営機構に対するインフルエンスの形をとって現れた場合には、支配権行使の公正さはこの法理によって確保されることができないのであって、ここにこの法理の機能上の限界が生じてくるのである。すなわち、多数派が総会における議決権行使によらないで、その事実上の支配力を利用して業務執行機関レベルで少数派に対する抑圧的な行為を行う場合、例えば、少数派株主(社員)を会社の従業員の地位から解雇するとか、取締役会で少数派の取締役を常勤取締役から非常勤取締役に降格させた後、株主(社員)総会でその報酬を減額ないし無報酬にして、会社利益への少数派の参加を排除するといった場合には、この多数決濫用理論はもはや働く余地がない。このように多数決濫用の理論は、多数派の持分支配権濫用の一場面たる議決権の濫用のみについて、ある程度是正することが可能であるが、持分支配権濫用のもう一つの側面である勢力の濫用には適正に対処できないわけである。したがって、多数派の議決権行使のみならず、それを潜在的背景とする多数派の影響力行使をも含めた意味での持分支配権の限界づけを画しようとする場合には、多数決濫用の法理は、その射程距離が狭隘であり、それゆえ不適当とならざるを得ない(41)。

かくして、従来から唱えられてきた動的規整の法理は、多数派の持分支配権の濫用を抑制する法理としては甚だ不十分だと言わざるを得ない。そのため、多数派の議決権の濫用とその勢力の濫用とを統一的に制御するための理論、すなわち持分支配権濫用の法理の構築が望まれるところである(42)。

（1）　鈴木竹雄「改正法における株主の共益権―特に株主の監督・是正的権利について―」商法研究Ⅲ（昭和四六年、有斐閣）四二頁、鈴木竹雄＝竹内昭夫・会社法第三版（平成六年、有斐閣）一〇九頁注一、北沢正啓・会社法第五版（平成一一年、青林書院）一六五頁。

（2）　ただし田中誠二・三全訂会社法詳論上巻（平成五年、勁草書房）二八八頁と大隅健一郎＝今井宏・会社法論第三版上巻（平成三年、有斐閣）三四六頁は、これらの監督是正権のうち、提案権や総会招集権などの少数株主（社員）権のみを救済的権利としている。

（3）　M. Lutter は、大株主と小株主、多数派と少数派との関係において次のような三つの利益衝突の場面が区別されるべきだとしている。すなわち、①総会の場における多数派の議決権から生ずる衝突、②株式会社の他の機関の行動および決定に対する大株主の影響力行使から生ずる衝突、③多数派の他の行動範囲、とりわけ株式の市場と関連する行動領域から生ずる衝突、である。Lutter, Zur Treuepflicht des Großaktionärs, JZ 1976, 225, S. 228. 本書にいう持分支配権の濫用は、①と②の場面における多数派の濫用に当たる。なお、③の問題は本書では取り上げないが、これについては、北沢正啓「アメリカ会社法における支配株式の売却」末延三次先生還暦記念・英米私法論集（昭和三八年、東京大学出版会）九五頁、同「支配株式の売却」商事法務研究一三〇号三頁（昭和三四年）、長浜洋一「支配株式譲渡人の責任」早稲田法学四四巻一・二号七五頁（昭和四三年）、三枝一雄「支配株主と信認義務」法律論叢（明治大）四四巻二・三号一三七頁（昭和四五年）、前田雅弘「支配株式の譲渡と株式売却の機会均等（一）（二）」法学論叢一一五巻四号六四頁、六号五七頁（昭和五九年）、戸川成弘「アメリカにおける支配株式の売却―売却プレミアムの帰属を中心として―」名古屋大学法政論集一〇六号二七五頁（昭和六〇年）など参照。

（4）　大隅健一郎「株主総会の決議の良俗違反に就て」京大訣別記念法学論文集（昭和八年、政経書院）一九八頁、三枝・前掲注(3)一四〇頁参照。

(5)　例えば石井博士は、株主が会社または他の株主の損害において自己または第三者のために特別利益を獲得する目的で議決権を行使した場合には総会の決議は取り消されうると定めた現行ドイツ株式法二四三条二項（一九三七年法一九七条二項）のような規定を設ける余地のあることを主張されている。石井照久「株主総会の瑕疵その二」株主総会の研究（昭和三三年、有斐閣）二三〇頁。また、多数派の抑圧的な行為から少数派を救済するには投下資本の回収の手段を提供しなければならないとして、学説は株主に解散判決請求権や株式買取請求権を与えるなどの具体的な救済策を主張してきた。これを受けて、昭和六一年五月に公表された「商法・有限会社法改正試案」は、少数派株主に対し著しく不公正な扱いがなされたときには、その株主は会社に対し買取請求をなしうること、および解散判決請求権を単独株主権として認めるという趣旨の改正提案を行ったが、その後の商法改正ではいずれも実現するには至らなかった。このため、閉鎖会社の少数派に対する抑圧の問題は立法による解決が図られず、大きな課題として今後に持ち越されたのである。なお、この問題に関しては、浜田道代「閉鎖的会社の法に関する一提言（一）～（三）」商事法務六六六号四六頁、六六八号二五頁、六六九号一〇頁（昭和四九年）、同「株主の無条件株式買取請求権（一）～（三）」商事法務九八二号五九頁、九八三号一二頁、九八四号二四頁（昭和五八年）、同「閉鎖会社における投下資本の回収と閉鎖性の維持」商事法務九八三号七頁（昭和五八年）、同「株式・持分の買取請求権―会社法改正試案におけるその構想について―」商事法務一〇九三号二頁（昭和六一年）、酒巻俊雄「会社解散請求権の法理」閉鎖的会社の法理と立法（昭和四八年、日本評論社）二〇四頁、青竹正一「株主の解散判決請求権」小規模閉鎖会社の法規整（昭和五四年、文眞堂）一一七頁、同「閉鎖的会社と社員の持分・株式買取請求権」同前掲書二九九頁、大野正道「少数派株主の救済制度と会社法改正試案について―英国および西独の法制度を参考にして―」判例タイムズ六四〇号（昭和六二年）五〇頁（中小会社法の研究九九頁以下所収）、吉原和志「小規模閉鎖会社における内部紛争の法的解決―解散判決に代わる救済」ジュリスト七九四号六〇頁（昭和五八年）、宍戸善一「閉鎖会社における内部紛争の解決と経済的公正（四）」法学協会雑誌一〇一巻一一号一八三七頁（昭和五八年）、森淳二朗「閉鎖会社における支配の維持と投下資本の回収」法律時報五六巻一一号二三頁（昭和五九年）、平出慶道「人的会社における出資の回収」ジュリスト八六七号六四頁（昭和六一年）、河本一郎「株式・持分の買取請求権」金融商事判例七五五号一一二頁（昭和六一年）、大賀祥充「非公開会社における少数派株主・社員の抑圧からの救済」修道法学一〇巻二号二七五頁（昭和六三年）、木俣由美「株式買取請求権の現代的意義と少数派株主の保護（二・完）」法学論叢一四三巻二号九三頁（平成一〇年）、拙稿「閉鎖会社の少数派株主に対する抑圧とその法的救済―アメリカ法における展開―」法政大学院研究紀要第三一号二〇七頁（平成五年）など参照。

（6） A. Hueck, Die Sittenwidrigkeit von Generalversammlungsbeschlüssen der Aktiengesellschaften und die Rechtsprechung des Reichsgerichs, Die Reichsgerichspraxis im deutschen Rechtsleben (Festgabe der juristichen Fakultäten zum 50 jährigen Bestehen des Reichsgerichts), 1929, Bd. III, S. 168; U. Hüffer, Zur gesellschaftsrechtlichen Treupflicht als richterrechtlicher Generalklausel, Festschrift für E. Steindorff, 1990, 59, S. 69.

（7） W. Zöllner, Die Schranken mitgliedschaftlicher Stimmrechtsmacht bei den privatrechtlichen Personenverbänden, 1963, S. 287.

（8） 神田秀樹「資本多数決と株主間の利害調整（一）」法学協会雑誌九八巻六号七六三頁（昭和五六年）、Zöllner, a.a.O.S. 97ff. Zöllner によれば、固定的規整（starre Regelungen）と動的規整（bewegliche Regelungen）との差異は、個々の事案の具体的事情を考慮するか否かにある、とされる。

（9） 個々の社員がその社員たる地位に基づいて有する諸権利、とりわけ共益権の行使につき、会社の利益を侵害してはならないという制約を受けることは、いわゆる社員権論争を経て、現在一般に承認されているところである。田中耕太郎「社員権否認論」商法研究第二巻（昭和一〇年、岩波書店）三三三頁、同「固有権の理論に就て」商法学特殊問題上（昭和三〇年、春秋社）一八五頁以下、松田二郎「共益権の性質（一）（二）」法学協会雑誌四七巻一〇号一六四一頁（昭和四年）、一一号一九一九頁、同「株主の共益権と自益権」株式会社法研究（昭和三四年、弘文堂）三頁、同「社員権否認論に反対する新説に就て―鈴木教授の所論に対して―（一）（二）」法学協会雑誌六二巻一一号一一三〇頁、一二号一二一三頁（昭和一九年）（株式会社法研究九三頁以下所収）、同・株式会社の基礎理論（昭和一七年、岩波書店）二三頁以下、鈴木竹雄「共益権の本質—松田博士の所説に対する一批判—」商法研究Ⅲ（昭和四六年、有斐閣）一頁、同「改正法における株主の共益権—特に株主の監督・是正的権利について—」前掲書三七頁以下、大隅健一郎「いわゆる株主の共益権について」新版会社法の諸問題（昭和五八年、有信堂高文社）一四一頁、同「株主権の濫用」前掲書一六三頁以下参照。しかし、社員権論争を通じて確立された社員の権利の団体的制約の理論は、社員の権利行使に対しこのような会社の利益を基準にした団体的制約を課すことによって、社員による権利濫用から会社の利益を保護し、よって間接的に共同社員の利益を守ることはできるが、会社利益と直接に係わりのない領域での、多数派社員の少数派社員に対する直接的な利益侵害を防ぐことはできない。三枝・前掲注（3）一七二頁参照。ただここでは、この点のみを指摘しておくことにとどめ、右の論争の展開についてはこれ以上触れないことにする。

(10)　田中誠二「株式会社における多数決原則の濫用」法学協会雑誌四二巻九号（大正一三年）一一七頁（会社法研究二五六頁以下所収）、小栗栖国道「株式会社に於ける多数者の濫用」法学論叢一六巻三号三八八頁（大正一五年）、大隅・前掲注(4)一九五頁、豊崎光衛「株式会社に於ける多数決の濫用（一）～(五)」法学協会雑誌五八巻一号一頁、二号一八二頁、三号三三〇頁、五号六四三頁、六号八二三頁（昭和一五年）、西原寛一「株主権の濫用とその対策」末川先生還暦記念・民事法の諸問題（昭和二八年、有斐閣）二五五頁（商事法研究第二巻七五頁以下所収）、同「商法における権利濫用」法律時報三〇巻一〇号（昭和三三年）三〇頁（商事法研究第三巻一〇五頁以下所収）、龍田節「資本多数決の濫用とフランス法」法学論叢六六巻一号三一頁（昭和三四年）、同「資本多数決の濫用とドイツ法（一）～(三)」法学論叢六八巻一号六九頁、二号四四頁、六九巻一号一頁（昭和三五年・三六年）、同「株主総会における議決権ないし多数決の濫用」末川先生古稀記念・権利の濫用中（昭和三七年、有斐閣）一二六頁、同「会社における多数決」綜合法学五巻二号二二頁（昭和三七年）、菱田政宏「議決権の濫用と株主総会決議の瑕疵」企業法研究八二輯一九頁（昭和三七年）、佐藤庸＝江頭憲治郎「株式会社における多数決とその限界」演習商法（会社）中巻（昭和六一年、青林書院）三八八頁、清弘正子「株主総会における資本多数決濫用と権利濫用理論—フランス法との比較研究—」奥島孝康教授還暦記念第一巻・比較会社法研究（平成一一年、成文堂）五一五頁以下。なお、本書の以下の部分は、龍田教授の前掲論文・法学論叢六八巻一号六九頁以下に負うところが大きい。

(11)　竹田省「株主の固有権を論ず」商法の理論と解釈（昭和三四年、有斐閣）四八頁、田中（耕）・前掲注(9)一八五頁、八木弘「株主平等の原則と固有権」田中耕太郎編・株式会社法講座第二巻（昭和三一年、有斐閣）四四五頁以下。

(12)　田中（耕）・前掲注(9)一八六頁―二二二頁。

(13)　田中（耕）・前掲注(9)一九二頁、同・改訂会社法概論下巻（昭和三〇年、岩波書店）三一九頁、八木・前掲注(11)四四七頁。また、北沢・前掲注(1)一六九頁も、株主の権利について商法の規定が発達している現在、ある権利を多数決で剝奪・制限しうるか否かは、その権利を定める規定の解釈によればよいから、その権利が固有権か否かを穿さくすることは実益に乏しい、と述べておられる。

(14)　もっとも龍田教授は、固有権理論の今日における役割を完全に否定することについては疑問を持たれており、特権と一般社員権または自益権と共益権を区分けの基準にして権利の固有権性を判断する理論はたしかに役に立たなくなったが、「役に立たなくなったことは任務を終了したことではな」く、「新しい局面には新しい内容の固有権理論が樹立されてしかるべき」である、と主張されている。龍田・前掲注(10)法学論叢六八巻一号七六頁。

(15)　鈴木竹雄「株主平等の原則」商法研究II（昭和四六年、有斐閣）二三三頁、河村鉄也「株主平等待遇論」法学志林三七巻三号一八頁（昭和一〇年）、高田源清「株主平等の原則の研究」研究論集（高岡高商）九巻三号二七頁（昭和一一年）、同「資本減少と株主平等の原則」民商法雑誌六巻一号七五頁（昭和一二年）、八木・前掲注(11)四二四頁、中村一彦「株主平等原則の再検討」富山大学紀要経済学部論集一三号三五頁（昭和三三年）、菱田政宏「株主平等の原則」演習商法（会社）上巻（昭和六一年、青林書院）一八七頁、出口正義「株主平等の原則」株主権法理の展開（平成三年、文眞堂）一二九頁、上村達男「株主平等原則」竹内昭夫編・特別講義商法I（平成七年、有斐閣）一三頁、新山雄三「株式会社法における『株主平等の原則』の法制度論的意義」加藤勝郎先生＝柿崎榮治先生古稀記念・社団と証券の法理（平成一一年、商事法務研究会）一〇一頁以下参照。

(16)　鈴木・前掲注(15)二四五頁。同旨、八木・前掲注(11)四二五頁。

(17) 鈴木・前掲注(15)二四五―二四六頁。
(18) 鈴木・前掲注(15)二五一頁。
(19) 鈴木・前掲注(15)二五七頁、八木・前掲注(11)四二八頁。
(20) 鈴木・前掲注(15)二八七頁、八木・前掲注(11)四四三頁。
(21) 龍田・前掲注(10)法学論叢六八巻一号七九頁参照。
(22) 鈴木・前掲注(15)二八二頁、八木・前掲注(11)四三三頁。
(23) 八木・前掲注(11)四四四頁。
(24) 八木・前掲注(11)四四四頁。
(25) なお、出口正義「株主の誠実義務」株主権法理の展開二二頁、Zöllner, a.a.O. (Fn. 7), S. 303f.; Mestmäcker, Verwaltung, Konzerngewalt und Rechte der Aktionäre, 1958, S. 345f.; Wiedemann, Gesellschaftsrecht, Bd. I. Grundlagen, 1980, §8 II 2, S. 429f.; Lutter, Zur Treuepflicht des Großaktionärs, JZ 1976, 225, S. 228f. 参照。Wiedemann は、平等原則は、それが客観的要素を含んでおり、主観的な要件を問題にすることなく違反の事実が認定されうるところは、良俗規範や誠実規範などよりも優れているとしながらも、次のような短所のあることを指摘している。すなわち、まず、多数派が業務執行者、取締役および監査役のポストを全部占めているような場合には、団体秩序自体が既に平等を破っているにもかかわらず、この原則によって是正されることができない。また例えば、一〇対一の比率で減資が行われ、一〇口以下の持分を有する社員がその社員たる地位を失っても、決議が平等原則によって制約されないといった場合のように、形式的な平等が守られていながらも、個別の構成員の利益が害されることがある。さらに、平等原則はあらゆる不平等な取扱を禁じるのではなく、会社外の不当な動機に基づいた不平等の取扱のみを禁じるもので、それが価値評価の問題を未解決にしているため、その恣意の禁止としての公式化において多くの不確定の要素を包含している。最後に、多数派が他の社員と共に一律に不利益を受ける一方、結果的に彼の利益がそれほど害されないか、または団体外において補償が得られる場合には、この原則は機能しないし、また従属会社や操り人形等による回避の可能性については完全に無力である。Wiedeman, a.a.O.

(26) これについては、第三編第二章第一節第二項（本書一六二頁）参照。
(27) 大隅・前掲注(4)一九八頁。
(28) 大隅・前掲注(4)二〇〇頁以下、Hueck, a.a.O. (Fn. 6), S. 171ff.
(29) 大隅・前掲注(4)二〇二頁以下、Hueck, a.a.O. (Fn. 6), S. 172ff.
(30) 大隅・前掲注(4)二一七頁以下、Hueck, a.a.O. (Fn. 6), S. 186ff.
(31) 河村鉄也・株主総会の研究（昭和一二年、有斐閣）二九二頁、西本寛一・株主総会決議無効論（昭和一二年、大同書院）二六五頁以下。同旨、小栗栖・前掲注(10)三九九頁、松田二郎・会社法概論（昭和四三年、岩波書店）二〇〇頁。
(32) 鈴木・前掲注(15)二九三頁、石井・前掲注(5)一七七頁以下、豊崎・前掲注(10)法協五八巻六号八二四頁、西原・前掲注(10)商事法研究第二巻九七頁、龍田・前掲注(10)法学論叢六九巻一号三〇頁。Vgl., Nord, Grundlinien der Machtverteilung zwischen Verwaltung und Aktienär, 1930, S. 58.
(33) 田中耕太郎「株式会社法改正の基本問題」商法学特殊問題上（昭和三〇年、春秋社）六八頁、石井・前掲注(5)六九頁、二二九頁、菱田正宏・株主の議決権行使と会社支配（昭和三五年、酒井書店）三八頁。Vgl., Zöllner, a.a.O. (Fn. 7), S. 291f.; Wiedemann, a.a.O. (Fn. 25), §8 II 1.
(34) 龍田・前掲注(10)権利の濫用中一三八頁、法学論叢六九巻一号四〇頁。
(35) 龍田・前掲注(10)権利の濫用中一四三頁以下、法学論叢六九巻一号四一頁。
(36) 龍田・前掲注(10)権利の濫用中一四五頁以下、法学論叢六九巻一号四一－四二頁。
(37) 龍田・前掲注(10)権利の濫用中一四六頁。
(38) 龍田・前掲注(10)法学論叢六六巻一号六三頁。
(39) 龍田・前掲注(10)権利の濫用中一四七頁以下。
(40) しかし、この濫用法理をもってしても、総会の場における多数決の濫用すべてを抑制し得ないことは、本書第四編第三章における具体例の検討から明らかとなろう。

(41)　出口・前掲注(25)一八頁。なお、菊池雄介「資本多数決の実質的制約について（二）」朝日法学論集八号四七頁（平成四年）、三枝・前掲注(3)一七五頁参照。
(42)　豊崎博士は比較的に早い時期に、多数派の議決権の濫用のみならず、その勢力の濫用もあることを指摘し、こうした濫用に対処するための法理論を構築する必要性のあることを説かれていた。豊崎・前掲注(10)法学協会雑誌五八巻六号八二三頁以下。また三枝教授も、実定法上の諸制度が総会の場における多数決の濫用にのみ対処するもので不十分であると指摘された上で、大株主の会社経営機構に対する影響力行使や支配権の売却など会社の運命に重大な影響を与える行為等をすべて規整する法理論の構築の必要性を強調されている。三枝・前掲注(3)一四〇頁。

第三章　本書の課題と構成

一　前章で指摘したように、従来の動的規整法理としての多数決濫用理論は、株主(社員)総会の場における多数決の濫用の抑制のみを対象とするもので、総会の場を離れた、業務執行機関レベルでの多数派の事実上の支配力に基づく勢力の濫用には対処できないというところに、その限界がある。そこで、この種の動的規整法理の限界を克服し、議決権の濫用と勢力の濫用とを統一的にとらえ得るような多数派の持分支配権濫用の法理を模索することが必要となってくる。このような法理の構築は、少数派の保護を図る上で必要不可欠のものであり、また本書の課題としてめざすところである。

一方、諸外国の資本会社法における少数派保護の動向を見ると、近時アメリカ法やドイツ法において、誠実義務理論が少数派・多数派間の利益調整法理として著しい発展を遂げていることが分かる。日本においても早くからこのような誠実義務理論を紹介して、日本法への導入を主張する見解がなされてきたが、(1) 伝統的な社団法理の立場からはこのような誠実義務の展開に反対する声も強い。(2) しかしながら、アメリカ法やドイツ法における展開を概観する限り、誠実義務理論は、従来の固有権理論や良俗違反理論、株主(社員)平等原則などに基づいて理論構成された多数決濫用理論の限界を克服し、多数派の議決権濫用と勢力濫用とを統一的に把握することが可能な理論として、少数派保護に大きく機能しうることが明らかとなってくる。たしかに社団的構造を持つとされる資本会社においては、株主(社員)間の直接的な法的関係を導くことは困難であり、それゆえに誠実義務の妥当する根拠がそもそも資本会社においては存在しえないのではないか、といった疑問が容易に払拭され得ない。しかし既述のように、閉鎖的資本会社においては、株主(社員)相互間に人的結合関係が存在し、それゆえその内部関係は実質的に組合たる性質を有するものであるから、このような会社を理念型としての大規模公開会社と同一に論じて、一律にその社団的構造を強調することは、実態を無視した観念論に陥りかねないのではなかろうか。したがって少なくとも閉鎖的資本会社については、誠実義務の作用する余地が十分考えられよう。(3) そこで本書は、従来の動的規整法理の欠陥を補完する法理として、日本法においても誠実義務理論は閉鎖的資本会社における少数派の利益保護に役立つことができるとの観点から、同理論の日本法への展開を試みようとするものである。

言うまでもなく、株主(社員)間の利害調整に関する規整は種々あり、個々の規整を考えるにあたって常に他の規整の存在・機能を考慮に入れるべきであって、一つの規整にすべてを期待するのは妥当ではない。(4) そのため、実定法上の規整により少数派の保護が図られる場合には、それによって解決がなされるべきことは言うまでもない。現行法上定められている種々の監督是正権によって、少数派社員の利益救済がある程度図られていることも事実である。ただ既に述べたように、少数派の保護に関しては実定法上の規整が不備であるゆえに、実定法上の規整が及ばない領域における問題については、一般原則ないし一般条項のような動的規整による解決が求められるわけである。誠実義務理論はまさにこのような一般原則ないし一般条項として、会社法における欠缺を補完する機能を有するものである。[5] もっとも、動的規整の法理としては、このほかにも前述したような原則や理論が存在し、そのうちたとえば株主平等原則が公正妥当に機能しうる問題領域があることも確かである。この場合、他の法理を持ち出さないで、平等原則に委ねることももちろん可能である。本書も決してこれらの原則ないし理論の本来の機能を否認するものではない。しかし、これらの原則ないし理論は元来、多数決濫用だけを処理するために確立されてきた法概念ではないため、[6] 多数決濫用に対処するには既に指摘したような欠陥を有するし、また多数派による勢力の濫用を抑制することができないから、多数派による議決権の濫用と勢力の濫用を統一的に把握する理論としても不適切である。これに対して、誠実義務理論は、後に論じるように、総会の場における多数決の濫用を含めた多数派の持分支配権の濫用のすべてをカバーすることができるため、多数派の持分支配権の濫用を抑制し、少数派の保護を図る統一的な動的規整の法理としてとらえられることが可能である。[7] その意味で、誠実義務理論は従来の動的規整の諸法理の限界を克服する理論として位置づけられることができよう。

このように本書は、アメリカ法およびドイツ法における誠実義務理論の史的展開を跡づけることにより、この理論が特に閉鎖的資本会社における少数派の保護を図る上で果たすべき役割を明らかにして、同理論の日本法への導入を試みるものであるが、言うまでもなく、アメリカ会社法における「fiduciary duty」とドイツ会社法における「Treuepflicht」とは全く同一の内容を持つ概念ではない。[8] そのため、この両者を「誠実義務」[9] という一つの概念で包括して比較研究の対象とすることの適否が問題となり得る。しかし後に検討するように、アメリカ法上多数派株主に課される「fiduciary duty」とドイツ法上多数派株主（社員）に課される「Treuepflicht」は、類似した機能を果たしている。すなわち、この両者はともに、多数派株主（社員）による議決権行使と勢力の行使を抑制し、会社と少数派株主（社員）の利益を保護するものである。比較法的研究の方法論上の出発点が比較の対象とされる法制度の機能（Funktion）にあるのであるから、[10] この機能上の類似性に着目して、本書が両者をあたかも同一の制度のように比較法研究の対象とすることも、あながち不当なものではないのであろう。

なお、本書は検討の対象を閉鎖的資本会社に限定しているが、これは多数派の抑圧からの少数派の保護という本書の課題設定によるものである。すなわち、大規模の公開会社においては、少数派はその持分を市場で売却することにより、多数派の抑圧から容易に脱出する手段が与えられているのに対し、閉鎖会社における少数派はこのような手段が与えられておらず、したがってその保護が公開会社におけるよりも緊急かつ重要だと思われるからである。(11)

株主（社員）の誠実義務の問題に関しては、既に多くの優れた研究が発表されており、(12)本書もこれらの諸先達の業績に多くを負うものであるが、ここでは主として閉鎖的資本会社における少数派の保護という問題に焦点を当て、誠実義務理論の持つこの側面での機能について一歩掘り下げて検討してみることにする。

二　本書は全部で五編から構成される。まず、この第一編序論では閉鎖的資本会社における少数派の抑圧という問題を提起して、それに対処するための現行法理論とその限界、およびそれを克服するための新しい理論の模索の必要性を指摘してきた。続いて第二編アメリカ法では、アメリカ会社法における閉鎖会社の少数派株主の抑圧の問題およびそれに対処するための多数派株主の誠実義務理論の発展を、判例と学説の展開に従い跡づけることにする。また第三編ドイツ法においては、ドイツ会社法における少数派保護の問題と、誠実義務による多数派の議決権行使と影響力行使の制約の法理の展開を検討する。そして、これらの比較法的検討の結果を受けて、第四編では、多数派社員の誠実義務理論を日本法へ展開することが必要であり、かつ可能であることを論証した後、かかる法理に基づいて若干の判例批評を試みる。最後の第五編は結語として、総括と展望を述べてみることにする。

（1）　長岡富三「株主の誠実義務―主として独逸の株式会社法変革の基本観念としての考察―」法と経済一四巻四号三一頁、五号八六頁（昭和一五年）、高田源清「株主の誠実義務」竹田先生古稀記念・商法の諸問題（昭和二七年、有斐閣）一二一頁、大隅健一郎＝八木弘＝大森忠夫・獨逸商法Ⅲ株式法（昭和三一年復刊版、有斐閣）二七頁、出口正義「株主の誠実義務」株主権法理の展開（平成三年、文眞堂）一頁、別府三郎・大株主権力の抑制措置の研究（平成四年、嵯峨野書院）、同「会社法上の誠実義務試論―株主相互間の『法的な特別結合』論―」菅原菊志先生古稀記念論集・現代企業法の理論（平成一〇年、信山社）五七三頁、同「ドイツ会社法上の誠実義務論の史的素描―K・ヴィーラント教授からGirmes判決まで―」加藤勝郎先生＝柿崎榮治先生古稀記念・社団と証券の法理（平成一一年、商事法務研究会）一五一頁、三枝一雄「支配株主と信認義務―支配権濫用抑制のための一つの理論―」法律論叢四四巻二・三号一三七頁（昭和四五年）、同「ドイツ法における大株主の支配権抑制について」法律論叢四六巻五・六号三頁（昭和四九年）、早川勝「コンツェルンにおける有限会社の過半数社員の誠実義務について―ITT事件判決を手がかりとして―」下関商経論集二〇巻二号六一頁（昭和五一年）、南保勝美「株式会社における少数者保護（一）（二）」法律論叢（明治大）五八巻二号五七頁、六号四一頁（昭和六〇年・昭和六一年）、同「ドイツにおける株主の誠実義務の理論」法律論叢六六巻六号一頁（平成六年）、道端忠孝「株主誠実義務論の概括的考察―ドイツ連邦裁判例を中心に―」秋田経済法科大学法学部法律政治研究所紀要第一二巻（平成八年）四七頁、同「株主の誠実義務の根拠について―ドイツ法の展開を手がかりとして―」秋田法学第二七号一六一頁（平成八年）以下。

（2）前田（重）教授は、「伝統的な考え方を前提とする限り、多数派株主に少数派に対する信任義務ないし誠実義務を負わすことは、わが国会社法の解釈論としては無理であろう」と述べられ、伝統的な社団法理論のもとで誠実義務を導入することの困難さを指摘されている。前田重行「株主の企業支配と監督」竹内昭夫＝龍田節編・現代企業法講座第三巻企業運営（昭和六〇年、東大出版会）二三〇頁。

（3）これについての詳しい検討は、第四編第一章に譲る。

（4）神田秀樹「資本多数決と株主間の利害調整（五）完」法学協会雑誌九九巻二号二八五頁（昭和五七年）。

（5）U. Hüffer, Zur gesellschaftsrechtlichen Treupflicht als richterrechtlicher Generalklausel, Festschrift für E. Steindorff, 1990, 59; Paschke, Treupflichten im Recht der juristischen Personen, Festschrift für R. Serick, 1992, 313.

(6)　龍田節「株主総会における議決権ないし多数決の濫用」末川先生古稀記念・権利の濫用中（昭和三七年、有斐閣）一四五頁。

(7)　Vgl. M. Winter, Mitgliedschaftliche Treuebindungen im GmbH-Recht, 1988, S. 75.

(8)　アメリカ会社法における取締役の「fiduciary duty」は信託受託者の法理に由来し、取締役と会社との間に生ずる利益の衝突の問題を解決するための法理として発達してきたもので、取締役が会社と直接に取引をなす場合や、会社と競業する場合、会社に属する営業上の機会を自らのために利用する場合などについて規整している。赤堀光子「取締役の忠実義務（二）（三）」法学協会雑誌八五巻二号一四八頁、三号三二〇頁（昭和四三年）以下参照。これに対しドイツ法にはこれまでこのような法理は存在せず、取締役の行為により会社の利益が害される恐れのある重要な場合を類型的にとらえて規制をなすに過ぎなかった、と言われている。赤堀光子「取締役の忠実義務（四・完）」法学協会雑誌八五巻四号五六四頁注(1)（昭和四三年）及び本文参照。しかし近年、英米法の影響によりドイツにおいても取締役の誠実義務が論じられるようになり、現在では株式会社の取締役が誠実義務を負うべきことは一般に承認されており、具体的には株式法上定められている取締役の注意義務や守秘義務(株式法九三条一項)、競業避止義務(同法八八条)などのほかに、会社の機会を奪ってはならない義務の遵守が要求されている。K. Schmidt, Gesellschaftsrecht, 2. Aufl. 1994, S. 684.

(9)　訳語の問題であるが、アメリカ会社法上の「fiduciary duty」を、日本の学者は「忠実義務」（例えば神田・前掲注(4)二二四頁、柴田和史「合併法理の再構成（五）」法学協会雑誌一〇六巻一一号二〇二四頁など）と訳したり、「信認義務」（例えば三枝・前掲注(1)法律論叢四四巻二・三号一三七頁など）、または「誠実義務」（例えば宍戸善一「閉鎖会社における内部紛争の解決と経済的公正（二）」法学協会雑誌一〇一巻六号八三〇頁など）と訳したりするなど、統一した訳語が見られない。また、ドイツ会社法上の「Treuepflicht」も、「忠実義務」（例えば服部育生「事実上のコンツェルンにおける従属会社の保護（一）名古屋大学法政論集八五号三六頁注(1)）、または「誠実義務」（前掲注(1)諸文献参照）などと訳されている。本書は、ドイツの学者が一般に英米法の「fiduciary duty」を「Treuepflicht」と称していることに鑑み、比較法研究上の便宜を図るために、用語上とくに両者を区別することなく、誠実義務と称しておく。

(10)　すなわち機能性という方法的原則である。ツヴァイゲルト／ケッツ著＝大木雅夫訳・比較法概論・原論上（昭和四九年、東京大学出版会）四六頁参照。

(11)　公開会社における株主間の利益調整の問題に関しては、神田秀樹「資本多数決と株主間の利益調整(一)〜(五)」法学協会雑誌九八巻六号七六一頁、八号一〇五六頁、一〇号一二九六頁、一二号一六〇九頁、九九巻二号二二三頁（昭和五六年・五七年）、渋谷光子「公開会社における株主の地位に関する一考察」石井先生追悼論文集・商事法の諸問題（昭和四九年、有斐閣）二一九頁、同「企業利益への株主の参加」鈴木竹雄先生古稀記念・現代商法学の課題上（昭和五〇年、有斐閣）四四七頁以下参照。

(12)　前掲注(1)諸文献参照。

第二編　アメリカ法

第一章　序　説

第一節　アメリカの閉鎖会社

やや古い数字ではあるが、一九七五年の文献によると、アメリカの株式会社のうち、株主数一〇名未満の会社は全会社数の約九五％、一〇名以上一〇〇名以内の株式会社は全体の約四％を占めていると言われ(1)、株式会社のほとんどは小規模閉鎖的な会社（close corporation）である(2)。

閉鎖会社に関しては、統一した定義規定が存在しないが(3)、この閉鎖会社という用語は通常、こうしたごく少人数の株主しかいない会社を、大規模の公開会社（publicly held corporatione）から区別するために用いられている(4)。いくつかの州の会社法は閉鎖会社に関する定義規定において、株主の人数について制限を設けているが、具体的な株主数は州によって異なる(5)。例えば、アメリカ法曹協会の模範法定閉鎖会社追補では五〇人以下とされているのに対し、ミネソタ州、カリフォルニア州の会社法においては三五人以下(6)、デラウェア州会社法においては三〇人以下とされている(7)。他方、株式の譲渡の方式に従い閉鎖会社を定義づける州がある。例えば、イリノイ州法は、定款上株式の譲渡制限の定めが設けられている会社を閉鎖会社としているのに対し、ニューヨーク州事業会社法は、株式が証券市場に上場されていないかまたは店頭で取引されていない会社を閉鎖会社として取り扱っている(8)。このほか、右に述べた人数や株式の譲渡方法などの諸要素を総合して定義する州もある。カリフォルニア州会社法はその例であり、同法は株主数が三〇人以下であること、株式の譲渡が制限されること、その株式を市場に上場しないことが定款において定められている会社を、閉鎖会社と定義づけている[9]。

このように閉鎖会社の定義付けはさまざまになされており、必ずしも明確ではないが、閉鎖会社の基本的特徴に関しては、一般に次のようなものが認められている[10]。すなわち、①株主数が少数であり、普通二―三名程度が多い。株主たちは同じ地域に居住し、血縁関係を持っているのが一般的である。②株主全員またはその大多数が会社の取締役や役員もしくは主要な従業員として、会社の経営に直接に参加する。すなわちここでは経営と所有とが分離しておらず、株主たちは会社の経営に積極的に参加し、その生計をほぼ全部会社からの収入に頼ることが多い。③最後に最も重要な特徴は、会社の株式が証券市場などで取引されておらず、著しく市場性に欠けていることである。市場がないために、閉鎖会社の株主は公開会社の株主のように自由に株式を売却譲渡して、投下資本の回収を図ることができない。そのため閉鎖会社における株主の地位は、公開会社の株主のそれとは大いに異なり、極めて特徴的で、危険であると言われている[11]。

そして右のような諸特徴を有する閉鎖会社は、パートナーシップ（partnership）と多くの類似性を有することから、「法人化されたパートナーシップ」（incorporated partnership）とも称されている[12]。

第二節　閉鎖会社における少数派抑圧の問題

前節で述べたように、閉鎖会社は社員の数が少なく、社員相互の人的関係が密接であるゆえに、公開会社とは著しく異なる特質を有しているが、法的規整の面では、従来から公開会社と全く同様になされてきた。そして長い間[13]、その特質に応じた法的規整が行われてこなかったために、閉鎖会社にさまざまな問題を生起せしめてきたが[14]、そのうち特に重要なものの一つとして、多数派株主による少数派株主の抑圧（oppression）の問題が挙げられている。閉鎖会社における少数派株主の置かれているこの問題状況について、アメリカの学説は次のように説明している。

すなわち、閉鎖会社において株主が通常、直接に企業経営に参加するため、パートナーシップにおけるように、会社の基本的事項のみならず、業務執行等の事項についても、株主自らが決定する権限を持つことを望んでいるが、伝統的会社法は、主として所有と経営との分離が行われる大規模の公開会社を対象とするものであるため、こうした閉鎖会社の株主の要望に適切に応えることができなかった。なぜならば、法の理念型とされている公開会社においては、会社の権限のほとんどが取締役会に集中するという集権的な支配構造がとられているため、株主は取締役を選任する以外は、ただ単に合併や実質的な会社の全財産の売却などごく基本的な事項についてのみ発言権を持つに留まり、閉鎖会社の少数派株主にとって特に重要な関心事である雇用や報酬、利益配当などを決定する会社の大部分の権限が、取締役会によって握られているからである。[15]そして取締役会の構成員についても、多数決原則を前提としている伝統的会社法の下では、会社の発行した議決権株の過半数を所有する者が、その全員または大部分を選任することができるため、会社の支配権は完全に多数派が掌握していることになる。株主に累積投票権が認められている場合には、たしかに少数派株主にも取締役会における代表者を選出する機会が与えられるが、しかし取締役会においても少数派株主は依然として、少数派の地位に留まるのみである。[16]

たしかにアメリカ会社法においては、取締役は誠実義務を負うべきものとされており、会社とすべての株主の最大の利益のために行動するよう求められているが、しかし少数派株主の利益保護に役立つこの取締役の誠実義務も、裁判所による「経営判断原則」[17]の自由な適用によって、その効果が著しく制限されている。[18]つまり、経営判断原則は、取締役が会社の最善の利益において行動するのであろうとの前提の下で、会社の理事者を反対株主の干渉と司法による不当な干与から守るものとされているが、この原則の下で、理事者は経営政策の決定につき広範な自由裁量権を与えられる一方、裁判所は経営政策上の複雑な問題に立ち入るのを極力避けようとして、取締役の経営判断を尊重するあまり、多数派による権限の濫用を十分に抑制することができなくなってしまうのである。[19]

このように、本来公開会社にのみ向けられるべき株式会社の集権的な支配構造と多数決原則が閉鎖会社についても適用される結果、少数派株主に対する多数派株主の抑圧という弊害が作り出されたのである。[20] すなわち、既述のように、閉鎖会社の株主は会社に対し資本上の投資をするほか、労務を提供する形でその自らの人的資源を投入し、取締役や役員または従業員として働きながら会社から給与や役員報酬を受け取るのが、普通である。[21] そして、閉鎖会社では一般に利益配当が行われないので、会社から受け取る給与や報酬は実質的にその資本投資からの収益に相当する。[22] しかし一旦、株主間において会社の経営方針などをめぐり不和対立が生じてくると、多数派株主は、株主総会または取締役会における過半数の議決権を利用して、少数派株主を取締役や役員などの地位から解任し、会社から完全に締め出す(squeeze out)ことがある。[23] パートナーシップのパートナーがパートナーシップを解散して、投下資本を回収することができ、また公開会社の株主が市場で株式を売却処分して会社関係から離脱することが可能であるのに対し、右のように締め出された閉鎖会社の少数派株主は、その株式につき譲渡制限が設けられているために、また仮に譲渡制限がなくても取引市場が存在しないために、その持株を売却して投下資本を回収することがほとんど不可能である。その上、会社から給与や報酬も受け取れなくなるので、実質的には少数派株主は会社の利益への参加から完全に排除されてしまうわけである。[24] こうした多数派株主による少数派株主の抑圧の状況は、閉鎖会社において一般的に存在するものであり、アメリカ閉鎖会社法研究の第一人者であるF. Hodge O'Neal教授はこれを「全国的なビジネス・スキャンダル」と表現したほどである。[25]

かくして、公開会社を規整の対象として構築されてきた伝統的会社法における支配運営機構は、所有と経営の一致が見られ、緊密で閉鎖的な社員関係を有する閉鎖会社に適合しないことが明かとなってきた。そこで、閉鎖会社がパートナーシップと多くの類似性を有することから、学説は、伝統的会社法上の支配運営機構を閉鎖会社に押しつけるべきではなく、パートナーシップ法に類似した法的規整を行うべきことを主張してきた。[26] 具体的には、会社の支配権限の適正な分配や株式の譲渡制限、紛争発生時の解決法といった内容を盛り込んだ株主間の私的契約に法的効力を与え、また基本定款や付属定款に単純多数決の代わりに議決要件の加重を採用することを認めるなど、閉鎖会社の内部関係を株主間の契約により調整することを許容するというものである。かかる学説の主張を受けて、近年立法上の諸措置がとられるようになり、多くの州法は、伝統的会社法上の支配運営機構の代わりにパートナーシップに類似した支配運営機構を認める規定を設けるに至った。(28)(29)これと同時に、少数派株主に対する多数派株主の抑圧を、会社の強制解散またはそれに代わる株式買取や保管人の任命等の法的救済を与える事由として立法化する州も多く現れるようになり、立法による少数派株主の救済は近時になって著しい進展を見せている。(30)

一方、州の裁判所も比較的に早い時期から、閉鎖会社の特殊性に着目して、多数派株主の抑圧からの少数派株主の利益救済に乗り出してきている。その中で特に注目すべきなのは、近時比較的多くの州の裁判所が、閉鎖会社をパートナーシップに準ずる法形態としてとらえ、パートナーシップのパートナーが他のパートナーに対して負うのと同様の誠実義務を閉鎖会社の多数派株主が少数派株主に対して負うべきであると認めた上で、かかる誠実義務理論を用いて、州法上の抑圧に関する規定を合理的に解釈し、少数派に対し適切な法的救済を与えていることである。(31)以下において、誠実義務理論が多数派株主からの少数派の救済を図る上で、いかなる機能を果たしてきたのかを、判例と学説の展開を跡づけることによって検証していく。

(1)　Conard, The Corporate Census: A Preliminary Exploration, 63 Cal. L. Rev. 440, 446 (1975). この数字は二〇年以上も前のものであるが、現在のところ、右文献以外には、閉鎖会社の具体的な数字を示す信頼できる調査データがないようである。See, F.H. O'Neal & R. Thompson, O'Neal's Close Corporations, §1.02, at 9, n. 11 (3d 1992). なお、宍戸善一「閉鎖会社における内部紛争の解決と経済的公正（一）」法学協会雑誌一〇一巻四号五五七頁以下（昭和五九年）は、一九七〇年度のアメリカにおける企業の規模別の分布状況を詳しく紹介しており

れる。

（２）閉鎖会社は「close corporation」のほかに、「closed corporation」と「closely held corporation」とも呼ばれる。右の三つの名称は一般に同義に用いられているが、「closed」は、部外者が企業に参加するのを拒否する株主たちの意思を強調するのに対し、「closely held」のほうは、会社の株主の数が少ないことに重点が置かれる、と言われている。O'Neal & Thompson, supra note 1, §1.04.

（３）Choper, Coffee & Morris, Cases and Materials on Corporations, 683 (3d ed 1989).

（４）O'Neal & Thompson, supra note 1, §1.02.

（５）Model Statutory Close Corporation Supplement §3 (b). この追補の邦訳は、北沢正啓＝平出慶道共訳・アメリカ模範会社法（昭和六三年、商事法務研究会）一四八頁以下に掲載されている。

（６）Minn. Stat. §302 A. 011 subd. 6a (1990); Cal. Corp. Code §158 (a) (West 1990). なお、カリフォルニア会社法の右規定については、北沢正啓＝戸川成弘共訳・カリフォルニア会社法（平成二年、商事法務研究会）一四頁参照。

（７）Del. Code Ann., tit. 8, §342 (1980). なお、北沢正啓＝浜田道代共訳・新版デラウェア会社法（平成六年、商事法務研究会）一八一頁参照。

（８）Ill. Rev. Stat. ch 32, §§2A.05, 2A.10 (West 1992); Kantrowitz & Slutsky, White on New York Corporations, §620. 01, n. 1 (13th ed 1991). なお、アメリカ法律協会は、その「コーポレート・ガバナンスの原理：分析と勧告」第1.06条において、閉鎖会社を「その持分証券（Equity Interest）が少数の者により保有され、その証券に活発な取引市場が存在しない会社」と定義づけている。The American Law Institute, Principles of Corporate Governance: Analysis and Recommendations, §1.06. 証券取引法研究会国際部会訳編・コーポレート・ガバナンス―アメリカ法律協会「コーポレート・ガバナンスの原理：分析と勧告」の研究（平成六年、日本証券経済研究所）五頁参照。

（９）Cal. Corp. Code §158 (a) (West 1990).

(10) O'Neal & Thompson, supra note 1, §1.07; Foreword, The Close Corporation, 18 Law & Contemp. Prob. 433-434 (1953); Note, Modern Remedies for Oppression in the Closely Held Corporations, 60 Minn. L.J. 405, 406-408 (1990)、酒巻俊雄「閉鎖的株式会社の理論と立法動向—英米法の動向とその示唆—」閉鎖的会社の法理と立法（昭和四八年、日本評論社）四一頁参照。

(11) このように、閉鎖会社は通常少人数で、営業規模も小さいが、しかし資本金や営業規模の大きさ、従業員の数などは閉鎖会社の決定的な要素とはならない。例えばフォード自動車会社は、その株式が一九五六年に初めて上場されるまでは規模の大きい閉鎖会社だったのである。O'Neal & Thompson, supra note 1, §1.03.

(12) O'Neal & Thompson, supra note 1, §1.02, at 3; Hillman, Indissoluble Partnerships, 37 U. Fla. L. Rev. 691, 726 (1985).

(13) Note, Statutory Assistance for Closely Held Corporations, 71 Harv. L. Rev. 1498 (1958).

(14) Thompson, Corporate Dissolution and Shareholders' Reasonable Expectations, 66 Wash. U.L.Q. 193, 196-97 (1988).

(15) Id. at 194; Thompson, The Shareholder's Cause of Action for Oppression, 48 Bus. Law. 699, 700 (1993).

(16) Thompson, supra note 14, at 195, n. 2.

(17) 経営判断原則とは、取締役の経営判断が誠実かつ合理的な範囲でなされた場合には、たとえそれにより会社が損害を蒙る結果になったとしても、注意義務違反とはならず、取締役は責任を負わなくてよい、とする法理である。H.G. Henn & J.R. Alexander, Laws of Corporations, 661 (3d ed 1983)、神崎克郎「取締役の経営判断の原則」取締役制度論（昭和五六年、中央経済社）八三頁、戸塚登「経営判断の法則（一）（二）」阪大法学一二六号一頁、一二七号一頁（昭和五八年）、川浜昇「米国における経営判断原則の検討（一）（二）」法学論叢一一四巻二号七九頁、五号三六頁（昭和五八年・五九年）、近藤光男「アメリカにおける経営判断の法則の適用限界」神戸法学雑誌三二巻四号七四七頁（昭和五八年）参照。なお、アメリカ法律協会はその「コーポレート・ガバナンスの原理：分析と勧告」第4.01条(c)において、経営判断原則を、「取締役又は役員は、誠実に経営判断をなす場合、当該取締役又は役員が、⑴経営判断の対象に利害関係を有せず、⑵経営判断の対象に関し、当該取締役又は役員が当該状況の下で適当であると合理的に信ずる程度に知識を有し、かつ、⑶当該経営判断が会社の最善の利益に合致すると相当に信じたときは、本条の下での義務（注意義務―筆者注）を履行するものとされる」、としている（訳文は証券取引法研究会国際部会訳編・前掲注(8)書二三頁による）。

(18) Thompson, supra note 14, at 195; Thompson, supra note 15, at 701; Johnson, Strict Fiduciary Duty in Close Corporations: A Concept in Search of Adoption, 18 Cal. W.L. Rev. 1, 4 (1982).

(19) Note, Involuntary Dissolution of Close Corporations for Mistreatment of Minority Shareholders, 60 Wash. U.L.Q. 1119, 1150 (1982).

(20) Thompson, supra note 14, at 196-97.

(21) Id. at 196.

(22) 給与の形で閉鎖会社の社員に支払われる場合には、その額が合理的な範囲内である限り、会社によって課税所得から控除されることができ、それだけ会社の支払うべき所得税の額が減らされる。しかし、株主に対する配当の形で支払われると、この金額は会社によって控除されることができず、同じ事業収益につき、会社と株主において別々に課税されるという二重課税になる。このため、アメリカの閉鎖会社では一般的に利益配当は行われない、と言われている。Id. at 197 n. 12；宍戸・前掲注(1)五七二頁参照。なお、アメリカの閉鎖会社に関する所得税制度については、水野忠恒「閉鎖的法人に関するアメリカの所得税制度―問題点の比較法的分析とその体系化―」中小法人課税の諸問題（租税法研究第一三号）（昭和六〇年、有斐閣）六四頁以下参照。

(23) 締め出しの原因やその方法は種々ある。まず、会社から少数派を締め出す原因としては、特定の株主が会社における権限と影響力を増大し、個人的利益を増やそうとする欲望を持つこと、閉鎖会社において非積極的な株主が現れることにより積極的な株主との間で摩擦が生じやすいこと、創設者または主要株主の死亡により株主間の結束が緩み、争いが起きやすいこと、などが挙げられている。O'Neal & Thompson, O'Neal's Oppression of Minority Shareholders, §2: 02 (2nd Ed 1997) 以下参照。また、少数派を締め出す方法としては、利益の不配当、少数派を取締役または役員の地位から追い出すこと、会社の情報を少数派に与えないこと、多数派が高額の給与などを受けることにより会社の利益を吸い上げること、などがある。Id. §3: 04; Note, Freezing Out Minority Shareholders, 74 Harv. L. Rev. 1630, 1630-34 (1961). なお、中東正文「閉鎖会社における少数株主の締め出しと除名―アメリカ法を素材として―」中京法学第三〇巻四号四二頁（平成八年）参照。

(24)　Thompson, supra note 14, at 197.

(25)　O'Neal, Oppression of Minority Shareholders: Protecting Minority Rights, 35 Clev. St. L. Rev. 121 (1987).

(26)　See, Weiner, Legislative Recognition of the Close Corporation, 27 Mich. L. Rev. 273 (1929); Winer, Proposing a New York "Close Corporation Law", 28 Cornell L.Q. 313 (1943); Isreals, The Sacred Cow of Corporate Existence Problems of Deadlock and Dissolution, 19 U. Chi. L. Rev. 778, 790 (1952); Hornstein, Judicial Tolerance of the Incorporated Partnerchip, 18 Law & Contemp. Probs. 435 (1953); Dickinson, Partners in a Corporate Cloak: The Emergence and Legitimacy of the Incorporated Partnership, 33 Am. U. L. Rev. 559 (1984); Blackmar, Partnership Precedents in a corporate setting-Exit From the Close Corporation, 7 J. Corp. L. 237, (1982); Elfin, A Critique of the Proposed Statutory Close Corporation Supplement to the Model Business Corporation Act, 8 J. Corp. L. 439 (1983).

(27)　See, Meck, Employment of Corporate Executives by Majority Stockholders, 47 Yale L.J. 1079 (1938); Hornstein, Stockholder's Agreements in the Closely Held Corporation, 59 Yale L.J. 1040 (1950); Elson, Shareholders Agreements, A Shield for Minority Shareholders of Close Corporations, 22 Bus. Law. 449 (1967). なお、青竹正一「会社支配と株主間の合意―アメリカ法における閉鎖的株式会社をめぐる一つの課題として―」小規模閉鎖会社の法規整（昭和五四年、文眞堂）一頁以下、栗山徳子「アメリカ会社法における株主間合意―取締役会権限を制限する合意―」酒巻俊雄先生還暦記念・公開会社と閉鎖会社の法理（平成四年、商事法務研究会）二九九頁以下参照。

(28)　例えば、デラウェア州などの一部の州法は、閉鎖会社における取締役会の不設置や一定の事由に基づく会社解散、定款による株式の譲渡制限、一定の決議事項についての議決要件の加重などを認めるようになった。See, Nicholson, The Fiduciary Duty of Close Corporation Shareholders: A Call for Legislation, 30 Am. Bus. L.J. 513, 516, n. 19, 20, 21 (1992); Hetherington & Dooley, Illiquidity and Exploitation: A Proposed Statutory Solution to the Remaining Close Corporation Problem, 63 Va. L. Rev. 1 (1977)（この論文については、青竹正一・続小規模閉鎖会社の法規整（昭和六三年、文眞堂）二二九頁参照）。もっとも、このようなパートナーシップ法と同様の立法を閉鎖会社に導入することについて、閉鎖会社がパートナーシップとの間に一定の相似性があることを認めながらも、両者は異なる法的制度であり、類推適用にも限界があるとして、特にパートナーシップ法におけるのと同じような解散の制度を取り入れることに反対する学説がある。Easterbrook & Fischel, Close Corporation and Agency Costs, 38 Stan. L. Rev. 271. 297 (1986)（この論文については、青竹・前掲注書二三七頁参照）; Hillman, The Dissatisfied Partisipant in the Solvent Business Venture: A Consideration of the Relative Permanence of Partnerships and Close Corporations, 67 Minn. L. Rev. 1, 61 (1982); Olson, A Statutory Elixir for the Oppression Malady, 36 Mercer L. Rev. 627, 634 (1985).

(29)　戦後のアメリカ閉鎖会社立法の発展について、詳しくはO'Neal & Thompson, supra note 1, §1.14, §1.20; O'Neal, Close Corporations: Existing Legislation and Recommended Reform, 33 Bus. Law. 873 (1978). なお、酒巻・前掲注(10)七〇頁、浜田道代・アメリカ閉鎖会社法（昭和四九年）一一六頁以下、青竹・前掲注(27)三二三頁、同「アメリカ会社法における最近の動向・II閉鎖会社」［１９８０］アメリカ法一頁、同「最近のアメリカ閉鎖会社立法の動向―改正模範法の追補および一般規定を中心として―」前掲注(28)五三頁以下参照。

(30)　これについては、吉原和志「小規模閉鎖会社における内部紛争の法的解決―解散判決に代わる救済―」ジュリスト七九四号六〇頁（昭和五八年）、川島いづみ「アメリカ会社法における少数派株主保護の拡大」専修大学法学研究所紀要第二一号・民事法の諸問題Ⅷ（平成八年、専修大学法学研究所）四五頁、拙稿「閉鎖会社の少数派株主に対する抑圧とその法的救済―アメリカ法における展開―」法政大学院紀要三一号二一二頁（平成五年）以下参照。

現在、三七州が州会社法において「抑圧」またはこれと類似の用語を強制解散の事由として定めている。O'Neal & Thompson, supra note 23, §7: 13, at 79, 82, n. 4.

(31)　現在アメリカ判例法上確立されている、閉鎖会社における多数派株主の誠実義務理論はパートナーシップにおけるパートナー間の誠実義務を基礎として発展してきたものであるため、ここでアメリカ法におけるパートナーシップの法制度を簡単に紹介しておく。アメリカ法においては、パートナーシップは複数の者が共同所有者（co-owner）として営利事業を営むための団体であり、通常二つの形態に分けられ、一つは大陸法上のsociétésに由来するジェネラル・パートナーシップであり、もう一つはcommendaから発展してきたリミッテッド・パートナーシップである。前者は、二人以上のジェネラル・パートナーが明示もしくは黙示のpartnership agreementによって創設する（すなわちパートナーシップの形成は不要式であるが、通常は書面で、各パートナーの氏名、事業目的、存続期間、各パートナーの出資、損益の分配方法、経営・計算、紛争時の解決方法等を定める）もので、ジェネラル・パートナーはすべて同等の支配・経営権を有し、パートナーシップの債権者に対して人的責任を負う。このジェネラル・パートナーシップは本来コモンロー上認められているものであるが、その後実定法化され、一九一四年に制定されたUniform Partnership Actが現在アメリカのほとんどすべての法域において採用されている。コモンロー上、パートナーシップは不動産の所有、契約、訴訟などに関しては独立の法的主体とは認められていないが、Uniform Partnership Actの下ではパートナーシップの名で不動産を所有し譲渡したり、第三者と契約を締結することが認められ、また多くの州の訴訟規則において訴訟の当事者となることも認められている。

これに対して後者のリミッテッド・パートナーシップは、コモンロー上の制度ではなく、実定法によって認められた制度であり、一人または複数のジェネラル・パートナーと一人または複数のリミッテッド・パートナーがリミッテッド・パートナーシップ法—アメリカのほとんどの法域においてUniform Limited Partnership Act (1916) またはRevised Uniform Limited Partnership Act (1976) が採用されている—に基づいてのみ、所定の要件を満たした上で創設するものである。この形態のパートナーシップにおいても、通常、構成員間において相互の権利義務関係を規整するlimited partnership agreementが締結されるが、各ジェネラル・パートナーはジェネラル・パートナーシップにおけるのと同じような経営・支配権を有し、無限責任を負うのに対し、リミッテッド・パートナーは経営・支配権を認められない半面、債権者に対しては出資額以上の責任を負わないことになっている。Henn & Alexander, Laws of Corporations, 3d ed., 1983, at 61-97; Rowley, Rowley on Partnership, Vol. 1, §1.3, §6.9 (2d ed 1960).

ところで、パートナーシップの持つ特徴の一つは、パートナー間において包括的な相互代理（general mutual agency）の関係が認められていることである。それはすなわち、パートナーシップの事業範囲内における各パートナーの行為は原則としてパートナーシップを拘束することであり、またこのようにパートナーが自己の行為により自分自身と他のパートナーとを拘束するため、各パートナーは本人（principal）であると同時に他のパートナーの代理人（agent）でもあるのである。そして、このような包括的相互代理の関係と相応して、パートナー間には信任関係が存在するものとされている。なぜならば、一人のパートナーの行為が他のパートナーをも拘束する結果となるため、彼は誠実に行動する義務を負うべきことが合理的に期待されるからである。Henn & Alexander, supra note, at 70-71。このようなパートナー間の誠実義務を定式化することは難しいが、その主たる要素が最大の誠実（utmost good faith）、公正（fairness）および忠実（loyalty）であることは一般に認められているところである。Bromberg, Grane and Bromberg on Partnership, 1968, at 389-390; Beane, The Fiduciary Relationship of a Partner, 1980 J. Corp. L. 483, 488. これに関しては、Meinhard v. Salmon 判決におけるCardozo 判事の次の言葉が有名である。すなわち、「共同事業者はパートナーと同様、事業が継続する間は、相互に最高の忠実義務（duty of finest loyalty）を負う。日常生活の中で独立した当事者間の取引について容認される多くの行動は、信任的関係によって結ばれた人たちには許されない。受託者は取引界の道徳よりもさらに厳格な道徳義務を負うべきものとされている。その行動の基準は単なる誠実のみならず、最も大切な信義の保持でもある。ここにおいては、絶対に侵すことのできない、長い伝統が培われてきた。個別的な例外における『破壊的な侵食』によって堅固な忠実の原則を曲げようとすることが求められたとき、エクィティー裁判所は決して妥協せず、剛直不屈の態度で臨んできた。…そうすることによってのみ、受任者の行動基準を一般人のそれよりも高いレベルに維持せしめることができる。

この基準は、当裁判所の判断によって意識的に低められることはない。」249 N. Y. 458, 164 N. E. 545, 546 (1928). この判決は、パートナーシップにおけるパートナー間の誠実義務の基準を明確化したものであり、それ以降ほとんどすべての州の裁判所によって踏襲されている、と言われている。Beane, supra note, at 483. 他方、パートナー間においては、誠実義務の程度は若干異なるのであり、通常、業務執行パートナー（managing partner）はより厳格な誠実義務を負うものとされている。Beane, supra note, at 490-491.

このようにコモンロー上認められているパートナー間の誠実義務は、後にUniform Partnership Act 1914によって実定法化されたが（U. P. A. §20, §21）、一九九四年に法改正が行われ、同改正法§404はパートナーの一般行動基準と称して、パートナーのパートナーシップおよび他のパートナーに対する誠実義務の内容を規定している。See, Hynes, Fiduciary Duties and RUPA: An Inquiry into Freedom of Contract, 58 Law & Contemp. Probs. 29 (1995); Weidner, RUPA and Fiduciary Duty: The Texture of Relationship, 58 Law & Contemp. Probs. 81 (1995).

なお、イギリス会社法においては、所有と経営が分離していない小規模閉鎖的な会社をパートナーシップに準ずる法形態（quasi-partnership）としてとらえて、これにパートナーシップに関する法理を適用するという準パートナーシップ法理が確立されている。この法理の下では、閉鎖的株式会社の株主は互いに、パートナーシップのパートナー間に存在する誠実、善意ないし信頼の義務を負うものとされており、多数派株主が少数派株主を抑圧するなどにより株主相互間の人的信頼関係が破綻した場合には、パートナーシップの解散法理に基づき会社の解散が認められる。このようなイギリスの会社法理も、アメリカ会社法と同様、小規模閉鎖的な会社に対してその特質に応じて、大規模な公開会社とは異なった法的規整を行うことにより、少数派株主の利益保護を図るものである。See, Prentice, Winding Up on the Just and Equitable Ground: The Partnership Analogy, 89 L. Q. Rev. 107 (1973). なお、大野正道「イギリス小規模会社の法構造（一）～(四)」富大経済論集二六巻一号二四頁、二号一三六頁、二八巻三号二六九頁、二九巻一号一七頁（昭和五五年～五八年）、今野裕之「イギリス一九八〇年会社法の理論的基礎─大小会社の区分を中心として─」成城法学一〇号八八頁（昭和五六年）、野村修也「Quasi-Partnership 法理の歴

史的基礎」西南学院大学法学論集二六巻一・二合併号二六七頁（平成五年）以下参照。

第二章　判例における誠実義務の展開

第一節　多数派株主の誠実義務の展開

今日アメリカのほとんどの法域において、株式会社の株主、とりわけ多数派株主が他の株主に対して誠実義務（fiduciary duty）を負うことが判例上承認されており、株主は議決権等を行使するにつき、他の株主の利益に対し適切な考慮を与えなければならないものとされている。しかし、かかる法理が一般的な承認を得るまでは、長い年月が必要とされた。一部の州の判例は早くから株主間、特に多数派株主の少数派株主に対する誠実義務を認め、その権利行使につき他の株主の利益を適切に考慮すべきことを要求していたのに対し、かかる株主間の誠実義務を否認し、株主による無制約の権利行使を認めた州の判例もあった。その結果として、前者の判例においては、特に多数派株主の権利行使が誠実義務の法理によって制約され、少数派の利益保護がかなり図られていたのに対し、後者の立場のもとでは、資本多数決の原則が絶対視され、多数派による少数派の抑圧という弊害に対し十分な対策が取られなかったのである。以下、こうした二つの傾向にあった判例を別々に分けて検討を加えることにする。

第一項　誠実義務否定例

アメリカにおける州の会社法は極めて一般的、包括的な形で、株式会社の株式の過半数または一定の割合を有する株主に対し、会社の解散や全財産の譲渡、合併などについて決定する権限を付与しているが、このような権限にいかなる制約を伴うべきかについては何ら規定していない。しかし、多数派株主は少数派株主を締め出す目的で会社を解散したり、会社の全財産を譲渡したりするなど、法の目的を逸脱してその付与された権限を濫用することがあるため、このような多数派の権限に何らかの制約を課す必要があった[1]。

ところが、初期の一部の判例は、多数派株主による無制約の権限行使を容認する態度を示していたのである。その主たる理由は、株主は他の株主の代理人または受託者ではないから、他の株主の利益を考慮する必要はなく、もっぱら自己の私的利益のために議決権を行使することができる、というものであった[2]。次の諸判例はこうした立場を前提としたものである。

①　Price v. Holcomb, 56 N. W. 407 (Iowa 1893)[3]　少数派株主のＸ（原告）は、多数派株主のY_1（被告）らとともに、圧延機の製造会社を経営していたが、業績が不振で赤字経営が続いていたため、株主総会で同社の営業設備や土地等を売却する決定がＸの反対を押し切ってなされた。そしてその後行われた競売手続において、Y_1は極めて低い価格でこれを取得した。そこでＸは、Y_1らは会社との間に信任関係を有するから、会社財産を自ら取得することはできないなどと主張し、右取引の取消を求めて訴えを提起したが、アイオワ州最高裁は、株式の多数を所有する株主たちが共に行動する場合にはある意味では会社に代わるような存在であるから、その議決権を行使するにつき少数派の利益を顧慮しなければならないとしながらも、「株主としてのY_1は他の株主との関係において代理人（agent）又は受託者（trustee）ではなく、共同所有者（joint owner）である。代理人又は受託者は、本人又は受益者（cestui que trust）の利益のために尽くすべきであり、これらの利益に反する利益を持つことはできない。しかしこのことは株主には当てはまらない。株主はこれを保護されるべき自己の利益を有し、他の株主の利益に注意を支払う義務を負わない。彼らは自分のために行動する」[4]と

説示し、本件取引において詐欺（fraud）または悪意（bad faith）があったという証拠がなく、当時の会社の状況を考慮すれば、取引はむしろ善意で、すべての利益関係者の最善の利益においてなされたものだと判断した。

本件においては会社の経営に携わる多数派株主が会社から財産を取得したことの当否が問題とされたが、取引が競売という公開の手続においてなされたこと、取得価格が低かったものの、会社の事業が不振でこれを取得する者が他に現れなかったこと、などの事情を総合して考えると、本件取引を不公正でないとした判旨の結論は、正当だったと思われる。しかし他方では、判旨は株主の権利行使について、株主は他の株主の代理人または受託者ではないから、他の株主の利益を考慮せずにもっぱら自己の利益のために権利を行使してよい、との一般論を示したのである。初期の一部の判例には、株主の受任者たる資格を否定することによって、株主による無制約の議決権行使を容認する傾向があったと指摘されているが[5]、本件はまさにその一つだと言える。しかしこのような判例の立場については、次のような批判が加えられている。すなわち、たしかに株主は、私的利益を追求するために会社に投資をしているのであり、自己の固有の利益を有するから、他の株主に対しては本来の意味での代理人または受託者ではありえない。しかし、同じ利益共同体である株式会社に属する株主が、全く結び付きのない他人同士のような関係にあるともまた言えないのであり、特に株主による議決権等の行使は、同時に他の株主の利益に影響を及ぼすことになるから、判旨のように他の株主の利益を全く考慮せずに、もっぱら自己の利益のために行動してよいとするのは、問題である、と[6]。

しかしいずれにせよ、アイオワ州最高裁は、株主は他の株主の受託者または代理人ではないとして、株主による利己的な権利行使を許容する見解を示したのであるが、かかる立場は、次の会社解散に関する事例においても踏襲されていた。

② Rossing v. State Bank, 165 N. W. 254 (Iowa 1917)　Y_1会社（被告）の多数派株主Y_2（被告）らが、新会社を設立してからY_1会社を解散し、同社の財産やのれん等を新会社に譲渡したのに対し、Y_1会社の株主であるX（原告）らは、Y_2

らの行為はXらを締め出すためのものであり、詐害的だとして、旧会社の解散と新会社の設立等の行為を無効にするよう求めた。これに対し、アイオワ州最高裁は、同州の州法一六一七条は会社が定款の規定に基づき解散されることを認めており、そして本件被告Y_1会社の定款には発行済株式の四分の三の多数をもって会社を解散しうることが定められているから、「多数派は、本件におけるように議決権行使によって会社を解散し、財産を売却する権限を持っている。たとえ自分自身に売却するとしても、そうする権限を有する。この場合に裁判所は、売却が公正か否かを厳格に審査するが、このことは多数派の固有の権限には影響しない」とし、株主は他の株主の代理人や受託者ではないとした前記①判決などを引用し、「必要な多数で解散が可決されたかぎり、当該決議がいかなる意図の下でなされたものであれ、会社はその行為の性質そのものによって(ipso facto)解散されることになる。正当な権限の範囲内で、合法的な手段によって行われた場合には、訴えられるべき違法性は存在しない」(7)と判断して、Xらの請求を棄却した。

旧会社を解散してその財産を自らが設立した新会社に譲渡し、新会社への少数派株主の参加を拒否することは、多数派株主による少数派締め出しの典型的な手法の一つである。にもかかわらず、本判決は、Y_1会社の解散がもっぱらXら少数派株主を締め出すために行われたか否かを審査することなく、前記①判決の立場を踏襲し、株主相互間には誠実的関係が存在しないという前提から出発して、多数派株主による会社解散の決議が形式的要件さえ満たせばよく、実質的にも公正か否かは問わない、としたのである。多数決原則の絶対性を承認し、少数派株主の利益保護を顧みなかった初期の代表的な判例の一つと言える。

このように多数決原則の絶対性を承認する判例の立場の根底には、多数派株主が会社において最も大きな利益を有するため、彼らは会社事業の発展に最も大きな関心を有し、それゆえ彼らの議決権行使は常に会社の最善の利益に資するものであるとの考え方が潜んでいた、と言われている。(8)しかしこのような判例の立場に対しては、学説からの批判がある。すなわち、多数派株主による無制約の権限行使が容認されると、少数派株主は完全に多数派株主の意のままにされてしまうのであるから、(9)株主が自分のほしいままに議決権を行使することは、本来許されないものであり、エクイティーは、制定法上多数派に付与された権限が誠実に行使されることを要求しなければならないのである。(10)したがって、本件のように、多数派が少数派を会社から締め出すために会社を解散したとすれば、それは、法的権限の濫用というべきだったのである。(11)

一方、小規模閉鎖会社において、会社の経営に直接に参加する株主の間に紛争が生じてきた場合に、株主はしばしば、仲間株主との関係をパートナー的関係であるとして、株主間の紛争をパートナーシップの法理に基づいて処理すべきことを主張するが、会社とパートナーシップとの法形態上の差違からこれを否定する判決が続出した。(12)初期の代表的な判例の一つとして、次のマサチューセッツ州の判例が挙げられる。

③　Pratt v. Bacon, 27 Mass.（10 Pick.）123 (Mass. 1830)　X（原告）は、Y_1（被告）らが設立した製造会社の株主で、Y_1らとともに経営に参加し、利益配当に与ってきたが、その後Y_1らがXによる会社の書類の閲覧を拒み、利益への参加を拒否するようになった。そこでXは、XとY_1らは共同のパートナーであり、相互間の関係はパートナーの関係だと主張し、書類の閲覧等のエクィティー上の救済を求めた。(13)これに対し、マサチューセッツ州最高裁は、「たしかに会社とパートナーシップは、ある種の私的又は公的目的を追求するために結合し、共に行動する二人又はそれ以上の人間によって構成されるものであるから、一定の類似性を有する。しかし、製造会社の社員とパートナー・共同権利者との間には、その権利と義務、法的性質と特性は、明らかに異なるものである。会社は架空の実体であり、法の思考の中にのみ存在する。それは常に交替する社員によって構成され、合理的な目的のために、それを構成する社員から独立して存在するものと考えられ、かつ永久に存続することができ、財産を取得し、保有し譲渡することができる。……あらゆる点において、製造会社の社員はその相互間の法的関係において、パートナーや権利の共有者、共同権利者とは本質的に異なる(14)」と判示し、会社の社員間に生ずる紛争がエクィティー裁判所の下で処理されることは望ましいものの、XとY_1らとはパートナー的関係ではないから、エクィティー上の請求をなし得ないとして、Xの請求を棄却した。

本件において、裁判所は、会社をパートナーシップとは全く関連性のない法形態として位置づけ、会社とパートナーシップとを完全に相対立するものとしてとらえていた。その結果、原告が被告らと共に、実質的にパートナーとして企業の経営に携わってきたにもかかわらず、裁判所はかかる実態を考慮せず、株主はパートナーであり得ないとの理由で、多数派によって会社から締め出された少数派に対するエクィティー上の救済を拒否した。本判決の立場からも分かるように、この段階では、未だに小規模閉鎖会社の実態に柔軟に対応するような法的処理がなされていなかったのである。

会社とパートナーシップとを相対立するものとしてとらえ、閉鎖会社へのパートナーシップ法理の適用を拒否した本判決の立場は、その後の判例によって踏襲されていった。

④ Jackson v. Hooper, 75 A. 568 (Ct. Err. & App. N.J. 1910) X（原告）とY（被告）は、A会社（訴外）およびB会社（訴外）を設立し、XとYのほかに三人の取締役を選任して、経営に当たっていたが、他の取締役はいずれも名目的な存在で、実質的権限を持たなかった。XとYとの間には、二人はパートナーであり、すべての業務執行事項は二人の合意の下で決定され、実行されなければならないという趣旨の協定が結ばれていた。しかしその後、経営政策をめぐり両者間に不和対立が生じ、関係が悪化した。Yは他の三人の取締役を抱き込み、附属定款を変更して、Xの発言権を事実上奪った。[15]そこでXは、XとYはパートナーシップを創設したのであり、訴外AB両会社はジョイント・ベンチャー (joint venture) を遂行するための道具に過ぎず、Yの行為は両者間のパートナー的関係を破壊したとして、保管人の任命を求めるとともに、他の取締役とYによる会社財産の譲渡の禁止、Xの業務執行参加に対するYの妨害の停止を求める仮差止命令を請求した。原審の大法官裁判所が、XとYがパートナー的関係にあったことを認め、パートナーシップ法理に基づいて仮差止命令を下したのに対し、ニュージャージ州誤審裁判所は、「法は、パートナーとして事業に従事する者が、会社の特典と免責特権を享受する目的で法人化し、その後その共同事業の必要性あるいは目的から随時に共同パートナーとなったり、会社となったりすることを、決して予期していない。法の政策は、これとは逆である。当事者がパートナーの権利を有するならば、法によって課された義務と責任を負い、すべての債権者に対し責任を持たなければならない。もし当事者が彼らを人的責任から免除させる会社形態を選択すれば、彼らはパートナーの資格を失い、株主の権利、義務と責任のみを持つ。彼らは内部間においてはパートナーで、対外的には会社である、ということはできない」[16]と判示し、XとYはパートナー的関係ではなく、同一会社の株主のみであり、他の取締役を拘束するようなXY間の協定は違法であって、法的拘束力を持たないとして、Xの請求を棄却して原審を破棄した。

本判決も前記③判決と同様、会社とパートナーシップとは相対立する法形態であるとの前提に立ち、会社形態を選択したXとYとの間にパートナー的関係は存在しないとして、パートナーシップ法理に基づく救済を拒否したのである。

⑤ Drucklieb v. Sam H. Harris, 102 N.E. 599 (N.Y. 1913)　X（原告）はY_1（被告）に勧められて、Y_2会社（被告）に出資して二〇〇株を所有し、Y_1は五五〇株を所有したが、XとY_1との間には、Xが取締役として、同じく取締役であるY_1とその息子と共に会社を共同で経営していくこと、仮にXが会社から解雇された場合でも、会社がXに対し年間一定の給与を支払うこと、協定違反があった場合にはY_2は簿価でXの持株を買い取ること、といった内容を盛り込んだ協定が結ばれていた。Xは、会社が設立されてから、Y_1がXに対しその持株を自分に売却するようしつこくせがんだり、Xにその持株を手放させるために会社ののれんを低く評価し、帳簿を改ざんして株式の簿価を低下させたなどとして、会計帳簿の現状回復、のれんの低額評価の取り消し、およびY_1らによる帳簿変更の差し止めを求めたのに対し、ニューヨーク州最高裁は、「原審は、被告会社が事実上法人化されたパートナーシップだと判断しているが、ある意味ではそうであるものの、その理論に与みすることはできない。会社を創設した者はそれによって、パートナーシップの構成員としては所有できないような数多くの免責特権と特典を取得する。会社事業の債務と義務に対する彼らの責任は制限されており、構成員の一人の死亡は、パートナーシップにおけるように会社を解散せしめるには至らない。これらの特典に対しては、当事者たちは代価を支払わなければならない。彼らは、パートナーとして有するのと同じような、企業に対する無制限の支配と経営権を持たないし、会社においては個々の当事者はパートナーシップにおけるように、州又は他の当事者から守られるべきジョイント・ベンチャーに対する権利を有しない(17)」と説示し、XとY_1との間の協定は有効で、拘束力を持つことを認めながらも、Y_1らの行為によりXの利益が侵害されたとはいえず、また当該協定も被告らによって破られていないとして、Xの請求を認容した原審判決を破棄した。

このようにマサチューセッツ州やニュージャージ州などの一部の州の判例は、会社とパートナーシップとを相対立するものとしてとらえ、株主はパートナーたり得ないという立場を維持していたのである。そしてかかる立場のもとでは、株主が他の株主に対し、パートナー相互間に存在するような誠実義務を負うことはないとの結論は、論理必然的に導かれてくるわけである。次の諸判例はこの点を明確に示したものである。

⑥ Leventhal v. Atlantic Finance Corporation, 55 N.E. 2d 20 (Mass. 1944)　Y_1（被告）とX（原告）は、貸金業を営むY_2会社（被告）の株式を半分ずつ所有しており、Y_1は総支配人としてXとともに会社を経営していたが、XとY_1との間には、一方当事者が他方当事者の株式を買い取らない限り、他方当事者の書面の請求により会社が解散されること、会社の債務が資産を超過する場合にはXが会社を解散しうること、株式の譲渡が制限されるといった趣旨の契約が存在していた。その後、XとY_1との間に争いが生じてきたため、Xは右契約上の諸権利の確認を求めたのが本件である。Xがいろいろな主張をなしているが、右契約によりXとY_1間にパートナーシップが創設されたとの主張に対し、マサチューセッツ州最高裁は、一人または二人の株主が会社の全株式を所有し、役員の選任や経営政策の決定等の権限をすべて握っているとしても、このことは会社の存在そのものを脅かすものではなく、会社は依然として株主から独立した存在であり、その財産に対しコモンロー上の権原を有するとしたうえで、「株主間の関係は、パートナー的関係ではない。株主は会社においてその株式によって表章されるような利益を有するが、通常互いに他人であり、株主は他の株主又は会社の取締役とは何ら信任関係に立っていない。そして株主は、株主として彼らは互いにパートナーであるとの理由で、パートナーシップの構成員に通用するような訴訟手続をなす権限が与えられてない。本件契約は、会社の財産をX又はY_1に譲渡するものではなく、会社は言うまでもなく当事者のどちらか又は双方のパートナーとなることはできない」[18]と判断し、Xの主張を正当でないとしながらも、最終的に本契約によりXが帳簿閲覧権等を有することを確認した。

本件は、当事者間に締結された契約の内容の確認が問題となった特殊な事例であるが、株主相互間の関係についての裁判所の判断が注目に値する。被告会社の株主がXとY_1の二人だけであり、会社の意思決定や運営はこの二人によってなされてきたから、被告会社は典型的な小規模閉鎖会社である。形式的には会社という形態をとっているものの、実質的には当事者たちが互いにパートナーとして共同で事業を営むことを暗黙の前提としていることは、Xの主張などから明らかである。それゆえ会社事業を展開していく中で、両当事者間の信任と信頼の関係がまさに不可欠のものである。にもかかわらず、裁判所は、会社とパートナーシップとの法形態上の形式的差違を過大視して、株主はパートナーではないから、他の株主に対してパートナーのような誠実義務を負わないと判断したのである。[19]

⑦　Ross v. Biggs, 40 So. 2d 293 (Miss. 1949)　Y（被告）は、その父親であるA（訴外）と共にB会社（訴外）を経営していたが、Aは高齢のため会社経営から手を引き、すべてを息子のYに任せると考え、Yに対しその持株七五株を売却したい旨を伝えたところ、Yはその譲渡価格を一万ドルと設定し、Aと売買契約を結んで履行した。しかし、Aが死亡した後、その遺産管理人であるX（原告）は、Yに売却したAの株式の価格は実際に四万ドルだったにもかかわらず、Aから信任と信頼を受けた受託者としてのYが故意にそれを低く評価したのは不公正で、Aに対する誠実義務違反だとして、右契約の取消を求めて訴えを提起した。原審が請求を棄却したのに対し、Xは上告した。ミシシッピ州最高裁は、「まず指摘すべきなのは、われわれはここでパートナーシップにおけるパートナー間の財産の譲渡を扱っているわけではない。会社の株主は互いに、パートナーシップにおけるのと同じような信任と信頼の関係を有しない。パートナーシップはほぼ完全に、各パートナーが他のパートナーに対し置く信任と信頼に立脚しているし、またパートナーシップが存在するということはパートナー間に信頼関係が存在する証拠の一つである。パートナー間に信頼関係が存在することにより、パートナーがパートナーシップの資金と財産を私用のために使うことも横領の罪に問われないが、このルールは会社の株主相互間には適用されない。会社はそれ自体法的実体であり、それによって所有されるすべての物に対し自己の名義で権原を有する」[20]と判示し、株主であるAとYとの間に信任関係が存在しないから、誠実義務違反はなく、また本件株式の評価も必ずしも不当ではなかったとして、Xの上告を棄却した。

⑧　Weisman v. Awnair Corporation of America, 165 N. Y. S. 2d 745 (1957)　X_1（原告）は、Y_1（被告）とY_2（被告）との間で、X_1が新会社を設立しその株式の四〇％をY_1らに発行して、同会社を通じてY_3会社（被告）の製品の販売と市場開発等を目的としたジョイント・ベンチャーを行うとの協定を結んだ後、X_2会社（原告）を設立してY_3会社の製品の販売等を開始したところ、Y_1から、X_1らがこれ以降Y_3社の製品の販売等を中止するよう通知してきた。そして右販売業務等は代わりにY_1らが担当するようになった。そこでX_1らは、X_1とY_1らがジョイント・ベンチャーの協定を締結しているため、彼ら

の間には共同事業者（joint venturer）間の誠実義務を有し、X_1を排除して、自ら被告Y_3社の製品を販売するのは誠実義務違反であるとして、Y_1らの行為の差し止めと、右行為により得た利益をX_1らに返還するよう求めた。これに対し、ニューヨーク州最高裁のConway首席裁判官は、X_1とY_1らは会社形態を利用してジョイント・ベンチャーを営む協定を結んだが、しかし個人が会社形態を用いてジョイント・ベンチャーを営むことはできないとの原則が確立されているとし、前記④Jackson判決などを引用して、「この二つの事業形態は互いに相容れないもので、それぞれが異なった法律によって律せられている。Jackson判決が示しているように、当事者が『彼らを人的責任から免除させる会社の形態を選択すれば、彼らはパートナーの資格を失い、株主の権利、義務と責任のみを持つ。彼らは内部間においてはパートナーで、対外的には会社であるということはできない』。……従って個人は、会社という手段を用いてジョイント・ベンチャーを営むことはできないし、当事者間に信頼関係又は信任関係が存在するとはいえない。Xらには、利益の返還を認めるエクィティー上の救済を与えることはできない」(21)と判示して、Xらの請求を棄却した原審判決を維持した。

このように、初期の一部の州裁判所は、会社とパートナーシップを相対立する法形態としてとらえ、閉鎖会社における株主間の紛争をパートナーシップの法理によって解決することを拒否したり、閉鎖会社における株主間の誠実義務を否認する立場を表明していた。そのため、前記③判例などにおけるように、会社経営から締め出された少数派株主は、エクィティー上の救済を得られないといった不都合な結果が生じてきたのである。

かかる裁判所の立場は、次のような政策的考慮に基づいたものと思われる。すなわち、一つは、独立した権利義務の担い手でなく、社員が無限責任を負うパートナーシップとは異なり、株式会社は法人格を有し、会社の債務について社員が有限責任しか負わないから、有限責任を望む者は会社法の規範を厳格に守らなければならないということであり(22)、いま一つは、株式会社は取締役によって運営されるべきであるため、会社成立後も株主間の協定に効力を持たせ続けると、取締役の権限が奪われかねないということであった(23)。そして学説の中にも、株主は同時にパートナーたりえず、取締役の行動はパートナー間の契約によってコントロールされることができないとする見解があり、右のような判例の立場を支持していた(24)。しかし、こうした判例や学説の立場に対しては次のような批判が加えられている。すなわち、右のような見解はいずれも、経営と所有の分離する大規模の公開会社を前提としたものであり、かかる公開会社においては投資者に対する詐害の危険性が存在することから、これを防止するために会社法は厳格な規制を設け、これを順守すべきことを要求しているが、経営と所有との一致が見られる小規模閉鎖会社においては、投資者本人が経営者であるため、当事者間の合意を尊重しそれに法的効力を与えるとしても、善意の第三者の利益が害されるおそれはない。当事者間の合意に効力を持たせたほうが、むしろ当事者間の公平に資することができる。それゆえ、右のような政策的考慮に基づいた裁判所の見解は支持され得ないものである。(25)

また、右⑥⑦⑧の諸判決は、会社とパートナーシップとは相対立する法形態であるとの前提に立ち、閉鎖会社の株主はパートナーシップのパートナー間のような誠実義務関係を有しないとしているが、このような判例の立場は、一つは、閉鎖会社の株主は二重の法的関係を持ち得ず、株主の有限責任の原則と誠実義務とは法的に両立し得ないという考慮に基づいたものと思われる。(26)しかし、これについても次のような批判がなされている。すなわち、右のような見解は単なる独断（ipse dixit）であって、有限責任と誠実義務の並存を排除するような法の政策は存在しない。(27)右のいずれの判決においても合理的な法的政策が指摘されていないし、また一般的または公共的政策が存在するとも思われない。(28)たしかに、株主が有限責任のみを負うことから、法は厳格な規制をなしているが、しかし決して株主が他の株主に対しその信任と信頼を置くことを禁じるものではない。むしろ、閉鎖会社においては、株主は常にこうした関係に立つのが現実である。誠実義務の概念は株主相互間の関係にのみ関連するが、社員の人的責任の有無は、こうした社員相互間の関係とは無関係の諸要素にかかわるから、両者は決して相容れないものではない、(29)と。

そしてもう一つは、当時の裁判所が会社という存在を株主から完全に分離し、それを超越したものとしてとらえた点によるものである。(30)すなわち、右③の Pratt 判決におけるように、会社は理念上の存在として、法の思考の中にのみ存在するが、財産は会社を構成する個々人にではなく、会社自身に帰属するものとされる。この結果、会社の取締役は株主の受任者とは認められず、会社の受任者とされ、その不正行為は株主にではなく、もっぱら会社にのみ損害を与えるとされた。このような会社という法的実体の理念上の優越性が、株主相互間または株主と会社の間に結合関係が生じないという結論を導き、株主間の法的関係ないし信任関係が存在しないとされたのだと考えられる。(31)

（1）　Lattin, Equitable Limitations on Statutory or Charter Powers Given to Majority Stockholders, 30 Mich. L. Rev. 645, 645-46 (1932).

（2）　神田秀樹「資本多数決と株主間の利益調整（四）」法学協会雑誌九八巻一二号一六四七頁（昭和五六年）以下参照。なおこのほかにも、利害関係株主も議決権を自由に行使できるとか、裁判所は議決権行使に際しての株主の動機を審査しないとか、多数株主の行為は公正であると推定される、といった株主の議決権行使の自由を認める諸原則が立てられていた。詳しくは、神田・前掲論文一六三九頁、一六五四頁、一六五九頁以下参照。

（3）　本件については、神田・前掲注（2）一六四七頁参照。

（4）　56 N.W. 407, at 410-411.

（5）　See, Sneed, The Stockholder may vote as He Pleases: Theory and Fact, 22 U. Pitt. L. Rev. 23, 31-36 (1960).

（6）　Id. at 44-52.

（7）　165 N.W. 254, at 257.

（8）　Sneed, supra note 5, at 25-26.

（9）　Note, Power of the Directors and Majority Shareholders to Dissolve a Prosperous Corporation Against the Protest of the Minority Shareholders, 2 Minn. L. Rev. 526, 529 (1918).

（10）　Sneed, supra note 5, at 44-47.

（11）　Note, supra note 9.

(12)　閉鎖会社に関するアメリカの判例の動向については、酒巻俊雄「閉鎖的株式会社の理論と立法—英米法の動向とその示唆—」閉鎖的会社の法理と立法（昭和四八年、日本評論社）四三頁、浜田道代・アメリカ閉鎖会社法（昭和四九年、商事法務研究会）八三頁以下参照。

(13)　当時の州法 St. 1823, c. 140 は裁判所に対し、パートナーや共有者（joint-tenant）、共同権利者（tenants in common）間の紛争についてエクィティー裁判管轄権（equity jurisdiction）を与えており、本件原告はこの規定に基づいて請求をなしたものである。27 Mass. (10 Pick.) 123, at 124.

(14)　27 Mass. (10 Pick.) 123, at 126-127.

(15)　「joint venture」という法形態は、それがパートナーシップのように一定の営利事業を営むのではなく、ある種の投機的事業（venture）を行うための「臨時的なパートナーシップ」であり、その事業の達成により解散されるという点で、他の法形態とは異なる。Henn & Alexander, Laws of Corporations, §49 (1983); Jaeger, Joint Ventures: Origin, Nature and Development, 9 Am. U.L. Rev. 1 (1960); Jaeger, Joint Ventures: Membership, Types and Termination, 9 Am. U.L. Rev. 111 (1960).

(16)　75 A. 568, at 571.

(17)　102 N.E. 599, at 601.

(18)　55 N.E. 2d 20, at 22-23.

(19)　本判決が出される前から、マサチューセッツ最高裁は既にこうした態度を表明していた。例えば Flint v. Codman, 142 N.E. 256, 259 (1923). と Bell v. Fred T. Ley & Co., 179 N.E. 294, 299 (1932) において、マサチューセッツ州最高裁は傍論において、株主はその仲間株主に対してもまた会社に対しても信任関係にないことを示しており、また Mairs v. Madden, 30 N.E. 2d 242 (1940) において、株主である会社の役員らが同社の株主から大量の株式を取得し支配的地位を得たことは他の株主に対する誠実義務違反だとする原告らの主張に対し、「当事者たちが同じ会社の株主であるとの主張は、彼らの間に信託の関係が存在していることを示したことにはならない。単なる株式の所有者ということだけでは、株主間の信任関係を創設しない」と判断し、原告らの主張を斥けた。

(20) 40 So. 2d 293, at 296.
(21) 165 N.Y.S. 2d 745, 749-750. しかしこれに対し、Desmond 裁判官は反対意見を表明しており、X_1とY_1らがX_2会社を通じてジョイント・ベンチャーを営むことは「何ら違法のところが存在しないのみならず、このような事業形態は今日最も一般的なものの一つだと私はあえて指摘しておきたい」と述べ、X_1らの請求に対し救済を与えるべきことを主張している。Id. at 752.
(22) Note, Corporations: Does a Joint Adventure Agreement to Use the Corporation as a Medium Survive Incorporation?, 44 Calif. L. Rev. 590, 591 (1956).
(23) Recent Case, 69 Harv. L. Rev. 565, 566 (1956).
(24) Note, Control of Directors of a Corporation under a Partnership Agreement between Stockholders, 23 Harv. L. Rev. 551, 552 (1910).
(25) Note, supra note 22, at 591-92; Recent Case, supra note 23, at 566.
(26) Conway, The New York Fiduciary Concept in Incorporated Partnership and Joint Venture, 30 Fordham L. Rev. 297, 309 (1961).
(27) Id.
(28) Id. at 309-310.
(29) Id. at 311.
(30) Gillerman, The Corporate Fiduciary Under State Law, 3 Corp. L. Rev. 299, 300-301 (1980).
(31) Id. at 301.

第二項　誠実義務肯定例

前項で検討してきたように、マサチューセッツ、ニュージャージなど一部の州の裁判所は、株式会社とパートナーシップとを完全に相対立する法形態としてとらえ、株主はパートナーであり得ず、有限責任と誠実義務とは法的に両立し得ないとの立場から、株主相互間の誠実義務を否定していた。この結果、会社の解散などのような、少数派株主の利益を著しく損ないかねない決議事項についても、多数派株主は少数派株主の会社における利益を考慮することなく、もっぱら自己の利益のためにその議決権を行使することが容認されていたのである。しかし他方では、このような一部の州の判例の立場とは異なり、連邦裁判所や他の多くの州の裁判所は早くから多数派株主の少数派株主に対する誠実義務を承認して、これを多数派株主の議決権行使を制約する法理として発展せしめてきた。以下このような判例の展開を検討していく。

一　連邦下級審裁判所は、既に一連の多数派株主と会社間の取引に関する事例において、取締役を選任し、会社の活動を支配することのできる多数派株主は、取締役と同様の誠実義務を負い、会社や他の株主の損害において利己的な利益を追求してはならないとの見解を示してきた(1)。そして、一八九三年の Central Trust Co. of New York v. Bridges 事件(2)において、連邦第六巡回控訴裁判所の Taft 判事は鉄道会社とその支配株主との間で締結された契約の効力に関連して、傍論の形で、「このような契約の欠陥（vice）は、それが当事者間の本来の関係を表さなかったということによるのではなくして、それは、株主が支配株主としての地位を利用して、取締役に対し不当な影響力を行使して会社と締結したことによるもので、支配株主が個人的な利益を得るために会社とその他の株主、社債権者の損害において影響力を行使することが不公平で不当だからである(3)」と指摘し、支配株主が会社や他の株主の損害において影響力を行使し、利己的な利益を追求することは違法である、という「支配株主理論(the doctrine of dominant stockholder)」を明確に打ち出した(4)。その後、第八巡回控訴裁判所は、Jones v. Missouri-Edison Electric Co. 事件判決(5)や、Wheeler v. Ablinene Nat. Bank Bldg. Co. 事件判決(6)において、また同じ第六巡回控訴裁判所は Hyams v. Calumet & Hecla Mining Co. 事件判決(7)において、多数派株主は少数派株主に対し誠実義務を負い、会社の利益に対する平等な参加を少数派株主に保障しなければならないとの立場を示してきた。

こうした判例の流れを受けて、一九一九年に連邦最高裁は、次のSouthern Pacific Co.事件判決で多数派株主の少数派株主に対する誠実義務を承認するに至ったのである。

⑨ Southern Pacific Co. v. Bogert, 250 U.S. 483 (1919) 上告人（被告・控訴人）であるY会社は、その子会社Aを通じて訴外B会社を支配していたところ、一八八八年に再建協定に基づき、B会社に対し再建が行われ、その過程において新B社はY社に対しその発行する新株を全部割り当て、Xら（原告・被控訴人・被上告人）を含む旧B社の少数派株主たちは一株も引き受けられなかったため、Xらは、Y会社はXらが新B社において有すべき株式の受託者であるとして、その地位の確認などを求めた。原審がXらの請求を認容したのに対し、Yが上告した。連邦最高裁のBrandeis判事は、「多数派は会社を支配する権利を有する。しかし多数派がそうする場合には、会社の役員や取締役と同じように、少数派株主に対し信任関係（fiduciary relation）に立つ。このような支配権の行使によって会社財産が売却され、それが多数派株主によって取得された場合には、少数派株主はその売却から生ずる利益に公平に参加することを妨げられてはならない」[8]と説示したうえで、Yには詐欺または不実表示がなかったから、責任を負うべきではないとのYの主張に対し、「本件において求められているYの責任の原因は詐欺や不実表示にあるのではなく、旧B社を支配することにより受任者となったYが、少数派株主には享受し得ない利益を取得したことにある。その不正は新株を取得したことではなく、旧B社の株主に対し同等の条件で平等に新株を割り当てなかったことにある」と斥け、YはXら少数派株主の受託者であり、その取得した新株の一部を引き渡さなければならないと判示した。

このように、連邦最高裁は少数派株主に対する多数派株主の誠実義務を承認することとなったのであるが、このような多数派株主の誠実義務法理は、その後、多くの多数派・少数派間の利益衝突の事例において適用され、継承されていった[9]。そうした一連の判例[10]のうち、閉鎖会社に関連する事例において、閉鎖会社における株主相互間の関係をパートナー的関係としてとらえ、株主相互間に誠実義務関係が存在することを認める判決が現れてきた。その代表的なものとして、次のHelms事件判決が挙げられる[11]。

⑩ Helms v. Duckworth, 249 F. 2d 482 (D.C. Cir. 1957) A（訴外）とY_1（被告）は一九四八年にB会社（訴外）

を設立し、Aは全株式の五一%、Y_1は四九%を引き受け、共同で事業に当たっていた。AはY_1とY_2銀行（被告）との間で、所有する株式をY_2銀行に信託すること、当事者の一方が死亡した場合には他方当事者が一株一〇ドルでその持株を取得すべきこと、右価格は毎年一月に一方当事者の書面による請求により変更されうるといった内容を盛り込んだ信託協定を結んでいた。一九五六年にAが死亡したため、Y_1は、一度も変更されなかった右協定価格でAの持株を取得しようとしたが、この時点で一株の価値は既に八〇ドルぐらいに達していた。そこでAの遺産管理人であるX（原告）は、Y_1が定期的に株式の譲渡価格の調整に応じるような不実表示をして不正にAに信託協定を締結させたのであり、このような不実表示によって当事者間の信頼関係が破壊されたこと、設定された価格が著しく不公正で、協定は無効であるとして、右協定の効力の取消を求めた。コロンビア特別区上訴裁判所は、「本件のような密接な人的関係を有するベンチャー事業において、株主は共同事業者及びパートナーに類似した地位を有する。一部の裁判所は、株主が『互いにパートナーシップにおけるような信任と信頼の関係を有しない』としているが、かかる見解は、株主、取締役と経営者が同じ人々であるような小規模の事業を営む小さな『二人』会社の組織構造と機能の現実性を無視するものである。この種の会社の大きな特徴は、株主・所有者と取締役・経営者との間に区別がなされていないことである。なぜならば、株主は自ら事業を経営し指揮するか、或いは取締役を支配しまたは自分の代理人にするからである。しかしながら、取締役と支配株主の受任者たる資格については、疑問の余地がない。われわれは、本件のような閉鎖会社の株主はその仲間株主に対し誠実義務を負い、公平、正直かつ率直に行動し、すべての重要な情報を開示しなければならないと信じる」[12]との一般論を述べた上で、Y_1が重要な情報をAに公開しないで、価格の調整を行わなかったのはAに対する誠実義務違反だと判断し、Xの請求を認容した。

本件事案は直接的には多数派の支配権の濫用ではないが、閉鎖会社における株主相互間の関係についての裁判所の判断が、注目に値する。既に前項で見たように、一部の州の裁判所は株式会社とパートナーシップとの法形態上の差違を過大視して、閉鎖会社における株主間のパートナー的関係を否定していたが、本判決において連邦裁判所はこうした見解を小規模閉鎖会社の特殊性を無視したものとしてはっきりと排斥した上で、所有と経営の一致する閉鎖会社の株主はパートナーに類似した地位を有し、他の株主に対し誠実義務を負うとの判断を示した。

そしてこのように株主相互間の誠実義務を認めた上で、本判決は、会社に関する重要な情報を開示しないで、仲間株主から不当に安い価格で株式を買い取るのはかかる誠実義務に違反するとして、株主間の株式譲渡という具体的な利害衝突の場面における誠実義務の適用基準を示したのである。本判決について、企業経営が株主自身によって行われ、その効率的な運営が株主相互間の信頼関係の存在を不可欠のものとする閉鎖会社において、株主相互間の誠実義務を法的に承認したことは極めて望ましいものである、との評価がなされている(13)。

このように、連邦裁判所は、多数派株主の誠実義務を肯定し、多数派株主が権利行使に際して少数派株主の利益を考慮しなければならないとの法理を確立する一方で、小規模閉鎖会社についても、この種の会社の特殊性に着目し、株主間の関係をパートナーシップにおけるパートナー的関係としてとらえ、株主相互間に誠実義務関係が存在することを認めてきたのである(14)。

二　一方、これと同時に、多くの州の裁判所も、多数派株主に対し取締役と同様の誠実義務を課し、少数派株主の利益に対する適切な配慮を求める立場を示してきている。以下、ニューヨーク州、カリフォルニア州とデラウェア州における判例の動向を少し詳しく跡づけてみる。

まず、ニューヨーク州の判例を取り上げよう(15)。既に前項で述べたように、ニューヨーク州の初期の一部の判例は、会社とパートナーシップまたはジョイント・ベンチャーとは相対立する法形態であり、会社の形態をもってジョイント・ベンチャーを営むことはできず、社員間には誠実的関係が存在しないとの立場に立ち、閉鎖会社における株主相互間の誠実義務関係を否定してきた。しかし、このように株主は単なる株主たる地位のみによっては誠実義務を負わないとする一方で、会社における議決権株式の過半数を所有する株主が、会社の経営陣に対する支配力の行使により会社経営を指揮命令するなど、取締役と同様の役割を果たす場合には、このような多数派株主または支配株主は少数派株主に対し誠実義務を負わなければならないとする見解も、同時に示されてきたの

である。初期の最も重要な判決の一つは、次の Kavanaugh 事件判決である。(16)

⑪　Kavanaugh v. Kavanaugh Knitting Co., 123 N.E. 148 (C.A.N.Y. 1919)(17)　X（原告）は一九一二年に、Y_1（被告）とY_2（被告）と共にY_3会社（被告）を創設し、Y_1は社長、Y_2は秘書と会計係、Xは副社長として経営に当たってきたが、一九一七年にXはY_1らとの間で争いが起きたことが原因で、副社長を辞任させられた。その後Y_1らは取締役会で役員の給与を大幅に引き上げることを決定し、株主総会で多数派の地位を利用してこれを可決させた。Xは同業種の他の会社よりも役員報酬が高すぎるとして、総会決議取消の訴えを提起したところ、Y_1らは取締役会を開き、会社を解散する決定を行い、そのための株主総会の招集等の手続を開始した。(18)そこでXは、Y_1らがXの意思に反して会社を解散するのは悪意で不当だとして、解散手続の差止を求める訴えを提起した。ニューヨーク州最高裁は、「明らかに、通常、株主相互間又は株主と会社との間には信任関係は存在しない。なぜならば、株主は一般に、会社事業と業務の経営及び支配に関しては部外者(stranger) だからである。……（しかし）多数の株主が自分自身で又は法によって会社事業の経営者となる場合には、彼らは他の株主又は少数派株主に対し、取締役が一般にすべての株主に対して有する地位と同じ地位に立つことになり、法は彼らに対し最高の誠実（utmost good faith）を要求する。法の規定に基づいて会社の行動を行う場合には、株主は会社と株主全体の利益のために行動すべきであり、悪意により又は個人的な利益もしくは目的のために会社の権限を利用することはできない。……エクィティー裁判所は、信任関係を破壊し、直接に株主を害し又は害する恐れのある会社の取締役又は経営者株主の行為から、少数派株主を保護する」(19)との一般論を示した上で、本件において会社の利益や事業の将来性などを無視して、もっぱら個人的な目的のために会社を解散しようとするY_1らの行為は誠実さを欠き、善意とは言えないと判断し、Xの請求を棄却した原審判決を破棄した。

本判決において、ニューヨーク州最高裁は、原則的に株主相互間に誠実義務が存在しないとしながらも、多数派の地位にある株主が会社に対し支配権を行使し、直接経営に介入する場合には、多数派株主は取締役と同様の地位に置かれ、会社と他の株主に対し誠実義務を負うことになると判断し、会社の経営に影響力を行使する多数派株主の誠実義務を承認したのである。したがって、会社経営に直接介入する多数派株主は取締役と同様の誠実義務を負うことになるのであり、会社および株主全体の利益のために、善意かつ誠実に行動することが要求されるわけである。そしてこの場合において、多数派株主が善意かつ誠実に行動したか否かは、誠実義務違反の有無を判断する一つの基準ともなるのである。[20]

このようにニューヨーク州最高裁の立場によれば、株主は通常会社の経営に直接に関与しないため、会社に対しても、また他の株主に対しても信任関係を有しないが、多数派の地位にある株主が会社の取締役や役員でないにもかかわらず、その支配的地位を利用して取締役会における多数派をコントロールすることにより、会社の合併や解散といったことを決定するなど、会社を事実上支配している場合には、多数派株主は取締役と同様の誠実義務を少数派株主に対して負わなければならないのである。これは、株主としての地位から離れて、会社経営に対し直接に影響力を行使する多数派株主に、取締役と同様の誠実義務を負わせしめることによって、多数派株主の不当な権利行使を抑制し、会社および少数派株主の利益保護を図ろうとするものであり、評価できよう。しかし他方では、株主相互間の誠実義務を否定した裁判所の立場に関しては、問題の余地が残されていた。判旨は、株主相互間の誠実義務を否定する根拠を、株主の会社経営への不参加といった点に求めているようである。しかしこのことが大規模の公開会社には妥当するとしても、所有と経営の一致が見られる小規模閉鎖会社には当てはまらなくなることは、明らかである。本件被告会社はまさにこのような小規模閉鎖的な会社であり、原告と被告らは直接に会社の経営に参加してきたのであるから、判旨の右論理をもってくれば、当事者間において信任関係の存在が認められるはずだったのである。にもかかわらず、これが否定されたのは、次の理由によるものと思われる。すなわち、既に前記⑧判決に見たように、当時、ニューヨーク州最高裁は社員が会社の法形態をもってジョイント・ベンチャーを営むことはできないとの立場をとっていたのであり、現実に存在している小規模閉鎖的な会社形態を顧慮しないで、あらゆる会社を理念型としての公開会社と同じように規制しようとしていたのである。

そしてこのように閉鎖会社の存在が無視され、すべての会社が公開会社としてとらえられたために、株主相互間に誠実義務関係が存在しないという結論が導かれてきたのであろう。

しかしこのような判例の立場は、その後大きく転換し始めた。とりわけ一九五〇年代頃から、立法[(21)]および裁判[(22)]において閉鎖会社の特質に着目し、それに対応した合理的な法規整を加えようとする動きが活発化するようになってきた。こうした中で、閉鎖会社における多数派株主の誠実義務を強調する判決も現れるようになってきた。その一つが次のRibakove事件判決である。

⑫ Ribakove v. Rich, 173 N. Y. S. 2d 306 (Sup. Ct. 1958)　それぞれY_1会社（被告）とY_2会社（被告）を経営してきたX（原告）とY_3ら（被告）は、一九五六年に両社の事業内容がほぼ同じであることから、両社が独立の法人格を維持したまま結合することで合意し、Xはそれぞれ三分の一、Y_3らは三分の二の持分を取得して、全員が取締役や役員として両社の経営に当たることになった。しかし間もなく株主間協定の条件をめぐり対立が生じ、翌年になってY_3らはXに対する給与の支払いを停止した。これに対し、Xは裁判所から仲裁人の任命を得て、仲裁を待っていたところ、Y_3らは臨時株主総会を招集し、Y_1とY_2両社について解散して清算を行うこと、Xから賃借している不動産の賃貸借契約の期限が切れるため、その前に設備等を早急に売却することなどについて討議したが、採決するには至らなかった。Xは、Y_3らがXを締め出すためにXの希望する賃貸借契約の更新を拒否して、両会社を解散し、その財産やのれん等を自ら設立したパートナーシップに移転しようとするのは不当だとして、Y_3らによる会社財産の売却の差止等を求めて、訴えを提起した。キングズ郡高位裁判所は、「会社の多数派株主、とりわけ閉鎖会社の多数派株主は、少数派株主に対し最高の誠実義務を負う。彼らは、このような誠実義務に違反して、自己の個人的な目的又は利益のために少数派の損害において会社の権限を利用してはならない[(23)]」と説示し、ニューヨーク州株式会社法二〇条と二一条[(24)]の定めるところにより、会社財産の売却につき多数派側に悪意と詐欺があったという証明がなければ、反対する少数派株主は株式買取による救済しか受けられないが、誠実義務違反および詐欺・違法が主張立証された場合には、エクィティー裁判所は少数派を救済しなければならないとし、本件については事実審裁判所による審理が終了するまで会社解散と財産の売却が差し止められなければならないと判断して、仮差止命令を下した。

右判旨から明らかなように、この時期からニューヨーク州の裁判所は徐々に閉鎖会社の現実的存在を認め、その特殊性を考慮するようになってきた。閉鎖会社における多数派株主の誠実義務を強調したのは、公開会社におけるよりも閉鎖会社の少数派株主のほうが、より一層多数派の濫用による利益の侵害を受けやすい状況にあることを認識したためだと思われる。本件のように、会社の解散と財産の売却が行われると、Xは会社から締め出されるなどの著しい不利益を蒙ることになるから、会社の解散等が多数派株主である被告らによって、その個人的な目的のために、悪意で詐欺的になされるものか否かが本案において明らかにされるまで、被告らの行為を一時的に差し止めるのは、極めて妥当な救済策だと言えよう。

このように、前記 Kavanaugh 判決以降、ニューヨーク州の裁判所は、会社経営に直接に介入する多数派株主に対しては取締役と同様の誠実義務を課すことによって、多数派による支配権の濫用を抑制する一方、公開会社と異なる特質を有する閉鎖会社については多数派株主の少数派株主に対する誠実義務を明確に承認して、多数派の濫用からの少数派の救済を積極的に図るようになってきたのである[25]。

ところで、株式の取引市場が存在せず、会社の所有者たる株主が直接に会社経営に参加する小規模閉鎖的な会社において、少数派株主が多数派株主の抑圧にさらされやすい状況にあることが一般的に認識されるようになってきた中で、ニューヨーク州は一九七九年の法改正でニューヨーク事業会社法一一〇四－a条において、少数派株主に対する抑圧を会社の解散事由とする規定を設けた[26]。同規定によれば、閉鎖会社において全社外株式の二〇％以上を所有する株主は、取締役または会社を支配する者が当該株主に対し違法的、抑圧的または詐害的な行為をした場合には、会社の解散を請求することができることになった。

次の判決は、右の抑圧に関する規定に基づいて、少数派に対して救済を与えたものである。

⑬　Application of Taines, 444 N. Y. S. 2d 540 (Sup. Ct. 1981)　一九八〇年にX（原告）一族を含む三家族がY会社（被告）を設立し、各家族の父親と息子一人が会社の取締役として経営に当たることになったが、間もなくX一族と他の二

つの家族との間に争いが生じ、翌年に開かれた取締役会でXとその息子は役員の地位から解任され、続いて開かれた株主総会で取締役に再選されなかった。そこでXは、Y社の株式の三分の二を所有している他の二つの家族がXらを会社から締め出したのは抑圧的な行為に当たるとして、事業会社法一一〇四―a条に基づき会社の解散と保管人の任命を求めた。ニューヨーク郡高位裁判所は、「これらの新しい規定は閉鎖会社の少数派株主に救済を提供するもので、このような会社における株主間の関係がパートナー間の関係に極めて類似していることを立法上承認したものと考えられる」とし、一一〇四条aの抑圧の定義を「公正な扱いの基準からの著しい離脱で、会社に投資したすべての株主が信頼してしかるべきフェアプレーの違反」であると説示した上で、本件と事案の似ているマサチューセッツ州最高裁のWilkes事件判決(27)を引用し、閉鎖会社において多数派株主は少数派株主に対しパートナー間の誠実義務を負い、少数派を不当に解任することはかかる誠実義務に違反するとの見解を示して、本件においてY社への経営参加を期待しているXらを訴外多数派株主らが締め出したのは抑圧的であり、会社解散の事由が存在するが(28)、事業会社法一一一八条により、Y社は公正な価格でXの持株を買い取ることによって解散を回避することができると判断した(29)。

一方、右のような制定法上の抑圧概念について、合理的期待理論（Reasonable Expectations Doctrine）を用いて解釈し、少数派株主に法的救済を与える動きも出てきた(30)。例えば、Matter of Kemp & Beatley, Inc. 事件判決(31)においては、株主が八人しかいないY会社に、三五年間以上も勤めてきた株主X_1とX_2は、これまで利益配当またはボーナスの形で会社の利益の分配に参加してきたが、Y社の配当政策が変更されたことにより何ら利益を受け取れなくなり、会社から締め出されたとして、取締役の行為が「詐害的かつ抑圧的」であることを主張して、会社の解散を求めた事案について、ニューヨーク州最高裁は、多数派株主がすべての株主を公平かつ平等に扱い、会社の財産を維持し、誠実に会社経営の責務を果たすという誠実義務を負うことを確認した上で、「閉鎖会社の性質と法規定の救済的趣旨からすれば、当裁判所は申立株主の『合理的期待』を、抑圧的だと主張された行為を認定し判断するための手段として用いるのが適切だと考える。抑圧的行為の存否の判断につき、裁判所は、ある特定の企業に入る時に申立株主がいかなる期待を有していたかを多数派株主が知っていたか、または知りうべきものだったか否かを調べなければならない。……多数派の行為が客観的に見て当該状況の下で、合理的でしかも事業に参加する原告の決断にとって重要な期待を挫いた場合には、かかる行為は抑圧的だと考えるべきである」[32]と説示して、本件においてY社の配当政策の変更は実質的にXらの利益の参加を排除したものであり、これはXらの有していた合理的期待を破壊し、事業会社法一一〇四－a条に定める抑圧的行為に当たると判断した。

右判決において、ニューヨーク州最高裁は、閉鎖会社において多数派株主が少数派株主に対し誠実義務を負うことを前提としつつ、学説によって提唱されてきた合理的期待理論を用いて、制定法上の抑圧に関する規定を柔軟に解釈し、会社に加入したときに有していた少数派株主の合理的期待が破壊された場合には、多数派株主・取締役の行為は抑圧的な行為に当たり、少数派株主は会社解散という救済を得られると判断している。このように、ニューヨーク州において多数派株主の誠実義務理論とともに、合理的期待理論も少数派株主の利益救済を図る上で大きな役割を果たしていることは、注目に値しよう。[33]

三　次に、カリフォルニア州の判例を見てみよう。[34]カリフォルニア州の初期の判例では、多数派株主・取締役は、株主から独立した法的存在である会社に対してのみ受任者であり、個々の株主との間では何ら信任関係を有せず、したがって株主との間で株式の売買などを行う場合にもその知っている事実を開示する義務を負わないとする、いわゆる多数派原則（majority rule）が承認されていた。[35]しかしこの多数派原則に対しては、それは、多数派株主・取締役が個人的な利益を得るために、他の株主の損害においてその優越的な地位や情報を利用することを不当に助長するもので、それゆえそれは道徳規範に反し、取締役の義務についての現代的理解と相容れないものである、との激しい批判が加えられるようになった。[36]こうした批判を受けて、連邦最高裁がリーディングケースのStrong v. Repide事件判決[37]で、いわゆる「特別事実の法理（special facts doctrine）」を打ち出して、右多数派原則を修正したのである。この特別事実の法理とは、通常の場合においては多数派株主・取締役は会社に対してのみ誠実義務を負い、他の株主との間で信任的関係を有せず、それゆえ彼らは他の株主から株式を買い取るにつき株式の価値等に関する情報を開示する義務を負わないが、特別の事情または事実が存在するときには、他の株主に対しても誠実義務を負わなければならず、その知っている情報を開示しなければならない、というものであった。[38] この連邦最高裁の判決が出た後、多くの州の裁判所はこの特別事実の法理を採用し、多数派原則を維持しながらも、特別の事情または事実が存在する場合には、多数派株主・取締役が他の株主に対しても誠実義務を負い、少数派株主と株式取引を行うに際しては、重要な情報を開示して公正に行動しなければならない、との立場をとるようになった。[39] こうした中で、カリフォルニア州最高裁も、一連の判決においてこの特別事実の法理を採り入れることとなったのである。[40]

しかしながら、この特別事実の法理も前述の多数派原則の理論を前提としているため、特別の事情または事実が存在する場合においては、たしかに多数派株主・取締役の少数派株主に対する誠実義務が認められるが、そのような事情または事実が存在しない場合には、多数派株主・取締役はかかる誠実義務を負わないものとされ、その優越的な地位を利用して少数派株主の損害において個人的な利益を追求することが容認され得るのである。このため、この法理の下でも、多数派株主・取締役と少数派株主間の利益調整は公正に行われることはできない。そこで、少数派株主の利益保護を一層徹底的に図るために、カリフォルニア州上訴審裁判所は支配株式の売却に関する次のBrown事件判決において、この特別事実の法理を用いずに、直接に多数派株主・取締役の少数派株主に対する誠実義務を認めるに至ったのである。[41]

⑭　Brown v. Halbert, 76 Cal. Rptr. 795 (Cal. App. 1969)　A会社（訴外）の多数派株主で社長であるY（被告）とその妻を含む他の役員とが、それぞれの持株を簿価の二・五倍の価格でB会社（訴外）に売却譲渡したが、少数派株主Xら（原告）は事実を知らないまま、その持株を簿価のままB社に譲り渡した。後にこの事実を知ったXらは、YらがXらの持株を同じ価格で売却することをB社と交渉すべきだったにもかかわらず、それをしなかったのは支配株主として負うべ

き誠実義務に違反したとして、支配株式の売却により得た金銭に信託を設定すること、およびXらに生じた損害の賠償を求めて、訴えを提起した。原審は特別事実の法理を適用して、本件には特別の事実が存在しないから、Yは誠実義務を負わないとして、Xらの請求を棄却した。これに対しカリフォルニア州第一地区上訴審裁判所はまず、「多数派株主・取締役がその支配株式を部外者に売却して、少数派の株式の価値を下落させたような本件の事案については、特別事実の法理を適用すべきではない。この法理は、信任関係を生じさせる特別の事実の存在を要求している。このような法理は、多数派株主・取締役が会社の受任者で、株主の受任者ではないとする理論に対する修正として、その存在価値が認められるようになったが、右理論は多くの例外や誠実義務の存在を認めた近時の多数の判例によって侵食され、現在もはや妥当しないのである。したがって本件においてYとその会社及び少数派株主との間の関係を確定するに際しては、特別事実の存在は不要である。Yは会社の社長、取締役会議長及び支配株主としての資格において、会社及びその受益者である少数派株主との間に信任関係に立っている[42]」と述べ、連邦最高裁のPepper事件判決[43]やPerlman事件判決[44]などを引用して、Xら少数派株主に対するYの誠実義務を肯定した。続いて、本件ではYの誠実義務違反があったか否かについて、「少数派株主、とりわけごく少人数の株主しかいない会社における少数派株主の置かれている状況は、極めて危険であり、そのため、現在一般に認められているように、このような少数派株主は多数派の行動から保護される必要があり、かつ保護される権利がある。われわれがここで採用している原則は次のようなものである。すなわち、多数派株主・取締役が他の株主には得られない価格で支配株式を売却することを計画し、しかもその売却は少数派株主の利益を害する恐れのある場合には、多数派株主・取締役は積極的に率直にすべての情報を公開し、受任者の得られる利益と同じ利益を得る機会を他の株主にも与え、少数派を完全に保護する義務を負わねばならない。本件ではこの義務が守られていない[45]」と判示し、原判決を破棄した。

本判決は、原審の採用した特別事実の法理をはっきりと排除して、多数派株主の誠実義務を正面から認めたのであるが、その理由は判旨から明らかなように、特別事実の法理が立脚するところの多数派原則の理論が、事実上既に多くの判例によって排除されていたこと、また少数派株主の利益保護を図るのに特別事実の法理を用いるのは必ずしも十分ではなく、それゆえ直接に多数派株主の少数派株主に対する誠実義務を認める必要があったこと、といった点にある。

このように、カリフォルニア州の上訴審裁判所は支配株式の売却の事例について、特別の事実が存在する場合にしか多数派株主・取締役の少数派株主に対する誠実義務を認めないとする特別事実の法理を採用せず、多数派株主はその多数派株主としての地位に基づいて少数派株主に対し誠実義務を負うとの見解を示したが、こうした下級審の立場は、次のAhmanson事件判決においてカリフォルニア州最高裁によって是認されることとなったのである。

⑮ Jones v. H.F. Ahmanson & Company, 460 P. 2d 464 (Cal. Supr. 1969)[46]　一九五八年ごろ、貯蓄貸付会社に対する投資家の関心が高まり、上場されている貯蓄貸付会社の株式の価格は高騰していた。しかし貯蓄貸付会社であるA社（訴外）はその株式を上場しておらず、社員圏が閉鎖的で株式の簿価が高いため、株式の売買はあまり行われていなかった。A社の大多数の株式を所有している取締役・役員Y_1ら（被告）は、投機熱によってもたらされた利益に与るために、持株会社Y_2社（被告）を設立し、その所有するA社の株式をY_2社の発行する株式と交換した後、Y_2社の株式を上場させ、巨額の利益を得た。しかしA社の他の少数派株主は、株式交換の機会が与えられなかったため、Y_2社株式の上場による利益に与れず、A会社に閉じ込められる形となった。そこで、少数派株主の一人であるX（原告）は、多数派株主としてのY_1らがA会社に対する支配権を利用して、もっぱら自己の利益のために少数派の損害において右一連の行為をなしたのであり、少数派株主に対する誠実義務違反だとして、Xを含む少数派株主に生ずる損害の賠償等を求めて訴えを提起した。原審は、適法な訴訟原因がないとしてXの請求を却下した。これに対し、カリフォルニア州最高裁は、「Y_1らは、内部情報の利用、会社財産の流用又は詐欺がない限り、株主として彼らは他の株主に対し誠実義務を負わないと主張する。しかしこの見解はカリフォルニア州で長い間斥けられてきた。上訴審裁判所が繰り返し認めてきているように、単独で又は共通の目的を達成するために共同で行動する多数派株主は、少数派株主と会社に対し誠実義務を負い、公平、公正かつ適切な方法で会社の支配権を行使しなければならない。多数派株主はもっぱら自らの利益のために又は少数派を害するような手段で、会社の活動に対しその支配権を行使してはならない。会社に対するあらゆる支配権の行使は、株主全員を均等に利しなければならないし、会社事業の正常な運営を妨害してはならない」[47]との一般論を展開して、多数派株主Y_1らが少数派株主Xに対して誠実義務を負うことを認めた。そして、Y_1らがXとその他の少数派株主を排除してY_2会社を設立しその株式を上場させたことは誠実義

務違反になるかという点について、「Y_1らがすべての株主によって享受されえない利益を得るために、A社に対する支配権を行使した。彼らは、少数派株主に不利益をもたらすことを全く考慮せず、かつ何ら合理的な事業目的を有せずに行動したのである。このような行為は少数派に対する誠実及び内在的公正の義務に反する」[48]と判断して、原判決を破棄差し戻した。

小規模閉鎖会社の存在については、カリフォルニア州の裁判所は早くからこれを認めてきたのであり、社員は会社という法形態をもってジョイント・ベンチャーを営むことが可能であり、債権者などの第三者の保護が問題とならない限り、株主間の権利義務関係は最初に締結されたジョイント・ベンチャーの協定に基づいて確定されるべきであって、会社は会社法上の厳格な形式性からある程度離れてもよい、との柔軟な立場を示してきた[49]。そして本件において、カリフォルニア州最高裁は、「伝統的な、少数派株主に対する多数派株主の誠実義務理論が、特に多数派の濫用にさらされやすい閉鎖会社の少数派に対しては適切な保護を与えることができない[50]」と指摘し、閉鎖会社の特殊性を考慮した上で、特別事実の理論を排斥して、閉鎖会社における多数派株主の少数派株主に対する誠実義務を直接に認めたのである。つまり、裁判所は、多数派株主の行為について誠実と公正の基準を課すことにより、多数派株主によるあらゆる権限の行使は少数派株主を含む株主全体の利益を図るべきであり、個人的利益のために少数派株主の損害においてその支配権を行使してはならないという立場を示したわけである[51]。本件についてみると、A社の多数派株主で取締役でもあるY_1らが本来、A社の株式を直接に証券取引所に上場するか、またはXら少数派株主にもY_2会社の株式との交換を認めるべきだったにもかかわらず、Xら少数派株主を排除して、自分たちだけでY_2社を設立しその株式を上場させたのは、まさに自己の個人的利益を追求するために少数派株主の損害において会社に対する支配権を行使したことになる。それゆえY_1らの行為は不公正で、Xら少数派株主に対する誠実義務違反であり、Xらには適切な救済が与えられるべきだとする本判決の結論は、極めて妥当なものと言えよう。

このように、多数派株主の誠実義務を承認した本判決の立場を広く解釈すれば、本判決によって、多数派株主が自己の個人的な利益を追求する目的で支配権を行使する場合には、少数派株主にも按分的な利益をもたらすような手段を選択しなければならないというルールが確立されたとも言える。[52] そしてこのルールは、少数派株主が支配株主によるプレミアム付の支配株式の売却を攻撃する上で極めて有力な根拠となるのであり、[53] 支配株主の有する財産的権利にかなりの影響を及ぼすことになる。[54] 本件事例におけるように、支配株式が譲渡移転されれば、少数派株主の有する株式の価値がそれによって低下してしまうなど、少数派株主は間接的な損害を受けることになるが、この場合に右ルールを適用すれば、多数派株主が、少数派株主にも按分的な利益をもたらすような手段が他には存在しなかったことを証明し得ない限り、少数派株主は誠実義務違反を理由に、その受けた損害を多数派株主に賠償せしめることができる。[55] したがって、このルールを厳格に適用していけば、少数派株主の利益保護が一層強化されることは、言うまでもない。[56]

多数派株主が少数派株主に対し誠実義務を負い、少数派株主の利益を考慮して支配権を行使しなければならないとするカリフォルニア州最高裁の立場は、その後多くの判例によって踏襲されている。[57]

ところで、カリフォルニア州会社法は、一九四一年の法改正で、会社の強制解散の事由を拡大し、会社の取締役または会社を支配する者が持続的な詐欺、不当経営または権限の濫用、もしくは少数派株主に対し持続的な不公正の行為をなした場合には、会社の社外株式の三分の一を有する株主等は、会社の解散を申し立てることができるとの規定を設けた。[58] その後、幾多の法改正を経て、現在カリフォルニア州一般会社法一八〇〇条は、会社の営業の放棄やデッドロックなどの事由に基づく会社の強制解散を認めるほか、同条(b)(3)において「会社を支配する者が、永続的かつ普及的な詐欺、不当経営もしくは権限の濫用、もしくは株主に対する永続的な不公正の罪を犯しもしくは知りつつそれを黙認したこと、または会社の取締役もしくは役員が会社の財産を悪用もしくは浪費していること」を理由として、社外株式総数または社外普通株式総数の三分の一を有する公開会社の株主もしくは閉鎖会社の株主が、[59] また特に閉鎖会社に関しては同条(b)(5)において、「三五人以下の株主を有する会社の場合において、申立株主の権利または利益の保護のため清算が合理的に必要であること」を理由に、閉鎖会社の株主が[60]、それぞれ会社の解散を申し立てることができる、と定めている。これにより、閉鎖会社の株主は、多数派株主の「永続的な不公正」の行為、または少数派株主の権利もしくは利益の保護のため必要であることを理由として、裁判所に対し会社の解散を申し立てることができることとなった。次の二つの事例は、これらの規定に基づいて少数派の救済を図ったものである。

Buss v. J.O. Martin Co.事件[61]では、同族会社であるY_1会社（被告）の株主間に不和対立が生じ、Xら（原告）は、多数派株主であるY_2（被告）がXらを役員から解任した上、会社の有能な従業員を解雇したり、会社の取引先とトラブルを起こしたりするなど、不当経営をしたとして、Y_1会社の解散を求めた事案について、カリフォルニア州控訴審裁判所は、不当経営とは誤った経営、不正または拙劣な経営であるとし、有能な従業員を解雇したり、支配株主としてXらの不利益において会社を個人事業のように指揮経営するといった本件Y_2の行為は制定法上の持続的な不当経営に当たり、これは会社の権限の濫用だけでなく、少数派株主であるXらに対する持続的な不公正をも示すものであると判示し、Xらの主張を認めた。

また、Stumpf v. C.S. Stumpf & Sons, Inc.事件[62]では、X（原告）は、父親と兄の三人でY会社（被告）を経営していたところ、経営政策をめぐり争いが生じ、役員の地位から解任され、利益配当の行われていないY会社から報酬を受け取れなくなったとして、Y会社の解散を求めた事案について、カリフォルニア州控訴審裁判所は、旧法四六五一条(f)（現行法一八〇〇条(b)(5)）に定められている「申立株主の利益保護のために必要であること」という解散事由は、デッドロックや不当経営といった法定の解散事由が存在する場合にのみ問題となるのではなく、それ自体が独立した解散事由であり、単独で適用されることができると判示し、本件において当事者間の対立が激しく、Xは役員の地位から解任されたことにより会社経営上の発言権を奪われ、給与や利益配当も受け取れなくなったなどの事実を認定して、Xの権利と利益を保護するためにY会社の解散を認めた原審判決は正当であると判断した。

このように、カリフォルニア州の裁判所は、多数派株主の少数派株主に対する誠実義務を承認し、これをもって多数派株主の支配権行使を抑制する一方、制定法上の少数派救済の規定を援用して、積極的に少数派に対し法的救済を与えてきており、このため、カリフォルニア州では多数派の抑圧からの少数派の利益救済が大きく図られてきているのである。

四　デラウエア州では、[63]「株主はその個人的な利益の追求のために議決権を行使することが容認されるが、しかしかかる権利行使は他の株主に対して負うべきところの誠実義務によって制約される」という原則が判例法上確立されている、と言われている。[64]このように、デラウエア州の裁判所は比較的に早い時期から、株主相互間に一定の誠実義務関係が存在することを承認し、そしてこのような誠実義務を株主の権利行使を制約する法理としてとらえてきたわけである。一方、現在の判例では、株式の過半数（社外株式の五〇％を超える株式）を所有する株主、または株式の過半数を有しなくても、会社の経営に対し支配権を行使することのできる株主は、会社および少数派株主に対して取締役と同様の誠実義務を負うことも認められている。[65]次の事例は、かかる誠実義務理論を表明した初期の重要な判例の一つである。

⑯　Allied Chemical & Dye Corporation v. Steel & Tube Co., 120 A. 486 (Del. Ch. 1923)　三つの同族会社を統合して創設されたY_1会社（被告）の多数派株主Y_2ら（被告）が、Y_1会社を同業種の会社と合併させることを計画し交渉を進めた結果、Y_3会社（被告）との間で、のれんを含むY_1会社の全営業資産を総額七三〇〇万ドルでY_3会社に売却する契約を結んで、株主総会で同契約の承認決議を成立させたのに対して、総会決議に反対したY_1会社の少数派株主であるX会社（原告）は、Y_1社のバンラスシートによれば同社の総資産額が九四〇〇万ドルもあるのに、譲渡価格が七三〇〇万ドルに設定されたのは、著しく不当で、詐欺的であるとして、Y_1会社の営業譲渡に対する差止命令を求めた。デラウエア大法官裁判所は、「あ

る一定の状況の下で、多数派株主と少数派株主との関係が信任的性格を持つことは、明らかである。言うまでもなく、いかなる者も、会社に対する取締役の関係が信任関係であることを疑わないのであろう。株主に対する取締役の関係に信任的性格を加えた基本的な正義の思想はまた、相応の事例において、少数派に対する多数派株主の関係にもこれと同様の信任的性格を加えることになる。……通常、取締役が会社の経営政策を決定する。もし多数派株主がそれを決定すれば、彼らはその時点で会社そのものである。このような場合に、多数派株主をして、取締役の株主全体に対して負うような誠実義務を少数派株主に対して負わせしめない限り、少数派株主は最もひどい詐欺に合わされ、最も邪悪な不正行為にさらされる状況に置かれることになる[66]」と説示し、前記⑪ニューヨーク最高裁のKavanaugh事件判決や、連邦裁判所のJones事件判決、Wheeler事件判決などを引用して、これらの判決も右判断を支持するものであるとし、「したがって、多数派株主が自己の利益を図るために少数派の損害においてその権限を行使する場合には、彼らの行動は詐害的なものとして非難されるべきであり、エクィティー裁判所に請求した少数派株主は、適切な救済を受けられる[67]」との一般論を述べた上で、本件において、右取引につき被告Y_2らが個人的な利益を図ることについての証明はないものの、譲渡価格と会社資産の簿価との差があまりにも大きすぎて不当であるとして、仮差止命令を下した。

本判決において、デラウエア大法官裁判所は、連邦裁判所やニューヨーク州裁判所と同様の立場に立ち、会社の経営を指揮命令する多数派株主に対して取締役と同様の誠実義務を課したのである。右判旨から明らかなように、このような多数派株主の誠実義務は、多数派株主が会社に対し支配権を行使する場合に、少数派株主の損害において個人的な利益を図るおそれがあることから、多数派の詐欺や不正行為から少数派を救済するために認められたものである。すなわち、デラウエア州裁判所はこのような多数派株主の誠実義務を、多数派による権利行使を抑制し、少数派の利益保護を図るための法理として承認しているわけである。

本判決によって表明された多数派株主の誠実義務理論は、その後、閉鎖会社における多数派・少数派間の利益衝突の事例においても適用されていった。そして新株発行に関するBodell v. General Gas & Electric Corp.事件[68]やBennett v. Breuil Petroleum Corp.事件[69]、株式の売却に関するAllaun v. Consolidated Oil Co.事件[70]などにおいて、デラウエア州の裁判所は、多数派株主は少数派を会社から締め出すといった不正な目的のために、またはもっぱら個人的な利益を追求するために行動してはならず、会社や他の株主の利益を考慮して新株の発行価額や財産譲渡の対価を公正に定める義務を負うものと判示し、多数派の行動の主たる目的が少数派の締め出しにある場合には、取引の対価が公正か否かにかかわらず、右事実は訴訟を基礎づけるに足るというルールを確立したのである。

閉鎖会社に関する次の二つの事例を紹介しよう。

⑰ Dolese Bros. Co. v. Brown, 157 A. 2d 784 (Del. Supr. 1960)　同族会社であるY_1会社（被告）の株主間において、株式を株主以外の者には売却しないこと、株式を譲渡する際にはまず他の株主と会社に対して申し出る旨の協定が結ばれていた。ところが後に株主間に争いが生じ、実質的に議決権株式の過半数以上をコントロールしている取締役社長Y_2（被告）は、自分と対立している株主A（訴外）から株式を買い取るために、別にY_3会社（被告）を設立する一方、家族に対してはY_1会社に資金がないなどの不実のことを表示して、Y_1社によるA株主からの株式買取を断念させ、その代わりに自分の設立したY_3社にAの持株を全部買い取らせた。続いてY_2は、家族から議決権行使の委任状等を受けていたことを奇貨として、Y_1社の株主総会でY_1社の重要な財産をY_3社に譲渡する旨の決議を可決させ、契約を履行した。これに対し、Y_1社の少数派株主でY_2の兄弟であるXら（原告）は、右取引の無効と会社への財産回復を求めて訴えを提起した。デラウエア州最高裁は、Y_2は他の株主の代理人または受託者であるため、他の株主に対し誠実義務を負うのみならず、会社の社長および支配株主としての地位においても会社と他の株主に対し誠実義務を負うべきであるところ、他の株主に不実表示をして実質的に自ら株式をAから買い取ったり、Y_1社の重要な財産を自分の支配しているY_3社に譲渡するなどの行為があったとすれば、それはかかる誠実義務に違反するものであり、少数派株主Xらは救済を得られると判示し、本件では事実の審理が不十分であるとして原判決を破棄差し戻した。(71)

⑱ Petty v. Penntech Papers, Inc., 347 A. 2d 140 (Del. Ch. 1975)　Y_1会社（被告）では、一株につき一〇個の議決権を有し、全体で取締役の過半数を選任することのできるA種優先株式が発行されているが、同優先株式の株主である最高経営責任者Y_2（被告）と副社長Y_3（被告）は、二人を除く他のすべての優先株主に対して株式消却の通知を発して、自分

たちの保有する優先株式以外の優先株式をすべて消却しようとした。これに対し、このような選択的な株式消却によりY_2らは五三％の議決権を握ることになり、これは会社の費用で自分たちの支配権を確立するもので不当であるとして、Y_1社の普通株式の株主Ｘ（原告）は右株式消却に対する一方的緊急差止命令（temporary restraining order）を請求した。デラウエア州大法官裁判所は、デラウエア州の法律の下では、会社に対する支配権を維持する目的で会社の資金を使って会社の株式を取得することが違法とされているところ、Y_2らが他の株主の優先株式を消却して、自分たちの優先株式だけを消却しないのは明らかにY_1会社に対する支配の永続化を図るためであり、この効果は自らの支配権維持のために会社資金を用いて自社株式を取得するのと実質的に同じものであって、それゆえ多数派株主で取締役でもあるY_2らは他の株主に対し負うべきところの最高の誠実さと公正取引の義務に違反すると判断して、仮差止命令を認めた。(72)

以上の判例はいずれも、前記⑯Steel & Tube Co.事件判決の流れに沿って、特に閉鎖会社における少数派株主の危険な立場を考慮して、支配権を行使する多数派株主に対し取締役と同様の誠実義務を課することにより、少数派の利益救済を図ったものとして評価することができる。(73)

五　他の州においても、前述のニューヨーク州やカリフォルニア州、デラウエア州におけるのと同じように、多数派株主の少数派株主に対する誠実義務は、多数派・少数派間における利益衝突の調整法理として、広く一般に承認されてきている。

判例は多数あるが、ここでは次の二つの判例だけを紹介しておく。

⑲　Weisbecker v. Hosiery Patents, 51 A. 2d 811 (Pa. Supr. 1947)　Ｘ（原告）は、その所有する特許権を出資して、Y_1ら（被告）と共にY_2会社（被告）を設立して経営にあたっていた。しかし後に株主間に紛争が起きて、株主総会の決議を経て、特許権を含む会社のほとんどの財産が競売にかけられたところ、多数派株主Y_1によって設立され支配されているY_3会社（被告）がこれらの財産を取得した。そこで、Ｘは、多数派株主Y_1らがY_2社の財産を不当に売却し、詐害的であるとして、右特許権等の売却行為の取消を求めて、訴えを提起した。原審が、本件Y_1らの行為は、社外株式の過半数の同意によっ

て会社を解散しうると定めた一九三三年のペンシルバニア州法一一〇二条の規定に基づいたものであり、正当であるとして請求を棄却したのに対し、ペンシルバニア州最高裁は、多くの先例を引用して、「多数派株主が少数派株主に対し義務を負っていることは、疑いのないことである。この義務のゆえに多数派株主は少数派株主の『受託者』とも呼ばれる。この義務は多数派に対し、その有する権限が会社利益への少数派の正当な参加の権利を排除するために行使されてはならないということを要求する」(74)と説示した上で、もし本件において被告らが会社の財産を不正な目的で売却し、売却価格が不公正であるならば、Ｘは適切な救済を与えられなければならないとして、本件事実を再度審理するよう、原判決を破棄差し戻した。

⑳　Cole Real Estate Corp. v. Peoples Bank & Trust Co., 310 N.E. 2d 275 (Ind. App. 1974)　閉鎖会社Y_1（被告）の多数派株主であるY_2（被告）は、ワンマン社長として会社を経営し、長年にわたり株主総会も開催せず、利益配当も行わなかった。その代わりY_2自身は会社から高額の報酬を受け取る一方、会社の財産を流用していた。そこで、少数派株主Ｘ（原告）はこれを不当だとして、会社への財産の回復と利益配当宣言を求めた。インディアナ州控訴審裁判所は、「われわれは、会社の形式性と内部の運営が問題となるとき、閉鎖会社を公開会社から区別して扱うのが適切だと考える。……閉鎖会社の多数派株主はその負うべきところの誠実義務に違反して、自己の報酬のために会社の利益を費消する場合には、エクィティー裁判所は少数派株主に対し救済を与えなければならない」(75)と判示し、Y_2が高額の報酬を受け取っていた等の事実に関する本件証拠は、Y_2が少数派株主Ｘに対する誠実義務に違反したことを示しているとして、Ｘの請求を認容した。

このように、多くの州の裁判所は、閉鎖会社における少数派株主の危険な立場を考慮して、多数派株主が少数派株主に対し誠実義務を負うべきことを承認し、多数派株主が少数派株主の利益を無視して、もっぱら個人的利益のために会社を経営し、自ら不当に高額の報酬を受け取りながら、他の株主に対し利益配当を行わない場合、または少数派株主を会社経営から排除し、報酬などを支払わず、会社利益への少数派の参加を排除するといった場合について、これを多数派株主の誠実義務違反としてとらえ、積極的に少数派株主に対しエクィティー上の救済を与えてきているのである。(76)

(1) Meeker v. Winthrop Iron Co., 17 F. 48, 50 (C.C.W.D. Mich. 1883); Sidell v. Missouri Pac. Ry. Co., 78 F. 724, 727 (2d Cir. 1897); McCourt v. Singers-Bigger, 145 F. 103, 107 (8th Cir. 1906); Pepper v. Addicks, 153 F. 383, 405 (C.C.E.D. Pa. 1907).

(2) 57 F. 753 (6th Cir. 1893). これについては、神田秀樹「資本多数決と株主間の利益調整（五・完）」法学協会雑誌九九巻二号（昭和五七年）二二四頁参照。

(3) Id. at 766.

(4) いわゆる支配株主理論とは、簡単に言えば、支配株主が取締役や役員に代わって直接に会社の行動を指揮する場合には、取締役と同様の行為基準が適用され、支配株主は会社の利益ではなく、彼自身の利益のために行動するよう会社の理事者に影響力を行使してはならないとする法理である。Berle, "Control" in Corporate Law, 58 Colum. L. Rev. 1212, 1222-1223 (1958); Berle & Means, The Modern Corporation and Private Property, at 235 (17th prin. 1950); Israels, Are Corporate Powers Still Held in Trust?, 64 Colum. L. Rev. 1446 (1964); Sneed, The Stockholder May Vote as He Pleases: Theory and Fact, 22 U. Pitt. L. Rew. 23, 48-50 (1960); 神田・前掲注(2)参照。

(5) 144 F. 765, 771 (8th Cir. 1906). 電気事業を営むA会社が事業拡大を図るために、同じく電気業のY会社を吸収合併しようとし、Y会社の株式の四分の三を取得しY会社の株主総会で合併の決議を可決させたが、少数株主であるXは、反トラスト法違反や合併の対価の不当などの理由で決議に反対した上、合併の無効などを求めたのに対し、裁判所は、「株主と会社、役員及びその仲間株主との関係は信任及び信頼の関係である。……多数派株主は少数派株主に対し誠実及び注意の義務を負い、その責任においてできる限り多くの利益を生むように会社の財産を運用し、少数派の利益を保護し、収益と財産の利益に対する少数派の正当な部分を確保し彼らに分配しなければならない。少数派株主の正当な利益を奪い又は少数派の不利益において自己の利益を得るために会社の財産を自己に売却し、又は会社或いはその財産を処分することは、このような義務及び信任に違反し、エクィティー裁判所によって完全な救済が少数派株主に与えられる」と判示し、Xの請求を棄却した原判決を破棄し、差し戻した。本件につい

ては、柴田和史「合併法理の再構成（五）」法学協会雑誌一〇六巻一一号二〇一九頁（平成元年）参照。

（6）　159 F. 391, 394 (8th Cir. 1908). 不動産業を営むY_1会社がその全財産である土地と建物を、同社の社長で多数派株主でもあるY_2に売却したことに対し、少数派株主であるXは、Xがその売却価格よりも高い価格で譲り受けたい旨を会社に伝えたにもかかわらずY_1会社が低い価格でY_2に売却したのは不当だとして、右契約の取消を求めた事案であるが、裁判所は前記Jones事件判決などに従い、多数派株主であるY_2の少数派であるXに対する誠実義務を認め、Y_2が不当に低い価格で会社から財産を取得することは少数派たるXの利益を害することで、誠実義務に違反するとした。

（7）　221 F. 529, 537 (6th Cir. 1915). 鉱山会社であるYは同じく鉱山会社である他の一一の会社の株式を所有し、株式交換の形でこれらの会社を吸収合併しようとしたのに対し、一一社のうちの二社の株主であるXらは、Yが合併により原告らの会社の存在を消滅させ、その財産を奪おうとするのは詐害的で不公正で、州と連邦の反トラスト法に違反するとして、Yが議決権又は委任状の行使により原告らの会社における支配権を獲得することを差し止めるよう求めた。第六巡回控訴裁判所は前掲注(5)および(6)の二つの判決などを踏襲して、「州又は連邦の反トラスト法とは別に、次のような準則が重要である。会社の株式の多数及び取締役会をコントロールしている者は少数派株主に対し信任関係に立ち、このような少数派の利益の保護のために高度の誠実及び注意の義務を負う。少数派株主の損害において自己の利益を追求する行為はこのような義務と信任に違反し、少数派はエクイティー裁判所から完全の救済を受ける権利が与えられる」と判示し、Xらの請求を棄却した原判決を破棄し差し戻した。

（8）　250 U.S. 483, 487–88.

（9）　このSouthern Pacific Co. 判決が出てから二〇年後の一九三九年に連邦最高裁は、Pepper v. Litton事件判決において再度その立場を確認した。これは、会社の支配株主であるYが会社の債権者であるXから債務を逃れるために一人会社を設立して旧会社から取得した財産をこれに譲渡し、旧会社を破産申請させた事案であるが、連邦最高裁は、「取締役は受任者（fiduciary）である。支配株主又は株主のグループもそうである。彼らの権限は信託された権限（powers in trust）である。彼らの会社との取引は厳格な審査に服し、会社との契約又は取り決めに対し異議が申し立てられた場合には、取締役又は株主は、当該取引が誠実であるのみならず、会社と他の利益関係者の観点からみて本質的に公正であることを証明する責任を負う。……誠実義務の基準は会社における利益共同体全体―株主や債権者も含めて―の保護を目的とするものである」と判示している。308 U.S 295, 306-307. 本判決は後に、「株主たちのマグナ・カルタ（shareholders' Magna Carta）」を定立したものと評されている。Heckmann v. Ahmanson, 214 Cal. Rptr. 177 (Cal. App. 1985). なお、この判決は、柴田・前掲注（5）二〇五〇頁注（15）に詳しく紹介されている。

（10）例えば、Lebold v. Inland Steel Co., 125 F. 2d 369 (7th Cir. 1941)―支配株主が会社との間の契約を消滅させる目的で会社を解散したのは誠実義務違反であり、少数派株主に対し損害賠償責任を負うと判示―; Zahn v. Transamerica Corporation, 162 F. 2d 36 (3d Cir. 1947)―Bクラスの株式を所有する多数派株主が取締役をしてAクラスの株式を強制消却させてから、会社を解散させ巨額の利益を得たことはAクラスの少数派株主に対する誠実義務違反となると判示―; Harriman v. E.I. DuPont De Nemours & Company, 372 F. Supp. 101 (D. Del. 1974)―多数派株主は支配権を行使する場合には会社や他の株主に対し誠実義務を負い、支配権行使により少数派の不利益で会社の合併を遂行するのは、誠実義務違反であると判示―; Corbin v. Corbin, 429 F. Supp. 276 (M.D. Ga. 1977)―多数派株主らが会社財産を費消したり利益配当をしないことなどにより少数派株主を会社から締め出すのは誠実義務違反であると判示―、などがある。

（11）本件については、宍戸善一「閉鎖会社における内部紛争の解決と経済的公正（二）」法学協会雑誌一〇一巻六号八三七頁（昭和五九年）参照。

（12）249 F. 2d 482, 486-87.

（13）Recent Cases, 72 Harv. L. Rev. 555, 556 (1959).

（14）取締役や支配株主の誠実義務に関する連邦裁判所の判決の多くは、州のコモンロー上の原則に基づいており、それゆえ、誠実義務に関する一般的な概念は、連邦裁判所と州の裁判所においてはほぼ同様である、と言われている。See, Kaplan, Fiduciary Responsibility in the management of the Corporation, 31 Bus. Law. 883 (1976).

(15)　ニューヨーク州の判例における誠実義務理論の発展については、神田・前掲注(2)二二六頁以下参照。

(16)　この判決の前に、ニューヨーク州の裁判所は、既にBarr v. New York, Lake Erie and Western Railroad Company, 96 N.Y. 444, 450 (C.A.N.Y. 1884); Pondir v. New York, L.E. & W.R. Co., 25 N.Y.S. 560, 563 (Sup. Ct. 1893); Sage v. Culver, 41 N.E. 513, 514 (C.A.N.Y. 1895)、などの一連の事例において、多数派株主は少数派株主に対し誠実、公正に行動する義務を負い、個人的利益を追求するために、少数派の利益を無視して詐害的、抑圧的に行動した場合には、少数派株主はエクィティー上の救済を求めることができると判示していた。また、Farmers' Loan & Trust Co. v. New York & N. Ry. Co., 44 N.E. 1043, 1047-49 (C.A.N.Y. 1896); Hinds v. Fishkll & Matteawan Equitable Gas Co., 88 N.Y.S. 954, 957 (Sup. Ct. Appl. D. 1904)において、裁判所は、会社の役員や取締役に対する影響力行使を通じて会社の経営に支配権を行使する場合には、多数派株主は少数派株主に対し信任関係に立ち、会社と少数派株主の損害において自己の利益を図ることは誠実義務違反となるとし、少数派株主に対する多数派株主の誠実義務を認めていた。

(17)　本件については、神田秀樹「資本多数決と株主間の利害調整（四）」法学協会雑誌九八巻一二号一六四九頁（昭和五六年）、宍戸・前掲注(11)八二九頁参照。

(18)　当時のニューヨーク一般法人法（General Corporation Law）二二一条は、その一号において「解散決議のために少なくとも三日前に各取締役に通知して招集された会社の取締役会が、多数決により、彼らの意見では会社を解散することが望ましく、そのために会社を解散する議案を議決するために株主総会を招集すべきことを決議」した場合には、金融または鉄道会社を除くあらゆる株式会社は、その設立証書または定款に定められた期限の到来の前に解散することができる、と定めていた。123 N.E. 148, at 150. なお、一九六三年の新事業会社法が施行されるまで、ニューヨーク州における法人に関する法律はtrunk system（木の幹システム）をとり、その幹となるのが事業会社や協会、慈善団体など法人格を有するあらゆる団体を包括的に規整する一般法人法であり、その幹から株式会社法（Stock Corporation Law）などの枝が出ていた。そしてある事業会社についていかなる法律が適用されるべきかを決定する場合には、まず株式会社法を見、そこに規定がないときは一般法人法を見る、と言われていた。

しかし一九六三年九月一日からニューヨーク州新事業会社法が施行され、trunk system が廃止され、単一の法律となったのである。キャプリレス＝土井輝生訳「ニューヨーク新事業会社法について」海外商事法務二九号一七頁以下（昭和三九年）参照。

(19)　123 N.E. 148, 151-52.

(20)　ニューヨーク州の判例法上、解散や合併といった会社の構造変更の諸措置によって少数派株主が締め出された場合でも、それが善意、誠実になされたものである限り、少数派株主は通常、法に定められている株式買取請求権しか行使することができないが、多数派側に悪意や詐欺、違法があったことが証明された場合には、エクイティー上の種々の救済が受けられるとの原則が確立されいてる。Matter of Willcox v. Stern, 273 N.Y.S. 2d 38, 45 (1966).

(21)　例えば一九四八年の同州の株式会社法は第九条において、一定の条件の下において会社の設立証書で取締役会や株主総会における定足数の加重や議決権の加重を定めることを認め、閉鎖会社の特殊性に対応した規定を設けていた。これは、閉鎖会社の特殊な経営問題に関する最初の重要な立法的承認とされている。酒巻俊雄「閉鎖的株式会社の理論と立法―英米法の動向とその示唆―」閉鎖的会社の法理と立法（昭和四八年、日本評論社）五四頁、浜田道代・アメリカ閉鎖会社法（昭和四九年、商事法務研究会）一一七頁以下参照。そして、一九六一年に制定され、一九六三年から施行されたニューヨーク事業会社法は、閉鎖会社の特殊性に応じて、特別多数の定足数ならびに決議要件の加重のほか、株主による取締役支配、議決権を有する全社外株式の過半数の同意による会社解散などを認める多くの特別の規定を設けることになった。これについては、酒巻俊雄「ニューヨーク事業会社法における閉鎖的株式会社」海外商事法務三八号一〇頁以下（昭和四〇年）参照。

(22)　例えば、Application of Burkin, 147 N.Y.S. 2d 2 (Sup. Ct. Appl. D. 1955); Application of Pivot Punch & Die Corporation, 182 N.Y.S. 2d 459 (Sup. Ct. 1959); Application of Surchin, 286 N.Y.S. 2d 580 (Sup. Ct. 1967); Weiss v. Gordon, 301 N.Y.S. 2d 839 (Sup. Ct. Appl. D. 1969) などにおいて、ニューヨーク州の下級審裁判所は閉鎖会社の存在を承認した上で、閉鎖会社をパートナーシップに準ずる法形態としてとらえ、株主間の関

係をパートナー的関係として認めている。

(23) 173 N. Y. S. 2d 306, at 310.

(24) 当時の株式会社法二〇条は、鉄道会社以外の株式会社は、株主総会で社外株式の三分の二を所有する株主の同意があれば、会社の財産や権利、特権等を売却することがきでることを定めており、また同二一条は総会で右決議に反対した株主の請求により、会社は当該株主の持株を公正な価格で買い取らなければならないことを定めていた。

(25) このほか、多数派株主の誠実義務を肯定した判例として、Blaustein v. Pan American Petroleum & Transport Co., 31 N. Y. S. 2d 934, 956 (1941), aff'd, 56 N. E. 2d 705 (1944); Levy v. American Beverage Co., 38 N. Y. S. 2d 517, 524-25 (1942); Blumenthal v. Roosevelt Hotel, 115 N. Y. S. 2d 52, 54-55 (1952); Warnecke v. Forty Wall Street Building, 169 N. Y. S. 2d 150, 155 (1957); Rank Organization Limited v. Pathe Laboratories, 227 N. Y. S. 2d 562, 576 (1962); People v. Concord Fabrics, Inc., 371 N. Y. S. 2d 550, 552 (1975); Clark v. Pattern Analysis & Recognition Corp., 384 N. Y. S. 2d 660, 663 (1976) などが挙げられる。

(26) See, Davidian, Corporate Dissolution in New York: Liberalizing the Rights of Minority Shareholders, 56 St. John's L. Rev. 24 (1981). この規定の新設に先立ち、ニューヨーク州裁判所は既にLeibert v. Clapp, 247 N. Y. S. 2d 102 (1963) などの一連の判決において、抑圧等を理由とする少数派株主の会社解散請求を受け入れて、会社の解散を命じていたのである。See, Darrin, Corporate Dissolution in New York: The Leibert Standard and its Application Today, 23 Syracuse L. Rev. 873 (1972). なお、ニューヨーク州における解散制度については、戸川登「アメリカ法における会社の解散」英米会社法の論理と課題・星川長七先生還暦記念（昭和四七年、日本評論社）二二五頁、石田宣孝「株式会社解散判決における裁判所の態度について―ニューヨーク州裁判所の判例を参照して―」国士舘法学六号一〇一頁（昭和四九年）、青竹正一「株主の解散判決請求権」小規模閉鎖会社の法規整（昭和五四年、文眞堂）二〇一頁参照。

ところで、少数派株主に対する抑圧を会社の強制解散の事由として立法化する動きは早くからあった。一九三三年のイリノイ州事業会社法八六条とペンシルバニア州会社法一一〇七条は、一番最初に設けられた抑圧に関する規定である。そしてこれがモデルとなって、一九五〇年の模範事業会社法（MBCA）もこれを取り入れたのである。そして現在三七州が、州会社法において「抑圧」またはこれと類似の事由を強制解散事由として定めている。See, O'Neal & Thompson, O'Neal's Oppression of Minority Shareholders §7:13 (2nd Ed 1997).

(27)　この判決については本章第二節第二項（本書一〇一頁）参照。

(28)　ニューヨーク事業会社法一一一八条は、同法一一〇四—a条に基づく解散請求がなされた場合に、他の株主または会社は右訴え提起後九〇日以内若しくは裁判所の決定した期間内に、公正な価格でかつ裁判所の決定した条件で原告株主の株式を買い取ることを選択しうること、譲渡価格につき当事者が合意できないときには、当事者の請求により裁判所が決定することなどを定めている。

(29)　444 N.Y.S. 2d 540, 543-44.

(30)　合理的期待理論とは、会社に加入した時に少数派株主の有していた、会社経営への参加などの合理的な期待が、多数派株主の行為によって破壊されたか否かを基準にして、問題となった多数派の行為が制定法上の抑圧的行為にあたるか否かを判断することを提唱するものであり、O'Neal 等の学者によって唱えられてきたものである。O'Neal, Close Corporation Law and Practice §1.14a (2d ed 1971); O'Neal, Close Corporations: Existing Legislation and Recommended Reform, 33 Bus. Law. 873, 885 (1978); Afterman, Statutory Protection for Oppressed Minority Shareholders: A Model for Reform, 55 Va. L. Rev. 1043, 1063-65 (1969); Thompson, Corporate Dissolution and Shareholders' Reasonable Expectations, 66 Wash.U.L.Q. 193 (1988). なお、吉原和志「小規模閉鎖会社における内部紛争の法的解決—解散判決に代わる救済—」ジュリスト七九四号六二頁（昭和五八年）、瀬谷ゆり子「閉鎖的株式会社における株主の期待—解散判決請求権の再考—」公開会社と閉鎖会社の法理・酒巻還暦記念（平成四年、商事法務研究会）三九三頁、川島いづみ「アメリカ会社法における少数派株主保護の拡大」専修大学法学研究所紀要二一号六二頁以下（平成八年）、拙稿「閉鎖会社の少数派株主に対する抑圧とその法的救済—アメリカ法における展開—」法政大学院紀要三一号二一二頁（平成五年）以下参照。

(31)　484 N.Y.S. 2d 799 (1984).

(32) Id. at 805.

(33) 合理的期待理論は他の州の裁判所によっても採用されている。例えば、Meiselman v. Meiselman, 307 S.E. 2d 551 (N.C. 1983); Fox v. 7L Bar Ranch Co., 456 P. 2d 929 (Mont. 1982); McCauley v. Tom McCauley & Son, 724 P. 2d 232 (N.M. Ct. App. 1986); Balvik v. Sylvester, 411 N.W. 2d 383 (N.D. 1987). なお、Capel, Corporation Law-Meiselman v. Meiselman: "Reasonable Expectations" Determine Minority Shareholders's Rights, 62 N.C.L. Rev. 999 (1984) 参照。ただし、近時、かかる合理的期待理論について次のような問題点も指摘されている。すなわち、まず、合理的期待理論はごく少人数の閉鎖会社については適用可能であるが、比較的に規模の大きい非公開の株式会社においては、異なる種類の株式も存在しうるし、また少数派株主の利益や期待も異なりうるから、右理論は必ずしもうまく機能することができない。次に、右理論の下では多数派の抑圧的行為を理由とする強制解散を決定するに際して、企業の社会的責任が必ずしも考慮されていない。さらに正当な事業目的の存在が合理的期待理論の適用にいかなる影響を与えるかが不明確であり、右理論を広く適用すると、会社の正常な事業運営が損なわれかねない。Miller, Should the Defition of Oppressive Conduct by Majority Shareholders Exclude a Consideration of Ethical Conduct and Business Purpose?, 97 Dick. L. Rev. 227, 253-261 (1993).

(34) カリフォルニア州における多数派株主の誠実義務理論を紹介したものとして、青木英夫「支配株主の信認的義務（二・完）」獨協法学三八号四頁以下（平成六年）がある。

(35) Bacon v. Soule, 126 P. 384, 387 (D.C. App. 1912); Ryder v. Bamberger, 158 P. 753, 759 (Sup. Ct. 1916); McCord v. Martin, 191 P. 89, 92 (D.C. App. 1920). これに対し、他の一部の州の裁判所は、取締役や役員は会社に対してのみならず、個々の株主に対しても受託者の地位にあり、これらの者がその地位に基づいて入手した情報を利用して、株主の不利益において利得をしてはならないとする少数派原則（minority rule）を採用していたが、この少数派原則を支持する見解はごく少数に留まっていた。例えば、Oliver v. Oliver, 45 S.E. 232, 234 (Sup. Ct. Ga. 1903); Stewart v. Harris, 77 P. 277, 279-280 (Sup. Ct. Kan. 1904); Dawson v. National Life Ins. Co., 157 N.W. 929, 934 (Sup. Ct. Iowa 1916); McMynn v. Richardson-Phenix Co., 201 N.W. 272, 280 (Sup.

Ct. Wis. 1924)。なお、多数派原則と少数派原則については、3A Fletcher, Cyclopedia Corporations §§1168.10, 1168.20 (Perm Ed); Ballantine, On Corporations §80, at 211-213 (rev. ed. 1946); Note, Corporations: Right of a director to purchase stock from the shareholders, 10 Corn. L.Q. 509 (1925); Note, Corporations—Directors—Relation of Director to Individual Stockholder from Whom He Purchases Shares of the Corporation, 14 Minn. L. Rev. 530 (1929); Comment, Corporations—Duty of Director to Stockholder on Stock Exchange Sales, 32 Mich. L. Rev. 678, 679 (1934) 参照。

(36) See, e.g., Fletcher, supra note 35, §1168.10; Ballantine, supra note 35, at 212.

(37) 213 U.S. 419, 431 (1909). 本件において、被告は取締役であると同時に会社の発行済株式総数の四分の三を所有する多数派株主であり、会社の支配権を完全に握っていたため、株主に対しても誠実義務を負うべきものとされ、重要な情報を隠して原告株主と株式売買の取引をなしたのは、誠実義務違反だとされた。

(38) 特別事実の理論は、主として多数派株主・取締役が他の株主との間に株式取引を行う場合に適用されていた。この理論によれば、この場合において多数派株主・取締役が他の株主との間に信任関係が発生するのは、多数派株主・取締役が会社の受任者たる地位に基づいて特別の情報を入手したことによるものであり、それゆえ多数派株主・取締役は他の株主と株式の売買をなすに際しては、会社の株式の価格に影響を及ぼす特別の事実を相手方株主に対して開示することが要求される。詳しくは、Fletcher, supra note 35, §1171; Ballantine, supra note 35, at 213-216; 赤堀光子「取締役の忠実義務（三）」法学協会雑誌八五巻三号三五六頁（昭和四三年）以下、北沢正啓「アメリカ会社法における支配株式の売却」末延三次先生還暦記念・英米私法論集（昭和三八年、東京大学出版会）一一一頁（株式会社法研究一六一頁）参照。

(39) 例えば、Goodwin v. Agassiz, 186 N.E. 659, 660-661 (Mass. Supr. 1933)—事業会社の取締役は個々の株主に対しては受託者ではないが、直接に株主と株式取引をなす場合には公正取引の義務を負うと判示—; Dutton v. Barnes, 203 N.W. 414, 415 (Minn. Supr. 1925)—取締役や役員は株主との間では、すべての情報を株主に開示して株式取引を行わなければならないほどの信任関係を有しないが、パートナーとして株主と共同事業を営み、自らが支配権を有する場合には誠実義務関係が生ずると判示―; Bollstrom v. Duplex Power Car Co., 175 N.W. 492, 496-498 (Mich. Supr. 1919)―取締役や役員と個々の株主との関係は信任関係ではないが、被告である取締役が会社の帳簿から株主の入手できない情報を取得したなどの場合には、特別事実の理論が適用され、原告株主に対し情報を公開し公正に取引をしなければならないと判示―などがある。See, Recent Case Notes, 39 Yale L.J. 582 (1930); Recent Cases, 47 Harv. L. Rev. 353 (1933).

(40) Amrican Trust Co. v. California Western States Life Ins. Co., 98 P. 2d 497, 504-505 (1940); Lawrence v. I.N. Parlier Estate Co., 100 P. 2d 765, 770-71 (1940); Hobart v. Hobart Estate Co., 159 P. 2d 958, 970 (1945).

(41) この判決に先立ち、カリフォルニア州上訴審裁判所は既に、Remillard Brick Co. v. Remillard-Dandini Co., 241 P. 2d 66, 74-75 (1952); Efron v. Kalmanovitz, 38 Cal. Rptr. 148, 154-55 (1964); Burt v. Irvine Company, 47 Cal. Rptr. 392, 406-07 (1965)など、多数派株主と会社との間の財産取引をめぐる一連の事例において、多数派株主は会社と財産取引を行うに際して、取締役が会社に対して負うのと同様の誠実義務を会社と少数派株主に対して負わなければならず、会社と少数派株主の損害において自己の個人的利益を図ることは、この義務に違反するとの立場を表明してきた。

(42) 76 Cal. Rptr. 781, 788-89.

(43) この判決については、前掲注(9)参照。

(44) この判決については、後掲注(53)参照。

(45) 76 Cal. Rptr. 781, 793-794. 判旨はまた、「合衆国における株主人口の著しい増加と、会社という事業形態に対する投資家の投資継続についての需要は、将来、立法又は裁判所が投資者の保護に関する法学者の主張を取り入れることを必要とする。しかしわれわれは、確定された諸原則と調和しうる救済がすでに、侵害された少数派に対し与えられていると考える。すなわち、多数派株主・取締役の誠実義務は、それが厳格に守られ、適用されれば、すべての株主に十分な保護を与えることができるものである」と述べている。Id. at 793.

(46)　本件については、北沢正啓「Jones v. H.F. Ahmanson & Co., 1 Cal. 3d 93, 460 P. 2d 464, 81 Cal. Rptr. 592 (1969)—支配株主は支配株式の売却、移転または使用に関し少数派株主に対し忠実義務を負う」［1972］アメリカ法一四一頁（株式会社法研究四一六頁）以下、江頭憲治郎「会社の支配・従属関係と従属会社少数株主の保護（七）」法学協会雑誌九八巻一二号一七一七頁（昭和五六年）参照。

(47)　460 P. 2d 464, 471.

(48)　Id. at 476.

(49)　例えば、Wise Realty Co. v. Stewart, 146 P. 534, 538 (Sup. Ct. 1915); Continental Securities & Investment Co. v. Rawson, 280 P. 954, 958 (Sup. Ct. 1929); Elsbach v. Mulligan, 136 P. 2d 651, 659 (D. Ct. App. 1943)、など。

(50)　460 P. 2d 464, 473.

(51)　Johnson, Strict Fiduciary Duty in Close Corporations: A Concept in Search of Adoption, 18 Cal. W. L. Rev. 1, 12 (1982).

(52)　Recent Case, 83 Harv. L. Rev. 1904, 1907 (1970).

(53)　アメリカ会社法上、支配株主による支配株式の売却は従来からその正当性をめぐって議論されてきた。リーディングケースのPerlman v. Feldmann, 219 F. 2d 173 (2d Cir. 1955, cert. denied, 349 U.S. 952 (1955)) において、連邦控訴審裁判所は、支配株主が会社に有利な機会を自己のために利用して、支配株式を売却し個人的利益を得たのは、取締役および支配株主として会社や他の株主に対して負うべきところの誠実義務に違反すると判示し、被告支配株主が支配株式の売却により得たプレミアムを原告少数派株主らにその持株の割合に応じて支払うよう命じた。なお、この問題については、Jennings, Trading in Corporate Control, 44 Calif. L. Rev. 1 (1956); Hill, The Sale of Controlling Shares, 70 Harv. L. Rev. 986 (1957); Andrews, The Stockholder's Right to Equal Opportunity in the Sale of Shares, 78 Harv. L. Rev. 505 (1965)、北沢・前掲注(38)九五頁、同「支配株式の売却」商事法務研究一三〇号三頁（昭和三四年）、長浜洋一「支配株式譲渡人の責任」早稲田法学四四巻一・二号七五

頁（昭和四三年）、三枝一雄「支配株主と信認義務」法律論叢四四巻二・三号一三七頁（昭和四五年）、江頭・前掲注(46)一六九六頁、前田雅弘「支配株式の譲渡と株式売却の機会均等（一）（二）」法学論叢一一五巻四号六四頁、六号五七頁（昭和五九年）、戸川成弘「アメリカにおける支配株式の売却」名古屋大法政論集一〇六号二七五頁（昭和六〇年）、佐藤誠「支配株式譲渡と株式売却機会の均等ルール」法政研究六一巻一号一〇七（平成六年）参照。

(54)　Recent Case, supra note 52, at 1909.

(55)　Id. at 1910.

(56)　Id. at 1910-11.

(57)　例えば、Weisman v. Odell, 83 Cal. Rptr. 563 (App. 1970); Mueller v. MacBan, 132 Cal. Rptr. 222 (App. 1976); Fisher v. Pennsylvania Life Co., 138 Cal. Rptr. 181 (App. 1977)、など。

(58)　See, Comment, Dissolution under the California Corporations Code: A Remedy for Minority Shareholders, 22 UCLA L. Rev. 595, 598-599 (1975). この規定は一九七五年法改正まではカリフォルニア州会社法典 (Cal. Corp. Code) 四六五〇条以下に定められていた。ところで、既に一九三一年のカリフォルニア州法一八二九条においてこの解散事由が定められていたが、一九三三年の法改正で強制解散の事由が縮小され、この規定が削除されたのである。See, Note, Corporations: Recent Legislation Governing Involuntary Dissolution at Suit of Shareholder, 28 Calif. L. Rev. 219 (1940). これは、会社の強制解散に慎重な立場をとっていたBallantine教授の影響があったと言われている。Murdock, The Evolution of Effective Remedies for Minority Shareholders and Its Upon Valuation of Minority Shares, 65 Notre Dame L. Rev. 425, 455, n. 199 (1990). なお、Ballantine教授の見解については、Ballantine, A Critical Surver of the Illinois Business Corporation Act, 1 U. Chi. L. Rev. 357, 392 (1934); Ballantine & Sterling, California Corporation Laws, §369 (1949 ed).

(59)　See, Ballantine & Sterling, California Corporation Laws, §320.01-320.03 (4th 1993). なお、訳文は北沢正啓＝戸川成弘共訳・カリフォルニア会社法一八一頁（平成一一年、商事法務研究会）による。

(60)　この解散事由は七五年改正前の会社法典四六五一条にも定められていたが、現行法では、これは三五人以下の閉鎖会社にのみ適用されている。Ballantine & Sterling, supra note 59, §320.03.

(61) 50 Cal. Rptr. 206 (App. 1966).

(62) 120 Cal. Rptr. 671 (App. 1975).

(63) デラウエア州における多数派株主の誠実義務を紹介したものとして、神田・前掲注(2)二二八頁、青木・前掲注(34)一二頁以下がある。

(64) Folk, On the Delaware General Corporation Law, §151.6 (3d 1992). この原則を確立した判例としては、Heil v. Standard Gas & Electric Co., 151 A. 303, 304 (Del. Ch. 1930); Ringling Bros.-Barnum & Bailey Com. Shows v. Ringling, 53 A. 2d 441, 447 (Del. Supr. 1947) などがある。

(65) Aronson v. Lewis, 473 A. 2d 805, 815 (Del. Supr. 1984); Gilbert v. El Paso Co., 490 A. 2d 1050, 1055 (Del. Ch. 1984); Ivanhoe Partners v. Newmont Min. Corp., 535 A. 2d 1334, 1344 (Del. Supr. 1987). See, Folk, supra note 64, at §151.6. なお、デラウエア州の判例法上、会社に対する支配 (control, domination) とは、支配を行う会社（または人）の意思もしくは利益に従って会社の行動を行わせることと解釈されており、株主が過半数に満たない株式を所有する場合には、通常会社を支配することにはならないとされている。See, Kaplan v. Centex Corporation, 284 A. 2d 119, 122-23 (Del. Ch. 1971).

(66) 前掲注(5)(6)および本文参照。

(67) 120 A. 486, at 491.

(68) 140 A. 265, 267 (Del. Supr. 1927). AとBの二種類の普通株式を発行している被告Y会社が、A種株式の株主に対してのみ新株引受権を与えて、有利な価格で新株を発行しようとするのに対し、B株の株主である原告Xが新株発行の差し止めを求めた事例。

(69) 99 A. 2d 236, 239 (Del. Ch. 1953). 会社が額面四〇セントの株式一〇〇万株を引受権の譲渡ができないなどの条件で発行したのに対し、少数派株主であるXは、多数派株主Yらによる新株発行は少数派株主であるXを締め出すために行われたものでその利益を害し違法だとして、新株発行の取消を求めた事例。

(70)　147 A. 257, 260 (Del. Ch. 1929). 持株会社であるY_1会社がY_2会社との間で、その全資産であるA会社の全社外株式をY_2会社に売却する契約を結んだところ、Y_1会社の少数派株主Xは、右契約に定められた譲渡価額が不当であること、Y_1会社の多数派株主で取締役であるY_3らが右取引から不当な利益を得ることなどを理由に、右株式譲渡の差止命令を求めた事例。

(71)　157 A. 2d 784, at 787-89.

(72)　347 A. 2d 140, at 143.

(73)　その他の判例として、Marks v. Wolfson, 188 A. 2d 680 (Del. Ch. 1963); Condec Corporation v. Lunkenheimer Company, 230 A. 2d 769 (Del. Ch. 1967); Baron v. Allied Artists Pictures Corporation, 337 A. 2d 653 (Del. Ch. 1975)、などが挙げられる。

(74)　51 A. 2d 811, 814-18.

(75)　310 N.E. 2d 275, 279-80. 本件については、宍戸善一「閉鎖会社における内部紛争の解決と経済的公正（二）」法学協会雑誌一〇一巻六号八四九頁（昭和五九年）参照。

(76)　このほか、Heffern Co-op. Consol. Gold Min. & Mill. Co. v. Gauthier, 193 P. 1021, 1022 (Ariz. Supr. 1920)—多数派株主は会社と少数派株主に対し誠実義務を負い、個人的利益のために会社の財産を流用してはならないと判示—; Red Bud Realty Co. v. South, 241 S.W. 21, 26-27 (Ark. Supr. 1922)—多数派株主は会社と少数派株主の受託者であり、信託に違背するなどの詐害的行為があった場合には、少数派株主は直接にエクイティー上の救済を得られると判示—; Funk v. Spalding, 246 P. 2d 184, 187 (Ariz. Supr. 1952)—二人会社における株主の間には誠実義務が存在し、当事者間の契約により一方当事者に対して利益配当を支払う義務があると判示—; Meadows v. Bradshaw-Diehl Co., 81 S.E. 2d 63, 69 (W. Va. 1954)—会社の株式の過半数を有する者は少数派株主に対し受任者たる地位に立つと判示—; Kirtz v. Grossman, 463 S.W. 2d 541, 544 (St. Louis App. 1971)—多数派株主は少数派株主の受託者であり、少数派株主の利益を無視して会社を解散することは抑圧的であり少数派にエクイティー上の救済が与えられると判示—、などが挙げられる。

第二節　閉鎖会社における近時の動向

第一項　州裁判所における立場の変化

前節で検討してきたように、マサチューセッツ州やニュージャージ州等の一部の州の裁判所は初期の段階で、会社とパートナーシップとを完全に相対立する法形態としてとらえ、社員は会社形態を用いてジョイント・ベンチャーを営むことができず、会社形態を選択する以上、株主はもはやパートナーではあり得ず、相互間に誠実義務関係を有しないとの立場を取っていた。これに対して、連邦裁判所やカリフォルニア州など多くの州の裁判所は早くから、ごく少人数の社員が共同で事業を営むために会社形態を利用することを認め、このような小規模閉鎖的な会社における株主相互間の関係をパートナー的関係としてとらえた上で、特に多数派株主に対して、少数派株主を公正に扱い、その会社における利益を適切に考慮すべき誠実義務を課すことにより、少数派株主の利益保護を図ってきた。(1)

とりわけ一九五〇年代以降、閉鎖会社に関する立法上の進展が著しく、相当数の州会社法は、閉鎖会社の特質に対応した法規整を行うようになった。(2) このような流れの中で、閉鎖会社とパートナーシップとの間の類似性を否認し、株主間の紛争をパートナーシップの法理によって処理することを頑なに拒否してきたマサチューセッツ州の裁判所の立場においても変化が見え始めた。

一九五〇年の Mendelsohn v. Leather Manuf. Corp. 事件判決(3)において、会社を設立して共同事業を営む三人の株主の法的地位について、マサチューセッツ州最高裁は、「本件において原告と被告らはジョイント・ベンチャーを創設したということができる。この種の関係の性質について、われわれの先例はこれを明確にしてこなかったし、われわれもここでこれを明らかにしようとは考えていない。しかし現在のわれわれの目的からして、次のようなことを指摘すれば十分である。すなわち、この種の関係はパートナーシップに類似するもので、多くのパートナーシップの特徴を備えている。当事者たちが後に会社を利用してその目的を追求することは、この関係の基本的な性格を変えるものではない」(4)と判示し、社員はパートナー的関係を維持したまま、会社という法形態を利用してジョイント・ベンチャーを営むことが可能であるとの見解を示して、同裁判所がPratt事件判決（前節③判決）以降、会社とパートナーシップとを相対立するものとしてとらえてきた立場を事実上放棄したのである。

そして、このように閉鎖会社とパートナーシップとの間の類似性を認めた上で、マサチューセッツ州最高裁は、Samia v. Central Oil Company of Worcester 事件判決(5)で同族会社における株主相互間の関係について、またWilson v. Jennings 事件判決(6)で、株主が三人しかいない閉鎖会社における株主相互間の関係について、それが誠実義務関係であることを承認するに至った。

第二項　厳格な誠実義務基準の適用

かくして、マサチューセッツ州裁判所は徐々に閉鎖会社の特質を考慮して、それに即した弾力的な法の運用を行うようになってきた。こうした中で、パートナーシップ法理の閉鎖会社への類推適用を一層徹底して、閉鎖会社の株主、特に多数派株主に対しパートナーシップにおけるパートナー間の厳格な誠実義務を課す判例がついに現れてきた。そのリーディングケースとなったのが一九七五年のマサチューセッツ州最高裁のDonahue事件判決である。

① Donahue v. Rodd Electrotype Co. of New England, Inc., Mass., 328 N.E. 2d 505 (1975)(7)　Y_1会社（被告）の前社長であるY_2（被告）と、その二人の息子で会社の取締役であるY_3およびY_4（被告）は、Y_1会社の発行済株式の大多数を

所有する多数派株主であり、X（原告）は少数派株主である。Y_2はY_1会社の社長として長年会社の経営を指揮してきたが、高齢のため会社から引退して、社長の座をY_3に譲ることにした。そのために開かれたY_1会社の取締役会で、Y_2が辞任し、Y_3が社長に選任された。これと同時に、右取締役会において、Y_1会社が一株八〇〇ドルの価格でY_2の持株四五株を買い取ることが可決された。Xはその後に開かれた臨時株主総会で初めてこの株式買取契約のことを知り、異議を申し立てた。続いてXは、Y_1会社に対し自分の持株を右契約と同じ条件で買い取るよう請求したが、拒否された。そこでXは、Y_1会社とY_2との株式買取契約は支配株主への会社財産の不当な分配であり、Y_2らが支配株主としての誠実義務に違反したとして、同契約の取消と、売買代金三万六〇〇〇ドルのY_1会社への返還を求めて訴えを提起した。一審・二審とも本件株式買取契約が公正に締結されたとしてXの請求を棄却した。これに対し、マサチューセッツ州最高裁は、閉鎖会社がパートナーシップに類似していること、閉鎖会社の株式につき取引市場が存在せず少数派株主は抑圧されやすい危険な立場にあることなどを認めて、「閉鎖会社とパートナーシップとの本質的な類似性、この種の規模と形態の企業にとって重要な（社員間の）信任と信頼、そして閉鎖会社に固有な少数派の利益への脅威のゆえに、閉鎖会社の株主は企業の運営においてパートナー相互間に存在するのと実質的に同様の誠実義務を互いに負うべきであると、とわれわれは考える。われわれはこれまでの判決で、パートナー間の誠実義務を『最大の誠実と忠誠（utmost good faith and loyalty）』と定義づけてきた。閉鎖会社の株主はこの厳格な誠実基準に従って、経営者及び株主としての責務を果たすべきものである。株主は私利私欲のために他の株主及び会社に対する忠実の義務に違反して、行動してはならない」[(8)]との一般論を展開した上で、具体的に本件で問題となっている会社による支配株式の買取について、「このような見地からすれば、株主は取締役または支配株主として、会社と株式買取契約を締結する場合には、他の株主に対する最大の誠実と忠誠をもって行動しなければならない。この基準を満たすためには、株式を売却した株主が支配グループの一員である場合においては、支配株主らは会社をして、各株主に対し同じ価格でそれに応じた数の株式を会社に売却する機会を与えさせなければならない。会社による株式の買取は、株式を買い取られた支配グループの一員に実質的な利益を与えることになる。もし会社が同じ売却の機会を与えなければ、この種の利益は少数派株主には享受され得ない。支配グループは少数派に対する厳格な義務を順守すべきであり、会社に対する支配権を利用して、その株式所有から特別な利益と不平等な利得を得てはならない」[(9)]と判示し、本件においてY_3ら支配株主がY_1会社にY_2の株式を買い取らせたのに、少数派株主Xに対し株式売却の機会を与えなかったのは誠実義務違反だとするXの主張を認め、機会均等の原則に基づいて、Y_2が株式の売却益をY_1会社に返還するか、Y_1会社が同じ条件でXの株式を買い取るかのいずれかを決定するよう、原審を破棄し差し戻した。

本判決においてマサチューセッツ州最高裁は、株式が市場性に欠け、それゆえ少数派株主が多数派の濫用にさらされやすいという閉鎖会社における特殊な問題状況に目を向けて、このような人的要素の濃厚な会社においては社員間の誠実義務の基準は、ただ単に株式投資をするだけの公開会社の社員間のそれとは異なった、より厳格なものでなければならないとして、閉鎖会社の株主に対し「最高の誠実と忠誠」と定義づけられるパートナー間の誠実義務を課したのである。そして閉鎖会社の株主は、この厳格な誠実基準に従って行動することが要求され、もっぱら自己の私的利益を追求するために、他の株主の損害において会社に対する支配権を行使する場合には、誠実義務違反として、法的責任を負わねばならないのである。すなわち、閉鎖会社とパートナーシップとの類似性に着目した本判決は、パートナーシップにおけるパートナー間の誠実基準を閉鎖会社の株主に適用して、これを閉鎖会社の株主の遵守すべき行動基準として宣言したわけである。従来の判例においても、閉鎖会社をパートナーシップに準ずる法形態としてとらえ、閉鎖会社における株主相互間の関係をパートナー的関係として位置づけるものが多数あったが(たとえば連邦地裁のHelms事件判決―前節⑩判決―など)、パートナー相互間の厳格な誠実基準を閉鎖会社の株主に明確に適用したのは、本件がおそらく初めてのものではないかと思われる。このように、閉鎖会社の特殊性を考慮し、閉鎖会社における多数決原理と経営判断原則の無修正の適用を排除して[10]、閉鎖会社の株主に対し厳格な誠実義務基準を課した本判決は、閉鎖会社における少数派の利益保護を図る上で極めて重要であり、閉鎖会社の実態に適切に対応したものとして、多くの評価を得ている[11]。

もっとも他方では、このような高度の誠実義務が適用された会社による支配株式の買取の問題について、本判決が機会均等の原則を打ち出したことに対しては、疑問を示す見解もないわけではない。すなわち、株式につき取引市場が存在しない閉鎖会社において、株主が株式を売却して投下資本を回収することが極めて困難であるため、多数派株主がその支配的地位を利用して会社にその持株を買い取らせ、他の少数派株主に売却の機会を提供しないのは、たしかに判旨の言うように、他の株主には享受され得ない利益を多数派株主に一方的に与えることになり、不公正である。それゆえ機会均等の原則が適用されれば、少数派株主も多数派株主と同じ条件で株式を会社に売却することができ、多数派株主と同等の利益を享受することが可能となる。しかし、本判決のように、機会均等の原則を無条件に適用すると、極端な場合には、多数派株主がその持株を全部会社に売却し、他の株主にも売却の機会を与えるときには、株主の全員の同意による事実上の会社の解散につながる結果となりかねない[(12)]。したがって、機会均等の原則は、少数派の利益保護という機能を持つ半面、具体的な事例への適用に際して他の合理的な要件を加えずに、その無制限の適用を認めると、会社の事業活動は不当に害されるおそれがある[(13)]。

しかしながら、右のような懸念は、結局杞憂に過ぎなかった。本判決が出た翌年の Wilkes 事件判決において、マサチューセッツ州最高裁は少数派株主の締め出しに関する事案について、自ら右の高度の誠実義務の適用基準を緩和して、機会均等の原則を修正したのである。

②　Wilkes v. Springside Nursing Home, Inc., Mass., 353 N.E. 2d 657 (1976)[(14)]　X（原告）はA（訴外）およびY_1、Y_2（被告）と共にY_3会社（被告）を創設し、それぞれ同じ割合の株式を所有して、取締役兼役員として会社の経営に携わってきた。Aはその後持株すべてをY_4（被告）に譲渡し、会社経営から身を引き、代わりにY_4は取締役に選任された。ところがXは、Y_3社とY_1との間に行われた土地売買取引をめぐり、Y_1らとの間に意見が対立し、関係が悪化した。そしてその後間もなく開かれた株主総会で、Xは取締役に再選されず、役員からも解任された。これによりXは経営参加から完全に排除され、収入も失うこととなった。そこでXは、XとY_1らとの間には、共同事業者として会社経営に参加する旨の協定が結ばれていたにもかかわず、Y_1らがXを会社から締め出したのは誠実義務違反であるとして、損害賠償を求めて訴えを提起した。一審が棄却したのに対し直接上告した。これに対しマサチューセッツ州最高裁は、閉鎖会社の株主はパートナーと同様の最大の誠実と忠誠の義務を負うとした前記 Donahue 事件判決を引用した後、「しかしながら、われわれは、本件のような事案

について Donahue 判決に示された厳格な誠実基準を無修正に適用することは、閉鎖会社における支配グループの合法的な活動に制限を加えることになり、すべての社員の最善の利益において会社を運営することの効率性を不当に損なう結果をもたらすものと懸念する。多数派株主は明らかに、少数派株主に対する誠実義務の概念と均衡を保たれるべき『利己的な所有（selfish ownership）』と言われるものに対する一定の権利を有する。したがって閉鎖会社の少数派株主が、多数派が彼らに対して負うところの厳格な誠実基準に違反したとして訴えを提起した場合には、われわれは個々のケースについて支配株主のとった行動を慎重に検討しなければならない。支配グループはそのとった行動について合法的な事業目的が存在することを証明できるか否かが問われるべきである。この問題を審査するにつき、われわれは、閉鎖会社における支配グループが、会社の事業政策を決定するに際して一定の行動の余地を有することを認める。例えば、利益を分配するか留保するか、合併するか結合するかの決定に際して、また会社の役員の報酬の決定に際して、または相当の理由によりまたは理由なしに取締役を解任すること、会社の従業員を雇用または解雇することについて、大きな裁量の余地を認められなければならない。もしその行為に関して主張された事業目的が多数派によって証明されたならば、今度は少数派株主は、同様な事業目的が少数派の利益をより害さない他の方法で達成され得たことを証明しなければならない」(15)との一般論を述べた上で、本件においてはY_1らがXを取締役と役員から解任したことについて何ら正当な事業目的が立証されておらず、これはもっぱら原告Xを締め出す意図で行われたもので、誠実義務に違反すると判断し、Xの主張を認め、Xの被った具体的な損害の額を算定するよう一審判決を破棄して差し戻した。

本判決は前記Donahue事件判決の立場を基本的に踏襲しながらも、多数派株主の会社における利益を考慮して、正当な事業目的が存在する限り、多数派株主は会社の経営政策を自由に決定することができるとの事業目的理論を打ち出し、Donahue事件判決の厳格な誠実基準を若干緩和して、機会均等の原則を修正した点に特色があるといえる。すなわち、前記Donahue事件判決は、高度の誠実基準を多数派株主に課して、多数派株主はあらゆる権限行使に際して、少数派株主を含む株主全員の利益を図らなければならず、多数派株主と同等の利益を享受する権利を他の株主にも保障すべきだとする機会均等の原則を打ち立てたが、かかる機会均等の原則の下では、多数派の利益と少数派の利益とが完全に同一視され、多数派のあらゆる行動が実質的な平等の結果を保障しなければならないのである。しかしこれでは、少数派株主の利益を少しでも損なうような行為であれば、仮にそれが合法的な事業目的を遂行するために行われたとしても、かかる多数派の行為が正当化されえない結果になりかねず、多数派の正当な行為までも制限され、会社事業の健全な運営が阻害される恐れがあることは、既に指摘されたところである。果たして本判決においてマサチューセッツ州最高裁は、前記Donahue事件判決における厳格な誠実基準の無修正の適用が会社の事業活動を損なう結果となることを恐れて、Donahue事件判決の立場をそのまま踏襲せず、その代わりに事業目的理論を採用して、正当な事業目的を有する限り、たとえ少数派の利益を害する行為であるとしても、一応合法的なものと認められるとしたのである。しかし多数派が事業目的の追求という名目の下で、少数派の利益を不当に害することのないように、本判決は同時に、多数派の利益と少数派の利益とを比較考量するいわゆる「バランス・テスト」(16)を採用したのである。そこで、誠実義務違反と主張された多数派の行為については、このバランス・テストの下で次のように審査することになる。すなわち、まず被告である多数派株主は、問題の行動をとったことについて、正当な事業目的の存在を主張し立証しなければならない。この立証責任が果たされ、事業目的の存在が裁判所によって認められれば、立証責任が転換され、原告少数派株主は、少数派の利益をより害さない他の手段によって同一の事業目的を達成することができたことを証明しなければならない。多数派株主が立証責任を果たせなかった場合には、本件被告らのように、少数派株主に対する誠実義務違反の責任を問われるのに対し、原告少数派株主が他の手段の存在について立証責任を果たせなければ、原告の利益を損なったとされる被告多数派の行為は法的に正当化されることとなる(17)。

このように、機会均等の原則を修正して、事業目的理論を打ち出した本判決が、前記Donahue事件判決の厳格な誠実基準からある程度後退したことは、事実である(18)。しかし、閉鎖会社における多数派株主が会社事業を運営していく中で、一定の裁量の余地を認められるべきこともまた必要不可欠であり、その意味では、バランス・テストの下で正当な事業目的の有無およびその目的と手段との相当性を審査することによって、多数派の行為の正当性を判断する本判決の立場は、極めて妥当なものといえよう。[19]

そしてその後も、マサチューセッツ州の裁判所は、閉鎖会社の株主が互いに高度の誠実義務を負うとするDonahue 事件判決の立場を基本的に維持しながらも、Wilkes 事件判決によって打ち出された事業目的理論を採用し、会社事業の円滑な運営に配慮しながら、多数派の不当な行為からの少数派の利益救済を図る立場をとってきている。[20]

マサチューセッツ州最高裁の右両判決は、「閉鎖会社において利益の公平な分配を拒否された少数派株主のために効果的な訴訟原因を創り出したパイオニア」[21]であると高く評価されており、その立場は他の州の裁判所によって踏襲されることとなった。

以下、他の州における判例の動向を見てみよう。

③　Crosby v. Beam, 548 N. E. 2d 217 (Ohio Supr. 1989)　少数派株主であるXら（原告）は、支配株主で取締役であるYら（被告）が会社から高額の給与を受け取り、会社の財産を不当に費消しながら、少数派株主には会社利益への参加を拒否したとして、誠実義務違反を理由に、Xらに生じた損害の賠償を求めて訴えを提起した。一審は、原告らの主張する損害は会社と株主全体についてのものであり、原告らが株主代表訴訟を提起すべきであって、個人訴訟における原告適格を欠くとして訴えを却下した。しかし控訴審は原告らに訴訟原因があるとして一審判決を破棄した。被告Yらが上告してきたのに対し、オハイオ州最高裁は、「一般に、多数派株主は少数派株主に対し誠実義務を負う。姉妹州の裁判所とオハイオ州控訴審裁判所は、閉鎖会社の多数派株主と少数派株主との間に高度の誠実義務が存在することを承認してきている。閉鎖会社とパートナーシップとの基本的な類似性のゆえに、この義務は、パートナーシップのパートナーが相互に負うところの義務と同様のものである。Donahue判決はこの義務の基準が『最大の誠実と忠誠』であると認めている。……多数派株主または支配株主が、閉鎖会社に対する支配権を行使して、会社における平等の機会への参加から少数派を排除する場合には、少数派株主に対する誠実義務違反となる。閉鎖会社における株式の支配は、少数派の享受し得ない利益を多数派に与えるよう

に行使されてはならない」[22]と述べて、Donahue事件判決における厳格な誠実基準を確認したうえで、「例えば、Wilkes 判決におけるように、これまで利益配当が行われてこなかった閉鎖会社において、多数派株主が正当な事業目的なしに少数派株主を解雇した場合には、少数派に対する誠実義務違反となる。……閉鎖会社の多数派株主または支配株主が会社に対する多数派支配を利用して、少数派株主に平等な利益参加の機会を与えないで、もっぱら個人的利益を図ることにより少数派株主に対する高度の誠実義務に違反した場合には、合法的な目的のないこのような違反行為は、訴訟を基礎づけるに足るものである。このような違反行為が起きた場合には、少数派株主は個人的に損害を蒙ることになる。そしてこのような損害がその性質上個人的なものと解されうるならば、違反者たる多数派株主または支配株主に対する少数派株主の訴訟は、直接訴訟として提起されることができる」[23]と判示して、本件においてYらがXらの会社利益への参加を拒否して、会社利益を独占するのは誠実義務違反であり、Xらが直接訴訟を提起することができると判断し、原審判決を維持した。

本件は、会社における利益配分をめぐる多数派・少数派間の利害衝突が問題となった事例であるが、オハイオ州最高裁は、Donahue 事件判決における厳格な誠実基準を採用し、閉鎖会社において多数派株主が少数派株主に対しパートナーと同様の誠実義務を負うことを認めた上で、Wilkes 事件判決における事業目的理論を採り入れて、多数派株主が正当な事由なしに少数派株主を会社利益への平等な参加から排除することは、少数派株主に対する誠実義務違反であるとの見解を示した。本判決は、Donahue事件判決の厳格な誠実基準を踏まえつつ、Wilkes 事件判決の事業目的理論を利益配当という多数派・少数派間の利害衝突の場面に適用して、さらにその適用基準を明確化したところに、意義があると思われる。このほか、本判決について注目すべき点としては、判旨が、多数派株主の少数派株主に対する誠実義務違反の責任について、少数派株主が直接訴訟でこれを追及することができるとしたことである。この点は、誠実義務理論による少数派の利益保護を図る上で、極めて重要な意味を有している。なぜならば、判旨においても指摘されているように[24]、多数派株主によって利益を侵害された少数派株主が、代表訴訟によってしか訴えを提起できないとすれば、仮に勝訴したとしても、認められた損害賠償金は会社に帰属することになり、これはまた実質的に違反者たる多数派株主の所有に帰してしまうからである[25]。その意味では、このような場合において、代表訴訟は有効な少数派救済の手段とはならないのである。しかしこれに対し、個人訴訟が認められると、少数派株主は直接に多数派株主の責任を追及し、損害賠償を取得することが可能である。したがって、少数派株主に対し代表訴訟しか認めなかった一審判決の立場を排斥した原審および本件判旨は、極めて妥当である。

本判決は、閉鎖会社の株主間に高度の誠実義務が存在することをオハイオ州の判例法理として確立し、オハイオ州における閉鎖会社の少数派株主に対し強力な武器を提供したものであると評価されている。(26)

④ Fought v. Morris, 543 So. 2d 167 (Miss. Supr. 1989)　X（原告）とY_1（被告）はAおよびB（訴外）と共に、Y_2会社（被告）を設立し、それぞれ二五株を所有して、プラスチック製品の設計・製造に従事していた。Xら株主間には、株式の売却につき会社と他の株主に先買権を与えるべき旨の株式買戻協定が締結されており、Aは後にこの協定に基づいてその持株を会社に売却したが、同じく会社から離脱しようとしたBは、その持株を右協定に違反して、全部Y_1個人に売却した。Xはその持分比率に応じた株式数の買取を請求したが、拒否された。そして間もなく、Xは役員から解任され、Y_2会社も解散され、その財産はY_1の設立した新会社に売却された。そこで、Xは、社長であるY_1が一人でBからその持株全部を買い取ったのは協定に違反するもので、誠実義務違反であること、会社解散につきXは公正な補償を得ていなかったことを理由に、訴えを提起した。原審がXの請求を棄却したのに対し、ミシシッピ州最高裁は、Donahue 事件判決を代表とする一連の高度の誠実義務を認めた判例の立場を確認した上で、同族会社の株主間にパートナー間のような信任と信頼の関係が存在しないとした同州最高裁の一九四九年の先例であるRoss事件判決（前節⑦判決）を変更して、「多数派株主が支配株主として有利な立場に立つ閉鎖会社において、多数派の行動は少数派の利益に対して『本質的に公正』でなければならない」(27)と説示して、閉鎖会社の株主はパートナーシップにおける信頼と誠実の関係と同一の関係を互いに持たなければならない。したがって、本件証拠から見れば、Y_1がBから株式を取得する際にXを会社から締め出す意図を持っていたことが明らかであり、このため株主間の株式買戻協定に違反して株式を取得したのはXに対する誠実義務違反であり、またY_2会社の解散に際してXは公正な残余財産の分配を受けていなかった疑いがあるとして、Xに適切な救済を与えるよう原審を破棄し

差し戻した。

本件は、株主間の株式買戻協定に違反して他の株主から株式を取得した被告株主が誠実義務違反に問われた極めて特殊なケースであるが、ミシシッピ州最高裁は、Donahue 事件判決以降の判例の流れに沿って、閉鎖会社の株主はパートナーと同様の高度の誠実義務を負うとした上で、本件被告株主が原告を会社から締め出す目的で右協定に違反して他の株主から株式を取得し、さらに会社を解散したと認定し、かかる被告株主の行為は原告株主に対する誠実義務違反であると判断した。同州一九四九年の先例を変更して、閉鎖会社の株主相互間にパートナーと同様の高度の誠実義務を認めた本判決は、不利な立場に立たされ抑圧された少数派株主に対して有効な救済手段を提供したものとして、高い評価を受けている。(28)

このように、オハイオ州やミシシッピ州など多くの州の裁判所は、閉鎖会社における少数派株主の置かれている危険な状況を考慮して、マサチューセッツ州最高裁の前記両判決の立場を踏襲し、閉鎖会社の株主、特に多数派株主に対し最大の誠実と忠誠という高度の誠実義務を課すことによって、少数派の利益救済を図るようになったのである。(29)

このような中で、特に注目すべきなのは、ニューヨーク州の裁判所も、閉鎖会社の株主に対しパートナー相互間の誠実義務を課すようになったことである。すなわち、従来、ニューヨーク州の判例法上、多数派株主が会社の経営に対し支配権を行使する場合には、取締役と同様の誠実義務を負うとされてきたが、近時、閉鎖会社については、株主間の関係をパートナー的関係としてとらえ、閉鎖会社の株主はパートナー間の誠実義務を負うとする判例が多く見られるようになった。既に前節で紹介した Application of Taines 事件判決（前節⑬判例）において、ニューヨーク郡高位裁判所は、マサチューセッツ州最高裁の Wilkes 事件判決を引用し、閉鎖会社の株主はパートナーと同様の最大の誠実と忠誠の義務を負うべきことを承認している。(30) また、Fender v. Prescott 事件判決で、二人会社における株主Xが、もう一人の株主Yが会社の事業の機会を奪取したと主張した事案に関して、ニューヨーク郡高位裁判所上訴部は、「Yは閉鎖会社の株主、役員および取締役として、誠意と誠実の義務を負い、会社に対する最大の忠実が要求される。彼に課されるこの誠実義務は、会社の利益と自己の私的利益とが衝突することを防ぐものである。そして、閉鎖会社における株主間の関係はパートナー間の関係と類似し、株主は高度の忠誠と誠実の義務を負う」と判示し、取締役の地位にある閉鎖会社の株主が、会社と他の株主に対し高度の誠実義務を負うことを認め、株主はこのような誠実義務を遵守して、会社の利益と衝突する個人的利益を追求してはならず、会社と他の株主の損害において利得をしてはならない、と判断している[31]。

一方、DonahueとWilkesの両判決におけるマサチューセッツ州最高裁の立場は、連邦裁判所の下級審判決にも少なからぬ影響を与えているようである。次の二つの判例はこのような方向を示したものとして注目される。

⑤ Orchard v. Covelli, 590 F. Supp. 1548 (W.D. Pa. 1984)　共同で七つのファーストフード店を経営してきたX（原告）とY（被告）との間に争いが生じ、結局株式の大多数を所有しているYは株主総会でXを取締役の地位から解任した。これに対し、XはYの解任行為が両者間の合意に反し、誠実義務違反であり、またYが会社の財産を流用していたなどとしてその地位の確認等を求めて訴えを提起した。ペンシルバニア州の連邦地方裁判所は、閉鎖会社において支配株主が会社を支配する強大な権限を有すること、その株式につき流通市場が存在しないために、少数派株主の地位が非常に危険で多数派の濫用にさらされやすいことといった閉鎖会社の特殊性を指摘した上で、「これらの要素により、法は多数派に対し誠実義務を課し、会社事業の運営に際して最大の誠実と忠誠をもって行動するよう要求している。したがって、少数派株主を『締め出す』いかなる企ても、このような誠実義務に違反するものと言わなければならない。……閉鎖会社における最大の誠実と忠誠の義務は、同種の事案に直面した多くの裁判所によって認められている。Donahue判決においてTauro首席判事が『閉鎖会社の株主は企業の運営においてパートナー相互間に存在するのと実質的に同様の誠実義務を互いに負う』と結論づけている。このDonahue判決によって与えられた司法上の救済は、特に財産の配分が問題となっている閉鎖会社における少数派株主の弱い立場に対する同裁判所の憂慮を示したものである。……われわれは、これは本件にも妥当する適切な結論だと考える」[32]と説示して、会社財産の流用などについてのXの主張を認めなかったものの、Xを解任したYの行為はXを会

社から締め出す意図のもとで行われたもので、誠実義務に違反すると判断し、Yが公正な価格でXの持株を買い取るよう命じた。[33]

⑥ Sugarman v. Sugarman, 797 F. 2d 3 (1st Cir. 1986)　少数派株主Xら（原告）は同族会社であるY_1会社（被告）の役員として、同社の社外株式の六一％を所有している多数派株主で取締役社長であるY_2ら（被告）とともに会社を経営してきたが、株主間に争いが生じ、Xらは、会社役員の地位から解任された。そこでXらは、Y_2らがXらを解任したのはXらを会社から締め出すためであり、誠実義務違反であるなどとして、損害賠償等を求めて訴えを提起した。連邦第一巡回区控訴裁判所は、マサチューセッツ州最高裁のDonahueとWilkesの両判決を引用し、同裁判所が少数派株主のために効果的な訴訟原因を作り出したと評価した上で、右両判決に示された判断基準に従い、多数派株主・取締役として自ら高額の報酬を受け取りながら、少数派株主Xらを役員の地位から解任し、利益配当を抑制するY_2らの行為は、もっぱらXらを会社から締め出すためのもので、Xらに対する誠実義務違反であるとし、このような少数派締め出しの行為は不法行為（tort）に当たると判断した。

このように、閉鎖会社の株主がパートナーシップのパートナーと同様の高度の誠実義務を負うとするマサチューセッツ州最高裁の立場は、連邦下級審裁判所を含む多くの裁判所によって是認されることとなった。もっとも、マサチューセッツ州最高裁の前記両判決における厳格な誠実義務の理論は一般的な承認を得ているものの、Donahue事件判決の打ち出した機会均等の原則は前記諸判例にも見られるように、一般的には受け入れられていないようである。[34] この理由は、一つは、既にWilkes事件判決が示しているように、この機会均等の原則を無制限に適用すると、会社の正常な業務運営が阻害されるおそれがあるということであり、またもう一つは、オレゴン州最高裁がZidell事件判決で指摘しているように、この原則の適用は閉鎖会社の少数派株主を過保護することになる恐れがあり、少数派株主の利益保護を図る必要があるとしても、会社は多数派株主の利益を害してまで少数派株主に有利な政策を採らなければならない理由はないからである、と言われている。[35]

（1）　閉鎖会社における株主相互間の関係をパートナーシップにおけるパートナー的関係として認め、閉鎖会社にパートナーシップの法理を適用した判例として、このほか、Fewell v. Tappan, 27 N.W. 2d 648, 654 (Minn. Supr. 1947)―共同事業者が会社形態で事業を行うことが可能であり、この場合は相互の信任と信頼が要求され、最高の誠実の義務を負うと判示―; De Boy v. Harris, 113 A. 2d 903, 907 (Md. App. 1955)―ジョイント・ベンチャーの社員間の協定は会社の法人格が成立した後も存続し、多数派株主が右協定に違反して少数派株主の利益参加を妨害することはできないと判示―; Donahue v. Davis, 68 So. 2d 163, 171 (Fla. Supr. 1953)―共同事業者間の関係は、会社の成立によって変更されるものではなく、互いに高度の誠実義務関係に立つと判示―; Galler v. Galler, 203 N.E. 2d 577, 584-85 (Ill. Supr. 1965)―閉鎖会社についてはパートナーシップに準じた法的扱いをすべきであり、会社の支配権の維持等を内容とする株主間契約は、それが強行法規に違反しまたは公共利益と債権者の利益を侵害することのない限り、有効であると判示、―などが挙げられる。このような判例の立場は、厳格な会社法の規範を閉鎖会社に押し付けることをせず、この種の会社の特殊性に対応した法規整を行ったものとして評価されている。See, Note, Corporations: Does a Joint Adventure Agreement to Use the Corporation as a Medium Survive Incorporation?, 44 Calif. L. Rev. 590, 592 (1956).

(2)　これについては、O'Neal, Recent Legislation Affecting Close Corporations, 23 Law & Contem. Prob. 341 (1958)、酒巻俊雄「閉鎖的株式会社の理論と立法動向―英米法の動向とその示唆―」閉鎖的会社の法理と立法（昭和四八年、日本評論社）七〇頁参照。

(3)　93 N.E. 2d 537. XとY₁、Y₂の三人が会社を設立し、皮革の代替品の開発と製造の事業に従事していたところ、事業が不振に陥ったことなどから、Xがその持株をY₁に譲渡したが、のちに事業が順調に展開し始めたため、Xは、右株式譲渡はY₁による不実の表示と重要な事実の不開示の下でなされたもので、詐欺的であるとして株式譲渡の無効と、被告Y₃会社への利益参加を求めて訴えを提起した。

(4)　Id. at 541. Xの請求に関して同裁判所は、当事者間に信任関係が存在するため、Y₁が会社経営上の重要な情報をXに開示しなかったならば、詐欺的行為にあたるが、本件ではそのような事実は認められないとして、Xの請求を棄却した。

（5）　158 N.E. 2d 469 (Mass. Supr. 1959).
（6）　184 N.E. 2d 642 (Mass. Supr. 1962).
（7）　本件については、宍戸善一「閉鎖会社における内部紛争の解決と経済的公正（二）」法学協会雑誌一〇一巻六号八五〇頁（昭和五九年）、近藤光男「アメリカにおける経営判断の法則の適用限界」神戸法学雑誌三二巻四号七五四頁（昭和五八年）、川島いづみ「アメリカ会社法における少数派株主保護の拡大」専修大学法学研究所紀要二一号（平成八年）七九頁参照。
（8）　328 N.E. 2d 505, 515. 本件においてマサチューセッツ州最高裁は、閉鎖会社の株主も負うべきものとされるパートナーおよび共同事業者の誠実義務について、Meinhard v. Salmon, 249 N.Y. 458, 164 N.E. 545 (1928) 事件判決におけるCardozo判事の次の有名な言葉を引用している。すなわち、「共同事業者はパートナーと同様、事業が継続する間は、相互に最高の忠実義務を負う。日常生活の中で独立した当事者間の取引について容認される多くの行動は、信任的関係によって結ばれた人たちには許されない。受託者は取引界の道徳よりもさらに厳格な道徳義務を負うべきものとされている。その行動の基準は、単なる誠実のみならず、最も大切な信義の保持でもある」と。Id. 516. なお、パートナー間の誠実義務については、Beane, The Fiduciary Relationship of a Partner, 1980 J. Corp. L. 483. 前章注（31）（本書四五頁）参照。
（9）　328 N.E. 2d 505, at 518.
（10）　このように閉鎖会社において高度の誠実義務が課されることによって、伝統的にアメリカの裁判所によって採用されてきた経営判断原則が緩和されたとする見解については、近藤・前掲注（7）七四八頁以下参照。
（11）　See, Recent Developments, 61 Cornell L. Rev. 986, 1007 (1976); Recent Developments, 21 Vill. L. Rev. 307 (1975–76); Elephante, Corporations, 1975 Annual Survey of Massachusetts Law, §§17.1, 17.2; Comment, The Strict Good Faith Standard—Fiduciary Duties to Minority Shareholders in Close Corporations, 33 Mercer L. Rev. 595, 601 (1982); Johnson, Strict Fiduciary Duty in Close Corporations: A Concept in Search of Adoption, 18 Cal. W. L. Rev. 1, 15–16 (1982); Bulloch, Heightened Fiduciary Duties in Closely Held

Corporations: Donahue Revisited, 16 Pac. L.J. 935, 940 (1985); Spratlin, Modern Remedies for Oppression in The Closely Held Corporation, 60 Miss. L.J. 405, 413 (1990).

(12) Recent Developments, supra note 11, at 1012; Mitchell, The Death of Fiduciary Duty in Close Corporations, 138 U. Pa. L. Rev. 1675, 1703 (1990).

(13) Recent Developments, supra note 11, at 1013-14; Nicholson, The Fiduciary Duty of Close Corporation Shareholders: A Call for Legislation, 30 Am. Bu. L.J. 513, 532 (1992).

(14) 本件については、近藤・前掲注(7)七六四頁、川島・前掲注(7)八〇頁参照。

(15) 353 N.E. 2d 657, 663.

(16) Spratlin, supra note 11, at 414.

(17) このいわゆるバランス・テストは、後に本書第三編ドイツ法のところで検討するように、ドイツ法における「比例原則」による多数決の実質的制約の理論と極めて類似している。もっともこの二つの理論は内容的には必ずしも完全に一致するわけではないが、多数派と少数派間の利害を比較考量することによって多数派の行為の正当性を判断する点では、一致しており、しかも両者が同じく多数派株主の誠実義務にその法的根拠を有する点では、極めて興味深いものがある。なお、本判決が引用した判例から分かるように、本判決の採用したバランス・テストは、もともとニューヨーク州最高裁のSchwartz v. Marien, 373 N.Y.S. 2d 122 (1975)事件判決が打ち出したものである。この事件において、会社の金庫株を自分たちだけに発行した被告支配株主・取締役らの行為が誠実義務違反だと主張された事案について、ニューヨーク州最高裁は、ニューヨーク州では金庫株の発行につき株主は引受権を有しないが、支配株主・取締役はすべての株主を公平・平等に扱う誠実義務を負うとし、支配株主・取締役は不平等な扱いを正当化しうる正当な事業目的の存在を立証しなければならず、また仮にこのような事業目的が証明された場合でも、それが他の手段によって達成され得ないものでなければならない、と判示している。

(18) Spratlin, supra note 11, at 413; Comment, supra note 11, at 604; Elefante, Corporations, 1976 Annual Survey of Massachusetts Law, §9.1.

(19) Comment, supra note 11, at 604; Bulloch, supra note 11, at 942.

(20) その後の判例として、Cain v. Cain, 334 N.E. 2d 650 (Mass. App. 1975); Smith v. Atlantic Properties, Inc., 422 N.E. 2d 798 (Mass. App. 1981); Leader v. Hycor, Inc., 479 N.E. 2d 173 (Mass. Supr. 1985); Zimmerman v. Bogoff, 524 N.E. 2d 849 (Mass. Supr. 1988)などが挙げられる。

(21) Sugerman v. Sugerman, 797 F. 2d 3, 7 (1st Cir. 1986).

(22) 548 N.E. 2d 217, 220-21.

(23) Id. at 221.

(24) Id.

(25) Thompson, The Shareholder's Cause of Action for Oppression, 48 Bus. Law. 699, 732 (1993).

(26) Nicholson, supra note 13, at 514.

(27) 543 So. 2d 167, 171.

(28) Recent Decision, 60 Miss. L.J. 425, 437 (1990). なお同裁判所は、既に一九八二年のKisner v. Coffey事件判決で、州法上の抑圧規定に基づく少数派株主の会社解散請求の事案について、多数派株主の少数派株主に対する誠実義務を認め、多数派株主が自ら高額の報酬やボーナスを受け取り、一方的に会社から利益を吸い上げることは少数派株主に対する誠実義務違反であり、抑圧的行為に当たるとの見解を示しながらも、同州法上の抑圧概念についてはこれを狭く解釈し、誠実義務に違反した多数派の行為が単一的である場合には、通常は抑圧的行為には当たらないと判断していた。418 So. 2d 58. しかし本判決において、ミシシッピ州最高裁は、多数派株主の少数派株主に対する誠実義務をパートナー的誠実義務として位置づけたのであり、このような厳格な誠実義務理論の採用によって、同裁判所の右判決の立場がその限りにおいて修正されたと思われる。

(29) このほか、Alaska Plastics, Inc. v. Coppock, 621 P. 2d 270, 276 (Alas. Supr. 1980)―マサチューセッツ州のDonahue事件判決とカリフォルニア州のAhmanson事件判決は、閉鎖会社における株主相互間または支配株主と少数派株主との間の関係に適用される法を正当に宣言したものであると評価―; Solomon v. Atlantis Devel-

opment, Inc., 516 A. 2d 132, 136 (Vt. Supr. 1986)—閉鎖会社の株主が最大の誠実と忠誠の義務を負うことを確認し，Wilkes事件判決の正当な事業目的理論を採用—; Masinter v. Webco Co., 262 S.E. 2d 433, 441 (W. Va. 1980)—Wilkes事件判決を引用し，何ら正当な事業目的なしに少数派を従業員などの地位から解任することは少数派締め出しであり，誠実義務違反であると判示—; Harris v. Mardan Business Systems, Inc., 421 N.W. 2d 350, 353 (Minn. App. 1988)—閉鎖会社の株主は共同事業者であり，パートナーと同様の誠実義務を負うとし，Wilkes事件判決を引用して，正当な事業目的がある場合にのみ株主である従業員を解雇することができると判示—; Hagshenas v. Gaylord, 557 N.E. 2d 316, 323 (Ill. App. 2 Dist. 1990)—Donahue事件判決を引用し，閉鎖会社の株主はパートナーと同様の誠実義務を負うとし，五〇%の株式を有する株主が会社と競争する事業を開始し，その従業員を引き抜いた場合には誠実義務違反となると判示—; W&W Equipment Co., Inc. v. Mink, 568 N.E. 2d 564, 570-574 (Ind. App. 1 Dist. 1991)—Wilkes事件判決等を引用し，閉鎖会社の株主が互いに誠実義務を負い，仲間株主を取締役の地位から不当に解任する場合には，誠実義務に違反すると判示—，などがある。一九九〇年の文献によれば，Donahue事件判決は二五の法域で八九回，Wilkes事件判決は一一法域で三八回採用されている，と言われている。Murdock, The Evolution of Effective Remedies for Minority Shareholders and Its Impact Upon Valuation of Minority Shares, 95 Notre Dame L. Rev. 425, 436, n. 82.

(30)　476 N.Y.S. 2d 128 (A.D. 1 Dept. 1984), aff'd, 489 N.Y.S. 2d 904 (Ct. App. 1985).

(31)　このほかの判例として，Matter of T.J. Ronan Paint Corp., 469 N.Y.S. 2d 931 (A.D. 1 Dept. 1984); Petition of Levitt, 492 N.Y.S. 2d 736 (A.D. 1 Dept. 1985); Gallagher v. Lambert, 549 N.Y.S. 2d 945, 949 (Ct. App. 1989)などが挙げられる。

(32)　590 F. Supp. 1548, 1557-59.

(33)　本判決は連邦控訴裁判所によって是認されている。Aff'd, 802 F. 2d 448 (3d Cir. 1986).

(34)　例えば，Zidell v. Zidell, Inc., 560 P. 2d 1091 (Or. Supr. 1977); Toner v. Baltimore Envelope Co., 498 A. 2d 642 (Md. App. 1985); Sundberg v. Lampert Lumber Co., 390 N.W. 2d 352 (Minn. App. 1986)などは，

明確にDonahue事件判決における機会均等の原則の適用を排除している。もっとも、Comolli v. Comolli, 246 S. E. 2d 278 (Ga. Supr. 1978); Tillis v. United Parts, Inc., 395 So. 2d 618 (Fla. Dist. App. 1981); Estate of Schroer v. Stamco Supply, Inc., 482 N.E. 2d 975 (Ohio App. 1984)は、この原則に従い、会社または多数派株主に対し、少数派株主の株式を同等の条件で買い取るよう命じている。また学説にも、多数派株主による支配株式の売却により少数派株主が会社に閉じ込められるのを防ぐために、Donahue事件判決に示された機会均等の原則を適用すべきであり、少数派株主に多数派株主と同等の売却の機会が与えられるべきだとする見解がある。Ivey, Standarts of Management Conduct in Close Corporations: A Transactional Approach, 33 Stan. L. Rev. 1141, 1157-58 (1981).

(35)　Zidell v. Zidell, Inc., 560 P. 2d 1091, at 1094. なお、一部の文献は、マサチューセッツ州最高裁の厳格な誠実義務の理論が、他の州の裁判所によって実質的に採用されていないとしているが(Johnson, supra note 11, at 18)、しかしこのような見方には疑問である。前記諸判決は明らかにこの両判決の立場を是認しているのであり、また Donahue 事件判決に対する批判も、大抵その機会均等の原則に向けられており、閉鎖会社の多数派株主が高度の誠実義務を負うべきものとする両判決の基本的立場について異議を唱える見解はほとんど見当たらず、また Wilkes 事件判決の事業目的理論は実際に多くの裁判所によって採用されているのである。See, Comment, supra note 11, at 608; 川島・前掲注(7)八二頁参照。

第三章　学説における誠実義務の展開

第一節　多数派株主の誠実義務とそのアプローチ

一　英米法上の信託法理によれば、他人の利益のために行動することを引き受けた者は受任者(fiduciary)であり、受任者と本人（principal）との関係は、信任関係（fiduciary relation）である。(1) 受託者（trustee）と受益者(beneficiary）との関係が信任関係であるほか、後見人と被後見人、代理人と本人、弁護士と依頼者もこのような信任関係にあり、また取締役・役員と会社、株主間の関係、パートナーシップにおけるパートナー相互間の関係も信任関係とされている。(2) そして、受任者のうち信託受託者は、受益者に対し信託事務の処理に際しては、もっぱら受益者の利益のために行動すべき義務、および受託者自身の計算において受益者と取引をなすに際しては、公正に取引をなし、かつ取引に関し受託者が知りまたは知りうべかりしすべての重要な事実を受益者に告知すべき義務を負うものとされている。(3) これはすなわち、受託者が受益者に対して負うべきところの忠実義務（duty of loyalty）であり、またあらゆる受任者が本人に対して負うべきところの義務でもある。(4)

このように株式会社における取締役・役員は、受任者の一種として認められているため、会社および株主との間で信任関係を有し、忠実義務ないし誠実義務を負うべきものとされてきたが、(5) 会社において支配的地位を有している多数派株主は、会社および他の株主に対し受任者たる地位に立つのか、そしてまた誠実義務を負うべきなのかについては、初期の段階で議論が分かれていた。

既に前章第一節で述べたように、初期の一部の判例は、株式会社とパートナーシップとの法形態上の差違を過大視して、両者を完全に相対立するものとしてとらえ、株主は互いにパートナーであり得ず、株主相互間に誠実義務関係は存在しない、との立場をとっていた。(6) そして学説の一部も、かかる判例の立場を支持し、多数派株主と他の無名の株主との間に信任関係は存在しないとの見解を示してきた。(7)

アメリカにおける初期の代表的な会社法学者であるBallantineも、少数派株主に対する誠実義務を多数派株主に負わせしめることについては疑問的な見方をしていた。彼は、株主はたとえ他の株主の利益に反する場合でも、株主総会で自己の利益を追求するためにその議決権を行使することができるとし、当時徐々に広がりつつあった多数派株主の誠実義務法理を、多数派株主が少数派の損害において不当な利益を得るために議決権を行使してはならないという意味において理解していた。(8) そして彼は、会社の解散や全財産の譲渡、合併といった会社の基礎的変更事項に関しては、多数派株主は自己の利益に従い決定する権限を有し、決して少数派株主の受任者として行動するものではないと主張し、(9) 仮に利益衝突がある場合でも、多数派にその権限行使の公正さについての証明を厳格に要求すると、会社事業の円滑な運営と多数派の合法的な政策に不当な負担をかけることになるとの理由で、少数派株主に対する受託者としての誠実義務をもって多数派の権限行使の制約基準とすることに疑問を示していた。(10) 他方、彼はアメリカにおいて初めて、多数派株主の少数派株主に対する抑圧を会社解散事由として法定した一九三三年のイリノイ州事業会社法八六条に対して、同条が極めて曖昧で包括的な表現によって強制解散というドラスティックな救済法を少数派株主に与えるもので、暴れる少数派株主はそれにより多数派の経営に不当に介入する危険があるとして、同条の適用が慎重を期すべきであるとの慎重論も示していた。(11) このようにBallantineは基本的に会社法上の多数決原則の適用について温情的な態度をとっていた。もっとも、彼は少数派株主の利益保護を顧みなかったわけではない。彼も、多数派株主の支配権行使に対して一定の制約を課すべきことを承認しており、多数派が議決権等を行使するに際して詐欺や悪意、または少数派株主の利益に対する不当な抑圧があった場合については、少数派株主に対しエクィティー上の救済を与えるべきことを力説していた。[12] しかしその主張から明らかなように、Ballantine は、少数派株主に対する多数派株主の誠実義務を基本的に否定する立場に立っていたため、多数派株主の権限濫用に対する制約を、多数派株主の義務的地位にではなく、もっぱら詐欺や悪意といった多数派の主観的事情を重視した契約法ないし不法行為法の側面に求めていたのである。

以上のような多数派株主の誠実義務に否定的な立場に対して、多数派株主の支配権行使に対する制約の基準を、多数派株主と会社・少数派株主間の信任関係ないし誠実義務関係に求めるべきだとする見解も有力に主張されてきた。[13] その代表的な学説として、BerleとLattin の所説が挙げられよう。

Berleは、会社におけるあらゆる権限は信託された権限であり、株主全体の利益のために行使されるべきだとする「受託者権限の理論（powers in trust theory)」を提唱する。[14] すなわち、Berleによれば、制定法や定款によって会社の理事者や株主グループ（多数派株主）に与えられるあらゆる権限は、常に株主全体の利益のために行使されるべきものであり、それゆえ、たとえ権限を付与する根拠規定において何ら制約が課されていなくても、また権限の行使が形式的要件を守っていたとしても、株主全体の利益に反して行使された場合には、このような権限行使はエクィティー上の制約に服することになる。[15] 会社における権限を規制する多くの原則は、このような基本的なエクィティー上の制約の自然的な現れであり、それが株主全体の利益の達成とその保護を図る見地から修正され、強化されまたは廃止されることになり、また完全に新しい救済法が現行の救済法に代わって、またはそれを補完するものとして考案されるのである。[16] したがって、会社の理事者や株主グループによるあらゆる権限の行使については、その権限の存在および行使方法の妥当性に関する技術的ルールによる審査と、その権限行使が株主全体の利益を追求するためのものか否かについての、受託者の権限行使について適用されるのと類似するエクィティー上のルールによる審査、という二重の審査を受けなければならない。[17]

そしてこうした前提に立った上で、Berle は、具体的に新株発行、利益配当、株式買取、定款変更、合併の五つの主要な会社上の権限について検討を加えていく。まず新株発行については、新株を発行する権限は常に、株主の持分割合に応じた利益を保護した上で行われなければならないというエクイティー上の制約に服する。それには、株式を引き受けた者が出資を完全になすべき原則、および新株発行は旧株主の持分利益を損なわない公正な価格で行われるか、または旧株主にその持分割合に応じた新株の引受権を与えて行われる原則、という二つの原則が含まれる。[18]次に、利益を配当しまたは留保する権限は、会社全体の利益のみならず、可能な限り株主全員の利益になるように行使されなければならない。その場合も、利益の留保は正当な事業目的がある場合においてのみ認められ、個人的な利益のためにこれを行ってはならないこと、会社事業上の必要性がある場合を除いて、利益留保はある特定の種類の株式に有利なように行ってはならないこと、定款上の定めがある場合を除き同種の株式の株主間およびあらゆる株主の間に差別があってはならないといった原則を守ることが要請される。[19]また他の会社の株式を買い取る場合には、会社全体の利益になるように行動すべきであり、理事者などの個人的利益を図ってはならない。[20]さらに、会社の定款を変更する権限を持っている多数派株主は、このような権限を会社全体の利益のために、そしてまた株主間に利益と損失の平等な配分ができるように行使すべきである。たしかに通常個々の株主はその議決権を行使するにつき受任者たる地位を有しないが、しかし多数派株主の権限行使はエクィティー上の制約に服すべきであって、少数派の利益を無視して抑圧的に行使することは許されない。[21]最後に、合併または株式交換による会社企業の譲渡は、すべての種類の株主の利益が実質的に保護される前提で行われることが要求され、少数派を会社から締め出すなどの不正の目的のために行われてはならない、としている。[22]

このように、Berle は、会社の理事者や株主グループ（多数派株主）に与えられているすべての権限が信託された権限であるとの観点から出発して、新株発行等の主要な権限についての具体的な検討を通じて、このような権限行使についての制約基準の明確化を図ろうとしたのである。Berle の主張によれば、要するに、会社法は実質的には信託法の一分野であるが、ただ会社の事業活動は信託におけるよりも一層大きな柔軟性を必要とするため、それに適用される諸原則は信託におけるほど厳格なものではない。しかし、会社理事者や株主グループ(多数派株主)に与えられるあらゆる会社上の権限は、すべてエクィティー上の制約に服すべきものであり、その行使は株主全体の利益のためになさなければならないのである。[23]

一方、Lattinは、多数派株主に対し会社の解散や財産譲渡、合併等を決定する権限を付与している制定法自体には何らの制約も設けられていないが、しかしこのような多数派の権限は決して無制約のものではなく、多数派株主の他の株主に対して負うべきところの誠実義務によって制約されると主張し、多数派権限の制約法理を直接に多数派株主の誠実義務に求めている。[24] すなわち、彼によれば、学説や判例においては、多数派の最大の利益に資すればまた会社の最大の利益にも資するという考え方が広がっているが、これは誤謬以外の何物でもない。多数派の利益と会社の利益とが相対立している場合が少なからず存在しているのであり、また、多数派が他の株主には享受し得ない利益を取得し、または平等扱いの原則を破り、特定のグループのみを優遇することも、よく見られるところである。[25] 各種の利害を持つ多数の株主が結合して構成している会社という実体において、多数派株主がこの団体の最善の利益を追求するのであれば、財産の譲渡であれ合併であれ、その行為の正当性は疑われるべきものではない。しかし、多数派が会社全体の利益を度外視して、もっぱら個人的利益のために行動するならば、それは多数派が会社および他の株主に対して負うべきところの誠実義務に違反することになる。[26] たしかに多数派株主は、ある一定の事項について決定する権限が制定法や定款によって付与されているが、しかしそれによって少数派に対する義務が消滅し、その受任者たる地位がなくなるわけではない。[27] むしろ、多数派株主はこのような権限を少数派締め出しといった不正の目的のために行使すべきではなく、少数派株主の次のような権利を保障しなければならないのである。すなわち、会社財産の譲渡の場合における公正な価格と、合併等の企業結合の場合における公正な条件を受ける権利、および平等な参加の権利である。[28]

このように、Lattinによれば、制定法または定款によって多数派株主に与えられている権限については、その無制約の行使を認めることはできず、会社および他の株主の利益保護のために一定の制約を課さなければならないが、このような多数派の権限行使に対する制約法理として、誠実義務は最も妥当な解決法を見い出す最良のアプローチなのである。(29)

二　前述のように、初期の段階では多数派株主の誠実義務を消極的にとらえる見解も存在していたが、近時に至っては、このような見解を主張する学説はほとんど見受けられず、多数派株主が少数派株主に対し誠実義務を負うべきことが、広く一般に承認されてきている。(30)ただし、多数派株主の誠実義務についてのアプローチは、判例および学説上、見解の違いが見られ、必ずしも同じではない。大きく分けて、次の三つのアプローチが存在しているように思われる。すなわち、一つは多数派株主と少数派株主との関係に着目した直接的アプローチであり、いま一つは多数派株主の有している影響力に着目して、会社に支配権を行使する多数派株主に対し取締役と同様の誠実義務を課す間接的アプローチである。(31)そして最後は、特に閉鎖会社の多数派株主に対しパートナーシップにおけるパートナー間のと同じような誠実義務を課すアプローチであり、ここで仮にパートナー的アプローチと称しておこう。(32)

1　直接的アプローチ（エクイティー的アプローチ）

このアプローチは、会社における多数派株主の優越的地位に着目して、次のように展開している。すなわち、一般に、ある者が優越的な地位に立ち、他の者の利害に対し影響力を行使することができ、このため後者が前者の誠実かつ公正な取り扱いを信頼せざるを得ない場合には、この両者間に信任関係が発生するものとされている。(33)株式会社においては、多数派株主は会社の方針を決定する権限を持っており、そしてこのような権限を行使する場合には、多数派株主は少数派株主の会社における利益も同時に処分することになる。したがって、株式会社においては多数派株主は優越的な地位に立っているのであり、それゆえ会社に対し支配権を行使する場合には、少数派株主との間で信任関係が生じ、多数派株主は誠実義務を負わなければならないのである。[34] このように、このアプローチはエクィティーの観点から、支配権の行使によって少数派株主の利益範囲に影響力を及ぼし得る多数派株主に対し直接に誠実義務を課すわけである。

そして取締役が株主総会における多数派の決定に従い行動する場合、または制定法もしくは定款上の規定により、多数派による取締役会決議の承認が取締役の行動の前提条件として要求されている場合には、優越的地位に立ち、影響力のある多数派に対し信任関係の諸原則を適用するこの直接的アプローチが、最も適切だとされている。[35]

判例上、このアプローチをとった代表的なものとして、連邦最高裁の Southern Pacific Co. 事件判決（前章第一節⑨判例）が挙げられる。この判決において、連邦最高裁の Brandeis 判事は、「多数派は会社を支配する権利を有する。しかし多数派がそうする場合には、会社の役員や取締役と同じように、少数派株主に対し信任関係に立つ。……この誠実義務は、（株主たちの）共有財産に対する支配の事実から発生するのであり、その具体的な支配の手段または方法は問題とならない」と述べている。[36]

このアプローチに関して、Gillerman は、右 Southern Pacific Co. 事件判決が示しているように、多数派株主の誠実義務が生ずる根拠は、多数派株主が会社の経営に対し支配権を有するところにあると考えられ、そしてこのように多数派株主の誠実義務の根拠を、会社財産を処分しうる多数派株主の権限に求めることができるとすれば、多数派株主の誠実義務理論は閉鎖会社という枠を超えて、あらゆる形態の会社に適用することが可能となると説き、このアプローチの長所を強調している。[37]

2　間接的アプローチ（取締役的アプローチ）

右の直接的・エクィティー的アプローチに対し、この間接的アプローチは、多数派株主が株主としての地位から離れて、取締役と同様の役割を果たす場合に、それに取締役と同様の誠実義務を負わせしめようとするものである。すなわち、このアプローチをとる論者によれば、会社の取締役は会社と株主の受託者であり、会社と株主に対し誠実義務を負い、会社と株主全体の利益のために行動することが要求される。[38]これに対し、株主はたとえ過半数の株式を有する場合でも、ただその株式を所有するだけで、または取締役を選任しうるということだけで、他の株主に対し信任関係に立つとは認められない。[39]なぜならば、多数派は彼によって選任された取締役をコントロールするとは限らないし、またそうする権利もないからである。[40]しかしながら、多数派株主がその支配的地位に基づいて取締役に対する影響力の行使を通じて、会社の経営を指揮命令する場合には、取締役と同様の誠実義務を負わなければならない。[41]なぜならば、この場合においては、取締役と多数派株主とは「操り人形と操り人形師（puppet–puppeteer）」の関係にあるからである。[42]

判例および学説において主張されている支配株主理論[43]は、支配株主の有する影響力行使の可能性に着眼し、会社を支配しその業務運営を指揮命令する支配株主に対し会社の理事者と同様の義務と責任を負わせしめようとするものであり、このアプローチに立脚している。

このアプローチを取っているJohnsonによれば、多数派株主が会社に対し支配権を行使し、会社の経営に直接に介入する場合には、彼は株主としての地位から離れて、取締役と同じように受任者として行動することになり、それゆえ会社と他の株主に対し誠実義務を負わなければならない。[44]そして、多数派株主がこのような義務を免れる唯一の方法は、彼と会社との間の取引を、独立した当事者間（at arm's length）の取引として公正に行うことである。もし会社との取引が対等取引でなければ、多数派株主はその支配的地位に基づいて少数派株主を排除して取得した利益を返還しなければならない。[45]

3　パートナー的アプローチ

このアプローチは、特に閉鎖会社の多数派株主に向けられるものである。すなわち、閉鎖会社においては、株主数が少なく、株主が一般に自ら会社経営に参加し、相互間に一定の人的信頼関係が存在するなど、株主間の関係はパートナーシップにおけるパートナー間の関係と極めて類似している。そこで、このような閉鎖会社における株主間の特殊な関係に着目し、閉鎖会社の株主、特に多数派株主に対しパートナーシップのパートナーと同様の誠実義務を課すのが、このアプローチである。

既述のように、小規模閉鎖会社にあっては、それが法人格を有する会社形態をとっているとはいえ、その実体は、少人数の社員が共同事業を営むために創設した共同事業体であり、「法人化されたパートナーシップ」に過ぎない。(46) それゆえ社員間の内部関係は、事実上パートナーシップにおけるパートナー間の関係にほかならないのである。そこで、こうした閉鎖会社の実態を考慮して、学説は従来から、閉鎖会社についてパートナーシップ法に類似した法規整を行うべきことを主張してきた。(47)

そして閉鎖会社を公開会社とは異なった法的実体として認識するようになった裁判所は遂に、閉鎖会社の株主がパートナーシップのパートナーと同様の「最高の誠実と忠誠」の義務を負うことを承認するようになったのである。(48)

学説の多くは、閉鎖会社の少数派株主が公開会社の少数派株主よりも一層危険な立場に立たされていることに鑑み、かかる少数派株主の利益保護を図るためには多数派株主に対しより高度の誠実義務を課す必要があるとして、判例の立場を是認している。(49)

アメリカ閉鎖会社法研究の第一人者であるO'Nealは早くから、閉鎖会社の株主が互いにより高度の誠実義務を負うべきことを指摘してきた。彼は、支配株主が会社の利益を独占する目的で少数派株主を会社から締め出したり、正当な事由なしに少数派株主の応分の権利と権限を剥奪したりするなど、多数派の権限濫用によって少数派の利益が著しく不公正な扱いを受けるという閉鎖会社における少数派の抑圧問題に目を向け、支配株主と取締役が少数派株主に対し誠実義務を負わないとする一部の見解を、「明らかに時代遅れのもの」だとして排斥し、「何人かの所有者が共同で企業を運営する場合には、彼らはパートナー間におけるのと同じような信任関係に立つものと考えなければならない」[50]と主張する。そして、多数派の濫用によって抑圧を受けた少数派株主が、このような抑圧に対抗する手段として多数派株主の誠実義務違反を理由に訴えを提起した場合には、裁判所は、適切な法的救済を与えなければならないと強調し、多数派株主の誠実義務理論による少数派の利益救済を唱えてきている。[51]

またOlsonは、閉鎖会社の内部関係においては第三者の利益等は問題とならないから、裁判所は自由にパートナーシップの諸原則を閉鎖会社に適用すべきであると主張し、マサチューセッツ州最高裁のDonahue事件判決が示した高度の誠実義務基準が多くの州の裁判所によって踏襲されていることを指摘して、このような高度の誠実義務基準を「アメリカにおいて普遍的に承認されたコモンロー上の原則」であると位置づけている。[52]そして、多数派株主の誠実義務の範囲をいかに確定するか、言い換えればいかなる行為がこのような義務に違反するかは、原則的にパートナーシップ法と会社法上の先例を尊重して、個々の事例における具体的な事実に基づいてケースバイケースで裁判所によって決定されるべきだとしながらも、役員や従業員からの解任・解雇や会社情報へのアクセスの拒否、会社の経営ないし利益への参加からの排除といった少数派締め出しの行為、および会社利益を独占する行為は、誠実義務違反であるとしている。[53]

さらにBradleyは、判例上確立された「最高の誠実と忠誠」の義務という法理を制定法に取り入れることが望ましいとの見解を示している。すなわち、一九八二年に制定された模範法定閉鎖会社追補[54]はその第一六条において、閉鎖会社の株主が「取締役または会社を支配する者が申立人に対して……違法な、抑圧的な、詐害的な、もしくは不公正に不利な方法で行為した、行為している、もしくは行為するであろう」ということを理由に、裁判所に対し救済を求めることができると定めているが、これについて、Bradleyは、右規定の定める救済事由が極めて制限的で不十分であり、裁判所に対しより強いシグナルを与える必要があるとして、それに代わる次のような立法提案を行っている。すなわち、閉鎖会社の株主は、「申立株主の権利、利益と合理的期待を保護するために救済が合理的に必要である」こと、または「会社の事業と業務の行われる手段によって申立株主の利益が継続的に不公正に侵害されることを避けるために、救済が合理的に必要である」こと、もしくは「互いに最大の誠実と忠誠をもって行動し、すべての株主にとって正直、公正かつ合理的な方法で事業を運営するという高度の人的関係にある閉鎖会社の株主の誠実義務を完全に確保するために、救済が公正かつ公平である」ことを証明すれば、裁判所は会社の解散またはその他の適切な救済を与えなければならない、と。[55]そして、Bradleyによれば、彼がこの代替案を提案したのは、現在一般に認められている閉鎖会社における株主の厳格な誠実義務の貫徹を確保するためであり、この新規定の下では救済事由が拡大され、裁判所はより自由にかつ柔軟に、多数派の濫用からの少数派の利益救済を図ることができる、としている。[56]

右Bradleyの主張と同様、Elfinも、判例法上確立されてきた閉鎖会社の株主相互間の高度の誠実義務基準を制定法に取り入れることが適切であると述べ、法定閉鎖会社の株主が他の株主および会社との関係において、パートナーシップのパートナーと同様の高度の誠実義務基準に服すべきことを、右閉鎖会社追補第一六条の規定の中に盛り込むよう提案している。[57]

（1）　Scott, The Fiduciary Principle, 37 Calif. L. Rev. 539, 540-41 (1949).

（2）　Id. at 541; Scott & Fratcher, The Law of Trusts, §2.5 (4th ed 1987).

（3）　American Law Institute, Restatement of the Law of Trusts (2d), §170; Scott & Fratcher, supra note 2, §170.25; 四宮和夫「受託者の忠実義務」末延三次先生還暦記念・英米私法論集（昭和三八年、東京大学出版会）一二九頁(信託の研究二〇八頁以下所収)。なお、前記信託法リステイトメントの邦訳として、慶應義塾大学信託法研究会訳・アメリカ法律協会 米国信託法リステイトメント（第二版）（平成八年、トラスト60）がある。

（4）　Scott, supra note 1, at 540. もっとも、すべての受任者が全く同等の忠実義務を負うのではなく、受任者の行使する権限がより独立したものであればあるほど、その受任者の誠実義務（fiduciary duty）の範囲も広くなり、それゆえ、受託者は、権限を制約されている代理人や、取締役会の構成員としてのみ行動することのできる会社の取締役などよりも、一層厳格な忠実義務に服することになる、とされている。Scott, Id.

（5）　3 Fletcher, Cyclopedia of the Law of Private Corporations, §838 (perm Ed); 3 Pomeroy, A Treatise on Equity Jurisprudence, §1090 (4th ed 1918); Bayne, Corporate Control as a Strict Trustee, 53 Geo. L.J. 543 (1965); Knepper & Bailey, Liability of Corporate Officers and Directors, §1-7, §4-1 (4th ed 1993). 取締役・役員はときには受託者とも呼ばれるが、受託者が信託財産に対しコモンロー上の権原を有するのに対し、会社の取締役・役員はその管理運営する会社の財産についてかかる権原を持たないため、その義務が多くの点で受託者の義務と異なっており、厳格な意味での受託者ではないとされている。Scott & Fratcher, supra note 2, §16A.

（6）　前章第１節⑥⑦⑧の諸判例（本書五五頁）参照。See, Helwig, The Fiduciary Duty of Controlling Shareholders, 7 Western Reserve L. Rev. 467, 469-470 (1956).

（7）　See, Note, Fiduciary Obligation of Majority Stockholders, 51 Yale L.J. 1034 (1942); Comment, Majority Liability for Improper Stock Redemption by Corporation and for Misrepresentations in Private Stock Purchases from Minority Holders, 54 Mich. L. Rev. 971, 976 (1956); Hill, The Sale of Controlling Shares, 70 Harv. L. Rev. 986, 1014-1015 (1957).

（8）　Ballantine, On Corporations, §175a (Rev. ed. 1946).

（9）　Id. §303, at 712.

（10）　Ballantine & Sterling, Upsetting Mergers and Consolidations: Alternative Remedies of Dissenting Shareholders in California, 27 Calif. L. Rev. 644, 645 (1939).

（11）　Ballantine, A Critical Survey of the Illinois Business Corporation Act, 1 U. Chi. L. Rev. 357, 392 (1934); Ballantine & Sterling, California Corporaiton Laws §369 (1949 ed).

（12）　Ballantine, supra note 8, §175a.

（13）　Fletcher, Cyclopedia of the Law of Private Corporations, §5811 (1943); 6 S. Thompson & J. Thompson, Commentaries on the Law of Corporations, §4495 (3d ed 1927); 3 Cook, A Treatise on the Law of Corporations Having a Capital Stock, §662 (8th ed 1923); Note, Fiduciary Relation of Majority to Minority Stockholders,

41 Ill. L. Rev. 122 (1946); Stevens, Handbook on the Law of Private Corporations, §126 (2nd ed 1949); Oleck, Modern Corporation Law, §§1568-1570 (1959); Baker & Cary, Case and Materials on Corporations, 498-499 (3d ed 1959); Lattin & Jennings, Case and Materials on Corporations, 716-717 (3d ed); Note, Fiduciary Duties of Majority or Controlling Stockholders, 44 Iowa L. Rev. 734 (1959). このうち、S. Thompson & J. Thompson は多数派株主の誠実義務について次のように説いている。「厳格な意味において個々の株主または株主グループがその仲間株主に対し信託の関係に立つとは言えないが、しかしより広い意味では、多数派株主は、彼を通じてのみ行動することのできる少数派株主に対し信任関係に立つということができる。多数派株主は他の株主に対し誠実と注意の義務を負い、会社の財産を維持し、少数派株主の利益を保護し、会社の収益と財産の利息をその持分割合に応じて分配しなければならない。多数派株主は会社の経営に関連するあらゆる措置に際して、誠実にかつ会社の全社員の利益において行動しなければならない。もっぱら利己的な目的のために会社を経営することは許されず、そういった試みは、反対株主の申立により裁判所によって差し止められる」、と。Id. §4495, at 374-75.

(14) Berle, Corporate Powers as Powers in Trust, 44 Harv. L. Rev. 1049 (1931); Berle & Means, The Modern Corporation and Private Property, 247 (1932).

(15) Berle, supra note 14, at 1049. 信託法理によれば、信託においては受託者と受益者との関係は単なる人的関係ではなく、受託者は受益者のために財産を管理する義務が存在している。そしてこのような信託財産に関する受託者の義務はエクィティー上の義務であり、エクィティー裁判所によって履行を強制されることができる。Scott & Fratcher, supra note 2, §§2.6, 2.7. Berleがここで言うところのエクィティ上ーの制約は、おそらくこうした信託法理を前提としたものだと思われる。なお、いわゆる「銀行株 (bankers' shares)」または「経営株 (management stock)」による会社支配についても、Berleは同じく、エクィティー上の制約を課すべきことを提唱している。Berle, Non-Voting Stock and "Bankers' Control", 39 Harv. L. Rev. 673 (1926).

(16) Berle, supra note 14, at 1049.

(17) Id.

(18) Id. at 1050-60. 初期の判例では新株発行につき旧株主に新株引受権 (preemptive right) を与えるべきだとするルールが確立されていたが、新株発行に際して旧株主が常に新株引受権を有しなければならないとするこのルールがあまりにも硬直的だったため、その後判例は授権された未発行の株式や金庫株などについて株主の新株引受権が及ばないとする例外を認めるようになった。Id. 1057-58. また学説も、いわゆる新株引受権は実は権利ではなく、エクィティー上の諸原則から発生した一種の救済手段(a remedy)であり、このため具体的な状況の下でこの救済手段の発動が必要とされる限りにおいて用いられるべきであり、それ以外の場合はこのような権利が一般的には存在しない、と主張するようになった。Morawetz, The Preemptive Right of Shareholders, 42 Harv. L. Rev. 186 (1928); Frey, Shareholder's Pre-emptive Rights, 38 Yale L.J. 563 (1929); Drinker, The preemptive Right of Shareholders to Subscribe to New Shares, 43 Harv. L. Rev. 586 (1929). Berle もここで新株引受権を、株主に与えられる多くの救済手段のうちの一種として位置づけている。Id. at 1059. 現在は、原則的に株主はその持分割合に応じて新株を引き受ける権利を有する一方、かかる引受権が定款により制限されうることが制定法上認められている。11 Fletcher, Cyclopedia of the Law of Private Corporations, §5135, §5136 (perm Ed); Clark, Corporate Law, 719 (1986); Berger, Protection of Shareholder Interests in California Closely Held and Statutory Close Corporations: A Practitioner's Guide, 20 Pac. L.J. 1127 (1989). なお、久保田安彦「初期アメリカ会社法上の株主の権利（一）（二）」早稲田法学七四巻二号一〇三頁以下、四号四七頁以下（平成一一年）参照。

(19) Berle, supra note 14, at 1060-63.

(20) Id. at 1063-66.

(21) Id. at 1066-69.

(22) Id. at 1069-72.

(23) Id. at 1073-74. しかしこのように理事者や株主グループ（多数派株主）を会社と他の株主の受託者として扱い、株主全体の利益のためにその権限を行使すべきことを主張するBerle の所説に対し、Dodd は、企業の社会的責任を強調し、会社の理事者は単に所有者たる株主の利益のために行動するだけでなく、さらに従業員や債権者、地域社会の利益をも考慮して行動しなければならず、その意味で理事者は単なる会社と株主の受任者たる地位にとどまるものではないと説いている。Dodd, For Whom are Corporate Managers Trustees?, 45 Harv. L. Rev. 1145 (1932). なおBerleとDoddの論争については、赤堀光子「取締役の忠実義務（一）」法学協会雑誌八五巻一号二一頁（昭和四三年）参照。

(24)　Lattin, Equitable Limitations on Statutory or Charter Powers Given to Majority Stockholders, 30 Mich. L. Rev. 645 (1932).

(25)　Id. at 648-649.

(26)　Id. at 649.

(27)　Id. at 653.

(28)　Id. at 661-663.

(29)　Id. at 655.

(30)　See, Henn & Alexander, Laws of Corporations, §240, at 653-656 (1983); Knepper & Bailey, supra note 5, §1-13, §4-22. なお、前掲注(13)および後掲注(49)の諸文献参照。

もっとも最近、会社法における契約自由の問題、すなわち株主が定款上の規定をもって、州法や連邦法における会社に関する規定の適用を回避することができるのか、またどの程度できるのかといった問題が盛んに議論されるようになった。Bebchuk, The Debate on Contractual Freedom in Corporate Law, 89 Colum. L. Rev. 1395 (1989); L.A. バブチェック著・宇田一明＝本田陽子訳「会社法における契約自由―(序) 会社法における契約自由に関する論争」札幌学院法学七巻二号（平成三年）八九頁参照。そしてこれと関連して、法と経済学の観点から、誠実義務法理の存在意義に対し疑問を投げかける見解が現れてきた。それによれば、取締役・役員や支配株主に対し誠実義務を課すと、企業全体の利益を最大化するためのインセンティブが奪われてしまうため、伝統的な会社法上の誠実義務をこれらの者に課すのは非効率的であり、それゆえ誠実義務の代わりに株主間の契約と市場メカニズムによって株主の利益保護を図るべきである、という。See, Barta, Is the Imposition of Fiduciary Responsibilities

Running from Managers, Directors, and Majority Shareholders to Minority Shareholders Economically Efficient?, 38 Clev. St. L. Rev. 559 (1990).

(31)　See, Finch & Long, The Fiduciary Relation of the Dominant Shareholder to the Minority Shareholders, 9 Hastings L.J. 306, 307 (1958); 3 Oleck, Modern Corporation Law, §§1569, 1570 (1959); Henn & Alexander, supra note 30, at 654. このように、多数派株主の誠実義務については異なったアプローチが取られているが、その違いは内容よりはむしろ形式にあるのであって、したがって、誠実義務の内容に関しては諸説の間に実質的な差異はないと言える。See, Finch & Long, Id. at 307.

(32)　このほか、Hetheringtonは次のように、会社において少数派株主の有する期待という側面から多数派株主の誠実義務を導き出している。すなわち、彼によれば、伝統的会社法では、理事者および多数派株主の誠実義務の存在やその範囲はすべて法によって決定され、それらについての当事者の自治が存在せず、利益考量や合理的期待も問題とされない。このため、その義務の限界が極めて曖昧である。そして、誠実義務の適用基準を不明確にすることにより、裁判所は理事者や多数派株主に、誠実義務違反になるかならないかの限界的な行為（marginal behavior）をなさしめないで、誠実義務を守らせるようにするのである。Hetherington, Defining the Scope of Controlling Shareholders' Fiduciary Responsibilities, 22 Wake Forest L. Rev. 9, 10-11 (1987). しかし彼によれば、このような方法で誠実義務の基準を決定するのは不適切である。会社組織は契約の網（network）から出来ており、普通の取引契約と異なるのは、株主が株式を取得し、企業において将来実現される利益を取得することである。その株主の締結した契約には、理事者が利益を最大限に実現することを確保するための明示的、黙示的条項が含まれており、そのうち最も重要な明示的条項は、取締役の選任・解任権に関するものであり、最も重要な黙示的条項は、理事者が責任をもって誠実、忠実に職務を遂行することである。こうした株式取得の取引に際しての当事者の期待から、理事者と多数派株主の誠実義務が生じてくるのである。そしてこの義務の限界は当事者の明示的、黙示的意図において見い出されるべきであり、その内容は個々の具体的状況と当事者間の共通の期待によって決定されることになる。Id. at 14-21. 他方、閉鎖会社においては、株主の最も重要な期待の一つは、多数派株主がその支配的地位を利用して、正当な事由なく少数派株主を会社の利益への参加から排除することをしないというものであり、このような少数派の期待から多数派株主の誠実義務が発生し、これはまた少数派株主の黙示的な期待を効果的に実現せしめる機能を果たす、という。Id. 21-30.このように、Hethrington は、契約と株主の期待という側面から理事者や多数派株主の誠実義務を根拠づけたのであり、他のアプローチとは異なる特徴を有している。またこのほか、Easterbrook と Fischel は誠実義務を株主間の契約上の合意における黙示的条項として理解しており、前記 Hethrington の説とある種の関連性があるように思われる。Easterbrook & Fischel, Close Corporations and Agency Costs, 38 Stan. L.Rev. 271, 291-297 (1986); Easterbrook & Fischel, The Economic Structure of Corporate Law, 243-248 (1991). なお、後者の文献については、井上健一「著書紹介」［１９９４］アメリカ法六七頁参照。

(33) Schweickhardt v. Chessen, 161 N.E. 118, 123 (Ill. Supr. 1928); Small v. Nelson, 16 A. 2d 473, 475 (Me. Supr. J. 1940); Finch & Long, supra note 31, at 307.

(34) Finch & Long, supra note 31, at 308; Oleck, supra note 31, §1569; Lynch, A Concern for the Interest of Minority Shareholders under Modern Corporation Laws, 3 J. Corp. L. 19, 35 (1977); Mitchell, Fairness and trust in Corporate Law, 43 Duke L.J. 425, 430 (1993).

(35) Finch & Long, supra note 31, at 310.

(36) 250 U.S. 483, 487 (1918).

(37) Gillerman, The Corporate Fiduciary unde State Law, 3 Corp. L. Rev. 299, 318-325 (1980).

(38) Fletcher, supra note 5, §838.

(39) Fletcher, supra note 13, §5811; Note, Corporations: Is There a Fiduciary Duty Between Majority and Minority Shareholders?, 36 Calif. L.Rev. 325, 328 (1948).

(40) Note, supra note 39, at 328.

(41) Fletcher, supra note 5, §838; Finch & Long, supra note 31, at 309; Oleck, supra note 31, §1570; Note, supra note 39, at 328. 判例には、このアプローチを採用したものが数多くある。例えば、Kavanaugh 事件判決

を代表とするニューヨーク州の判例、Allied Chemical & Dye Corporation事件判決を代表とするデラウエア州の判例など。前章第一節第二項II（本書六六頁）以下参照。

(42) Finch & Long, supra note 31, at 309.

(43) 前章第一節第二項I注(4)および本文（本書八三頁）参照。

(44) Johnson, Strict Fiduciary Duty in Close Corporations: A Concept in Search of Adoption, 18 Calif. W.L. Rev. 1, 3 (1982).

(45) Id.

(46) O'Neal & Thompson, O'Neal's Close Corporations, §1.02, at 3 (3d ed 1992); Hillman, Indissoluble Partnerships, 37 U. Fla. L. Rev. 691, 726 (1985).

(47) See, Weiner, Legislative Recognition of the Close Corporation, 27 Mich. L. Rev. 273 (1929); Winer, Proposing a New York "Close Corporation Law", 28 Cornell L.Q. 313 (1943); Isreals, The Sacred Cow of Corporate Existence Problems of Deadlock and Dissolution, 19 U. Chi. L. Rev. 778, 790 (1952); Hornstein, Judicial Tolerance of the Incorporated Partnership, 18 Law & Contemp. Probs. 435 (1953); Latty, The Close Corporation and the New North Carolina Business Corporation Act, 34 N.C.L. Rev. 432 (1956); Blackmar, Partnership Precedents in a Corporate Setting—Exit from the Close Corporation, 7 J. Corp. L. 237 (1982); Elfin, A Critique of the Proposed Statutory Close Corporation Supplement to the Model Business Corporation Act, 8 J. Corp. L. 439 (1983); Dickinson, Partners in a Corporate Cloak: The Emergence and Legitimacy of the Incorporated Partnership, 33 Am. U.L. Rev. 559 (1984).

(48) マサチューセッツ州最高裁のDonahue事件判決以降、多くの州の裁判所がこのアプローチをとるようになったことは、既述の通りである。前章第二節第二項以下の諸判例（本書九八頁以下）参照。

(49) O'Neal & Thompson, O'Neal's Oppression of Minority Shareholders, §7:03 (2nd Ed 1997); Johnson, supra note 44, at 21-25; Comment, The Strict Good Faith Standard—Fiduciary Duties to Minority Shareholders in

Close Corporations, 33 Mercer L. Rev. 595 (1982); Elfin, supra note 47, at 458-59; Bulloch, Heightened Fiduciary Duties in Closely Held Corporations: Donahue Revisited, 16 Pac. L.J. 935 (1985); Dickinson, supra note 47, at 559; Frost, Contractual Disclaimer of the Donahue Fiduciary Duty: The Efficacy of the Anti-Donahue Clause, 26 B.C.L. Rev. 1215, 1243 (1985); Spratlin, Modern Remedies for Oppression in the Closely Held Corporation, 60 Miss. L.J. 405 (1990); Thompson, The Shareholder's Cause of Action for Oppression, 48 Bus. Law. 699, 726-738 (1993).

(50) O'Neal, Close Corporations Law and Practice, §8.07, at 44-45 (2d ed 1971).

(51) O'Neal & Thompson, supra note 49, §§7.03, 7.04; O'Neal, Oppression of Minority Shareholders: Protecting Minority Rights, 35 Clev. St. L. Rev. 121, 127-29, 141 (1987).

(52) Olson, A Statutory Elixir for the Oppression Malady, 36 Mercer L. Rev. 627, 649-650 (1985).

(53) Id. at 652-653.

(54) この追補の最終案とコメントは、アメリカ法曹協会の会社法委員会によって一九八二年六月二六日に採択されている。See, A Report of Committee on Corporate Laws, Statutory Close Corporation Supplement to the Model Business Corporation Act, 38 Bus. Law. 1031 (1983). この追補の邦訳は、北沢正啓＝平出慶道共訳・アメリカ模範会社法（昭和六三年、商事法務研究会）一四八頁以下にある。なお、青竹正一「最近のアメリカ閉鎖会社立法の動向―改正模範法の追補および一般規定を中心として―」続小規模閉鎖会社の法規整（昭和六三年、文眞堂）五三頁以下参照。

(55) Bradley, An Analysis of the Model Close Corporation Act and a Proposed Legislative Strategy, 10 J. Corp. L. 817, 835-841 (1985).

(56) Id. at 840-42.

(57) Elfin, supra note 47, at 454-459.

第二節　多数派株主の誠実義務の範囲と機能

一　閉鎖会社における多数派株主の誠実義務の範囲は、O'Nealが指摘しているように、エクイティー裁判所の歴史的アプローチを反映して、極めて伸縮的（flexible）であり、これを一般的な形で定式化するまたは類型化することが極めて困難であり、またこのような試みは結局不明瞭かつ不完全に終わってしまうというリスクを冒しかねない。(1) したがって、このような誠実義務の範囲は基本的に、パートナーシップ法と会社法の諸先例を参照して、個々の具体的事例における事件事実に基づいて、ケースバイケースで裁判所によって確定されることになる。(2)

しかし、多数派株主の誠実義務の機能については、それが多数派株主の権利ないし権限の行使を制約し、多数派の濫用から少数派株主の利益を保護することにあることは、一般に認められてきているところである。(3)

そして具体的に、多数派株主の行為が少数派株主の会社における正当な利益を侵害し、誠実義務違反だと主張された場合には、問題となる多数派株主の行為は次のように審査されることになる。すなわち、まず、原告の少数派株主は、会社における彼の正当な利益を害した多数派の行為が差別的で不当であることを主張し立証する。そして、原告がそれを証明した場合には、被告多数派株主は、問題の行為が正当な事業目的を追求するためになされたものであることを立証しなければならない。もし多数派株主が正当な事業目的の存在についての立証責任を果たすことができなければ、原告少数派株主は被告多数派株主の詐欺または悪意を証明することなく、裁判所から救済を得ることができる。(4) しかし、もし被告側が正当な事業目的の存在を証明したならば、立証責任が転換され、原告は被告の行為が不公正（unfair）であることを立証しなければならない。この場合に原告が、被告多数派株主が原告の会社における利益をより害さない他の方法によって同様な事業目的を達成することができたことを証明した場合には、被告の行為は不公正なものと認定されることになる。(5)

既述のように、多数派株主の誠実義務の範囲を確定することは極めて困難であるが、しかし原則的に、多数派株主がもっぱら自己の利益を図るために、少数派株主の損害において会社に対する支配権を行使することは認められないのであって、それゆえ、多数派株主が株主総会における議決権行使を通じて、または取締役会における影響力を利用して、自己と対立する少数派株主を会社の取締役または役員の地位から解任したり、自ら高額の報酬を受け取りながら、利益配当を全く行わないかまたは極めて低く抑えることによって[6]、少数派株主を会社の利益への参加から排除したり、あるいはまた新株を発行してこれを全部自派にのみ割り当て、少数派株主の持分割合を減らすことによって、少数派の会社における発言力をさらに低下させるといった場合には、多数派株主の行為は、少数派株主に対して負うところの誠実義務に違反するものと認められる[7]。

そして誠実義務違反の効果として、多数派株主はそれにより少数派株主に生じた損害につき直接に少数派株主に対し賠償責任を負うほか、その取得した利益を会社に返還しなければならない[8]。また、一部の裁判所は誠実義務違反のあった多数派株主に対し、懲罰的損害賠償を命じている[9]。しかしこれに対し懲罰的損害賠償を認めない判例もあるが、このような懲罰的損害賠償は、多数派の濫用による少数派の抑圧を効果的に予防することができるため、積極的にこれを認めるべきであるとする見解が有力に主張されている[10]。さらに、少数派株主に対する誠実義務違反となるような抑圧的な行為により、株主間の信頼関係が完全に破壊され、会社事業の継続が不可能となったような場合については、会社の解散が認められることもある[11]。

二　このように、閉鎖会社の多数派株主は少数派株主に対し高度の誠実義務を負い、その支配権の行使に際しては少数派株主の会社における正当な利益を考慮することが要求されているが、しかしかかる高度の誠実義務を負うとはいえ、多数派株主は会社においてその議決権行使を通じて自己の私的利益を追求することが全く許されないわけではない。Wilkes 事件判決（前章第二節②判例）でマサチューセッツ州最高裁が指摘しているように、多数派株主もまた「利己的な所有」についての権利が認められているのである。なぜならば、会社法における誠実義務はたしかに信託法理に由来するものの[12]、厳格な受託者としての誠実義務とまったく同一のものではないからである。

すなわち、初期の判例では、会社の取締役は受託者と全く同様の厳格な誠実義務に服するものとされ、もっぱら受益者としての会社の利益のためにその職務を遂行することが要求されていた。このため、取締役と会社間の取引は、それが公正か否かにかかわらず、会社または株主の申立によりすべて無効とされることができたのである。つまり、このような取引は、それが不公正であるからではなく、受託者と受益者との間の利益が衝突する取引であるというただこれだけの理由で、無効とされていたのである[13]。このような立場がとられた背景には、取締役が会社と取引を行う場合に、これに承認を与える同僚の取締役らが自己の独立性と自己制御の能力を喪失しかねないという危惧があったからだと言われている[14]。しかしながら、事実上取締役と会社間のあらゆる取引を無効にするこの受託者の法理が、資金を真に必要としている会社への取締役の貸付といった会社に有利な取引の場合にも適用されてしまうと、極めて不都合な結果が出てくることは、明らかであった。そこで、裁判所は徐々に厳格な受託者の法理から脱却して、利益衝突の生ずる取引がなされた場合においても、会社との取引が公正であったことが取締役によって証明されたときには、当該取引が有効であるという公正の基準（fairness test）を用いるようになったのである[15]。

そしてこのような取締役・会社間取引における厳格な受託者法理からの脱却と公正基準への移行という傾向は、閉鎖会社の多数派株主の場合においても同じく見受けられるのである。すなわち、元来、多数派株主は少数派株主に対して厳格な意味での信託関係に立つものではない[16]。閉鎖会社の多数派株主は、完全に利害関係のない（dis-interested）者としての地位にあるのではなく、会社の発行済株式の過半数または相当部分を所有しているのであり、いわば受任者が受益者とともに、会社における「信託」財産について合法的な請求権を持っているわけである。[17] そこでもし多数派株主に受託者と全く同様の厳格な誠実義務を課すとすれば、多数派の正当な行為までも制限され、会社事業の健全な運営が阻害されるおそれがある。[18] このため裁判所は閉鎖会社の多数派株主についても伝統的な誠実義務の法理を放棄して、バランス・テストを採用した前記Wilkes事件判決のように、多数派株主の支配権行使によって少数派株主の利益が害されたとしても、ただこの事実だけをもって多数派株主の誠実義務違反を認めるのではなく、多数派株主がこのような行為によって会社における正当な事業目的を追求することを証明できない場合に初めて、少数派株主に対する誠実義務違反を認めるという立場をとるようになったのである。[19] これはすなわち、受任者としての多数派株主の行為が受益者としての少数派株主の最善の利益に適うか否かについての伝統的な誠実義務理論の下での審査から、多数派の行動の目的ないし意図に照準を当てながら多数派の利益と少数派の利益とを比較考量してその正当性を判断するという多数派の利益をより重視した審査方法に移行したことを示すものである。[20] それゆえ、このような受任者としての多数派の利益をも考慮に入れた審査方法の下では、正当な事業目的が存在すれば、多数派の行動が少数派の会社における利益または期待を害したとしても、多数派は誠実義務違反の責任を問われない余地があるのである。したがって、閉鎖会社において多数派株主が少数派株主に対して高度の誠実義務を負うとはいっても、結局それは、多数派株主に対し、その権利ないし権限の行使に際して少数派株主の利益を適切に考慮し、少数派株主の不利益において個人的利益を追求してはならないという制約を課したものに過ぎないといえよう。[21]

（1） O'Neal, Oppression of Minority Shareholders: Protecting Minority Rights, 35 Clev. St. L. Rev. 121, at 141 (1987); O'Neal & Thompson, O'Neal's Oppression of Minority shareholders, §7:03, at 12 (2nd Ed 1997).

（2） Olson, A Statutory Elixir for the Oppression Malady, 36 Mercer L. Rev. 627, at 652 (1985).

（3） O'Neal & Thompson, supra note 1, §7:03, at 11. なお、前節注(49)（本書一三三頁）の諸文献参照。

（4） Note, Freezing out Minority Shareholders, 74 Harv. L. Rev. 1630, at 1646-1647 (1961).

(5)　Id. at 1647; Note, Close Corporations—Bad Faith of Majority, 35 N.C.L. Rev. 271, 273 (1957). これは既述のように、マサチューセッツ州最高裁が Wilkes 事件判決で採用したところのバランス・テストである。前章第二節第二項②判例（本書一〇一頁）参照。

(6)　少数派株主が会社の取締役、役員または従業員でない場合、またはそれらの地位から解任された場合において、利益配当が全く行われないかまたはごくわずかしか行われていないときには、少数派株主は会社の利益に与ることができなくなる。利益配当は株主総会における配当決議によって行われるから、多数派株主がかかる決議を可決させない限り、少数派株主には具体的な利益配当請求権は生じない。このためこのような場合には、少数派株主は完全に投下資本に対する利益の回収が得られなくなる。Johnson, Strict Fiduciary Duty in Close Corporations: A Concept in Search of Adoption, 18 Calif. W.L. Rev. 1, at 15, n. 116 (1982); Note, Minority Shareholder Suits to Compel Declaration of Dividends, 64 Harv. L. Rev. 299, 304-305 (1950). したがって、閉鎖会社における少数派株主の利益配当請求権を保護するために、裁判所は積極的に会社の配当政策の妥当性を審査することが要請されるのである。Note, supra note 5, at 305.

(7)　Johnson, supra note 6, at 15-16; Olson, supra note 2, at 652-653.

(8)　O'Neal & Thompson, supra note 1, §7:03, at 14.

(9)　例えば、Evans v. Blesi, 345 N.W. 2d 755 (Minn. App. 1984); W&W Equipment Co., Inc. v. Mink, 568 N.E. 2d 564 (Ind. App. 1 Dist. 1991) など。

(10)　O'Neal & Thompson, supra note 1, §7:03, at 14; Arment, Tort Remedy for Bad Faith Breaches of Intracorporate Fiduciary Duty, 16 Pac. L.J. 853 (1985).

(11)　O'Neal & Thompson, supra note 1, §§7:13, 7:14. ただし、この強制解散に代わる救済法として、株式の買取や保管人の任命などが認められることがある。詳しくは、O'Neal & Thompson, supra note 1, §7:18～§7:27; Bahls, Resolving Shareholder Dissension: Selection of the Appropriate Euitable Remedy, 15 J. Corp. L. 285 (1990). 吉原和志「小規模閉鎖会社における内部紛争の法的解決—解散判決に代わる救済—」ジュリスト七九四号六

○頁（昭和五八年）、川島いづみ「アメリカ会社法における少数派株主保護の拡大」専修大学法学研究所紀要二一号五○頁以下（平成八年）以下参照。

(12) Comment, The Standard of Fiduciary Duty in a Close Corporation: Donahue v. Rodd Electrotype, 61 Iowa L. Rev. 876, at 889 (1976); Johnson, supra note 6, at 3-4.

(13) Note, The Fairness Test of Corporate Contracts with Interested Directors, 61 Harv. L. Rev. 335 (1948); Marsh, Are Directors Trustees?—Conflict of Interest and Corporate Morality, 22 Bus. Law. 35, 36-39 (1966); Comment, supra note 12, at 891-893.

(14) Marsh, supra note 13, at 37.

(15) Note, supra note 13, at 336; Marsh, supra note 13, at 39-48. これはまた、誠実・本質的公正の基準（good faith/inherent fairness standard）とも呼ばれているが、問題の取引について裁判所は次のような手順で審査を行う。すなわち、①まず、裁判所は取引の当事者間に利益衝突があるか否かを調べる。②次に、利益衝突があると認められれば、立証責任が転換され、被告取締役は取引の公正さを立証しなければならない。③続いて裁判所は当該取引を厳密に審査する。④最後に取引が本質的に公正でかつ誠実になされたものでないと認められれば、当該取引は無効とされる。Comment, supra note 12, at 890-891.

(16) 6 S. Thompson & J. Thompson, Commentaries on the Law of Corporations, §4495, at 376 (3d ed 1927); Sneed, The Stockholder may Vote as He Pleases: Theory and Fact, 22 U. Pitt. L. Rev. 23, 49 (1960).

(17) Mitchell, The Death of Fiduciary Duty in Close Corporations, 138 U. Pa. L. Rev. 1675, 1676 (1990).

(18) Id. at 1688.

(19) See, Mitchell, supra note 17, at 1699-1714. なお、Mitchell はここで、厳格な誠実義務を多数派株主に課したマサチューセッツ州最高裁のDonahue事件判決を、伝統的な誠実義務理論を唱える第一段階の判例として位置づけ、また事業目的理論を打ち出したWilkes事件判決を、伝統的な誠実義務理論から脱却した第二段階の判例として位置づけている。

（20） Mitchell, supra note 17, at 1708.

（21） なお、Mitchell は、Donahue 事件判決と Wilkes 事件判決に従いながらも、多数派側に悪意や違法行為がなければ多数派の行動を是認するような立場を示している近時の一部の判例を、完全に伝統的な誠実義務法理から離れた第三段階の判例として取り上げ、これらの判例において多数派株主の誠実義務は、多数派株主が少数派株主の利益のために行動すべきだとする道徳的規範から、多数派による違法行為がなされた場合に個別的に少数派に救済を与える救済的手段へと、その機能が転換したと指摘し、誠実義務理論はもはや実質的に放棄されており、現在裁判所は受任者としての多数派が受益者としての少数派の最善の利益のために行動することを要求するよりも、むしろ締め出しといったコモンロー上の不法行為および抑圧に関する制定法上の救済に基づく訴訟において、多数派が積極的に少数派を害しないよう要求しているだけだと分析している。Id. at 1714-1724. Mitchell のこのような判例分析が果たして適切かどうか、にわかに判断できないが、ただ Mitchell 自身はこの論文において、誠実義務を閉鎖会社における株主間の利害紛争を解決する有力な手段と見ており、支配株主と非支配株主の双方に誠実義務を課すことにより誠実義務の本来の予防的機能を回復すべきであることを主張し、またごく最近の論文においても、彼は、近時の判例と立法が信託（trust）の概念を会社法から排除した結果、伝統的な会社法上の誠実義務理論が破壊されたと批判し、会社法における信託と誠実義務理論の再構築の必要性を説いている。Mitchell, Fairness and trust in Corporate Law, 43 Duke L.J. 425 (1993).

第四章　立法の動向

前述のように、閉鎖会社における株主相互間の高度の誠実義務、特に多数派株主の少数派株主に対する誠実義務は、判例および学説上広く一般に承認されるようになってきている。こうした中で、このような誠実義務を立法化する動きが出てきた。それを最初に実現したのは、ミネソタ州である。

ミネソタ州事業会社法は一九八一年の法改正で、株主に会社の情報へのアクセスの権利を付与し、株式買取請求権を拡大するなど、株主の権利の強化を図る一方、閉鎖会社に関する特別の規定を設けるに至ったが、閉鎖会社における少数派株主の利益保護に関しては十分な立法措置を取らなかったため、一九八三年に再度、少数派株主の利益保護を目的とした法改正が行われた(1)。そしてこの八三年の法改正で、閉鎖会社における少数派の抑圧問題に対処するために修正された七五一条はその第一項において、裁判所は、取締役会や株主総会におけるデッドロック、会社財産の不正使用または浪費のほか、「取締役または会社を支配する者が、閉鎖会社の株主、取締役または役員、もしくは従業員の地位にある一人または複数の少数派株主に対し、違法的、詐害的または不当に害する方法で行動した」ことを、申立株主が証明した場合には、会社の解散または公正かつ合理的だと認められる他のエクィティー上の救済を与えることができると定めるとともに、第三a項において、「エクィティー上の救済か、または会社の解散か、もしくは株式買取かのいずれかを決定するに際して、裁判所は、閉鎖会社におけるすべての株主が会社の経営において正直、公正かつ合理的な方法で行動するという相互間の義務、および会社と株主間、株主相互間の関係の最初に存在し、その後の過程において発展する株主らの合理的期待を考慮しなければならない」(2)と定めている。

右八三年改正法の起草者の一人である Olson 教授によれば、この第三a項の前半部分は閉鎖会社における株主相互間の誠実義務を定めたものであり、そしてこのように株主相互間の誠実義務を制定法上明文化したのは、立法がミネソタ州の裁判所に対し、同条第一項に定められている不当な侵害の基準（unfairly prejudicial standard）を適用するに際しての一つの指針を提供するものであり、株主がかかる相互間の誠実義務に違反した場合には、不当な侵害行為が成立しうることを示すものである(3)。この株主相互間の誠実義務に関する規定の文言は、最初の草案の段階では、マサチューセッツ州最高裁のDonhue事件判決（本編第二章第二節第二項①判決）の言葉がそのまま用いられ、「閉鎖会社の株主がパートナー相互間に存在するのと実質的に同様の誠実義務（fiduciary duty）を負う」となっていたが、(4)この「fiduciary」という言葉の意味が不明瞭であるとの意見が出たのを受けて、パートナーシップ法における適用基準を明確に示すために、現行規定の「正直、公正かつ合理的な方法で行動する義務（the duty to act in an honest, fair, and reasonable manner)」という文言に変更されたのである。(5)しかしこのような文言の変更は、当該規定の本来の主旨の変更を意味するものではないとされているから、(6)右規定は、Donahue 事件判決によって確立された高度の誠実義務基準を明文化したものといえよう。

Olson 教授によれば、閉鎖会社において株主が相互に誠実義務を負うことは、既に確立された法原則であるから、このように判例法上確立された株主相互間の誠実義務を実定法化することは、決して軽率な行為ではなく、また極端なものでもない。立法は単に、閉鎖会社の株主間に誠実義務が存在することを明らかにすることによって、裁判所に対し州法七五一条を適用する上での一つの重要な指針を与えたに過ぎないのである。(7)

そして、ミネソタ州法が誠実義務を立法化したのに従い、ノースダコタ州事業会社法も一九八六年に、右ミネソタ州法の規定とほぼ同様の規定を設けて、閉鎖会社における株主相互間の誠実義務を明文化するに至ったのである。(8)

（1）　Olson, A Statutory Elixir for the Oppression Malady, 36 Mercer L. Rev. 627, 630-31 (1985). なお、同州では事業会社の九〇%を小規模閉鎖会社が占めているが、旧法はこのような小規模閉鎖会社について全く大規模公開会社と同じ規整を行っていたため、法規整と実態との間に乖離が生じ、小規模閉鎖会社立法の必要性が唱えられてきた。See, Note, Some Specific Needs of the Close Corporation Not Met under the Minnesota Business Corporation Act: Suggestions for Statutory Relief, 54 Minn. L. Rev. 1008 (1970). そこで、八一年改正法は、公開会社と閉鎖会社とを区別し、後者に適した法規定を整備することを一つの主要な目的として掲げていたのである。この八一年改正法については、Note, Minnesota Business Corporations Act: Greater Freedom for Corporations, 1982 Minn. L. Rev. 1033 (1982)参照。

（2）Minn. Stat. Ann. §302A. 751 (West 1985).

（3）Olson, supra note 1, at 641.

（4）Id. at 650, n. 145.

（5）Id. at 650-651.

（6）Id.

（7）Id. at 647.

（8）N.D. Cent. Code §10-19.1-115 (Allen Smith 1995). なお、これらの立法は同時に、閉鎖会社の株主が会社において有する合理的な期待についてもこれを明文をもって認めているが、これは既に触れたように、判例法上確立した合理的期待理論を制定法に取り入れたものであり、誠実義務と同様、株主の合理的期待も、多数派の抑圧的行為を判定する上での一つの重要な要素とされているわけである。合理的期待理論については、Thompson, Corporate Dissolution and Shareholder's Reasonable Expectations, 66 Wash. U.L.Q. 193 (1988). 本編第二章第一節第二項二注(30)および本文（本書八九頁）参照。

第三編　ドイツ法

第一章　序　説

第一節　ドイツの閉鎖的資本会社

ドイツにおける資本会社の法形態は、資本会社の典型とされる株式会社(AG)のほかに、有限責任会社(GmbH)と株式合資会社（KGaA）の三種類がある。そのうち株式合資会社は株式会社と合資会社との混合形態であり、いわば株式会社の変種であるが、ごくわずかしか存在していないので、ここでは取り上げないことにする。(1)

ドイツにおける株式会社数は一九九二年五月末の時点で、総計三〇五二社である。(2)一九八三年末まではまだ二一一八社しかなかったから、その数は一〇年足らずの間に九三四社、実に四四％も増えたのである。(3)このように株式会社数が急増した背景には、早くから実務界より株式法改正(4)への期待が寄せられ、多くの同族企業が株式会社に組織変更するという動きがあったからである。すなわち、特に戦後創設された多くの同族企業において創始者から後継者への世代交代が進んでおり、(5)これまで続けられてきた企業の経営と所有との統一が種々の理由により維持できなくなり、このため外部から有能な経営者を迎え入れなければならないが、この場合に株式会社が特に適切な法形態として選択されるからである。(6)

そして資本金の規模をみると、一億マルクを超える大会社はわずか二八一社に過ぎないが、株式資本全体の七六・五％を占めていることから明らかなように、ドイツにおいては大規模な公開会社が経済生活において最も重要な役割を果たしているのである。しかし他方では、資本金が一〇〇万マルク未満の株式会社は四七九社で、一九・一％、一〇〇万から一〇〇〇万マルクまでの会社は八六四社で、三四・四％、この両者を合わせると、全体の約五四％を占めることになる。[7] このようにドイツにおいても中小規模の株式会社がかなり存在していることが分かる。たしかにドイツ株式法は、大規模な公開会社を理念型（Idealtypus）としてその規整の対象としているが、しかし現実には人的会社に類似した諸要素を持ち、このような理念型に合致しないいわゆる人的株式会社（personalistische AG）も存在している。[8] こうした会社の多くは同族会社であるが、[9] 一九九四年の小規模株式会社に関する株式法改正により、同族企業の株式会社への組織変更が一層進められ、その数は今後さらに増えていくだろうと推測される。[10]

一方、ドイツの有限責任会社は一九九二年五月末の時点で、約五一万社に達しており、そのうち資本金一〇万マルク未満の会社は全体の約七七・三％を占めている。[11] このように、ドイツの有限責任会社の多くは企業規模の小さい閉鎖的資本会社だといえる。こうした有限責任会社はその資本規模が小さいこと、持分につき公開の取引市場が存在しないこと、社員が直接に業務執行に参加することなどの諸特徴を有していることから、アメリカの閉鎖会社（close corporation）に類似するものと考えられている。[12]

もっとも、有限責任会社法が制定された当時は、有限責任会社は、「現行法における極めて個人主義的な会社形態と、資本主義的原理の最高の論理的帰結として現れるところの株式会社との中間的地位」にあるものとして位置づけられていたが、しかし実定法上の規範体系においては、立法者はこれを人的会社と物的会社とのある一定の中間形態としてではなく、完全に資本会社的な組織形態として作り上げたのである。[13] かように、ドイツの有限責任会社は立法者によって、企業参加者の数が比較的に多く、かつある程度規模の大きいものとして構想され、その結果株式会社と同様に、社団的性格を与えられたわけであるが、しかしその後、実際に現れた有限責任会社の内部的構造は徐々に人的会社のそれに接近してきた。とりわけ戦後において、異常に高額の所得税率の影響を受けて、純粋な人的企業における自己資本の形成が不可能となったことから、人的会社の多くが有限責任会社に組織変更したこと、また当時経済情勢が不安定な中で新規の事業を興すにあたり無限責任よりも有限責任形態のほうが一般的に好まれていたことなどにより、人的構造を持った有限責任会社（いわゆる人的有限責任会社personalistische GmbH）は著しくその数を増やしてきたのである。(14) このように、立法者の意図とは裏腹に、現実においては人的性格を持った有限責任会社が大多数を占めるようになったのであり、有限責任会社法が施行されて一〇〇年経た今日、立法者によって意図された多くの原則と例外との関係が逆転してきたのである。(15)

第二節　閉鎖的資本会社における少数派の保護

前節で述べたように、ドイツにおける資本会社の多くは小規模閉鎖的な会社であり、このような実態を反映して、ドイツ法においてもアメリカ法と同様、閉鎖的資本会社における多数派の濫用の問題が議論されており、多数派の濫用からの少数派の利益保護をいかに図るべきかが、ドイツの資本会社法における重要な課題となっているのである。

ある一定の共通した目標を追求する人々から構成され、等質的な利益層が見いだされるべき団体において少数派の保護が必要とされる理由について、Wiedemann は次のように指摘している。(16) すなわち、団体において多数派が常に交替し、そして基本的な利益の等質化が存在する場合には、少数派の保護はとくに問題とならないが、しかし現実の団体においてはこのような条件はほとんど存在しない。(17) とりわけ資本会社においては、会社の意思形成は頭数によるのではなく、資本参加の比率に応じて、すなわち資本多数決によって行われるため、多数派と少数派との間に不和対立が生じやすい。(18) 特に資本の多数、したがってまた議決権の多数がある特定の者またはグループによって握られている場合には、総会の場における表決のプロセスはその本来の意味を失う結果となる。つまり、本来議決の結果がそれに反対する構成員をも拘束するという多数決の拘束性は、自由に交渉して締結された契約と同じような「公正の担保」の効果を持つ多数派意思の形成の利益調整的機能に基づくものであるが、固定した多数派が存在する場合には、多数派意思の形成は自己取引や強制された契約と同様、それほど公正のチャンスを保障することができない。このような場合には、「支配的な社員は議決するのではなく、命令するのである」[19]。このように、Widemannの理解によれば、多数派社員は資本多数決原則により、その資本拠出に比べて不釣り合いに大きい影響力を持ち、自己の利益を超えてさらに他の社員の利益をも処分しうるため、ここに多数派の濫用から少数派を保護する必要性が生じてくるわけである。

しかし、人的会社においては基本的に契約法理が妥当しており、また全員一致の原則が貫徹されるため、不当な多数派の支配に対する少数派の利益保護がかなり図られている。また、公開的な株式会社においては、機能的な株式市場が存在し、株主はその株式を売却して抑圧的な多数派の支配から容易に脱却することが可能であるから、少数派株主の利益保護が現実化されていると言える[20]。これに対し、有限責任会社における少数派保護の状況はやや異なる様相を見せている。すなわち、小規模の有限責任会社では、社員は通常、業務執行者または主たる使用人として会社の経営に携わっており、そこでは社員の資本参加はその企業で働くための資格証明書のような役割を果たし、しかも会社経営への直接的な参加から得る報酬は、ほとんどその生計の基礎をなしているのである。しかしこのような状況下に置かれている少数派社員は、逆に弱い立場に立たされることになる[21]。すなわち、有限責任会社の少数派社員の権利と利益は次のような理由から他の法形態における社員よりも一層多数派の濫用にさらされやすいのである。まず、有限責任会社において資本多数決原則が一般に適用されていることである。資本多数決原則の下では、一人または少数の者が議決権の多数を持つことにより、少数派の意思に反してその法的地位を著しく侵害する決議または恣意的な決議をなす危険性を有する[22]。しかし有限責任会社における社員関係の閉鎖性とそれに基づく議決権比率の固定性から言えば、この原則の一般的な妥当が不適切であることが明白であるにもかかわらず[23]、法はかかる実態を顧慮することなく、資本会社全般について資本多数決原則の適用を定めたのである。次に有限責任会社における社員総会の全能性である。有限責任会社の社員総会は通常、会社のすべての事項、特に業務執行事項についても決定する権限を持つ。このことは逆に少数派にとって極めて危険である。なぜならば、社員は、業務執行者が服しているような、会社企業の利益を守るための法律上の責任システムと監督システムに服していないからである。[24]さらに有限責任会社法においては株式法二三条五項[25]のような規定が欠如しており、定款自治が広く一般に承認されている。株式法においては強行法規が妥当し、定款自治の範囲が狭く限定されているのに対し、有限責任会社においては社員に定款自治の余地が広く残される結果、資本多数決原則の妥当範囲が広くなり、少数派の地位も侵害されやすい。[26]したがってこのような資本多数決原則を前提とした広範囲な規制自治は、明らかに少数派保護の意義と目的を損なうものである。[27]そして最後に指摘されているのは、有限責任会社において持分の自由譲渡性が著しく欠けていることである。社員の持分につき組織された取引市場が存在しないため、公正な市場価格も形成されないし、また買受人も容易には見つけられないから、持分の譲渡は極めて困難である。このため有限責任会社の少数派社員は、持株を売却して多数派の支配から容易に逃れる公開的な株式会社の株主よりも一層多数派の恣意的な行為にさらされやすい。[28]このように有限責任会社において少数派社員は極めて不利な立場に立たされているのであり、本来ならばより強力な法的保護が与えられなければならないが、ドイツの有限責任会社法においては効果的な少数派保護の手段はそれほど用意されていないのである。[29]

そして右に述べたことは、現実に存在している多くの人的株式会社についても基本的に妥当するものとされる。すなわち、人的株式会社は、株主数が少なく、相互間に密接な人的関係を有すること、株主が自ら企業の経営に参加すること、株式が公開の市場で取引されていないこと、などの諸特徴を有し、[30]このためこのような人的構造を有する株式会社は実質的に人的会社または有限責任会社に類似するものである。[31]こうした人的株式会社において、多数派株主は企業利益を独占するなどの利己的な目的で、少数派株主を会社の役員の地位から解任したり、偽装解散や合併等の手段を用いて少数派を会社から締め出すことがある。[32]締め出された少数派株主は、その株式を売却しようとしても、取引市場がないために買受人が見付けられず、また他の株主にも公正な価格で買い取ってもらえないなど、著しい不利益を受けることになる。[33]

このようにドイツ法においても、人的有限責任会社や人的株式会社のような閉鎖的資本会社において、多数派社員の濫用から少数派社員の利益をいかに保護すべきかという課題がかなり早い時期から提起されていたのである。しかしながら、かかる少数派保護の必要性が一般的に認識され始めたのも、「長くて苦痛に満ちた発展過程」を経てからのことであった。[34]多数派は社員総会において自己の利益のためにも企業全体の利益を守るのだという当初のオプティミズムが、自己の特別の利益を追求するために多数派がしばしばその支配的地位を濫用するという厳しい現実によって打ち砕かれて初めて、立法は少数社員権の付与といった形で、少数派の利益救済を図り始めたのであった。[35]また他方においては、良俗理論や誠実義務といった一般条項を援用して、多数派の濫用から少数派を救済するという試みも、その後の判例や学説において積極的に行われるようになってきた。以下では、本書の目的に鑑み、一般条項による少数派救済の問題を中心に、ドイツの判例と学説の展開を跡づけてみる。[36]

(1)　世界最初の株式合資会社は一七一六年にフランスで設立されたBanque Royalであり、またドイツにおける最初の株式合資会社は現ドイツ銀行(Deutschen Bank AG)の前身にあたる、一八五一年に設立されたDiscontogesellschaft Berlinであるから、この法形態は既に二八〇年以上の歴史を有しているが、その数および資本規模においては大きな発展を遂げることができなかった。Claussen, Perspektiven für die Kommanditgesellschaft auf Aktien, FS für Heinsius, 1991, S. 61, Fn. 1. 一九八九年現在の時点では、ドイツではこの形態の会社はわずか二七社しかなかったと言われている。G. Hueck, Gesellschaftsrecht, 19. Aufl., 1991, S. 319. なお、ドイツ株式法はその第二編(二七八条—二九〇条)において株式合資会社についての規定を設けており、同法二七八条は、「株式合資会社は、少なくとも一人の社員が会社債権者に無制限に責を負い(直接責任社員)、その他の社員が会社の義務につき直接に責を負うことなしに、株式に分割された資本に参加している(合資株主)固有の法人格を持つ会社である」と定義づけている。訳文は、慶應義塾大学商法研究会訳・西独株式法(昭和五七年、慶應義塾大学法学研究会)四三一頁による。

（2）　Hansen, Aus der Wirtschaft, AG 1993, R 64. この統計数字はドイツ連邦統計庁が発表したものであるが、同庁は一九九四年から資本会社に関する統計を中止した。そしてドイツ連邦銀行の調査によると、一九九六年末の株式会社数は四〇四三社に増えている。AG Report, Aus der Wirtschaft, AG 1997, R 123. なお、宍戸善一「閉鎖会社における内部紛争の解決と経済的公正（三）」法学協会雑誌一〇一巻九号（昭和五九年）一三二〇頁以下は、一九七八年度の売上税統計に基づく売上高別の企業形態の分布を詳しく紹介しておられる。

（3）　Hansen, a.a.O. (Fn. 2), R 65.

（4）　近年、ドイツの中規模企業の自己資金調達の改善をめぐる問題が議論されており、より多くの企業に株式会社の法形態を利用する途を開くために、中小規模の株式会社に対応した立法措置を株式法に取り入れるべきだとする声が高まる中で、連邦司法省は一九八六年に経済団体などへの意見照会を通じて、株式法上の規制を緩和する措置が必要であるのか、特にどの範囲において株式法が中小企業の需要を満たしうるのかといった問題点を検討してきた。経済団体の代表者たちの間では、株式法の一部の規定が中規模会社に合致するように改正されるべきだとする点においては意見が一致したものの、小規模株式会社についての特別の規定が株式法に盛り込まれるべきか否かに関しては見解が分かれていた。しかし、ドイツ商工会議所（DIHT）や他のいくつかの団体はそれを強く支持し、そしてドイツ商工会議所は一人会社の設立の許容や設立における審査手続きの緩和などの内容を盛り込んだ独自の改正案を提出した。また Albach と Lutter をはじめとする研究グループは実態調査を行い、最低資本金を一〇万マルクとする私的株式会社→同五〇万マルクとする公開的株式会社→同二五〇万マルクとする大株式会社という「三段階モデル」の立法案をまとめた。Friedewald, Die personalistische Aktiengesellschaft, 1991, S. 157 ff.（この案については、布井千博「西ドイツにおける企業の自己資本形成に関する論議—『株式法の規制緩和・三段階モデル』を中心として—」東海法学四号一三五頁（平成元年）参照）。こうした主張や提案を受けて、連邦司法省が小規模の株式会社と株式法の規制緩和に関する法律案をまとめ、同法案は一九九四年一月二六日に連邦政府閣議の承認を得て、二月一日にドイツ連立与党によって議員立法の形で提出され、連邦議会および連邦参議院の採決を経た上で、八月二日に"Das Gesetz für Kleine Aktiengesellschaften und zur Deregulierung des Aktienrechts"(BGBl. I 1994, 1961)として公布され、同月一〇日に施行された。この改正法は、一人会社の設立の許容や、利益処分に関する定款自治の強化、全員出席総会の場合における招集手続の省略、書留郵便による株主総会招集の許容、定時総会決議の議事録作成方式の緩和、小規模株式会社における共同決定制度の廃止といった小規模株式会社向けの制度を設けているが、その多くは前述のLutterらの三段階モデル案から取り入れられたものである。Seibert, Gesetzentwurf: Kleine AG und Aktienrechtsderegulierung, ZIP 1994, 247.; Blanke, Private Aktiengesellschaft und Deregulierung des Aktienrechts, BB 1994, 1505; Lutter, Das neue "Gesetz für kleine Aktiengesellschaften und zur Deregulierung des Aktienrechts", AG 1994, 429; Kindler, Die Aktiengesellschaft für den Mittelstand, NJW 1994, 3041 ff. 日本語の文献としては、早川勝「ドイツにおける大小株式会社区分立法案について」産大法学二八巻一号一二一頁（平成六年）、同「ドイツにおける『小株式会社の規制と株式法の規制緩和のための法律』について」同志社法学四七巻二号一頁（平成七年）、丸山秀平「小規模株式会社法制とドイツ株式法改正」田中誠二先生追悼論文集・企業の社会的役割と商事法（平成七年、経済法令研究会）七一頁、同「一九九四年株式法改正法」丸山秀平編著・ドイツ企業法判例の展開（平成八年、中央大学出版部）一頁、梅本剛正「ヨーロッパにおける閉鎖会社立法の動向（一）（二）」民商法雑誌一一二巻四・五号八一一頁、六号九〇八頁（平成七年）がある。

（5）推定によれば、今世紀末までに約七〇万社の企業が世代交代を迎えることになっている。Seibert, a.a.O. (Fn. 4), S. 248.

（6）Hansen, a.a.O. (Fn. 2), R 64; Seibert, a.a.O. (Fn. 4), S. 248.

（7）Hansen, a.a.O. (Fn. 2), R 65. なお、資本金に関する統計数字は一九八九年末のものである。

（8）Friedewald, a.a.O. (Fn. 4), S. 3 f.; Becker, Der Ausschluß aus der Aktiengesellschaft, ZGR 1986, 383, S. 386; Kallmeyer, Die börsennotierte Familien-Aktiengesellschaft, Festschrift für B. Kropff, 1997, 145, S. 146. Lutter は、「非常に多数の株主を有する典型的な株式会社が念頭に置かれていて、他の株式会社の存在の可能性が忘れられがちである。事実その内部構造が中規模の有限責任会社とほとんど異ならない同族の株式会社が少なか

らず存在しているのである。こうした株式会社において譲渡制限付きの記名株式しか発行されていない場合には、このような類似性は一層強くなってくる」と指摘している。Lutter, Zur Treuepflicht des Großaktionärs, JZ 1976, 225, S. 230. Vgl. Meier-Hayoz, Personengesellschaftliche Elemente im Recht der Aktiengesellschaft, Festschrif für W. Hug, 1968, S. 377.

（9）　Friedewald, a.a.O. (Fn. 4), S. 11.

（10）　また公開会社についても、会社内部の社員圏の閉鎖性が指摘されている。すなわち、一九八六年の文献によると、特定の者によって支配されていない純粋に公開的な株式会社は約二〇社あり、株主数一〇〇〇人以上の会社は約八〇社であった。そして総数二一一八社のうち、株式が上場されていたのはわずか四三七社に過ぎなかった。これらのことは、ほとんど大多数の株式会社においてその株式のかなりの部分がいわゆるPakten（大量の株式のブロック＝支配株式）の形で、ある特定の者によって所有されていることを示すものであり、また上場会社においてもPaketenの存在は例外よりはむしろ通常のことであり、それを所有しているのはコンツェルン上位会社か、もしくは銀行、保険、投資会社のような機関投資家であるから、このような上場会社においても、少なくとも部分的には閉鎖的な社員圏が形成されている、と言われている。Hirte, Bezugsrechtsausschluß und Konzernbildung, 1986, S. 10 f. なお、一九九四年の上場会社の数は六七九社である。Seibert, a.a.O. (Fn. 4), S. 248.

（11）　Hansen, GmbH-Bestand stieg auf mehr als 500000 Gesellschaften an, GmbHR 1993, 146, S. 147 f. 資本金に関する統計数字は一九八九年末のものである。なお、ドイツにおける有限責任会社の実態等に関しては、増田政章「西ドイツにおける有限責任会社の実態とその経済的意義」近大法学二六巻三号一六六頁（昭和五四年）、新山雄三「ドイツ有限会社法の現状と課題」斉藤武＝森淳二朗＝上村達男編著・現代有限会社法の判例と理論（平成六年、晃洋書房）九一頁以下参照。

（12）　Bungert, Die GmbH im US-amerikanischen Recht—Close Corporation, 1993, S. 10f.; ders., Die GmbH im US-amerikanischen Recht: Close Corporation, GmbHR 1993, 478, S. 480; Schneider, The American Close Corporation and Its German Equivalent, 14 Bus. Law. 228 (1958).

(13) Fischer, Die personalistische GmbH als rechtspolitisches Problem, Festschrift für W. Schmidt, 1959, S. 117.（この論文の紹介として、正亀慶介「ロバート・フィッシャー『法律政策的問題としての人的な有限責任会社』神戸法学雑誌一三巻三号四三四頁（昭和三八年）以下がある）。有限責任会社法が制定された当時、経済界から有限責任会社法における合名会社法への広範な準拠を主張する声が強く、また当時の帝国議会議員であったOechelhäuserによって提出された立法案も合名会社法の規定を全面的に参照したような人的会社法的な構想であったが、法律案起草の段階ではこれらの人的会社法的構想はすべて斥けられた。これは、主として合名会社法に対する硬直した認識に基づいたもので、その柔軟性と任意性を無視したこと、とりわけ立法者が有限責任会社について、多数の株主を有する株式会社よりは規模が小さいものの、社員自らが経営に参加するような少人数の合名会社よりは規模の大きいものとして構想していたことによるものであり、この結果、立法者は有限責任会社について第三者機関を設け、資本多数決原則を採用するなど、多くの社団的な性格を付与したのである。Martens, Grundlagen und Entwicklung des Minderheitsschutzes in der GmbH, Festschrift 100 Jahre GmbH-Gesetz, 1992, 607, S. 610 ff. なお、ドイツ有限責任会社法の生成の背景や立法過程を紹介した文献として、増地庸治郎「有限責任会社制度の生成」経済学論集（東京帝大）九巻九号三六頁（昭和一四年）、喜多川篤典「有限会社法の比較法的研究・ドイツ法を中心として」法学協会雑誌六九巻二号一五八頁（昭和二六年）、今野裕之「ドイツ『有限責任会社』制度の立法過程—ドイツ帝国議会議事録および政府草案・理由書を中心に—」成城法学一九号八七頁（昭和六〇年）、正亀慶介「有限会社の沿革」斉藤＝森＝上村・前掲注（11）書一頁以下などがある。

(14) Fischer, a.a.O. (Fn. 13), S. 118 f.

(15) Vgl. Reichert&Winter, Vinkulierungsklauseln und gesellschafterliche Treupflicht, Festschrift 100 Jahre GmbH-Gesetz, 1992, 209, S. 211. 例えば、有限責任会社法一五条は有限責任会社の資本会社たる性格を考慮して、社員の投下資本の回収を容易ならしめるために、その一項で持分譲渡の自由の原則を宣言する一方、会社内部関係についての社員の自治を認めるために、その五項で例外的に定款による持分譲渡の制限を許容したが、実態調査によれば、現在の有限責任会社の定款のほとんどが社員の持分譲渡を制限しているのである。Reichert&Winter, a.

a.O.

(16) Wiedemann, Gesellschaftsrecht, Bd. I, Grundlagen, 1980, S. 405 ff.

(17) Wiedemann, a.a.O. (Fn. 16), S. 406.

(18) なお、Haußmannは株式会社における不和対立と利益衝突の生ずる原因を次のように分析している。まず、それは私的利益の追求という株式会社の本質に由来し、各株主がそれぞれの利益の観点から、できる限り多く会社の利益に与ろうとするため、株主間に利益配当をめぐり衝突が生じてくる。そして株式会社における利害衝突はまた、例えば業務執行の権限の範囲などに関する理事者と株主との争いのごとく、組織の面でも起こりうる。さらに株式会社において、投資株主は投資株主としての利益を追求し、また企業株主も会社外の利益を追求することがあるのであり、このような異なった利益の結合によっても衝突が起こり得る。Haußmann, Gesellschaftinteresse und Interessenpolitik in der Aktiengesellschaft, Bank-Archiv 1930, 57, S. 61. しかしいずれの場面においても、このような利益衝突が生じてくれば、資本の多数を所有する者が常に主導権を持つことは言うまでもないのであろう。

(19) Wiedemann, a.a.O. (Fn. 16), S. 406.

(20) Martens, Die GmbH und der Minderheitsschutz, GmbHR 1984, S. 265.

(21) Immenga, Die personalitische Kapitalgesellschaft, 1970, S. 132.

(22) Bischoff, Sachliche Voraussetzungen von Mehrheitsbeschlüssen in Kapitalgesellschaften, BB 1987, S. 1055.

(23) Martens, a.a.O. (Fn. 20), S. 265. Martensによれば、立法者は株式法にならって、有限責任会社の業務執行事項のみならず定款変更についても資本参加の比率に基づいた多数決原則を採用したが、全員一致の原則によるかそれとも資本多数決の原則によるかは少数派保護の問題にとっては極めて重要な意味を持つものである。この場合業務執行事項に関する決議と定款変更に関する決議を区別すべきであって、業務執行事項については立法者の選択した多数決原則が妥当であるが、しかし定款変更に関してはそれによって社員の権利と義務が変更されるために、全員一致の原則によるべきだったのである。それゆえ、「立法者によって採用された無制約の多数決原則が妥当する

『団体主義的』モデルと、多数決の合理的な妥当範囲についての私的自治的規制を伴った全員一致の原則が妥当する人的会社法的モデルとの二つの構想を比較すれば、ごく少数の社員からなる、したがって人的要素をもった有限責任会社においては、多数決の妥当範囲についての私的自治的な合意を前提とする『個人主義的』モデルが優先されるべきことは明らかである」、と。Martens, a.a.O. (Fn. 13), S. 613 ff., 618 f.

(24)　Martens, a.a.O. (Fn. 20), S. 265.

(25)　株式法二三条五項は、「定款は、その旨明示的に認許された場合に限り、本法の規定と異なることができる。定款の補足的な定めは認許される、ただし本法が最終的規制を含むときは、この限りでない」と定めている。訳文は慶応義塾大学商法研究会訳・前掲注(1)書四〇頁による。

(26)　Martens, a.a.O. (Fn. 13), S. 616 f.

(27)　Martens, a.a.O. (Fn. 20), S. 266.

(28)　Martens, a.a.O. (Fn. 20), S. 266; Wiedemann, a.a.O. (Fn. 16), S. 407; Immenga, a.a.O. (Fn. 21), S. 132 f.

(29)　Martens, a.a.O. (Fn. 20), S. 265.

(30)　Friedewald, a.a.O. (Fn. 4), S. 14 ff.

(31)　Friedewald, a.a.O. (Fn. 4), S. 130 f.; Becker, a.a.O. (Fn. 8), S. 387.

(32)　Reinisch, Der Ausschluß von Aktionären aus der Aktiengesellschaft, 1992, S. 14 f.

(33)　Reinisch, a.a.O. (Fn. 32), S. 41.

(34)　Fischer, Gedanken über einen Minderheitenschutz bei den Personengesellschaften, Festschrift für C. Barz, 1974, S. 33.

(35)　Fischer, a.a.O. (Fn. 34), S. 33.

(36)　なお、ドイツ株式法における少数派保護の諸制度については、阪埜光男「西ドイツ新株式法における株主保護—単独企業を中心として—」法学研究四一巻二号五八頁(昭和四三年)、南保勝美「株式会社における少数派保護(一)

―西ドイツ法を中心として―」法律論叢（明治大）五八巻二号八六頁（昭和六〇年）以下参照。

第二章　判例における誠実義務の展開

第一節　ライヒ裁判所の判例

資本会社における多数派濫用の抑制による少数派の利益保護を図るライヒ裁判所の立場は首尾一貫としたものではなく、幾つかの発展段階を経て形成してきたものであることから、学説はライヒ裁判所の判例を、多数決原則を無条件に承認する初期の時代、一九一六年以降に良俗違反の理論を用いて多数決を制約する時代、そして一九三〇年代に入ってから誠実義務理論を援用する時代、という三つの時期に分けて検討するのが普通である[(1)]。そこで本書もこのような分類に従い検討していくことにする。

もっとも、ライヒ裁判所の判例のうち多数派の濫用に関するものについては、既に優れた研究が発表されており[(2)]、これ以上とくにつけ加えるべきものがないようにも思われるが、資本会社における少数派保護についてのライヒ裁判所の立場の変遷を判例全体の流れの中で把握するために、重複を厭わずに整理してみたいと思う。ただし、この問題に関するライヒ裁判所の判例が数多くあるため、本書の課題との関連で、ここでは主として多数派と少数派間の利益衝突に関する典型的な事例のみを取り上げることにする。

第一項　第一期の判例

時期的には第一次世界大戦前に当たるこの第一期の判例は、法律上定められている資本多数決の原則に絶対的な妥当性を承認し、少数派株主（社員）の利益保護について十分な考慮を与えなかったことをもって特徴づけられる。(3) このような判例の立場が形成された背景には、次のような事情があったものと考えられる。すなわち一つは、裁判所が当時の自由主義観に基づいて会社内部の問題を広く多数派の判断に委ね、実質的妥当性の問題への干渉を避けていたことであり、(4) いま一つは前章にも一言したように、立法者が資本会社における社員の利益層の等質性から出発し、多数決原則を社員間の公正な利益調整の機能を果たすものとして位置づけていたのであり、また裁判所も多数派がその議決権行使等につき常に企業全体の利益を擁護するものだというオプティミズムを持っていたために、多数派の優越的地位には会社および他の社員の損害において自己の利益を追求するといった濫用の弊害が伴う側面を見逃していたものと思われる。そしてこうした判例の最も代表的なものとして、一九〇八年四月八日のHibernia事件判決がしばしば挙げられている。(5)

①　RG. Urt. v. 8. 4. 1908 (RGZ 68, 235)　Y会社（Hibernia 鉱山会社、被告）は、一九〇六年一二月四日に開かれた株主総会において額面一〇〇〇マルク、発行株式数計一万株の優先株を株主の引受権を排除して発行し、(6) 基本資本を一〇〇〇万マルク引き上げる旨の決議を行った。同決議により、Y会社の取締役は監査役の許可を得て発行価額の決定や新株の割当を行う権限、および会社の存続に危険を与えると思われる者又は機関からの新株引受の申込を拒否する権限が与えられた。右決議の目的はそもそも、Y会社の株主であるX（プロイセン国庫 preußliche Staatsfiskus、原告）による支配権の獲得を防ぐことにあったのであり、Xは本件総会決議に先立ち、後に同じ価格で他の株主たちに対しその持株比率に応じて再譲渡することを約束するから、発行価額の一一七％ないし一二〇％で新株を引き受けさせてくれるよう申し出たが、拒否されたので、書面で総会決議に反対する意思を表明した。続いてXは、Y会社が他の株主の新株引受権を排除して新株を発行し、これをY会社の多数派株主とその一派にのみ割り当てるのは、もっぱら多数派の勢力を増大させる意図に出るもので

あって、Xら少数派株主の利益を著しく損なうとして、株式法の精神と良俗に反することなどを理由に、総会決議取消の訴えを提起した。一審・二審とも敗訴したので、Xは上告した。ライヒ裁判所は次のように判示して、Xの上告を棄却した。すなわち、「(Xの)主張は今日ドイツにおいて妥当している株式法の精神に立脚しうるものではない。なぜならば、本件では法律に特別に規定されている少数株主権が問題となっているのではないし、また会社の問題について必要な議決権数でなされた決議は、たとえそれが少数派にとって不当で、経済的に不利益で、かつ少数派の努力を無駄にするようなものであるとしても、少数派にとっては決定的だからである。これは、株式の多数を所有する者が会社の管理運営について、また会社およびその株主の利益において何をなすべきか、何をなさずにおくべきかについて決定する権限を有する、という法律であり、承認されるに至った原則の必然的な結果である。株式を取得するすべての者はこの事実を甘受しなければならないのであって、総会で議決権の過半数を持っている者だけが自己の意思を決定的なものとして貫徹することができるのである。多数派意思への少数派の服従は、強調されているような制約を伴うとはいえ、現行法規定の直接的かつ必然的な帰結であり、それは法によって事実上少数派に認められている諸権利を侵害するものではない。上告理由が、多数派は少数派が理解しているような意味での会社の利益を守る義務を負うものとするならば、それは法律的に誤っている。このような多数派の義務は存在しない。……多数派が法律の規定に基づいて、法が適正に行われた総会の決議に付与している法的効果をもって、非常に価値のある財産だと彼らが評価する物の所有を維持しようとする行為は、良俗に反するものではない。」(7)

本件は、Y会社の支配権をめぐる争奪戦が行われていた中で、Y会社の多数派株主でもある理事者による新株発行の当否が問題となった事例である。Y会社の多数派株主はXの支配権獲得に対抗する手段として新株発行を行い、これを全部自派のみに割り当てようとしたが、大量の新株発行により少数派株主たるXの持株比率が著しく低下し、所有株式の経済的価値もそれに応じて減少するといった不利益を受ける結果となることは、避けられなかった。しかしながら、ライヒ裁判所は少数派株主Xの受けうるこうした不利益を何ら考慮することなく、本件新株発行に関する総会決議が法の規定に基づいて適正になされた以上、それが多数派の如何なる意図の下で行われたものであれ、少数派株主に対し法的拘束力を生ずると判断した。すなわち、ライヒ裁判所の立場からすれば、総会決議が法の定める手続的規制に基づいて行われ、その外形的・形式的適法性が認められれば、決議が実質的にも公正か否かは問題とはならないのであり、したがって本件のようなもっぱら多数派の支配権維持を目的とした新株発行決議も容認され得るのである。このようにライヒ裁判所は多数派によるほとんど無制約の権利行使を承認したのであり、これによって本件Xのような少数派株主は、実質的に不当な多数決によりその利益が侵害された場合にも、法的保護を求める途が閉ざされ、多数派の支配を無条件に甘受するしかなかったのである。

そしてこのHibernia事件判決に示されたライヒ裁判所の立場は、その後の判例においても踏襲されていた(8)。しかしながら、このような多数決原則の絶対性に固執したライヒ裁判所の立場に対し、当時の学説は概ね批判的であった(9)。すなわち、多数決の絶対性を認めたライヒ裁判所の判断は、法律の文言から厳格に演繹してきた論理的な帰結ではあるが、しかし果たしてそうであるべきなのか、また少数派保護を図らなくてよいのかは、疑問である(10)。ライヒ裁判所の立場の下では、多数派は、法によって少数派に与えられている一定の持株比率に基づく少数株主権を奪おうとすれば、本件のように新株引受権を排除して大量の新株を発行することにより、容易に達成できることになるが、しかしこれが健全な法秩序の意思であり得ないことは、明らかであり(11)、したがって、新株引受権のような少数派株主にとって重要な権利は単純多数決によって排除されるべきものではないし、また法秩序は多数の小株主に対しその経済的地位にふさわしい影響力を与えなければならない、と(12)。

第二項　第二期の判例

前項で述べたように、初期の時代においてライヒ裁判所は、資本会社における多数決原則の絶対性を承認し、多数派による恣意的な権利行使を容認していたが、しかしやがてこのような資本多数決原則が少数派社員に著しい不利益をもたらしうることを認識するに至った。すなわち、一九世紀後半から資本主義経済の発展に伴い、企業集中の現象が著しく進展し(13)、特にコンツェルンという企業集中形態が急速に展開してきた中で、経済的勢力地位の濫用の可能性も著しく増してきた。[14] こうした中で、法律によって前提されていた社員の利益の同一性が単なるフィクションに過ぎず、資本会社における議決権行使の自由は、必ずしも社員間の利益の調整をもたらすものではなく、それは逆に多数派に対し、会社および他の社員の損害において会社外の利益を追求することにより個人的な利得を得る可能性を与えていることが明らかとなってきた。[15] そこでライヒ裁判所は、こうした多数派の濫用の除去を迫られることとなったのであるが、しかし当時の実定法上の諸規定は多数派濫用の法的解決を図る上ではいずれも不十分なものであったため、このような実定法上の不備を補完し、効果的な少数派の利益救済を行うには、一般条項に頼らざるを得なかった。[16] こうしたことから、ライヒ裁判所はまず良俗違反の法理（ドイツ民法典一三八条、八二六条）[17] を用いて、資本会社における多数派の濫用に対処し始めたのである。[18] この新しい傾向を打ち出す転機となったのが、次の有限責任会社に関する一九一六年二月二二日判決であった。

②　RG. Urt. v. 22. 2. 1916 (JW 1916, 575)[19]　本件事実関係は本判決を掲載した法律雑誌においてあまり詳しく紹介されていなかったので、はっきりしない部分があるが、概ね次のような事案である。資本金三〇万マルクのＡ有限責任会社（訴外）の持分を商人Ｂ（訴外）が二五万マルク、商人Ｃ（訴外）が五万マルク所有していた。一九一三年にＢはその持分をＸ（原告）とＹ（被告）に半分ずつ譲渡した。そしてＸとＹは同年一一月二四日に契約を交わし、各当事者の請求により開かれるＡ社の社員総会で、業務執行者が単独で署名権限を持つとする定款変更に関する決議や各当事者を業務執行者に選任する決議に各当事者が賛成する義務を負う、とすることで合意した。続いて同年一二月一七日に右契約内容の一部変更に伴い新たな契約が交わされ、その中に「各契約者にはその業務執行行為について年間二万マルクの給与が支払われる。それ以上の報酬は相手方契約者の同意がない限り認められない」という条項が盛り込まれることになった。同月二三日に、Ｙは右契約についてＸを無権代理して、公正証書を作成した。その後、両当事者間に争いが生じ、Ｘは、高額の報酬を約定した右契約は良俗に違反すること、右一二月二三日に作成された公正証書も彼の授権または同意がなかったから無効であるなどとして、訴えを提起した。一審・二審ともＸが勝訴し、本判決もＹの上告を棄却したが、良俗違反に関するＸの主張については次のように判示している。すなわち、「（少数派社員である）Ｃがこれまで単独で業務執行を行ってきており、そし

て特に景気のよかった一九一二年度にも一万四五〇〇マルクの給与および利益配当を受け取っていたに過ぎないのに対し、本件当事者たちは将来の業務執行行為の対価として合計四万マルクの金額について合意した。……右報酬はA社の売上げと収益状況に対応しないものである。仮にA社が年間八万マルクの純利益を出しているとするYの主張を考慮に入れるとしても、この金額の半分が業務執行者の給与に支払われるならば、それは大変なコスト負担となるのである。会社自身に損害を与えることを意図するものでないとしても、それは結局Cの利益に対する故意の侵害となる。当事者たちは、第三の社員の利益配当請求権がそれにより著しく減殺されることを知っているにもかかわらず、ひたすらに自らの利益を追求し、それをすべて無視したのである。このような少数派の不利益における多数派権限の濫用が良俗違反に当たるとする控訴審裁判所の判断は、法律的に誤ったものとは言えない。[20]」

本件は小規模閉鎖的な有限責任会社において業務執行社員が多額の報酬を受けることによって他の社員の利益を害するという形での多数派の濫用の事例である。本件においてライヒ裁判所は初めて良俗違反の法理の適用を認め、持分の多数を所有している業務執行社員が会社の純利益の半分を自らの報酬に費消することは他の社員の利益を著しく損なうもので、多数派の濫用に当たり、良俗に違反すると判断し、多数派の利己的な利益追求行為を良俗違反と認定したのである。[21]

これまでライヒ裁判所は多数派の絶対的支配を容認してきたが、多数派の行為に対し良俗違反の法理による制約を課した本判決は従来の立場を修正したもので、学説から少数派の利益保護を重視した判例として評価された。[22]そしてこのような判例の立場はその後、新株発行決議の効力を争う一連の判決で維持され、展開していった。

③　RG. Urt. v. 22. 6. 1923 (RGZ 107, 72)[23]　基本資本一二六万二〇〇〇マルクのY株式会社（被告）は一九二一年五月二八日の臨時株主総会で、額面一〇〇〇マルクの株式を新たに一〇〇〇株発行し、資本を一〇〇万マルク増加すること、新株の発行は新株引受権を排除して行うこと、発行価額を券面額とし、まず発行価額の二五％が払い込まれるべきこと、それ以外の発行条件の決定は監査役会に委ねる旨の決議を、X_1～X_3（原告）および他の二名の株主の反対を押し切って、可決した。そして続いて行われた右新株発行のための定款変更に関する決議も、X_1らの反対にもかかわらず、議決権の

絶対多数の賛成で可決された。そこでX_1らは、X_1らの新株引受権を排除して発行される新株すべてが、Y社の取締役と監査役会の構成員の大半を支配している訴外A銀行に割り当てられることになるため、本件新株発行決議は、A銀行によって支配されている株主グループが会社における支配的地位を確保する目的で行ったもので、良俗に反するなどとして、決議無効の訴えを提起した。これに対しY側は、本件決議が、Y社と同種の事業を営むX_1が独占を達成するためにY社と自己のコンツェルンとの合併を企てるのを阻止するためのものだと主張した。一審・二審ともX_1らの訴えを棄却したが、本判決は次のような理由で原判決を破棄し、X_1らの請求を認容した。すなわち、「控訴審裁判所はRGZ 68, 235判決（前記①判決）を引用して、Y社における従来からの支配的な利益グループが将来にわたって自らの支配的な影響力を確保しようとしても、それは良俗違反とはならず、株式法の精神に反しないと判断している。……（しかしながら）控訴審裁判所が本件事実についての審理を尽くしておらず、良俗違反の概念を誤ったとする上告の論旨は、理由のあるものである。控訴審裁判所は本件決議の内容についてほとんど注意を払わなかった。個々の決議から構成される決議全体が、その内容からして直ちに良俗に反する理由で無効とならないとしても、決議がなされた際の多数派の目的と動機に関するX_1らの主張を考慮に入れ、そして内容、動機及び目的の結合から明らかとなる決議の全体的性格に目を配れば、それは非常に憂慮すべきものである。……（本件新株発行により）旧普通株の株主の利益配当請求権は約五〇％減殺される。Y社の株式の相場がX_1らの主張するように（発行価額の）三三〇％に当たるとすれば、本件新株発行により旧株式の価値が著しく損なわれるのみならず、Y社も株式の発行に際しその券面額を超えて取得されるはずのプレミアムを失うことになる。……新株についてわずか二五％の払込みしか行わないと決定したことからも明らかなように、Y社の緊急な資金需要は存在していないのである。（引受権を排除しての新株発行の）決議がこのような意味と妥当範囲を持つとすれば、少数派の株主権を著しく損なうこの種の措置が多数派の主張するような防衛目的の達成のために実際に会社の利益において必要であったか否か、その追求する目的が他の方法で、例えば利益配当金の面で制限を受ける優先株式の発行によって達成できないものか否か、決議によって多数派がその意図した防衛目的の外に他の目的を全く追求しなかったか否か、が問題となる。決議の内容だけからみても、多数派は防衛の目的のみならず、少なくともそれ以外の利己的な利益のために、会社の福祉を故意に無視して行動した、という疑いがある。」(24)

右判旨から明らかなように、本件においてライヒ裁判所は、多数決によって成立した決議について、それが議決権の多数でなされたゆえに、ただそれだけの理由でその正当性を認めたこれまでの判例とは明らかに異なる立場を示している。すなわち、これまでの第一期の判例では、多数派株主(社員)が決議を成立せしめた目的や動機等が考慮されておらず、総会決議が法の要求する手続に従ってなされた限り、たとえそれが少数派に不利益をもたらすとしても、その正当性が認められたのに対し、本件ではライヒ裁判所は決議の全体的性格、すなわち決議の内容、目的およびその動機に注目し、それらの諸要素を総合して決議が良俗違反となるか否かを判断している。これによって、形式的には適法だが実質的には不当な多数決が抑制されることが可能となったのである。[25]

本判決は、新株引受権を排除して行われる新株発行が旧株主に著しい経済的な不利益をもたらしうること、このようなXら旧株主の不利益における新株発行を正当化しうるより高位の利益、すなわち差し迫った資金需要などの会社における正当な利益が存在しないといった事実を踏まえて、本件決議は、多数派の支配的地位の確保という利己的な目的を追求するためのもので良俗に反する、と判断した。これは、本件事案と類似している前記①Hibernia事件判決とはまさに逆の結論である。本判決は明確には述べなかったものの、本件控訴審判決が引用した前記Hibernia事件判決の立場を事実上放棄したものとみることができよう。[26] そうして、本判決と同じ立場から、多数派の勢力の増大を目的とした新株発行決議を良俗違反としたものに、次の④判決がある。

④　RG. Urt. v. 23. 10. 1925 (RGZ 112, 14)[27]　Y株式会社(被告)の基本資本は六〇万マルクであり、そのうちX会社(原告)は一六万マルク相当の株式を所有していた。一九二〇年にXとYは共同で訴外A合資会社を創設し、醸造業を営んでいたが、その後両社間に不和対立が生じて、訴訟ざたとなった。そして一九二二年一二月二八日に開かれたY社の株主総会において、株主の新株引受権を排除して一七万五〇〇〇マルクの普通株式と、監査役の選任・定款変更・会社の解散に関する決議について一〇倍の議決権を持つ優先株式七万五〇〇〇マルクを発行して、基本資本を六〇万マルクから八五万マルクに引き上げる旨の決議が行われた。Yの理事者は、本件新株発行はレストランを建設するための資金を調達し、外国

資本によるY社の乗取りの危険に対処するためであるなどと説明したが、決議に反対したXは、右理由は単なる口実に過ぎず、本件新株発行決議は実際にはYの多数派株主が会社における支配的地位を確保するために行ったもので、少数派たるXの利益を侵害し良俗に反すると主張して、決議の無効確認の訴えを提起した。一審がXの訴えを棄却したのに対し、原審はこれを認めた。本判決は次のように判示して原判決を維持し、Yの上告を棄却した。すなわち、「原審がRGZ 107, 72判決(前記③判決)に基づいて正当に判断しているように、株主総会決議が良俗に反するか否かの問題は、その外部に現れた内容と形式的な適法性のみならず、個々の措置の結合から生じてくる、会社自身および多数派に属しない株主への影響、並びに多数派の行動の動機と目的をも重視しなければならない。……原審の認定によれば、外国資本が株式の取得によりY会社を支配する危険性は存在していないし、また国内の競争会社による乗っ取りの危険性についても十分に立証されていない。(むしろ原審で認定した通り本件における)増資はすべて、これを隠れみのとして自らの利益を追求するための多数派の口実に過ぎなかった。会社には何ら緊急な資金需要がなく、また本件増資からもごくわずかな資金しか得られないわけであるから、Y社にとってこのような措置からは実質的な利益は生じない。……原審が認定したように、一〇倍の議決権を持つ優先株式とその他の株式を発行し、これをすべて取締役と監査役会に代表される多数派に割り当てることは、事実上少数派から業務執行に対する影響力行使のあらゆる可能性を奪うものである。新株発行は単に株主総会における過半数を確保するためのものに過ぎない。このような少数派の抑圧は、その影響力の拡大を試みようとする少数派に対する正当な防御の程度を遙かに超えるものである。……少数派の犠牲において、しかも同時に会社の利益を促進することなしに一方的な利己的利益を追求することは、法律上明らかに良俗に反するとみることができ、また同時に株主全員に対する平等の扱いという原則に違反することを示すものである。多数派はYの上告理由が言うように、その行為に際し『利己的』な動機によって導かれたために原審によって非難されたのではなくして、むしろその際にとられた手段、少数派の利益に対する故意の侵害、および会社の繁栄の無視こそが原審の裁判官によって良俗違反として非難されたのである。」(28)

本判決は前記③判決の立場を踏襲し、多数決の外形的・形式的な適法性のみならず、その内容、目的と動機の内的関連から、多数決の妥当性について審査を加えた。そして本判決においてライヒ裁判所は、良俗違反の適用要件をより明確な形で示したのである。すなわち、多数派が総会決議によって、(1)故意に少数派の損害において会社外の利己的な利益を追求し、(2)それと同時に会社の正当な目的を追求しないか、または会社の利益が多数派の決定にとって重要でない場合には、かかる総会決議は良俗に反するものと認められることになる。[29] 具体的に前記③事件や本件のような多数派の勢力地位の増大を目的とした新株発行の事案においては、会社の資金需要がないにもかかわらず、持株比率の低下などの少数派の不利益において自らの勢力地位の増大や支配の永続化を図る目的で新株発行を行うことは良俗違反とされることになる。そして、良俗違反と認められた場合の法的効果として、多数派のなした法律行為（総会決議等）は無効とされる。[30]

もっとも、多数派は常に会社や少数派の利益のためにのみその議決権を行使し、自己の利益を一切追求してはならないということではなく、本判決も、多数派による私的利益の追求が容認される場合があることを認めている。しかし、多数派による私的利益の追求はあくまでも、少数派および会社の利益を同時に考慮するという前提条件に服さなければならないのである。この点は、前記③判決において明確に言及されなかったものであり、このように判例が、多数派が少数派および会社の利益に対する適切な考慮の下でその議決権を自己の利益のために行使しうることを認めたのは、当時の有力説に従ったものである。[31]

こうした良俗違反の法理を用いた一連の判例[32]の中に、良俗違反を理由に有限責任会社の社員総会の増資決議を無効とした次の判決も注目される。

⑤　RG. Urt. v. 23. 10. 1928 (RGZ 122, 159)[33]　資本金一七万七〇〇〇マルクのY有限責任会社（被告）において、業務執行社員A（訴外）は一四万八〇〇〇マルク、X（原告）は二万九〇〇〇マルクの持分を所有していた。一九二三年五月三一日に開かれたY社の社員総会においてXの反対にもかかわらず、一三二万三〇〇〇マルク増資し、資本金を一五〇万マルクに引き上げる旨の決議が行われ、そしてその増資額はすべてAおよびその姉の出資によって設立されたB有限責任会社（訴外）によって引き受けられることとなった。これによりXの持分比率が一八％から一・八％に低下するのに対し、AおよびAによって支配されているB社は九八・二％を占めることになる。そこでXは、右増資決議が良俗に違反すること、

および A の行動により会社の目的が達成不能となったことを理由に、右総会決議の無効の確認と会社の解散を求めて、訴えを提起した。一審は X の請求を全面的に認めたが、原審は解散請求のみを認めて、決議無効に関する請求を棄却した。X が上告したのに対し、ライヒ裁判所は、本件決議が社員平等原則および自己取引における議決権禁止の規定に違反するとの X の主張を正当でないとしながらも、次のような理由で本件決議の無効を認めた。すなわち、「本件決議は会社に何ら財政的強化をもたらすものではなく、逆に少数派に対し著しい損害を与え、その権利を減殺する結果となった。A は、X からのかなり高い価格での出資引受けの申し出、又は少なくともその持分割合に応じた出資引受けの申し出を拒絶した。A が B 社を支配しその資本をほぼすべて所有しているのであるから、資本増加に伴う持分比率の変動から生ずる利益は最終的に A だけに帰属することになる。増資による資金の調達ではなく、まさにそれこそが本件決議の本来の目的だったのである。……このような社員決議は少数派の不利益における多数派の勢力の濫用であって、良俗に違反し、したがってその法的効力を認めることはできない。[34]」

本件は、有限責任会社における支配権争いを背景に行われた増資決議の効力が問題となった事例であるが、本判旨は本件増資決議について、それが会社の資金調達といった正当な事業目的を追求するものではなく、もっぱら少数派の持分比率を低下させ、多数派の支配的地位を確保する目的で行われたもので、良俗違反に当たると判断した。これは、良俗違反の法理を採用したこれまでの判例の流れに沿ったものである。

かくして、良俗違反の法理によって多数派の濫用を是正するライヒ裁判所の立場は、ほぼ固まったように見えた。

ところが、第一次世界大戦が終結した後、ドイツ国内においてインフレが極度に昂進し、マルク相場が急激に下落したため、ドイツに対する投機熱が異常に高まり、外国資本家は株式買占めによるドイツ企業の買収を企てていた。戦後の経済復興が再重要課題であったドイツにとって外国資本の導入は必要不可欠のものであったが、同時に外国資本によるドイツ企業の乗取り（Überfremdung）は、ドイツの公私経済にとって諸々の危険を招来する恐れもあった。[35] こうした中で、総会における発言力を確保し、外国資本による企業の乗取りを阻止するために、会社の理事者はしばしば株主の新株引受権を排除した上で、その理事者の指示に応じて議決権を行使する等の条件付きで友好的関係にある会社または個人に対して新株（いわゆる防衛株 Schutzaktien）[36]を発行するという手段を用いていた。このような理事者の地位を確保するための防衛株の発行が良俗違反になるか否かが、しばしば訴訟で争われていたが、右のような社会・経済的事情を背景に、ライヒ裁判所は常に否定的な立場をとっていた。[37]次の二つの事例を見てみよう。

⑥　RG. Urt. v. 30. 3. 1926 (RGZ 113, 188)[38]　一九二三年八月に開かれたY株式会社（被告）の株主総会で株主の新株引受権を排除して額面一〇〇〇マルクの普通株式一〇万株を発行し、一億マルク増資すること、発行される新株はすべて、Y社の取締役および監査役会の提案により株主総会が決議した場合には払込額に六％の利息をつけてY社の取締役に譲渡するという条件付きで、Y社の新設したA有限責任会社（訴外）に割り当てられる旨の決議が行われた。これに対しY社の株主であるX（原告）は、本件新株発行決議はもっぱらYの理事者がその地位を確保する目的で行ったもので、新株が発行されると、Xを含む旧株主の利益が著しく損なわれるとして、良俗違反を理由に決議の無効確認の訴えを提起した。ライヒ裁判所は次のように判示して、防衛株の発行に関する本件総会決議を良俗違反に当たらないとした原判決を支持し、Xの請求を棄却した。すなわち、「本件決議の良俗違反の問題について、原審は適切な考慮に基づいてこれを否定した。これはライヒ裁判所の判例と一致するものである。すなわち、ここでは決議の内容とその形式的な適法性よりも、むしろ個々の措置の結合から生じてくる会社自身および多数派に属しない株主への影響、並びに多数派の行動の動機と目的が重要であり、多数派がその行動に際し会社の繁栄を考慮せずに少数派の犠牲において利己的な目的を追求する場合には、良俗違反が存在する。原審はこのような法的観点から、多数派はいかなる動機と目的からこのような防衛株を発行しようとしたのか、そしてこれにより自ら財産法上の利益を得るのか、他の株主に損害を与えるのか、与えるとすれば、それはいかなる範囲のものであるかについて審査した。Yの理事者が外国資本及び国内資本による乗取りの危険を感じて、これを防ぐために新株の発行を提案したという事実は、原審によって認定されている。乗取りの危険の存在がいわゆる防衛株による株式資本の増加を正当化しうることは、上告人自身も原則的にこれを疑っていないようであり、これについては法的に何らの懸念も存在しない。……実際に乗取りの危険が差し迫っているか否かは問題ではない。決定的なのは、原審裁判官の見解によれば、Y

の理事者が彼らに伝わってきた情報からこのような危険が現実的に起こりうるものと判断し、かつ当時の状況からしてこのように判断することが相当だということである。……理事者の勢力の増大それ自体は、良俗違反の問題について考慮されるべき金銭的な利益を表すものではない。そのようにして得られた勢力地位を会社と他の株主の利益を無視して利用した場合に初めて、誠実かつ公正な会社の取引観念と矛盾することになる。理事者の優位的地位から生ずる濫用の可能性だけでは、措置全体の良俗違反を根拠づけることはできない。[39]」

⑦　RG. Urt. v. 13. 12. 1927 (RGZ 119, 248)[40]　Y株式会社（被告）は一九二七年二月の定時株主総会で、普通株式三万三三三四株と二倍の議決権を持つ優先株式一万六六六七株を、株主の新株引受権を排除してシンジケートに発行する旨の決議を行ったが、これについてYの理事者は、乗取りから会社の独立性を守り、会社の財政的基礎を固めるためだと説明した。これに対し、少数派株主Xら（原告）は、本件新株発行により旧株主の持株比率が著しく低下するのに対し、Yの理事者はさしたる資本出資を伴わずに会社に対する絶対的支配を手に入れることになり、これは議決権行使を通じて理事者および会社の業務執行に対し影響力を発揮するという株主の法律上の権利を侵害するもので、株式法の精神と目的に違背し、良俗に反するとして、新株発行決議の無効の訴えを提起した。[41]原審はXの請求を棄却した。ライヒ裁判所も前記⑥判決の立場を踏襲して、現行法上株主の新株引受権を排除して貯蔵株や防衛株を発行することが許されているのであり、新株発行が良俗違反に当たるか否かは、個々の措置から生じてくる会社および他の株主への影響、および多数派の行為の動機と目的について審査すべきであるところ、本件においてはY社の株式所有が広く分散しているため、容易に株式買占めによる多数派の交替が生じ、そして現実的にも外国人株主による会社買収の危険があることから、それを阻止するためにYの理事者と多数派株主が本件新株発行の決議をなしたもので、良俗違反には当たらないと判示して、原審を維持し、Xの上告を棄却した。

右二つの事例は前記③④⑤の諸事例と同様、いずれも会社の理事者・多数派がその勢力地位の増大を図るために増資決議を成立せしめたのであるが、ライヒ裁判所は株主の新株引受権を排除して行われる新株発行が旧株主に著しい不利益をもたらすにもかかわず、新株発行の目的が外国資本による企業買収の阻止にあるとの理事者・多数派側の主張を認めて、このような新株発行に関する総会決議の効力を是認したのである。従来の新株発行決議の効力を争う事例においては、会社の資金需要といった正当な事業目的がない限り、少数派の不利益において自らの勢力地位の増大や支配の永続化を図る目的で新株発行を行うことは良俗違反とされてきたが、この⑥⑦事例では、外国資本による企業買収の阻止が会社における正当な事業目的の追求と見なされ、それが多数派による実質的に不公正な新株発行決議を正当化する根拠となったわけである。しかし、外国資本による自国企業の買収が阻止されるべきだという政策的な判断が仮に正当性を持つとしても、買収の脅威の有無についての判断やそれを阻止するための方策の決定などをすべて理事者・多数派自身に委ねてよいのか、また大量の新株発行による少数派の利益の侵害を完全に顧みなくてよいのか、といった問題が残らざるを得なかった。前記⑥判決は「乗取りの危険の存在が防衛株による株式資本の増加を正当化しうる」と、あたかも自明のことのように判示しているが、これに対し学説はむしろ反対の立場をとっていたのである。(42)

このように、良俗違反の法理によって多数派の濫用を是正しようとしたライヒ裁判所の立場は、当時の社会的・経済的事情に大きく影響されて、一貫して維持することができなかった。それゆえ、とりわけこのような企業買収を背景とした支配権争いの事例においては、良俗違反による少数派の利益救済が限界に直面することとなったのである。他方、この時期の裁判例には、多数派が大量の新株発行によってその勢力増大を図ろうとした事案について、新株引受権の排除による新株発行が法によって認められている以上、たとえかかる新株発行によって多数派がより有利な地位を占め、少数派が不利益を被るとしても、良俗違反とはならないとして、多数派の行動の正当性を認めた次のような裁判例も存在する。(43)

⑧　RG. Urt. v. 17. 11. 1922 (RGZ 105, 373)　一九二一年二月八日に開催されたY株式会社（被告）の株主総会において、定款変更および株主の新株引受権を排除して優先株式を発行し、基本資本を一五〇〇万マルクから二四〇〇万マルクに引き上げる旨の決議が行われた。Y会社の一三名の株主またはその代理人が本件総会に出席し、一万九八一三個の議決権が行使されたが、四六七五個の議決権を持つX_1およびX_2（原告）の代理人は右決議に反対した。X_1とX_2は、本件新株発行決

議は良俗に反するなどとして、決議の無効確認を求めて訴えを提起したが、一審・二審とも敗訴した。ライヒ裁判所は、「X_1らは、本件決議により株主の法律上の引受権が排除されたため、右決議は法律と良俗に違反するもので、無効とされるべきだと主張する。この主張を斥けた原審の判断に対しXらは上告して、本件決議に基づいて行われる株式資本の増加に際し多数派株主がすべての株主の引受権を排除すれば、株主間の利益状況が完全に変わってしまうこと、発行される新株が特定の利益グループに割り当てられ、したがって従来の株主の持分権が著しく害されるという可能性の存在は、より高位の、株主全体を利するような利益がこのような法の規定から逸脱した措置を明らかに要求するものでない限り、容認されるべきでないこと、多数派が単に多数派たる地位に基づいて利得をし又はその他の特典を得ることは法律上予定されていないもので、少数派に対する故意の侵害として良俗に反することを主張する。しかしこのような非難は成り立たないものである。株主の新株引受権の排除を決定した本件株主総会は、商法典二八二条一項において、明文でそれに付与され、その自由裁量によって行使することのできる権利を行使したに過ぎない。このような場合において、株主相互間の関係が新株の発行により多少なりとも変動することになるのは、ことの性質上当然である[44]。したがってこのような可能性の存在は、法律上適正な決議が良俗違反となるような結果をもたらすことにはならない」と判示して、原判決を維持し、X_1らの上告を棄却した。

本件事案の詳細は明らかではないが、ほぼ前記諸判決と同様の多数派の勢力地位の増大を目的とした新株発行の事例だと思われる。しかし、時期的には第二期に属する本判決は前記③④⑤の諸判決とは異なり、決議がなされた際の多数派の目的・動機および決議の内容について具体的に審査せず、また本件新株発行決議が少数派株主に著しい不利益をもたらす結果となることも考慮せずに、新株引受権の排除が法律上認められ、かつ本件総会決議が法の要求する手続きに従って行われていたとの形式的な理由から、良俗違反の存在を否定し、本件新株発行決議の効力を認めたのである。これは、第一期のHibernia事件判決の論理をそのまま引き継いだように思われてならない[45]。

このように、良俗違反による多数派濫用の是正を図るライヒ裁判所の立場は必ずしも一貫したものではなかった。これについて学説は、ライヒ裁判所が良俗違反の法理をこのように適用するのは、当座しのぎの策に過ぎず[46]、それは実際に良俗違反という要件事実が存在するためにこれを用いたというよりも、むしろその望む結果を求めてこれを用いたのであり[47]、感情的議論に甘んずるもの[48]、と批判していた。

また、良俗違反法理の適用上種々の問題点が存在していることも指摘されていた。まず、良俗違反の適用基準が狭きに失するとの批判がある。すなわち、ライヒ裁判所は多数派が総会決議により会社または少数派の損害において利己的な利益を追求する場合についてこれを良俗違反として無効としてきたが、このような基準は多数派が恣意的に少数派の利益を侵害する場面すべてをカバーすることはできない[49]。前記の企業買収の事例におけるように、多数派による利己的な利益の追求が実際にあったか否かを認定しにくい場合もあるのであり、このような場合においては多数派による少数派利益の恣意的な侵害の事実が存在するにもかかわらず、利己的な利益の追求という要件が欠けるため、従来の良俗違反の法理は適用されないことになる[50]。次に、良俗違反の法理が適用される場合においても、原告株主側に重い立証責任が課されるという問題がある。すなわち原告株主は、総会決議が会社または少数派に損害をもたらすということのみならず、多数派がそれによって故意に利己的な利益を追求することをも立証することが要求される。つまり原告株主は相手方の内部的動機までも明らかにしなければならないが、これは多くの場合には容易にできるものではないのである[51]。

かくして、良俗違反の法理を経済的団体たる株式会社や有限責任会社に適用することの当否の問題[52]を別にしても、良俗違反の適用基準が狭く、原告少数派株主側の立証責任が重いなどのことから、多数派の濫用的行為に対する良俗違反の認定が容易になされないという問題があったのである。それゆえ、良俗違反の法理の下では、少数派の利益救済が不十分たることを免れなかった。

第三項　第三期の判例

前項で述べたように、良俗違反の法理を用いて少数派の利益救済を図るライヒ裁判所の立場は一貫性に欠けていた。また良俗違反の法理を資本会社に適用することの当否が問われるようになり、良俗違反の適用基準についても種々の問題点が指摘されるようになった。こうした中で、ライヒ裁判所は徐々にこのような良俗違反の法理を放棄して、多数派の誠実義務を多数決に対する実質的な制約の基準として採用するようになった。そしてその契機となったのは、次のViktoria事件判決であった。

⑨ RG. Urt. v. 31. 3. 1931 (RGZ 132, 149)[53] 基本資本三〇〇万ライヒスマルク（以下RMと略す）のY株式会社（Viktoria保険会社、被告）の定款第六条によれば、Y社の株式の譲渡およびその取得につき監査役会の同意が必要であり、かつ同意するか否かの決定について理由を開示する必要がなかった。一九二八年六月一二日に開かれたY社の定時株主総会において、一九二七年度の貸借対照表と損益計算書の承認等の事項と共に、株主の新株引受権を排除して額面五〇〇RMの普通株式を四〇〇〇株発行し、会社の資本を五〇〇万RMに引き上げる旨の議案が可決された。そしてこの新株発行決議に付帯して、発行される新株につき増資登記の申請前に券面額の二五％のみが払い込まれ、その他の条件は監査役会の決定によること、また取締役は監査役会の同意の下で、取締役の決めた時期にその持株を売却する義務を負う引受人に新株を割り当てる権限を持つといった内容の決議もなされた。総会で決議に反対したY社の株主X（原告）は、新株発行決議を含む本件各決議は多数派が純粋に利己的な利益を追求するために少数派の利益を全く考慮せずに行ったもので、少数派に対する抑圧であり、良俗に反するなどとして決議の無効等を求めて訴えを提起した。一審はXの請求を一部認容したが、原審はXの請求を全面的に斥けた。これに対してライヒ裁判所はまず、「本件決議による増資が、Y社の現在又は将来予想される資金需要のために行われるのではなく、原告X又はXの背後に立つAコンツェルンがY社に対し影響力を行使しようとするのを妨げるためのものであることは、争う余地のないことである。したがってここでは、普通株式の形をとったいわゆる防衛株が問題となっている」と述べた後、防衛株の発行についてはライヒ裁判所の判例が既にこれを認めており、とくに違法なものではないと判断した。そこで次に本件二〇〇万RMの新株発行に関する総会決議が良俗違反にあたるか否かの問題について、「前述から明らかなように、普通株式の形をとった防衛株の創設といった措置により特殊資本主義的な少数株主権が侵害されるために、その追求する目的が他のより柔軟な方法で達成され得ないか否かについて理事者と多数派は注意深く綿密な調査を行う必要がある。多数決の方法によって同時に少数派のためにも決定し、それによって間接的にその

会社に結合した財産権をも処分するという権限から、全体利益の範囲において少数派の正当な利益についても考慮を与え、その権利を恣意的に減殺してはならないという多数派の会社上の義務（gesellschaftliche Pflicht）が直ちに生じてくる[54]」との一般論を述べた上で、本件のような防衛株がもし複数議決権付優先株式の形で創設されるならば、少数派株主の有する少数株主権等も侵害されずに済むし、またそもそも株式の譲渡制限を定めたY社の定款第六条の規定だけでも乗取りに対抗する手段としては効果的であるから、本件のような普通株式の形をとった防衛株の発行は少数派の利益を著しく侵害するもので、したがって本件新株発行決議は無効であると判示した。

本件は内国企業による企業買収の対抗策として行われた新株発行決議の効力が問題となった事案であるが、ライヒ裁判所はこれまでの外国資本による企業買収の事例における判断とは異なり、少数派株主の利益を著しく侵害する多数派株主のこうした対抗措置を無効と判断したのである。第二期の判例として挙げた前記③④⑤諸判決の流れに沿った判決と言える。本件では、原告少数派株主が良俗違反による総会決議の無効を主張したため、判旨もこのような観点から本件総会決議の効力を判断したのであるが、その中で多数派株主は少数派株主の利益を考慮すべき会社上の義務を負うとした点が注目される。これは、ライヒ裁判所が、多数派が総会決議を通じて少数派を拘束しその会社における利益を処分しうるという権限を持つことに着目し、このような多数派権限の濫用を抑制するために、多数派株主について直接に少数派株主の利益を考慮すべき会社法上の義務を認めたものである。つまりライヒ裁判所は、多数派株主に特殊会社法上の配慮義務を負わせしめることによって、多数決に対する実質的な制約の基準を導き出そうとしたわけである。

このような多数派株主の配慮義務は実質的に、アメリカ法において発展してきた支配株主の誠実義務（fiduciary obligation）に類似するものとされている[55]。したがって本判決によって、株式会社における少数派株主に対する多数派株主の誠実義務を承認する契機が現実に与えられたのである。

しかしながら他方では、この時期にナチス政権下のドイツが国家社会主義思想によって支配されていたため、株式法もこうしたナチス思想の影響で少なからぬ変容を受けていた。[56] なかんずく「公益は私益に優先する」ことを標榜する共同体思想が株式法に浸透した結果、株式会社に対する株主の誠実義務が強調されるようになった。そして、こうしたナチス的共同体思想はまたライヒ裁判所の立場にも影響を及ぼさざるを得なかった。株主の株式会社に対する誠実義務を肯定した次の二つの裁判例は、まさにこの時代の思想的背景を反映したものといえる。

⑩　RG. Urt. v. 4. 12. 1934 (RGZ 146, 71)[57]　Y株式会社（被告）の株式資本の九九％以上は、三つの合名会社と複数の株式会社から構成される銀行コンソーシアムによって所有されていた。そしてこれらの株式会社の取締役と合名会社の社員は、またY社の監査役会の構成員でもあった。一九三二年七月二八日に開かれたY社の株主総会において、監査役に対する損害賠償請求の決議をなすために検査役委員会の設置を求める動議が株主から提出されたが、九九％以上の多数で否決された。これに対しY社の株主X（原告）は、銀行コンソーシアムの議決権は商法典二六六条一項二文の議決権禁止規定によって停止されるべきであり、その行使は同規定に違反するとして、右動議を否決した本件総会決議の取消を求めて訴えを提起した。一審はXの主張を認めたが、原審は逆にこれを棄却した。Xの上告に対し、ライヒ裁判所は、「商法典二六六条一項二文は今日の国家に貫徹されている共同体思想に立脚するものである。すなわち、共同体に対する個々の構成員の誠実的関係（Treueverhältnis）は従来よりも強調され、個々の構成員の行動の基準とされるべきである。したがって株式会社の機関は最終的に共同体の利益においてその福祉のために行動すべきであり、その私的利益によって妨げられないよう配慮しなければならない。そこで取締役又は監査役でもある株主は、会社設立または業務執行の事項を検査するための検査役を選任する決議に際しては、その検査が取締役又は監査役に与えられるべき責任免除もしくは取締役又は監査役会の構成員と会社との間の訴訟の遂行に関連するような事項に及ぶ場合には、自己のためにまたは他の者のために議決権を行使してはならない」[58]との一般論を述べた上で、本件において銀行コンソーシアムに属する各会社が共有の形でY社の九九％以上の株式を所有しているため、三つの合名会社は株式の共有者であり、その社員が同時にY社の取締役または監査役を務めるという本件事実の下では、右商法典の議決権禁止に関する規定はこの三つの合名会社についても当然適用されるすべきであって、それゆえ右議決権禁止規定に違反してなされた本件総会決議は効力を有しないと判示した。

⑪　RG. Urt. v. 22. 1. 1935 (RGZ 146, 385)[60]　基本資本一〇〇万ＲＭのY株式会社（被告）の株式の半分以上は同社

の取締役であるA（訴外）とその家族が所有していた。一九三二年一一月に開かれた定時株主総会で、取締役の責任解除に関する決議がなされたが、Y社の株主X（原告）はAの息子B（訴外）が議決権を行使したため、商法典二五二条三項[61]の議決権禁止の規定に違反したとして右決議の取消を求めたところ、裁判所に認められ、決議が取り消された。そこでY社は一九三三年一月一〇日に再度株主総会を開催することを決め、株主に招集通知を送付した。これに先立ち、A夫婦とその息子B夫婦はそれぞれ所有しているY社の株式を出資して資本金五〇万RMのC有限責任会社（訴外）を作った。そして同年一月一〇日に開催された株主総会において、Y社の取締役に責任免除を与えることを承認する決議、および過去の事業年度における業務執行などを検査するための検査役の選任を求めるXの動議を否決する決議が、C有限責任会社およびD銀行（訴外）の賛成投票で可決された。そこでXは、C有限責任会社の議決権行使が商法典二五二条三項と二六六条一項二文の議決権禁止規定に違反したとして、右各決議の取消の訴えを提起した。一審はXの請求を認容したが、原審は逆にこれを棄却した。ライヒ裁判所は、本来独立の法人格を有するC有限責任会社は本件責任免除決議に参加することを妨げられるものではないが、C社を実質的に支配しているのがAとその一族であることから、C社はAと実質的に同一人であり、右規定がC社に適用されると判断した。しかし本件では、Yは、Xが他の会社でY社の営業上の競争相手として活動しており、また一九二六年に監査役に再選されなかった以降は敵対的な行動をしてきたから、本件訴訟はXの取消権の濫用によるものとの抗弁を主張しており、この抗弁が成立するか否かを判断する必要があるとした上で、「株主の取消権は、それが株式法全体を支配し一九三一年九月一二日の株式法命令[62]においても特に強調されているところの会社に対する株主の誠実義務と衝突する場合には、制限を受けることになる。株主はあらゆる措置に際して彼の属する共同体の一員としての自覚を持たなければならないし、またこの共同体に対する誠実義務をその行動の最高の指針となすべきことが要求される。本件においてYが主張しているように、もし株主が自らの意思を会社に恐喝的に押し付けるために、すなわち会社外の目的のために、商法典二七一条[63]によって与えられた取消権を行使するならば、それは誠実義務の重大違反であり、その権利の行使は法秩序によって容認され得ない権利濫用となる[64]」と説示して、本件においてXの訴え提起が取消権の濫用に当たるか否かについては原審が十分審理を尽くしていないとして、原判決を破棄し差し戻した。

　右両裁判例における判旨の結論やその理由づけの当否はともかくとして、共同体たる株式会社に対する株主の誠実義務が個々の株主の最高の行動指針として強調されているところが、注目に値する。これらの判決において、株主は会社に対し誠実義務を負うべきことが認められ、その議決権や総会決議取消権等の社員権の行使につき、常に株主の共同体である会社の利益によって導かれることが要求されている。もし株主が議決権や決議取消権等を行使するにつき、会社外の目的の追求のために利己的に行動したならば、それは会社に対する誠実義務違反となり、権利濫用との評価を受けることになるのである。このようにこれらの判決において、ライヒ裁判所はこれまで展開してきた良俗違反の法理よりも、むしろ会社に対する株主の誠実義務を重視し、この株主の会社に対する誠実義務をもって株主の権利行使を制約しようとする姿勢が窺われる。つまりライヒ裁判所は、株式会社に対する株主の誠実義務を直接に承認することによって、株主の不当な権利行使による会社利益の侵害を阻止し、直接的には共同体たる会社の利益を、また間接的にはこの共同体に属する他の株主の利益を保護しようとしたのである。

当時の学説も概ねこのような判例の立場を是認しており、例えばSiebertは、この両判決は共同体思想とそれに基づく誠実義務を中心とした新しい法的思想の内容を簡潔に示したものであり、株主の不当な権利行使を抑制する基準を一層明確にした点に重要な意義を有すると述べ、右両判決を高く評価している。(65)

かくして、ライヒ裁判所は当時の共同体思想の影響を受けて、株主の権利行使に対する制約基準として株主の株式会社に対する誠実義務を強調するようになった。他方、多数決濫用の実質的制約の基準として前記⑨のViktoria判決によって示された多数派株主の少数派株主に対する会社法上の顧慮義務は、右⑩⑪判決におけるように株主の会社に対する誠実義務だけが強調された結果、ついにライヒ裁判所の判例において株主間の誠実義務として結実することができなかった。そればかりか、株主相互間の誠実義務を明確に否定する判決が現れてきたのである。これはすなわち次の⑫判決である。

⑫　RG. Urt. v. 21. 9. 1938 (RGZ 158, 248)　一九二七年四月にX_1（原告）とその父親Ａ（訴外）は六〇万ＲＭ、Y_1

株式会社（被告）とその子会社B（訴外）は一四〇万RMを出資して、共同で資本金二〇〇万RMのC株式会社（訴外）を設立した。しかしC会社は創立以降、事業が不調で配当が全く行われず、一九三四年までに大きな赤字を出す事態となった。そこで、X_1およびAの死亡によりその持株を相続したX_2とX_3（原告）は、C会社が経営不振に陥ったのは、既に死亡したY_1会社の法定代理人D（訴外）およびY_1会社とその子会社Bの顧問弁護士でC会社の監査役会議長を務めているY_2（被告）が、もっぱらY_1とその子会社Bの利益のみを追求し、C会社における業務遂行を怠ったことによるもので、Y_1は共同株主（Mitaktionär）として、またY_2が監査役会議長としてX_1らに対し負うべきところの誠実義務に違反したなどとして、それによって生じた株式価値の下落と配当金不払いによる損害計四八万二〇〇〇RMの賠償を求める訴えを提起した。一審・二審ともX_1らの請求を棄却した。ライヒ裁判所は、共同株主としてのY_1がX_1らとの間に存在する誠実義務に違反したとの主張について、「当裁判所は、これまでに株主が株式会社に対して誠実義務を負うべきことを認めてきたが（RGZ. Bd. 146 S. 71（前記⑩判決）およびS. 385（395）（前記⑪判決））、その問題（すなわち株主間の誠実義務）については何ら態度表明をなしていない。前記最後の判決において明らかにしたように、確かに株式法全体が株主の会社に対し負うべきところの誠実義務によって支配されている。株主はあらゆる措置をとるにつき彼の属する共同体の一員としての自覚を持たなければならないし、この共同体に対する誠実義務をその行動の最高の指針となすべきことが要求される。しかしながらそこからは、少なくとも本件について適用されるべき株式法の施行前までに妥当していた法律の下では、株主相互間に誠実義務が存在するといった見解を支持する結論は出てこない。株式会社において個人法的（personenrechtliche）な要素が著しく後退し、その結果株主は互いに個人的に知り合うことがないし、また相互の利益を知り得ず、かつ知る必要もないといったことは、かかる誠実義務の存在を否定することにつながるものである」[66]との一般論を示した上で、X_1とY_1との間に誠実義務関係が存在しないから、X_1らの主張するようなY_1の義務違反はなかったとし、また監査役としてのY_2が誠実義務に違反したとの主張についても「株主と監査役会の構成員との間に、或いはその構成員相互間には、契約上の法的関係またはX_1らが考えているような、誠実義務が導き出されうる法的関係は存在しない」[67]と判示し、Y_2の誠実義務違反がなかったとして、X_1らの上告を棄却した。

本判決において、ライヒ裁判所は従来の判例の立場を踏襲し、株式会社に対する株主の誠実義務を肯定する一方、株主相互間における誠実義務の存在については初めて明確にこれを否定したのである。その理由として、社団的構造を持つ物的会社たる株式会社において個人法的要素が著しく後退し、個々の株主を結びつける紐帯がないため、その相互間に法的関係の存在する余地がないといった点が指摘されている[68]。

このようにライヒ裁判所は、株主相互間の誠実義務の存在を否認して、もっぱら株主の共同体たる会社に対する誠実義務を承認し、これをもって株主の権利行使に対する制約を図ることとなったのである。

一方、有限責任会社についても、ライヒ裁判所は有限責任会社に対する社員の誠実義務を社員の権利行使に対する制約の基準として用いるようになった。次の二つの事例は、このような社員の誠実義務を承認したものである。

⑬ RG. Urt. v. 27. 6. 1940 (RGZ 164, 257) X（原告）とその兄A（訴外）はY有限責任会社（被告）の資本を半分ずつ所有しており、共に業務執行社員として会社の運営に携わっていた。しかしB（訴外）が従業員として同社に入社し、Aの娘と結婚してからは、Bの人柄とその仕事ぶりなどをめぐり兄弟間に激しい争いが生じてきた。そこで、XはAの利己的な行動により会社の存立が危険にさらされ、XとAとの不和対立が深刻で解決が不可能であるなどとして、Y会社の解散を求めた。これに対しYは、兄弟間の紛争の責任はX側にあるとして、重大な事由に基づくXの解任を求めた。一審・二審ともXの請求を認容した。ライヒ裁判所は、有限責任会社法六一条[69]に定められているところの会社の解散をもたらす重大な事由が社員間の人的関係にも存在しうるとし、特に社員間の深刻で解消不可能な対立により会社の目的が危険にさらされ企業の継続が問題となる場合には、会社の解散は許されるとしながらも、かかる不和対立を引き起こした責任がもっぱら会社の解散を求める社員側にある場合または主としてその社員側にある場合には、解散請求は認められないと判断し、「社員が自らこのような責任を有するにもかかわらず、共同社員（Mitgesellschafter）の意思に反して会社の解散を求めることは信義誠実及び会社に対する誠実義務に違反することになり、権利濫用として許されないからである。逆にこのような場合においては会社の本質と社員の誠実義務から、当該社員を除名するか、その業務執行権を停止してそれを彼の意思から独立した受託者に委譲するといった措置を正当化する」[70]と説示して、本件においてXに帰すべき責任があるか否か、その社

員権の譲渡によって会社の解散を回避しうるか否かなどについて再度審理するよう原審を破棄し差し戻した。

⑭　RG. Urt. v. 12. 10. 1940 (RGZ 165, 68)　X株式会社（原告）は、資本金六〇万RMのY有限責任会社（被告）の持分一六万二〇〇〇RMを持っていたことから、資本の二五%を有する者が監査役会における地位を要求できると定めたY社の定款第一一条三項に従い、一九三九年二月開催のY社の社員総会で、自社の取締役であるA（訴外）をY社の監査役に選任するよう求めたところ、拒否された。そこでXは、右定款の規定によりXの指名した者が選任決議なしに監査役の地位につくとして、Aが監査役の地位にあることの確認を求めて訴えを提起した。これに対しYは、X社がY社と競争関係にあるB株式会社（訴外）の支配下にあるから、Xはその派遣した監査役を通じてY社の情報を入手しそれをさらにB社に提供するという危険があるなどと抗弁した。一審・二審ともXが敗訴した。Xの上告に対し、ライヒ裁判所は、Y社の定款一一条三項の条件を満たした社員は彼自身または彼の信頼する者を監査役会に派遣する権利を持つが、「しかしもちろん、その権利の行使が無制約で、会社の利益を考慮しなくとも認められるということを意味するものではない。もし彼が会社に著しい不利益をもたらすような方法でその権利を行使するならば、それは社員として負うべきところの会社に対する誠実義務に違反することになる(71)」との一般論を示しながらも、本件においてはXの派遣する者が監査役会に入るとしても、それが直ちにY社に損害をもたらすとは限らないのであって、Yの主張は確固たる根拠を欠く単なる懸念に過ぎないとして、XによるAの監査役会への派遣は有効であると判断した。

右両判決は事案が異なるものの、いずれも有限責任会社に対する社員の誠実義務を肯定しており、社員がその定款上付与されている監査役の派遣の権利または法律上認められている会社解散請求権の行使につき、かかる誠実義務を遵守すべきことを要求している。このように有限責任会社においても、株式会社におけるのと同様に、社員の会社に対する誠実義務は、社員の行動の指針として認められており、社員の権利行使を制約する機能を果たしているわけである。

このような社員の誠実義務を強調するライヒ裁判所の立場は、社員の除名に関するRG. Urt. v. 21. 8. 1940 (DR 1940, 2177) やRG. Urt. v. 13. 8. 1942 (RGZ 169, 330)(72)などにおいても維持されていた。そして注目すべきなのは、この一九四〇年八月二一日の判決においてライヒ裁判所は有限責任会社の特殊性に着目し、社員の有限責任会社およびその共同社員に対する関係は純粋に資本的なものではなく、人的性質を持ち、それゆえ株式会社におけるよりも一層緊密であるとした点である。(73) これは実質的に有限責任会社において、社員相互間に誠実義務が存在する法的根拠があることを示唆したものである。そしてこの判決を契機として、連邦通常裁判所が有限責任会社の社員間の誠実義務を承認するに至ったことは、後に見る通りである。

(1) Winter, Mitgliedschaftliche Treuebindungen im GmbH-Recht, 1988, S. 38 ff. なお、龍田節「資本多数決の濫用とドイツ法（一）」法学論叢六八巻一号九三頁（昭和三五年）参照。

(2) 大隅健一郎「株主総会の決議の良俗違反に就て」京大決別記念法学論文集（昭和八年、政経書院）二〇八頁、豊崎光衛「株式会社に於ける多数決の濫用（四）」法学協会雑誌五八巻五号六五四頁（昭和一五年）、龍田・前掲注(1)九三頁、同「資本多数決の濫用とドイツ法（二）」法学論叢六八巻二号四四頁（昭和三五年）以下。特に龍田教授は項目別に判例を分類し、事実関係および判旨を詳細に紹介しておられる。本書の以下の部分はこれに負うところが大きい。

(3) Fillmann, Treuepflichten der Aktionäre, 1991, S. 28; Winter, a.a.O. (Fn. 1), S. 38.

(4) 龍田・前掲注(1)九三頁。

(5) 本件については、大隅・前掲注(2)二〇九頁、豊崎・前掲注(2)六五五頁、節田・前掲注(2)五六頁参照。

(6) 一八九七年まではドイツ商法典において株主の新株引受権が法定されていなかったが、一八九七年の改正法は二八二条一項において、「基本資本の増加に関する決議で別段の決定がない限り、各株主にはその請求により従前の基本資本への彼の持分に相当する新株の部分が割り当てられなければならない」と定め、新株引受権を法定した。しかし右の規定から明らかなように、この株主の新株引受権は、増資決議において同法典二五一条の定める単純多数決によってこれを排除することができたのである。

(7) RGZ 68, 235, S. 245-46.

(8) 例えばRGZ 68, 314 (1908)は、不当な貸付で会社に損害を蒙らせた理事者に対する損害賠償請求権が多数決によって放棄された事案について、たとえ何ら正当な事由がなく、ただ恣意的になされたものであっても、当該決議は直ちに違法となるものではないとした。またライヒ裁判所一九一三年一二月一一日判決は、株主が二人しかいない株式会社において、四四九一株を持つ多数派株主が株式併合による減資を行うことによって、わずか九株しか持っていなかったもう一人の少数派株主の株式を消却させた事案について、株式併合による減資がもっぱら少数派株主を排除するためのものであることを認めながらも、こうした多数派株主の行為は経済的勢力の争いにおいて許された限度を超えるものではなく、したがって良俗違反とはならないと判断した（この判例はE. Sontag, Die Aktiengesellschaften im Kampfe zwischen Macht und Recht, 1918, S. 24 f.による。なお、龍田・前掲注(2)法学論叢六八巻二号七八頁参照）。

(9) Bondi, Aktienrechtliche Betrachtungen de lege ferenda aus Anlaß der Hibernia-Prozesse, DJZ 1908, 1006 ff.; Staub, Kommentar zum Handelsgesetzbuch, 10. Aufl. 1921, Bd. I, S. 1044; Sontag, a.a.O. (Fn. 8), S. 51; Pinner, Die Minderheitsrechte der Aktionäre und das Reichsgericht, JW 1916, 988, S. 989.

(10) Bondi, a.a.O. (Fn. 9), S. 1007.

(11) Bondi, a.a.O. (Fn. 9), S. 1008.

(12) Bondi. a.a.O. (Fn. 9), S. 1008; Pinner, a.a.O. (Fn. 9), S. 991. なおBondiは、少数派保護の法的措置として、会社定款の変更に関するすべての決議、特に増資決議については四分の三の特別多数決によらなければならないとの立法論を主張していた。Bondi, a.a.O.S. 1009. そして一九三七年株式法改正は、株式法一五三条三項において新株引受権排除の総会決議について四分の三の特別多数決を定めることになった。

(13) 企業集中の諸形態の発展については、大隅健一郎・新版株式会社法変遷論（昭和六二年、有斐閣）一〇二頁以下参照。

(14) Fechner, Die Treubindungen des Aktionärs, 1942, S. 34.

(15) Mestmäcker, Verwaltung, Konzerngewalt und Rechte der Aktionäre, 1958, S. 343.

(16)　Hueck, Die Sittenwidrigkeit von Generalversammlungsbeschlüssen der Aktiengesellschaften und die Rechtsprechung des Reichsgerichts, Die Reichsgerichtspraxis im deutschen Rechtsleben (Festgabe der juristischen Fakultäten zum 50 Jährigen Bestehen des Reichsgerichts), 1929, Bd. III, S. 168 f. なお、Hueckのこの論文については、大隅・前掲注(2)参照。

(17)　当時の民法典一三八条はその一項で、「善良の風俗に違反する法律行為は無効とする」と定めると共に、二項で「特に、他人の窮迫、軽率又は無経験に乗じてある給付に対し自己又は第三者に財産的利益を約束又は供与せしめる法律行為は、その財産的利益が当該事情より見て著しく給付の権衡を失する程度に給付の価値を超過するときは、これを無効とする」と定めていた（なおこの第二項は、一九七六年七月二九日法（BGBl. I S. 2034））によって改正されている）。また同法典八二六条は、「善良の風俗に反する方法をもって故意に他人に損害を加えた者は、その他人に対し損害を賠償する義務を負う」と定めている。訳文はそれぞれ柚木馨＝高木多喜男・獨逸民法（I）（昭和三〇年復刊版、有斐閣）二一六頁、柚木馨＝上村明廣・獨逸民法（II）（昭和三〇年復刊版、有斐閣）七九〇頁による。

(18)　Fechner, a.a.O. (Fn. 14), S. 34; Mestmäcker, a.a.O. (Fn. 15), S. 343. Fechnerは、このようにライヒ裁判所が良俗違反の法理を採用したことは、一般条項が法の固有的発展ではなく、社会的・経済的側面から、すなわち社会の現実から発展してきたことを示すよい例だと指摘している。Fechner, a.a.O. (Fn. 14), S. 34, Fn. 2.

(19)　本件については、大隅・前掲注(2)二〇九頁、豊崎・前掲注(2)六五五頁、龍田・前掲注(1)一〇四頁参照。

(20)　JW 1916, 575, S. 576.

(21)　W. Horrwitz, Über die Freiheit der Abstimmung im Aktienrecht, JW 1930, 2637, S. 2638.

(22)　Pinner, JW 1916, S. 575; Hueck, a.a.O. (Fn. 16), S. 178.

(23)　本件については、豊崎・前掲注(2)六五七頁、龍田・前掲注(2)六四頁参照。

(24)　RGZ 107, S. 74 f.

(25)　このように決議の全体的性格、すなわち決議の内容、動機と目的の相互的関連から良俗違反の有無を判断する判例の立場は、後に学説からも支持されることとなった。Hueck, a.a.O. (Fn. 16), S. 173.

(26) かかる判例の立場は当時の学説の見解と一致するものであった。学説は、株主の新株引受権を排除して大量の新株を発行することにより、持分割合が低下するなど旧株主が著しい不利益を受けるため、会社の資金需要を満たすなどといった正当な事由がない限り、かかる新株発行決議は良俗に違反し、無効となるとするのが多数であった。H. Horrwitz, Kapital-Verwässerung und Ausschluß des Aktionär-Bezugsrechts, JW 1923, S. 917; Nußbaum, JW 1923, S. 918; Sontag, a.a.O. (Fn. 8), S. 51; Hueck, a.a.O. (Fn. 16), S. 181 ff.

(27) 本件については、豊崎・前掲注(2)六五九頁、龍田・前掲注(2)六五頁参照。

(28) RGZ 112, S. 16 ff.

(29) Vgl. Winter, a.a.O. (Fn. 1), S. 38. Hueck もまた後にこのような適用要件を提示している。Hueck, a.a.O. (Fn. 16), S. 176. なお、本判決と後のいくつかの判例によって、多数派は会社と他の株主の損害において会社外の特別利益を追求してはならないという準則が確立され、これが後に一九三七年株式法一九七条二項（現行法二四三条二項）に取り入れられることとなった。Mestmäcker, a.a.O. (Fn. 15), S. 344. 同条の成立背景やその解釈等の問題については、豊崎・前掲注(1)六六二頁以下、龍田節「資本多数決の濫用とドイツ法（三・完）」法学論叢六九巻一号（昭和三六年）一頁以下参照。

(30) 総会決議については民法典一三八条が適用され、良俗違反と認められた場合には決議が無効となる、というのが有力説であった。Hueck, a.a.O. (Fn. 16), S. 183 ff.

(31) 本判決が出た当時、株主（社員）の議決権行使は完全に自由で無制限なのか、それともその行使につき一定の制約を受けるのかという問題をめぐり、学説において激しく議論され、見解が分かれていた。無制約説は、株主（社員）の議決権行使が完全に自由であって、株主はもっぱら自己の利益のためにその議決権を行使してよく、ただ会社または他の株主（社員）を害する目的で悪意に行動した場合には、不法行為責任を負うと主張する。Brodmann, Aktienrecht, 1928, §317 Anm. 1. a; ders., Kommentar zur GmbHG, 1924, §47 Anm. 3. これに対し、制約説は、株式会社においてあらゆる者は企業自身の利益のためにのみその影響力を行使しなければならないという株式法上の原則が存在し、そのため株主はその議決権行使に際してもっぱら会社の利益によって導かれるべきであり、会社の損害において私的利益を追求してはならないとする。Jacobi, Stimmrecht in fremden Aktien auf Grund unwiderruflicher Vollmacht, Bank-Archiv 1910, 81, S. 83; Ratjen, Bank-Archiv 1910, 116; Haußmann, Vom Aktienwesen nud vom Aktienrecht, 1928, S. 55（ただしHaußmannは後に改説し、株主による会社外の利益の追求も一定の場合には許されるとの見解をとるようになった。Haußmann, Gesellschaftinteresse und Interessenpolitik in der Aktiengesellschaft, Bank-Archiv 1930, S. 63.）。しかし右の両説をいずれも硬直的で妥協性がないと批判して登場してきたのが中間説である。中間説は、株主は自己の利益のために株式を取得するのであるから、原則的に自らの利益のために議決権を行使することが許されるが、株式会社には他の株主も参加しており、その議決権行使により他の株主の利益が影響を受けることになるため、仲間社員の利益も同時に考慮しなければならないと主張し、有力説を形成していた。ただいかなる要件が存在する場合に、議決権行使が不当なものとなるかについては、中間説も二つの見解に分かれていた。すなわち一つは、客観的事実に注目し、客観的に見て他の株主および会社の利益が明らかに害された場合には、その議決権行使が不当であって、したがって決議が取り消され得るとする。Pinner, a.a.O. (Fn. 9), S. 989; Marx, Die Bedeutung der Interessenkollision für das Aktienstimmrecht und die Rechtsgültigkeit von Generalversammlungsbeschlüssen, 1927, S. 118; Horrwitz, a.a.O. (Fn. 21), JW 1930, S. 2639 ff. これに対しもう一つの見解は、多数派の主観的態様、すなわちその決議を行う目的や動機を重視する。決議によって会社または少数派の利益が害されただけでは、その決議は不当だとはされない。ただ、多数派が故意に会社または少数派の損害において利己的な利益を追求した場合には、決議が取消可能となり、したがって多数派の動機が立証できない場合には、たとえ多数派の議決権行使が恣意的で、それにより会社の利益が害されたとしても、決議取消の事由とはならないとする。Staub-Pinner, Kommentar zum Handelsgesetzbuch, 13. Aufl. 1926, §252 Anm. 31 b; Hueck, a.a.O. (Fn. 16), S. 176; Sontag, a.a.O. (Fn. 8), S. 36. そしてこの説によれば、多数派の侵害の意図が必要とされるのは次のような理由による。すなわち、いかなる措置が会社の利益に合致するのかを客観的に判断するのは裁判所の仕事ではなくして、多数派がなすべきことである。多数派は自分の行為が会社の福祉を促進するものだと信じて行動すれば、たとえその判断に誤りがあるとしても、それは良俗違反とはいえず、会社はそれによる損害を負担しなければならない。それゆえ多数派が故意に利己的な利益を追求したということが確定されない限り、多数派の決定は妥当性を有すると認められるべきである。Hueck, a.a.O. 決議の良俗違反の有無をめぐる判断で多数派の故意の要件を必要とした本判決は、後者の主観説の立場に立つものと思われる。

(32)　このほか、例えば次のような事例がある。Y株式会社は株式資本の金マルクへの切り替えとそれに伴う必要な定款変更を内容とする株主総会を開催するために、株主に招集通知を発し、その中で、総会に出席する株主はY社の定款一四条に基づき、その株券又は公証人の供託証書を総会開催の三営業日前にY会社又はA銀行に供託するよう求めた。Xらから株式の寄託を受けているB銀行は、Xらの請求によりA銀行に対しXらが総会に出席する旨を通告し、そしてその出席票を発行するよう依頼した。A銀行がこれに応じて出席票を発行し、Xらはこの出席票をもって総会に出席したが、総会において議長の提案により、Xらと他の多数の株主が定款一四条に定められた方式に従って供託しなかったことを理由に、Xらが総会における討議と採決に参加してはならない旨の決議がなされた。これに対しXらは決議を不当だとして決議取消訴訟を提起した。ライヒ裁判所は、「控訴審裁判所が認定したところによれば、フランクフルトでは本件のような供託方法は通常この種の定款規定の遵守としては十分だと認められており、株式会社の総会ではとくに問題にはならない。Yも前二回の総会において株主がこのような方法で決議に参加したことに対し何ら異議を申し立てなかったし、このことははっきりと問題にすらならなかった。……このような事実関係の下で、多数派が総会に出席した株主の大部分を直後に行うべき決議への参加から排除するために、総会においてこうした供託の瑕疵を利用することは、信義誠実に反し、また株式法上の取引の公序良俗に違反する」と判示した。RGZ 112, 109. 龍田・前掲注(2)八一頁。

(33)　本件については、豊崎・前掲注(2)六五九頁注(10)参照。

(34)　RGZ 122, 159, S. 166.

(35)　これについては、大隅健一郎・企業合同法の研究（昭和一〇年、弘文堂書房）三〇三頁、龍田・前掲注(2)五九頁参照。

(36)　防衛株とは、会社の乗取りに対抗するために株主の新株引受権を排除して発行される株式のことであり、これを引き受けて所有している者は通常、会社の理事者の指示に従い、その会社の利益において議決権の行使その他の株式の処分を行う義務を負う。大隅・前掲注(2)二三八頁注(4)参照。

(37)　龍田・前掲注(2)五九頁。

(38)　本件については、豊崎・前掲注(2)六五八頁、龍田・前掲注(2)六二頁参照。

(39)　RGZ 113, 188, S. 193 ff.

(40)　本件については、龍田・前掲注(2)六二頁参照。

(41)　貯蔵株（Vorratsaktien）とは、後に会社の処分に供するためにこれを貯蔵する目的で新株引受権を排除して発行される株式のことで、その引受人が会社との明示または黙示の合意により議決権の行使や株式の譲渡その他の処分につき拘束を受ける。大隅・前掲注(35)二六一頁注(2)参照。なお、一九三七年株式法五一条（現行法五六条）は、会社の支配の歪曲化を防ぐために、このような貯蔵株の発行を原則的に禁止する一方、例外的に認められる場合についても、同法一一四条六項（現行法一三六条二項）は、議決権の行使を認めないことにしている。

(42)　既に触れたように、当時の学説は大量の新株発行による旧株主の利益の侵害という側面を極めて重視していた。Horrwitzは、株主の新株引受権の排除が商法典二八二条一項によって認められた以上、引受権排除それ自体はもちろん良俗違反とはならないが、しかし引受権排除による新株発行は、それが旧株主に著しい不利益をもたらすゆえに、こうした措置によって保護されるべき会社の利益がその他の方法によっては保護されえない場合にのみ許されるべきだとする。Horrwitz, a.a.O. (Fn. 26), JW 1923, S. 917. したがって例えば、外国資本による企業買収を阻止するという目的が、取締役又は監査役会の構成員をドイツ国籍の者に限るとする定款変更を行うとか、複数議決権付きの優先株式を発行するなどの方法によって達成され得る場合には、新株引受権を排除して大量の普通株式を発行することは許されないとする。Horrwitz, a.a.O. また Jacobi は引受権を排除して第三者に新株を発行することは原則として認められるべきでなく、旧株主の新株引受権と衝突しない限りにおいて、特に旧株主がその新株引受権を行使しない場合にのみ、第三者に対する新株引受権の付与が許されると主張する。Jacobi, Ein Beitrag zum Bezugsrecht der Aktionäre, Beiträge zum Wirtschaftsrecht, 1931, S. 970 ff. さらにこのような多数派の濫用を除去し、少数派の利益を保護するためには、引受権排除による増資の決議は単なる議決権の過半数ではなく、特別多数による賛成とするような立法上の措置をとるべきだとの見解も有力であった。Nußbaum, JW 1923, S. 918; Bondi, Aktienrechtliche Betrachtungen de lege ferenda aus Anlaß der Hibernia-Prozesse, DJZ 1908, S. 1009.

(43)　本件については、龍田・前掲注(2)五九頁参照。

(44)　RGZ 105, 373, S. 375 f.

(45)　龍田・前掲注(2)六〇頁参照

(46)　Hachenburg in Düringer-Hachenburg, Das Handelsgesetzbuch, 3. Aufl., 1934, Bd. III 1, Einl. II Anm. 79. Hachenburgは、株主と株式会社との間に会社法上の誠実関係が存在するから、ライヒ裁判所のように法的関係の存在を適用の前提条件としない良俗違反の法理を用いるのではなく、むしろ信義誠実の原則に基づいて議決権の濫用に対処すべきだと主張する。Hachenburg, a.a.O.

(47)　Müller-Erbach, Deutsches Handelsrecht, 1928, S. 284.

(48)　Zahn, Gegen den köperschaftlichen Aufbau der Aktiengesellschaft, DJ 1935, S. 29.

(49)　Horrwitz, a.a.O. (Fn. 21), S. 2639 f.; Fillmann, a.a.O. (Fn. 3), S. 30.

(50)　このためHorriwtzは、たとえ多数派が利己的な利益を追求しなくても、少数派の利益を恣意的に侵害する決議は許されるべきものではないと主張する。Horriwtz, a.a.O. (Fn. 21), S. 2640.

(51)　Horrwitz, a.a.O. (Fn. 21), S. 2640; Nußbaum, JW 1923, S. 918.

(52)　当時の学説の中には、良俗違反たる概念をもって株主総会決議の無効を認めることは、倫理と何ら関係のない経済的領域に倫理的観念を持ち込むもので、不当だとする見解も有力であった。Nord, Grundlinien der Machtverteilung zwischen Verwaltung und Aktionär, 1930, S. 58. Nordによれば、総会決議が株式法の規定と精神に違反しない限りは、また良俗にも違反しないのであり、また仮に株式法に違反したとしても、良俗違反の概念を持ち出す必要はなく、換言すれば株式法自体に対する違反があったか否かだけを審査すれば十分なのであり、またそうしなければならない。Nord, a.a.O. なお、この点については、石井照久・株主総会の研究（昭和三三年、有斐閣）一七七頁参照。

(53) 本件については、豊崎・前掲注(2)六五八頁、龍田・前掲注(2)六六頁参照。

(54) RGZ 132, 149, S. 159 ff.

(55) Wiedemann, Die Bedeutung der ITT-Entscheidung, JZ 1976, 392, S. 393, Fn. 9.

(56) 当時のナチス思想の株式法に対する影響等については、西原寛一「株式会社法に於けるナチス思想（一）（二）（三）」法学協会雑誌五四巻八号一五四〇頁、九号一七三五頁、一〇号一九七七頁（昭和一一年）、大森忠夫「ナチスの株式法改正論」法学論叢三五巻二号四一八頁以下（昭和一一年）参照。

(57) 本件については、豊崎・前掲注(2)六七〇頁参照。

(58) 旧商法典二六六条一項は、「株主総会は単純多数決をもって、貸借対照表または設立もしくは業務執行の事項を検査するための検査役を選任することができる。決議に際して、同時に取締役又は監査役会の構成員である株主は、その検査が取締役又は監査役に与えられるべき責任免除又は取締役もしくは監査役会の構成員と会社との間の訴訟の遂行に関連する事項に及ぶ場合には、自己のために又は他の者のためにその議決権を行使することができない」と定めていた。同規定はその後若干の改正を受けて、一九三七年株式法一一八条一項、現行株式法一四二条一項へと受け継がれている。

(59) RGZ 146, 71, S. 76.

(60) 本件については、豊崎・前掲注(2)六七〇頁、龍田・前掲注(1)九七頁、今井宏・株主総会の理論（昭和六二年、有斐閣）二一五頁参照。

(61) 旧商法典二五二条はその一項で、各株式が議決権を有することを定める一方、その三項で「決議によって責任の解除又は義務の免除を受ける者は、議決権を有せず、また他の者のためにその議決権を行使してもならない。株主と法律行為を締結すること又は株主と会社との訴訟の開始もしくは終結に関する決議についてもまた同じく適用する」と定めていた。この第三項第二文は一九三七年株式法改正により削除されたが、同項第一文は一九三七年株式法一一四条五項、現行株式法一三六条一項へと受け継がれている。なお、ドイツ法における議決権禁止の制度については、大森忠夫「株主総会における特別利害関係者の議決権排除―比較法的考察―」民商法雑誌三五巻六号八一五頁（昭和三二年）、龍田節「株主の議決権の排除」法学論叢六四巻三号五五頁（昭和三三年）、出口正義「株主の議決権制限の法理」上智法学論集一九巻一号九三頁（昭和五〇年）以下参照。

(62)　一九三〇年八月に株式法改正案が発表されたが、ちょうどその時期に起こった経済恐慌は、一九三一年夏のダルムシュタット国民銀行の支払停止によりその頂点に達し、会社の破産が相次いだ。そしてその際に多くの会社が多数の自己株式を保有していたという問題点が露呈し、これを解決するためには、右法案の立法化を待つ余裕がなかった。そこで、その応急的措置として同年九月一九日の大統領の緊急命令（Verordnung）により、株式法の一部改正が行われ、その主要な点は、自己株式取得の制限や株式消却制度の充実、取締役・監査役の義務および責任の強化、少数株主権制度の改善、決算制度の充実強化などであった。本判旨にいう株式法命令はこれを指すものと思われるが、ただ同命令の公布日は判旨にいう九月一二日ではなく、九月一九日であった。詳しくは、鈴木竹雄「独逸株式会社法の改正（一）（二）」法学協会雑誌五〇巻一一号七九頁、一二号九八頁（昭和七年）、大隅健一郎「独逸に於ける株式会社法の一部改正」法学論叢二七巻三号四七六頁（昭和七年）、神戸大学外国法研究会編・獨逸商法[III]株式法（平成三年復刻版、有斐閣）八頁以下参照。

(63)　旧商法典二七一条は、株主総会の決議は法律または定款の違反により訴えによってこれを取り消し得ること、訴えは一ヵ月以内に提起しなければならないことなどを定めていた。同規定はその後改正が行われ、一九三七年株式法一九七条以下、現行株式法二四三条以下へと受け継がれている。

(64)　RGZ 146, 385, S. 395.

(65)　Siebert, JW 1935, S. 1553. このほか、株主の株式会社に対する誠実義務を肯定する学説として、Dorphalen, Die Treupflicht des Aktionärs, ZHR 102 (1935), S. 4 ff.; Bergmann, Über den Misbrauch gesellschaftlicher Machtstellungen, ZHR 105 (1938), S. 9 f.; Hachenburg, a.a.O. (Fn. 46), Einl. II Anm. 79 などが挙げられ

る。もっとも右のような判例・学説の立場に反対し、かかる誠実義務の存在を否定する見解もあった。Staub, HGB §252 Anm. 23, 31 b; Horrwitz, a.a.O. (Fn. 21), S. 2639.

(66) RGZ 158, 248, S. 254.

(67) A.a.O.S. 256.

(68) 当時の学説にも本判決と同様、株主間の誠実義務を否定する見解があった。Fechner, Die Treubindungen des Aktionärs, 1942, S. 103; Ritter, Gleichmäßige Behandlung der Aktionäre, JW 1934, 3025, S. 3029; Hachenburg, a.a.O. (Fn. 46) Einl. II Anm. 78; Crisolli, Auswirkungen der neuen Rechtsanschauung im Handelsrecht, JW 1935, 8, S. 13. しかし株主間の誠実義務の存在を肯定する説も有力であった。Dorlphalen, a.a.O. (Fn. 65), S. 27; Bergmann, a.a.O. (Fn. 65), S. 10; Lifschütz, Der Bericht der Aktienrechtskommission, JW 1929, 609, S. 610; Siebert, Das Wesen der Rechtsfähigkeit privatrechtlicher Personenverbände, DJZ 1935, S. 722; ders., JW 1935, S. 1553; Godin-Wilhelmi, Aktiengesetz, 2. Aufl. 1950, §1 Anm. 2; J.v. Gierke, ZHR 111 (1948), S. 198 f. なお、当時の学説の状況については、詳しくは本編第三章第一節第一項（本書二四二頁以下）において検討する。

(69) ドイツ有限責任会社法第六一条一項は、「会社の目的の達成が不可能となったとき、又はその他会社の状況に関して解散すべき重大な事由が存するときは、裁判所の判決により会社を解散させることができる」と定めている。訳文は、法務大臣官房司法法制調査部編・西ドイツ有限会社法西ドイツ組織変更法西ドイツ会社財産による資本増加及び有限会社の合併に関する法律（昭和六三年、法曹会）二九頁による。

(70) RGZ 164, 257, S. 258 ff.

(71) RGZ 165, 68, S. 79.

(72) Y_1とY_2およびユダヤ系のXの三人がそれぞれ一万RMの持分を持つY_3有限責任会社は、一九三七年一二月の社員総会決議により民法上の組合に組織変更されたが、社員相互間および会社と社員との関係については従来の有限責任会社に適用された規定が妥当するとされていた。しかし、当時のナチ立法の下でユダヤ系が二五％の資本を有する会社はユダヤ資本の会社と見なされていたため、Y_1らは、Xがこれ以上会社に留まると、会社運営に支障を来すとの理由で、一九三八年八月の社員総会で重大な事由によるXの除名を決議した。これに対しXは重大な事由がないとして、決議の効力を争った。ライヒ裁判所は、当時の有力説（Scholz, Ausschließung und Austritt eines Gesellchafters aus der GmbH, 1942）に従い、定款上明文の規定がなくても、有限責任会社の社員の一身上に重大な事由が存在する場合には、信義誠実の原則と社員の誠実義務の観点から当該社員を除名することができるとの一般論を示した後、本件においてXに重大な事由があったか否かは当時の社会情勢等を総合して判断すべきであるとして、重大な事由の不存在を理由にXの請求を認容した原審判決を破棄差し戻した。

(73)　DR 1940, S. 2177. なお、本件事実関係については、右法律雑誌において紹介されていないので、不明である。

第二節　連邦通常裁判所の判例

連邦通常裁判所の時代に入ると、誠実義務理論は著しい展開を見せてきた。それは誠実義務理論によって多数派の濫用を抑制し、少数派の利益救済を図る連邦通常裁判所の積極的姿勢を示したものである。もっとも、後に述べるように、連邦通常裁判所は有限責任会社と株式会社とを区別して扱い、有限責任会社については、社員数が少なく、しかも社員が直接に企業経営に参加するといった内部的構造の特殊性から、社員間の誠実義務をいち早く肯定したのに対し、社団の典型とされてきた株式会社については株主間の誠実義務を認めるのに極めて慎重な立場をとっていたのである。そこで以下は、有限責任会社と株式会社とを分けて連邦通常裁判所の判例の展開を考察していくことにする。

第一項　有限責任会社に関する判例

前節で述べたように、後期のライヒ裁判所の判例は有限責任会社における内部的構造の特殊性に着目し、社員の会社とその共同社員（Mitgesellschafter）に対する関係が純粋に資本的なものではなく、人的な性質を持つとの立場を示したが、そこには既に、有限責任会社の社員相互間に誠実義務関係が存在する余地のあることが示唆されていた。果たして、連邦通常裁判所は次の判決において、かかるライヒ裁判所の立場を踏襲して、有限責任会社における社員相互間の誠実義務を認めるに至ったのである。

①　BGH. Urt. v. 1. 4. 1953（BGHZ 9, 157）[1]　資本金一〇万RMのY有限責任会社（被告）の定款には、社員の除名に関する規定が設けられていなかったが、一九五二年六月開催の社員総会において、三万RMの持分を有する社員A（訴外）が、六万RMの持分を有する社員X（原告）を、重大な事由により会社から除名する旨の決議を行った。同時にこの総会決議は、同社の業務執行者に対し、Xに対する除名の訴えを提起する権限を与えた。そこでXは、Xには会社から除名されるべき重大な事由がなく、除名決議が無効であるとして、本件総会決議の無効の確認を求めて訴えを提起した。一審判決がXの請求を認容したのに対し、Y会社は跳躍上告をした。これに対し連邦通常裁判所は、有限責任会社法は重大な事由による社員の除名に関する規定を定めていないが、しかし重大な事由が存在する場合には社員を除名することが可能であるということは、社員の生活領域に深く介入した法的関係が期限前に解除されうるという民法と商法を支配する原則によって法的に根拠づけられるとし、「また、仮に定款上の規定がなくても有限責任会社の社員の除名が法的に許容されうるということは、誠実義務から引き出される。合名会社とは異なり、（有限責任会社においては）共同体的関係（Gemeinschaftsverhaltnis）が存在しないため、そこからは相互間の忠実の義務が導き出されないとはいえ、有限責任会社の社員は真正の、信義誠実の原則（民法典二四二条）[2]を超える内容を持つ誠実義務を負っている。なぜならば、社員の有限責任会社と共同社員に対する関係は純粋に資本的なものではなく、人的な性質をも持つからである（RG DR 1940, 2177）。その内部関係が定款上如何に形成されるかによっては、有限責任会社の社員は個人的に会社の利益のために尽くし、その利益を害するようなこ

とをすべて行わないという義務を負う。もし社員が団体の結束を破壊したならば、有限責任会社において彼の存在する場所はもはやない。……しかし重大な事由に基づく社員の除名は常に無条件で行われることはできない。除名の方式としては形成の訴えを要求することが妥当であり、判決によって、当該社員が有限責任会社から又はそれを通じて、ある一定の合理的な期間内でその持分に対する相当の対価を受領することが決定されなければならない」との一般論を述べた上で、本件においてXの共同社員AがXに対する除名訴訟の提起を決議したものの、まだ訴訟手続を開始していないし、またXの訴えに対しても反訴を提起していないから、重大な事由が存在するか否かを審査するまでもなく、Xの決議無効確認請求は認容されるべきだとして、Yの上告を棄却した。[3]

本件は社員の除名に関する総会決議の効力が争われた事案であるが、判旨は有限責任会社の社員相互間の誠実義務の観点から、重大な事由による社員の除名が可能であるとの見解を示したのである。[4] この重大な事由による社員の除名を実質的に根拠づける社員間の誠実義務に関しては、判旨は、前節で言及したライヒ裁判所の一九四〇年八月二一日判決[5]を引用し、これを社員間の人的関係から基礎づけた。ライヒ裁判所は前記判決で、単に有限責任会社と社員、および社員と社員との間に人的関係が存在することを指摘するにとどまったが、本判決において連邦通常裁判所はさらに一歩踏み込んで、このような人的結合関係から有限責任会社の社員が他の社員に対し、民法上の信義誠実の原則を超える内容を持つ誠実義務を負うべきものと判断したのである。このような有限責任会社における社員間の誠実義務は、人的会社の社員間に存在するような共同体的関係に由来するものではないものの、社員の有限責任会社および共同社員との間の人的関係から導き出される真正の誠実義務(echte Treupflicht)だとされている。

従来、有限責任会社が独立した法人格を持つ資本会社であることから、社員相互間には法的関係は存在しないとされてきた。[6] しかしこれは、社員が実際に有限責任会社法によって認められている定款の自治などといった会社関係の形成の自由に基づいて、種々の異なった内部的構造を持つ有限責任会社を作り出す可能性を十分考慮しなかったことによるものである。[7] そこで学説においては、有限責任会社が人的会社に類似した内部的構造を持ちうることから、有限責任会社の社員相互間に法的関係が存在するとの見解が主張されるようになり、支配的となってきた。[8] またこのような社員間の法的関係の存在を前提として、社員間の誠実義務を認める学説も登場するに至った。[9]

そうして本判決において、連邦通常裁判所は前記ライヒ裁判所の判決および学説の見解に従い、有限責任会社の現実的構造に着目して、社員間の人的結合関係から社員相互間の誠実義務を導き出したのである。本判決においても示されたように、かかる社員間の誠実義務は、社員の権利行使を制約し、会社と他の社員の利益を保護するという機能を果たすものである。具体的に本判決に則して言えば、社員は会社と共同社員に対し誠実義務を負うことから、その行動に際して会社と他の社員の利益を常に考慮しなければならず、もし社員間の結束を破壊し、誠実義務に違反すれば、当該社員の除名の事由となる。そのため、たとえ社員の除名に関する定款の規定がなくても、有限責任会社の社員はかかる誠実義務に違反した社員の除名を求めることが可能となるのである。

有限責任会社の社員相互間に誠実義務が存在するとした本判決の立場は、本判決の翌年に出た次の判決においても、再度確認されている。

② BGH. Urt. v. 9. 6. 1954 (BGHZ 14, 25)[10] 同族会社であるY有限責任会社（被告）の定款には、定款変更や会社解散に関する決議は社員の議決権の一〇分の九の賛成が必要であるとの規定が設けられていたが、一九五一年一〇月二三日に開かれたY有限責任会社の社員総会において、同規定を廃止する旨の決議が四〇五万マルク対四五万マルクの賛成多数でなされた。これに対し、少数派社員たるX（原告）は、同規定を廃止する本件決議も同規定に定められていた一〇分の九の賛成多数が必要であったところ、本件決議は必要な議決権数を満たさなかったから、決議は成立していなかったとして、主位的に本件定款変更決議の無効の確認、また予備的に本件決議の取消を求めて訴えを提起した。これに対しYは、いろいろな理由を挙げて抗弁したが、そのうちの一つとして、本件訴えの提起はXが自分の意思を会社に押し付ける意図でな

したもので、誠実義務に違反し権利濫用に当たると主張した。一審・二審ともXの予備的請求を認めた。連邦通常裁判所はYの権利濫用の抗弁に対し、「議決権行使の自由という原則が、議決権が権利濫用的に行使されてよいというように拡大されるべきでないことは、一般に承認されているところである。いかなる社員も会社外の利益のために会社の損害においてその議決権を行使してはならない。これは株式会社と同様、有限責任会社についても妥当するものである。また、誠実義務も議決権の行使に制約を加えている。有限責任会社の社員相互間の関係および社員の会社に対する関係は通常株式会社におけるそれよりも緊密であるから、有限責任会社の社員の誠実義務は株主の誠実義務よりも厳格かつ強力である。それゆえに、有限責任会社の社員の議決権行使は株主よりも一層違法な権利行使として攻撃されることになる。しかしながら、議決権行使の場合であれ、また社員総会決議の取消の場合であれ、株主も有限責任会社の社員もその個人的な利益を完全に会社の利益の背後に後退させる必要はない」[11]との一般論を展開した上で、本件において少数派社員の無力化をもたらすような本件定款変更決議に対してXが反対の意思を表明し、かつ右総会決議の取消を求めることは、もっぱら会社を害して個人的な利益を追求するためのものとは認められず、誠実義務違反はないと判断して、Yの上告を棄却した。

本件は、少数派社員の無力化をきたすような定款変更決議の効力が問題となった事例であり、総会の場における多数派・少数派間の利益衝突の典型例だと言える。本判決は前記①判決の立場を踏襲し、有限責任会社の社員相互間に誠実義務が存在するという前提から出発して、社員の議決権や総会決議取消権等の行使はかかる誠実義務による制約を受けるとしながらも、本件ではY社の多数派社員が本件定款変更決議をなしたのは主としてXら少数派社員の無力化を狙う目的であったという認定事実を踏まえて、Xの取消権行使は誠実義務に違反しないと判断した。前記判決と同様、本判決においても社員間の誠実義務の機能は社員の濫用的な権利行使を抑制するものであることが明らかにされている。すなわち、議決権や総会決議取消権などといった社員権の行使に際して、社員は常に会社の利益を優先させる必要はないが、しかし社員が誠実義務を負うため、会社と他の社員の利益を考慮しなければならず、会社または他の社員の損害において個人的な利益を追求する場合には、かかる誠実義務に違反し、権利濫用との評価を受けることになる。[12]このように社員の権利行使が誠実義務によって限界づけられる結果、本件のように少数派社員は多数派社員の濫用的な権利行使から保護されることが可能となるのである。

かくして、有限責任会社における社員間の誠実義務は判例上一般に認められるようになったが、こうした中で、多数派社員の誠実義務を強調し、その理論的根拠を一層明確化した判例が現れてきた。それはすなわち次のＩＴＴ事件判決である。

③ BGH. Urt. v. 5. 6. 1975 (BGHZ 65, 15)(13) A企業グループの頂点に立つA有限責任会社（訴外）において、Y（ＩＴＴ有限責任会社、被告）は八五％、X（原告）は一五％の持分を所有していた。A有限責任会社は無限責任社員としてそれぞれB（訴外）とC（訴外）の二つの合資会社に六〇％の資本を出資し、Xは有限責任社員として四〇％の出資をした。この二つの合資会社はまた複数の外国会社に資本参加していた。一九七〇年一月にAグループの各社はYの一〇〇％の子会社であるD社（訴外）との間でサービス協定を結び、経営管理技術等の各種のサービスの提供に対しコンツェルン賦課金の形で年間売上高の一％をD社に支払うことを約束した。そしてそれに従い、一九七〇年にAグループ傘下の二つの合資会社と三つの外国会社が総額一七七万七〇〇〇マルクをD社に支払った。そこでXは、YはA企業グループの多数派社員としての影響力を行使して、A社の業務執行社員に自己の子会社であるD社との契約を締結させ、それにより反対給付なしにAグループから利益を吸い上げ、結果的に利益分配の契約に違反したとして、Yに対し右納付金の各社への返還を求めて訴えを提起した。一審・二審ともXの請求を棄却した。Xの上告に対し連邦通常裁判所は、「……Yが従前存在していた財産状態を回復する義務を負うべきか否か、したがってD社に支払われていた割当金を、これを給付していた各社に返還しなければならないか否かは、まずYがコンツェルン賦課金の実施につきXに対し有限責任会社において存在する配慮義務に違反したか否かによる。これは肯定されるべきである。……本裁判所一九五三年四月一日判決（BGHZ 9, 157, 163—前記①判決）と一九五四年六月九日判決（BGHZ 14, 25, 38—前記②判決）の更なる発展において近時の学説と共に、社員と有限責任会社との関係のみならず、社員相互間の関係も会社法上の誠実義務によって決定されうることが認められるべきである。これは次のような理由による。すなわち、有限責任会社においては、その社団的構造にもかかわらず、その組織の具体的形成およびその経済的活動は、通常著しくその社員の直接的な影響を受け、それゆえ有限責任会社の内部関係は人的会社に類似するものとして形成されることが可能である。それに加えて、ここでもとりわけ多数派社員が業務執行への影響力

行使を通じて共同社員の会社における利益を害するという可能性を有するため、衡平の見地から共同社員の会社における利益を考慮するという会社法上の義務を要求する。誠実義務違反―その効果として当該社員がそれによって生じた損害の賠償を求める直接の請求権を基礎づける―がいかなる要件の下で認められるかは、ここではこれ以上検討しない。この問題は、有限責任会社が定款上いかなる目的を追求するのか、会社の内部関係がいかに形成されているのか、社員たる地位がいかなる内容を有するのか、さらに法律上及び定款上の規定が不利益を受けた社員に対し十分な法的保護を既に与えているのか、そしてそれが誠実義務違反によって生じてくる請求権に優先するか否かに関わってくる。いずれにせよ、この観点からも本件訴訟で主張されたXの請求権を妨げるものではないし、またほかにこれを妨げる障害もない」[14]と説示して、コンツェルン賦課金に相当するような反対給付がなされておらず、本件契約の締結が多数派社員たるYの指図のもとで行われたという本件事実関係の下では、このようなコンツェルン賦課金の支払は実質的にYへの一方的な隠れた利益配当であり、これによりXが損害を受けたことは認められるとしながらも、Yが業務執行に影響力を行使するにつき有限責任会社法四三条一項の注意義務を負うべきところ[15]、Yの過失によるかかる注意義務の違反があったか否かについて原審の審理が不十分だとして、原判決を破棄差し戻した。

本件は、Yが多数派社員としての地位を利用して、自己の支配しているAグループの業務執行者に対する影響力行使を通じて、コンツェルン賦課金を支払わせたことについての責任が問われた事例であり、連邦通常裁判所はコンツェルン賦課金の対価が支払われない限り、それは隠れた利益配当に当たり、会社と少数派社員に不利益をもたらすこのような多数派の行為は誠実義務に違反すると判断した。本件においてはコンツェルン法上の問題も含まれているが、ここでは誠実義務についての判旨の一般論に注目したい[16]。まず、判旨は、有限責任会社においては社員と会社との関係のみならず、社員相互間の関係も誠実義務によって規整されるとし、社員相互間の誠実義務、とりわけ多数派社員の少数派社員に対する誠実義務を強調している。このような誠実義務の生ずる根拠として、判旨は、有限責任会社において社員が直接に会社経営に参加するなど、その内部的構造が人的会社のように形成されている場合が多く、それゆえ社員間に人的関係が存在しうること、および多数派社員が業務執行に対する影響力行使を通じて共同社員の会社における利益を害する可能性を有すること、の二点を挙げている。前者は、既に後期のライヒ裁判所の判例および社員間の誠実義務を認めた連邦通常裁判所の前記①および②の判決において示されていたものであり、本判決はこれまでの判例の立場を踏襲し、再度これを確認したわけである。そしてかかる判例の立場はまた、有限責任会社の内部的構造の特殊性から社員間の法的関係ないし誠実義務を承認する学説の立場とも一致していることは、既述の通りである。(17) 後者の、多数派社員が業務執行に対する影響力行使を通じて他の社員の利益を害する可能性を持つため、衡平の見地から他の社員の利益を考慮しなければならないという点も、既にライヒ裁判所のViktoria事件判決（前節⑨判決）において示されていたものである。もっとも、このViktoria事件判決は既述のように、株式会社における多数派株主の優越的地位から多数派株主の会社法上の顧慮義務を承認したものの、明確に多数派株主の少数派株主に対する誠実義務を認めるには至らなかった。しかし本判決において、連邦通常裁判所はこのViktoria事件判決に示された理論的枠組みを受け継いだ上で、これを有限責任会社に展開して、有限責任会社における多数派社員の優越的地位から多数派社員の少数派社員に対する誠実義務を根拠づけたのである。

そしてもう一つ注目すべき点は、判旨が、かかる誠実義務に違反した場合の法的効果として、多数派社員が共同社員に対し損害賠償義務を負うとしたことである。つまり、少数派社員は、多数派社員の誠実義務違反の行為によって直接に損害を蒙った場合には、当該多数派社員に対し損害賠償を請求することができるのである。このように、直接的な損害賠償請求権が認められることによって、少数派社員の利益が一層厚く保護されることは言うまでもない。もっとも、いかなる要件の下で誠実義務違反が認められるかについては、本判決は具体的な判断基準を示しておらず、ただ単に会社の目的やその内部関係の形成のしかた、社員たる地位の内容等が重要な決め手となると指摘したに過ぎない。(18)

有限責任会社における多数派社員の誠実義務を強調し、その法的根拠を一層明確に示した本判決は、「近時の（連邦通常裁判所の）民事第二部の会社法上の判例における意義深く画期的な事件」と評され[19]、学説から多くの支持を得ることとなった[20]。Wiedemannは、本判決の重要な意義は、多数派が議決権行使または影響力行使に際して共同社員の利益を考慮しなければならないという原則を承認することによって、支配的勢力の行使は形式のみならず実質的にも正当化されなければならないという共同体秩序の社会的倫理の要素を強調し、多数派勢力に対する裁判上の法的・内容的コントロールに道を開いたところにあるとし、誠実義務は多数派が資本会社の構造から自己の投下した資本を超えて、それゆえ不釣り合いに大きい影響力行使の可能性を持つことに対する調整（Ausgleich）であり、本判決はかかる多数派の地位それ自体から生じてくる責任を認めることによって、影響力と責任が一致すべきであるという一般的法原則を具体化した、と評価している[21]。また、Winterは、本判決の影響を受けて、学説において急速で根本的な変化が起きて、社員相互間及び社員と会社との関係の全体に影響を及ぼす誠実義務の一般的承認が得られるようになり、これは会社法の領域における裁判官による法発展の印象深い例だと述べている[22]。

もっとも、このような社員間の誠実義務を承認する判例の立場に賛同しながらも、本判決が社員間の誠実義務の法的根拠を有限責任会社の人的構造と社員間の人的協働関係に求めていることに対して、疑問を示す見解もある。この見解によれば、有限責任会社について人的構造を持つものと資本的構造を持つものとを区別することが困難であり、また実際にも合目的的だとはいえない。資本的に形成された有限責任会社においても社員間の利益衝突が起こりうるのであり、その解決のためにも会社法上の一般条項が必要であるから、誠実義務を有限責任会社の人的構造に求めるべきではなく、資本的に形成された会社についても妥当するような法的根拠づけを模索すべきだとしている[23]。

しかしいずれにせよ、このように判例上確立するに至った有限責任会社の社員の誠実義務理論はその後、社員間における紛争解決の有力な手段として用いられ、発展していった。ごく最近出た次の二つの判例を見てみよう[24]。

④　BGH. Urt. v. 23. 9. 1991 (GmbHR 1991, 568)　Y有限責任会社（被告）の定款には、年度決算は社員総会で経済監査士（Wirtschaftsprüfer）または経済監査法人から選任された決算検査役（Abschlußprüfer）がこれを監査するとの定めがあり、経済監査法人のA社（訴外）は同社の決算検査役に選ばれ、一九八三年から八六年までの同社の年度決算書について監査を行った。しかし一九八八年にこれらの年度決算書はY社の新しく選任された理事者によって変更され、A社はこの変更された年度決算書の監査と証明を拒否したため、Y社の多数派社員は社員総会でA社を解任して、B社（訴外）を決算検査役に選任する旨の決議を可決させた。これに対しY社の少数派社員たるX（原告）は右決議の取消を求めて訴えを提起した。連邦通常裁判所は、「多数派社員がその議決権の行使によって会社又は少数派社員に対する誠実義務に違反する場合には、決議は瑕疵を帯びる」ところ、「決算検査役を変更する実質的な理由がないにもかかわらず、共同社員の意思に反して従来の経済監査士を解任し他の経済監査士を決算検査役に選任することは、多数派社員の議決権の濫用にあたる。もし本件でXが主張するように、従来の経済監査士が無効な年度決算書の監査と証明を拒否し、新しく選任される者がその監査と証明をなす用意があるために、決算検査役を交替させたならば、それは（多数派社員の誠実義務に）違反することになる」としながらも、本件では事実の審理が不十分だとして、Xの請求を認めた原判決を破棄差し戻した。

⑤　BGH. Urt. v. 30. 9. 1991 (NJW 1992, 368)　A有限合資会社（訴外）および[25]Y_1（被告）は、一九七七年四月にそれぞれ六〇〇〇マルクと一万四〇〇〇マルクを出資してY_2有限責任会社（被告）を創設し、Y_1はY_2社の業務執行社員として業務執行に当たっていた。Y_2社は長い間配当を行わなかったが、一九八五年一二月にA社およびY_1はY_2社の社員総会を開催して、Y_2社の一九七七年から八五年までの利益を分配することを決議し、これに基づいてY_2はA社に対し二四六三マルクの配当金を支払った。これに対しA社の代表者でA社から債権を譲り受けたX（原告）は、決算検査役によって算出されたところではA社には一六万マルク以上の利益が帰属すべきだとして、Y_1らに対しA社の持分に応じた配当金の支払を請求した。連邦通常裁判所は、「社員の一人に対して他の共同社員の不利益において不当な利益を密かに与えることは、社員相互間及び会社に対する誠実義務に違反するのみならず、個々の社員との関係で会社が負うべきところの誠実義務にも違反し、それによって財産的利益を害された社員に損害賠償請求権が生ずる」と説示し、本件において決算検査役によって算出された利益はそのまま配当可能な利益ではないからこれについての請求権が生じないものの、長期間にわたり配当を行わな

かったために人的会社であるA社の社員が課税による不利益を蒙り、それによる損害賠償請求権を持つが、Y_2社に責任が帰せられるべきところのY_1の過失があったか否か、A側がどれほどの財産的損失を受けていたかなどについての事実認定が不十分だとして、Xの請求を認めた原判決を破棄差し戻した。

右④判決は、有限責任会社の多数派社員が共同社員の反対にもかかわらず、理事者によって変更された決算書類の監査と証明を拒否した決算検査役を正当な理由なしに解任したことは、多数派社員の議決権の濫用に当たり、誠実義務違反となるとの見解を示し、また⑤判決は、有限責任会社における利益分配の問題に関して、他の社員の不利益において特定の社員に対し一方的な利益を与えることは誠実義務違反となり、他の社員に対する損害賠償責任を負うと判断した。いずれもこれまでの判例の流れに沿った判決と言える。

前記諸判例から明らかなように、有限責任会社における社員間の誠実義務、特に多数派社員の少数派社員に対する誠実義務は多数派社員に対し、会社の利益および共同社員の会社における利益を適切に考慮することを要求し、その議決権行使または勢力行使が不当に行われないよう抑制する機能を果たすものである。もし多数派社員が会社および少数派社員の利益を無視して、利己的な目的を追求すれば、それは誠実義務に違反するものと判断され、それによって損害を蒙った少数派社員は直接に多数派社員に対し損害賠償を請求することが認められるのである。このように、ITT事件判決を始めとする一連の判決で連邦通常裁判所によって承認され、確立するに至った多数派社員の誠実義務理論は今や、有限責任会社における少数派社員の利益保護を図る上で、最も重要な手段となったのである。(26)

第二項　株式会社に関する判例

前節で述べたように、ライヒ裁判所のViktoria事件判決によって株主相互間の誠実義務を承認する契機が与えられたのであるが、当時のナチス共同体思想が株式法に浸透した結果、株主の会社に対する誠実義務のみが強調され、株主相互間に法的関係の存在する可能性が徹底的に否定されたのである。前節で紹介したライヒ裁判所の⑫判例はその代表的な例だったと言える。そしてかかるライヒ裁判所の立場は、初期の連邦通常裁判所の判例においても踏襲されていた。

⑥　BGH. Urt. v. 27. 10. 1955 (BGHZ 18, 350)　Ｙ（被告）は、一九三七年に株式会社から組織変更した同族会社たるＡ合資会社（訴外）の無限責任社員であったが、一九四一年に外為法違反で有罪判決を受けた上、除名訴訟によって会社からも除名された。しかし終戦後、再審手続きを申し立て、無罪判決を勝ち取った上、除名判決も取り消された。これに対しＡ社の有限責任社員Ｘ（原告）は、Ｙが業務執行社員だった当時、著しく不当な行為を行い、また一九四五年に会社の指導権を握るために当時の理事者を排除しようとしたなどとして、再度Ｙの除名を求めて訴えを提起した。連邦通常裁判所は、「会社企業が株式会社として営まれる限り、Ｙの除名は不可能である。なぜならば、株式会社の組織構成からすれば、個々の社員（株主）の間には株主の除名の根拠となるような人的法律関係が存在しないからである。このことは、たとえ会社が人的商事会社（合資会社）に変更されるとしても、異なるものではない。なぜならば、株主の行動についての法的判断はこの場合にも依然同じようになされるからである。会社の組織変更によって、したがって合資会社の設立によって初めて、社員は互いに誠実的な行動を要求し、会社の利益に反する行為をすれば会社からの除名が正当化されうるような、直接的な会社法上の関係を持つことになる。しかし個々の社員の不当な行為が合資会社の設立の前になされたものである限り、それは合資会社によって基礎付けられた会社法上の義務に違反するものとはいえず、除名訴訟の理由として主張することはできない」[27]との一般論を示した上で、本件では一九四五年当時になされたＹの行為は現在のＹの除名を十分に正当化するものではなく、またＸの主張したＹの他の行為も合資会社に組織変更される前になされたもので、Ｙの除名事由とはならないと判断し、Ｘの請求を棄却した。

本件は、直接的には株式会社に関する事例ではなく、株式会社から組織変更した合資会社における社員の除名の可否が争われたものであるが、株主間の法的関係についての判旨の一般論が注目されるところである。判旨によれば、社員の除名を可能ならしめる前提条件の一つとして、社員間に人的法律関係の存在が必要不可欠であるが、株式会社においては株主間にこのような人的法律関係が欠如しているため、株主を会社から除名することは不可能なのである。そしてこのように株主間の法的関係の存在が否定される理由について、判旨はもっぱらこれを株式会社の組織構成、すなわちその社団的構造に求めていたのである。しかし他方では、判旨は組織変更により合資会社が成立すれば、社員相互間に法的関係が発生し、この場合には社員の除名が可能となるとしているが、何故に株式会社から合資会社に組織変更しただけで、すなわち本件A会社のようにその実態が維持されたまま法形態が変わった途端に、社員間に法的関係が生じてくるのか、その根拠は甚だ不明確である。本件の具体的結論の当否はともかくとして、右の一般論が極めて説得力に欠けていることは、明らかである。(28)

しかし、株主相互間に法的関係がなく、それゆえ誠実義務も存在しないとする連邦通常裁判所の立場はその後も維持されていた。次の公開会社に関する事件もその一例である。(29)

⑦　BGH. Urt. v. 16. 2. 1976 (WM 1976, 449)　Y会社（VW株式会社、被告）は一九七一年四月二三日に、支配会社として従属会社であるA社（Audi NSU株式会社、訴外）との間で支配契約と利益供出契約を結んだ。(30)その契約によれば、Yは、契約の商業登記簿への登記からその公告後六ヵ月までの間に、A社の局外株主の請求に基づき、A社株二・五株対Y社株一株の割合でその局外株主の持株を取得する義務を負うとされていた。右契約につき一九七一年一一月一九日に登記がなされ、同月二四日に公告が行われた。A社の株主であるX（原告）は、それに先立つ同年一〇月二六日にB銀行（訴外）を通じて一株一四五マルクの価格で五一〇〇株を売却した。しかしその後A社の株価が急上昇し、同年一一月五日に一株二一八～二二〇マルクの相場をつけていた。一方、YはC銀行（訴外）との間でC銀行所有のA社株の買取をめぐり交渉し、同年一一月四日に一株二二六マルクで買い取ることで合意した。そして同年一一月一一日にYはすべてのA社の株主に対し、その持株を一株二二六マルクで取得する旨の申し出を行った。そこでXは、YがA社の多数派株主として、A社の他の株主に対し必要な情報を提供して、性急な株式の売却をしないよう警告すべきだったのにこれを怠ったとして、誠実義務違反を理由に、株式売却により蒙った損害の賠償を求めて訴えを提起した。一審・二審ともXの請求を棄却した。Xの上告に対し、連邦通常裁判所は、「会社法上の誠実義務の違反は（Xの）請求の根拠としては同じく成り立たないものである。

なぜならば、民法典二二六条、二四二条、八二六条の一般的法原則を超えるような拘束の意味での誠実義務は株主の間には一般的に存在せず、またいずれにしてもXが本件で主張するような、会社内の領域を越えた財産的不利益についての責任を生じないからである。ある株式会社に共通に帰属しているということだけでは、このような責任を導き出すような相互間の法的関係を創出しない（BGHZ 18, 350, 365＝前記⑥判決）。YのA社における多数派株主としての支配的地位は、右と異なる判断を正当化することはできない。このような地位から少数派株主に対しても法的義務が生ずることがあるとすれば、それは支配企業が従属企業に対しその不利益において影響力を行使することによって生じてくる損害の回避又は補償に関連するものである。本件の訴えはこのような事実関係に基づいたものではない[31]」と判示し、Xの請求を棄却した。

本件は、上場会社であるA社の株主Xが自己の性急な株式売却による損失を、A社と企業結合契約を結んだ多数派株主Yに対し、誠実義務違反に基づく損害賠償として請求した事案であるが、判旨は前記⑥判決の立場を踏襲して、株主の間には誠実義務が存在せず、それゆえXに対しYが誠実義務を負わないとして、Yの責任を否定した。

このように、右一連の判決において株主間の法的関係ないし誠実義務の存在を否定する立場が貫かれていた。かかる判例の立場はまた、当時の一部の学説の見解と一致するものであった[32]。

しかしこのような判例・学説の立場に反対し、株主相互間の誠実義務、とりわけ多数派株主の少数派株主に対する誠実義務を肯定すべきだとする説が当時有力に主張されていた[33]。多数派株主の誠実義務を積極的に展開してきたLutterは、株主間に誠実義務が存在しないとしてXに対する法的救済を拒否した前記⑦判決について、それはITT事件判決によって承認された、団体の領域における多数派勢力の行使が形式上のみならず実質的にも正当化されるべきだとする「社会倫理的」原則を無視したもので、不当であると評している[34]。Lutterによれば、本件ではYがA社の大株主であるから、Yの行動如何によってはA社の株式の相場が大きく変動し、A社の局外株主の利益がそれに大きく左右されることになる。法秩序が多数派株主に対し他人の財産と権利に介入するこの種の権限を与えているとはいえ、このような権限が恣意的に行使されることは許されず、関係者の利益を適切に考慮して行使されなければならないのであり、したがって、Yが大株主として十分な情報を得られない他の株主に対しては特殊団体的な誠実の義務を負うべきであり、その交渉の開始につき少なくともA社の一般株主に対し情報を公開したり、相場取引の停止を要請したりするなどの措置をとるべきだったのである。それゆえにYの誠実義務を否定し、その責任を認めなかった本判決は、「実に憂鬱（betrüblich）な」ものだ、としている。(35)

一方、多数派株主の専制を排し少数派の利益保護を図る観点から、株主総会決議、なかんずく新株引受権排除による新株発行に関する決議に対し、実質的な制約を加えるべきだとする見解も一九六〇年代から主張されるようになり、有力になりつつあった。(36) 例えばSchillingは、新株引受権は旧株主にとってその持分比率の維持を図る重要な権利であるから、これを排除する決議は実質的な観点から特別な正当化の事由が要求されるべきであり、新株引受権の排除はそれが会社の利益にとって必要である場合においてのみ適法であって、多数派がその勢力地位の強化や支配権維持の目的でこれを用いてはならない、と主張する。(37) またWiedemannも、新株引受権の排除は、第三者の現物出資に対し新株を発行する場合や、資金提供者が有利な条件で資金を提供する場合などのように、株主全員に対する新株引受権の付与が所期の目的を達せられないときにのみ認められるべきだとし、新株引受権の排除について一定の制約を加えるべきことを力説する。(38) さらに、Füchselは、新株引受権を排除する新株発行によって株式の価値が稀釈化され、利益配当や残余財産の分配における分け前が減らされるのみならず、株主総会における議決権の勢力も低下するなど、旧株主が著しい不利益を蒙ることから、新株引受権を排除する決議は特別多数による同意という形式的要件以外にも実質的な要件を必要とすべきだという前提から出発して、(39) 新株引受権の排除に関する総会決議の適法性について、次のような判断基準を提示した。すなわち、新株引受権を排除する決議は他社の持分の取得や資金調達などといった会社の正当な事業目的に基づいて行われなければならないから、まず新株引受権の排除が会社の利益に合致するか否かが審査されるべきである。しかし新株引受権を排除することによって達成される目的が会社の利益に合致するとしても、このような目的はとくに新株引受権の排除によらなくても達成可能な場合もあるので、次にこうした措置が会社事業の遂行上本当に必要不可欠のものか否かを審査すべきである。そして新株引受権排除の必要性が認められる場合でも、所期の目的の達成に必要な限度を超えて株主の利益を害することが考えられるので、最後には目的と手段とが相当か否かについて審査を行うべきである、としている[40]。このようにFüchselは、新株引受権の排除が適法か否かの判断につき、会社事業上の必要性および目的と手段との均衡性という基準を用いることを提唱し、これによって新株引受権排除の決議に対し実質的制約を加えようとするわけである。

このような学説の主張が有力に展開されたのを受けて、果たして連邦通常裁判所は次のKali＋Salz事件判決において多数決に対する実質的な制約を加えることとなり、株式会社における少数派の利益保護を図る上で画期的な立場の転換をなしたのである。

⑧　BGH. Urt. v. 13. 3. 1978（BGHZ 71, 40）[41]　基本資本一億二五〇〇万マルクのY社（被告、同年七月まではSalzdetferthという名称を用いていた株式会社）は、一九七二年七月一三日に株主総会を開催し、株主の新株引受権を排除して一億七〇〇〇万マルクを増資すること、取締役に対し二億五〇〇〇万マルクまで増資する権限を与える旨の決議を四分の三の賛成多数で可決した。そしてこの決議に基づいて発行された新株はすべてA会社（訴外）とその子会社に割り当てられたが、A社とその子会社は現物出資としてその所有しているB会社（Kali＋Saltz株式会社、訴外）の五〇％の株式を提供した。Y社は既にB社の残りの五〇％の株式を所有していることから、B社から全財産を譲り受けて自社の名称をB社のそれに変更した。一方、A社とその子会社はY社の新株を引き受けて、同社の約七二％の株式を所有することになった。本件新株発行についてYは、原価償却と引当金の積立により一九七一年度に多額の赤字を計上し、会社の支払能力が危険な状態にあったことから、会社再建のために現物出資による増資を決定したと説明し、資産の評価は経済監査士を含む査定委員会によってなされたもので公正であったと主張する。これに対しY社の株主であるX（原告）は、現物出資に際しての財産の評価が不当であること、多額の原価償却と引当金の積立が必要でなかったこと、新株引受権の排除は不必要で、Yは他の

方法で会社の経営不振を打開することができたなどとして、本件新株発行決議の取消を求めて訴えを提起した。一審・二審ともXの請求を棄却した。Xの上告に対して連邦通常裁判所は、「株式法一八六条一項[42]によれば、出資による増資に際して原則的に各株主は、他の株主と同じ条件で、従前の持分に応じた増加資本への割当分を取得する権利を有する。しかし株主総会は株式法一八六条三項により増資決議においてこの権利を全部または部分的に制限することができる。この規定の文言からみれば、このような決定は特別の実質的な要件に結びつけられておらず、ただ単に特別多数決を要求しているに過ぎないが、しかしこの規定は特に初期の判例および現在も主張されている一部の学説のように、新株引受権の排除が多数派の自由な裁量によって行われ、公序良俗による制限以外は自由になし得るものというように理解されてはならない」とした上で、新株引受権を排除して新株を発行することにより、株主の会社財産における持分およびそれに応じた利益配当や残余財産分配の請求権が害されるのみならず、新株を特定の株主に割り当てる場合にはその株主と他の株主との間の議決権割合が著しく変動するなど、他の株主の社員たる地位が著しく侵害される恐れがあり、「かかる観点からすれば、すべての新株引受権排除の決議について特別の実質的な根拠を要求しなければならず、(引受権を)排除された株主の社員法上および財産法上の地位を著しく侵害すればするほど、このような(正当化の)要求も一層強くなされるべきである。……したがって資本増加に際しての新株引受権の排除は、それが決議の時点から見て、新株引受権を排除された株主に生ずる効果を適切に考慮しても、会社の利益における実質的な理由によって正当化される場合においてのみ許されるものと言わなければならない。この(不文の)実質的な効果発生の要件が充足されたか否かの審査は、近時の学説において主張されているところの利益および手段と目的の均衡性の考慮を必要とする[43]」として、新株引受権を排除する決議は形式的要件のみならず、実質的にも会社の利益によって正当化されなければならないとの一般論を展開した上で、本件においてはY社が財政的不振から脱却し経営の建て直しを図るには銀行借入などの他の手段が不可能で、A社による現物出資が現実に必要であったこと、財産の評価が不適切で新株の発行価額が著しく不公正とも言えないことなどの認定事実を踏まえて、新株引受権を排除した上での現物出資による新株発行を決定した本件総会決議に瑕疵がなかったとして、Xの請求を棄却した。

本件で問題となったような新株引受権排除の総会決議について、初期の判例および一部の学説は、新株引受権の排除が法によって認められている以上、それは多数派の自由な裁量でなしうるもので、たとえそれによって株主間の利益状況が変更されたとしても、法に定められた多数決の要件が満たされれば、適法だと主張していた[44]。しかし本判決はこのような判例・学説の立場に与しないことを明らかにして、前述のSchillingやFüchselらの主張を取り入れ、新株引受権を排除する総会決議は会社の利益における実質的な事由によって正当化される場合にのみ認められるとし、この実質的要件の充足の有無については必要性および目的と手段との均衡性の観点からこれを判断すべきだとした。つまり、新株引受権の排除に関する総会決議は従来の判例・学説が主張していたように、法の要求する形式的要件を満たしただけでその正当性を認められるのではなく、かかる措置はまた同時に会社の目的の達成にとって必要不可欠のものであり、かつ少数派株主の利益を適切に考慮し、なるべく少数派の利益を害さないよう、目的の達成とそのための手段との間に均衡性を保ったものでなければならないのである。そうしてかかる前提に立った上で、本判決は本件新株引受権排除の総会決議について実質的審査を行い、Y社の財務業態が悪化したため他の資金調達の手段が不可能であることから、Aらによる現物出資が必要であったなどの認定事実を踏まえて、本件では形式的要件のみならず、実質的要件も充足されたとの結論に達したわけである。

Schillingらの有力説の立場に従い、新株引受権排除の総会決議に対し実質的な制約を加えた本判決は、多くの支持を得ることとなった[45][46]。Lutterは、たしかに本判決において連邦通常裁判所は新株引受権排除の問題についてのみこのような判断基準を示したのであるが、しかし多数派社員が少数派社員の利益を恣意的に侵害してはならず、その行動に際し共通の利益（会社の利益）と少数派社員の利益を常に比較考量しなければならないとする本判決の基本思想は、一般原則の表出として理解することができると述べて、本判決の射程距離が新株引受権の排除という特殊具体的な問題領域を超えて、少数派社員の利益を侵害する他の多数派の措置にも及びうることを指摘した[47]。

このように判例が多数決に対し法や定款に定められた形式的要件以外にも、実質的な事由による正当化という実質的要件を課したことは、株式会社における多数決原則に対する重大な修正であり、株式会社における少数派の利益保護をめぐる問題で連邦通常裁判所のこれまでの姿勢が大きく変化してきたことを示したほかならない。そうして、このKali＋Salz事件判決の立場はその後の判例によって踏襲されていった。

⑨　BGH. Urt. v. 25. 2. 1982 (BGHZ 83, 122)　基本資本三二〇〇万マルクのY株式会社（被告）が港湾事業部門を分割し、現物出資としてA株式合資会社（訴外）を設立し、Y社の全額出資のB有限責任会社（訴外）が無限責任社員となったのに対し、Y社の株主X（原告）は、右港湾事業部門の分割はY社の株主総会の同意を得ていないからA社への出資等の行為は無効であるとして、主位的に無効の確認を、またA株式合資会社の定款には無限責任社員は監査役会の同意の下で新株引受権を排除して基本資本を二四〇万マルク増加することができるとの規定が設けられていることから、予備的請求の一つとしてY社は実質的にA社の唯一の社員としてA社の増資に際してY社の株主総会の決議を得る義務を負うことの確認を求めて訴えを提起した。一審と二審はXの請求を斥けたのに対し、連邦通常裁判所は次のような理由で右予備的請求を認容した。すなわち、「重要な事業部門の分割によって設立された子会社における資本の増加は、支配会社の株主にとって特に危険である。支配会社が自己の支配する無限責任社員を通じてその業務執行をコントロールすることができるとはいえ、このような資本の増加によってその会社の株主の社員たる地位は、新株引受権の無視と持分価値の稀釈化という形で害されることになる。……事実、本件のような事案においては、最高の意思決定機関への内部的参加は株主の保護にとって必要不可欠なものである。……したがって、A株式合資会社において（定款に定められたような）それらの条件で増資が行われるべきなのか、それともY社の新株引受権を排除し、その代わりに株式法一八六条一項、二項および五項に基づきY社の株主に新株引受権を与えるべきかについては、これまで関与していなかったY社の株主総会に決定させなければならない。例えば現物出資が必要であるために、株主に新株引受権を与えないとすれば、たしかに株主総会はこれに同意することができる。しかしこのような決議は特別な実質的正当化の理由を必要とする。この場合に必要な同意の決議は、Yが株式法一八二条以下に基づいて増資を行う場合と同様の規制と多数決要件に服しなければならない」[48]、と。[49]

⑩　BGH. Urt. v. 19. 4. 1982 (BGHZ 83, 319)　一九八〇年七月に開催されたY会社（被告）の定時株主総会において、基本資本を六〇〇〇万マルクから七五〇〇万マルクに引き上げる旨の決議、および取締役に対し一九八五年六月末まで監査役会の同意の下で株主の新株引受権を排除して総額二五〇〇万マルクの増資を行う権限を授与する旨の決議がなされ

たのに対し、Y社の株主であるX（原告）が新株引受権排除による新株発行の授権に関する本件総会決議の取消を求めて訴えを提起した。連邦通常裁判所は、前記⑧Kali＋Saltz事件判決を引用して、新株引受権の排除は会社の利益における実質的な理由によって正当化される場合においてのみ行われることができるとし、「この法的見解は、株式法一八二条以下に定められている出資による通常の資本増加の場合のみならず、取締役に対する新株発行の授権が本件株主総会決議のように、株式法二〇三条二項に基づき新株引受権の排除を認めている限り、株式法二〇二条以下に基づく認可資本による資本調達についても妥当するものである。[50] なぜならば、株主総会の代わりに理事者が新株引受権の排除について決定する場合にも、新株引受権を排除された株主の社員法上および財産法上の地位に対する侵害―それゆえに特別の実質的な事由を必要とするが―は、それに劣らず重大だからである。……（取締役への授権に関する）株主総会の決議に際しては、取締役がその授権の期間中に会社の利益において新株引受権排除による増資を行うことになるという一定の実質的な根拠が存在していなければならない。その限りにおいて株式法二〇三条二項二文に基づく株主総会決議（定款変更によって新株引受権の排除による新株発行を取締役に授権する決議）も、実質的な正当化を必要とする。それについての決定的な事由は、会社側が立証しなければならない[51]」との一般論を述べた上で、本件ではY社の取締役が株式法一八六条四項二文に基づいて本件総会の招集通知に添付した書面には、海外での事業展開に伴う資金需要に迅速に対応する等の理由が記載されているが、このような理由は非常に抽象的で具体性に欠けるから、本件株主総会決議が実質的正当化の要件を満たしていないとして、Xの請求を認めた。

前記⑨判例は、完全子会社における新株発行が問題となった事案であるが、連邦通常裁判所は、重要な事業部門の分割によって設立された完全子会社における引新株発行も、親会社の株主の利益に著しくかかわるものであるとして、親会社の株主総会による決議が必要であるとするとともに、親会社の株主総会が新株引受権を排除して新株発行を決議する場合にも、特別な実質的正当化の事由が必要であると判断した。また⑩判例は、認可資本における新株発行につき、取締役が新株引受権を排除して新株を発行する権限を株主総会によって与えられている場合には、このような取締役の決定に基づく新株引受権の排除が同じく株主の利益を害する危険性を有するから、かかる授権を与える株主総会決議もまた実質的な正当化の要件を満たさなければならないとした。[52] 通常の新株発行とはやや異なる性質のものであるが、両判決はいずれもKali+Salz事件判決の立場に沿って、株主の新株引受権を排除する総会決議について実質的制約の要件を加えたのである。

かくして、Kali+Salz事件判決によって確立された多数決の実質的制約の法理は、⑨⑩等の一連の判決を経て、判例法理としてほぼ固まったと言える。そして学説の中には、このような多数決に対する実質的制約を、多数派株主の忠実義務ないし誠実義務の表出として理解し、実質的な制約を課したことにより連邦通常裁判所は既に多数決の限界を画す株主相互間の特殊な誠実的拘束を承認したととらえる見解もあった。[53] ただ実際にはこの時点までは、連邦通常裁判所はまだ明確に株主相互間の誠実義務を承認する立場を示していなかった。しかし他方では、前述のように株主間の法的関係ないし誠実義務関係を承認する説が有力に展開されてきたのであり、[54] これがまた判例の立場にも影響を及ぼさずにはいられなかった。そうして一九八〇年代の後半に入って、株主相互間の誠実義務を承認する判決がついに登場してきたのである。これはすなわち次のLinotype事件判決である。この判決以降、連邦通常裁判所は、これまで確立されてきた多数決の実質的制約の法理を誠実義務の中に取り込んでいったのである。[55]

⑪　BGH. Urt. v. 1. 2. 1988 (BGHZ 103, 184)[56]　X（原告）はY株式会社（被告）の四個の議決権を持つ少数派株主であり、A有限責任会社（Linotype GmbH、訴外）はY社の株式資本の九六％以上を所有する大株主である。Y社は生産工場を拡張した後、A社によって開発された最新の活字装置「Lレーザーフォント」の製造を計画した。一九八四年一二月に売却された二つの持株会社には欠損が生じていたにもかかわらず、Y社の収益は増加する傾向にあった。しかし一九八五年四月二四日に開催されたY社の定時株主総会において、同月三〇日付で会社を解散する旨の決議が行われた。この決議がなされた背景には、A社がY社の活字装置製造事業を自社の製造部門に取り込むために、Y社から営業設備や技術者を引き受けようとしたが、組織変更や合併の方法をとる場合に必要とされる株主全員の同意が得られないために、Y社の解散とい

う手段をとらざるを得なかったとの事情があった。これに対しXは、取締役が年次報告で解散について何ら触れていないから法律に違反したこと、多数派株主Aの行動は議決権濫用に当たり、組織変更と合併に関する法規定を不法に回避したこと、Y社と多数派株主Aとが本件解散決議に先立ち、Y社からの活字装置製造設備の移転や技術者の受け入れ等をめぐり交渉し譲渡価格が合意されていたこと、などの理由で本件解散決議の取消を求めて訴えを提起した。一審・二審ともXの請求を棄却した。連邦通常裁判所は、取締役が年次報告で会社解散について触れなかったことや組織変更、合併に関する法規定の回避、AがY社の重要な事業部門を取得するためにその議決権を行使したなどの事実はいずれも本件総会決議の取消事由とはならないとして、Xのこれらの主張を斥けた後、「しかしながら、本件株主総会決議の取消は株式法二四三条二項[57]に基づいて、多数派株主としてのA有限責任会社が一九八五年四月二四日の決議の前にY社の取締役との間で、Y社の財産の重要な部分の譲受をめぐり交渉し合意に達していたという事実の範囲において考えられる。なぜならば、このような事情の下では、多数派株主は少数派株主Xに対する誠実義務に違反して少数派株主の損害においてその議決権行使により特別の利益を得ようとしたからである。そして本件決議は、このような目的に役立つのに適したものと考えられる。……Y社とその多数派株主との間で一九八五年四月二四日の解散決議の前にこの種の合意がなされていたならば、A有限責任会社は事実上、Xとその他の少数派株主から、関連の事業部門を取得しY社の事業を何らかの形で継続させていく機会を奪ってしまうことになろう。……このような行為によってY社の解散決議の後に、当初計画したように多数派株主はY社の財産の重要な部分を取得し必要な人員を引き受けることができる。従ってこれは少数派株主に対する誠実義務違反となると考えられる。会社法上の誠実義務は株主間にも存在する。当裁判所は有限責任会社について、社員と会社との間の法的関係のみならず、社員相互間の法的関係も会社法上の誠実義務によって確定されうることを承認した。当裁判所はこのような判断の根拠を、有限責任会社においてはその形成、組織構成および経済的活動が常に著しくその社員の直接的影響を受けるため、その構造が人的会社に極めて類似しているというところに求めるのみならず、多数派社員が業務執行への影響力行使を通じて共同社員の会社における利益を害する可能性を有するため、衡平の見地からこのような利益を考慮するという会社法上の義務を要求するというところにも求めている（BGHZ 65, 15, 18/19＝前記③ITT判決）。株式会社については、当裁判所はたしかに会社と社員との間に存在している誠実義務から出発している。これに対し株主相互間の関係については民法典二二六条、二四二条および八二六条の一般的な法原則を超えるような拘束の意味での誠実義務を否定してきた。しかしこのような見解は、法的関係が会社と株主との間にのみ存在するという観念をもたらした株式会社の社団的構造に対する過大評価に基づくものである。近時の学説と共に、社団の構成員相互間の関係も特別の結合関係の性質を持ちうることを承認しなければならない。株式会社においても、多数派社員が業務執行への影響力の行使により共同社員の会社における利益を害する可能性を有するため、ここでも衡平の見地からこのような利益を考慮に入れるという会社法上の義務を要求しなければならない。そしてまた、株式会社も有限責任会社と同じように組織的に形成され、したがって人的会社に近づきうるということを見逃すべきものではない。ある会社の法形態が変更されたがその内部的構造と組織が依然維持されているという例もまた、会社法上の誠実義務の承認にとって会社の法形態ではなく、基本的にその内部的構造のみが重要だということを示している。実際に、株式会社における株主の会社法上の誠実義務を否定する一方で、当該会社がその内部的構造と組織を維持したまま人的会社に組織変更した後に社員の誠実義務を承認することは、理解できないように思われる。しかしこの場合、小株主の社員的義務は通常会社法上の誠実義務によって決定されない」[58]との一般論を展開した上で、本件においてXは、Y社と多数派株主Aとが本件総会決議の前に既に交渉を行い、営業設備および人員の引き受け、譲渡価格などについて合意していたと主張しているが、Xの主張には十分な根拠があるか、もしあるとすれば、Y側はAとの間にいかなる交渉をしていたのか等の事実について詳細に認定しなければならないのに、原審がこれらの事実について十分審理していないとして、原判決を破棄差し戻した。

Lutterによれば、裁判所が現在争われている法秩序の基本的問題を明らかにするためには、いくつかの要素が適宜に共同作用しなければならない。すなわち、適当な事件事実、争う用意のある当事者および当該問題について決定する意思のある裁判所である。本件ではこれらの諸要素がすべてそろったのである。[59]そして本判決において連邦通常裁判所は、「会社法上の誠実義務は株主間にも存在する」との見解を示し、明確に株主間の誠実義務を認めるに至った。これはまさに、かかる誠実義務の存在を否認してきたこれまでの立場からの大転換であった。すなわち、従来の判例の立場を最もよく表わしている前記⑥判決が、同族会社における株主相互間の法的関係を否認しながら、このような会社が人的会社に組織変更した後は社員間に直接的な会社法上の関係を生ずるとしていたのに対して、本判決は、「株式会社における株主の会社法上の誠実義務を否定する一方で、当該会社がその内部的構造と組織を維持したまま人的会社に組織変更した後に社員の誠実義務を承認することは、理解できない」とし、株式会社においては会社と株主との間にのみ法的関係が存在し、株主相互間には誠実義務が存在しないとする見解を「株式会社の社団的構造に対する過大評価」であると排斥して、はっきりと右⑥判決およびそれを踏襲した⑦判決の立場を放棄したのである。

このように本判決は株主相互間の誠実義務を認めるに至ったが、その法的根拠については、本判決はこれを、多数派社員の有する影響力行使の可能性と、株式会社が有限責任会社と同様に人的会社に類似した内部的構造を持ちうるところに求めている。このような法的根拠付けは、有限責任会社の社員間の誠実義務を肯定したＩＴＴ事件判決におけるのと全く同一のものである。すなわち、前者の法的根拠である多数派社員の影響力行使可能性は、既に多数派株主の顧慮義務を認めたライヒ裁判所のViktoria事件判決において示されたものであり、そしてそれを引き継いだＩＴＴ事件判決を、本判決がさらに踏襲したのである。既述のように、このViktoria事件判決によって株主間の誠実義務を承認する契機が作られたが、ライヒ裁判所の下では株主の会社に対する誠実義務のみが強調され、株主相互間の誠実義務は結局承認されるには至らなかった。しかしこのViktoria事件判決によって示された多数派社員の顧慮義務の思想は、連邦通常裁判所に多大の影響を及ぼすこととなり、ＩＴＴ事件判決を経て、本判決においてようやく株主間の誠実義務の思想として結実したのである。そして後者の法的根拠付けは、ＩＴＴ事件判決が人的会社に類似した構造を持つ有限責任会社における社員間の誠実義務を承認するために用いたものであるが、本判決は株式会社も有限責任会社と同じように人的会社に類似した構造を形成することが可能であることに着目し、ＩＴＴ事件判決と同様の観点から、人的構造を有する株式会社における株主間の誠実義務を根拠づけたのである。

そうして、このような法的根拠づけをもって株主間の誠実義務を認めた上で、本判決は、もし多数派株主としてのA有限責任会社が会社解散決議の前にY社の理事者との間で、会社解散後の財産の譲渡や技術者の受け入れ等をめぐり合意に達していたならば、それはXを含むY社の少数派株主から、Y社の営業財産を取得しY社の事業を継続させていく機会を奪うものであり、多数派株主Aが議決権行使により少数派株主の損害において特別の利益を得ようとするもので、少数派株主Xに対する誠実義務違反となる、と判断した。そしてこのような事実が存在し、誠実義務違反が認められる場合の法的効果は、Xが求めているように、多数派株主Aの議決権行使により成立した本件株主総会決議の取消となるのである[60]。

本判決については、次の二点に留意する必要があると思われる。すなわち一つは、前述の誠実義務に関する二点目の法的根拠づけから明らかなように、本判決の射程範囲はすべての株式会社ではなく、あくまでも人的会社に類似した構造を持ついわゆる人的株式会社に留まっている、ということである。人的株式会社は、法形式上はもちろん人的会社とは異なるものの、その内部構造においては人的会社と共通する面が存在している。そこでこのような人的株式会社の実態に着目して、本判決は、社員間における誠実義務の存在にとって決定的なのは会社の法形態ではなくその現実的構造であるとの観点に立ち、人的株式会社も人的構造を有する有限責任会社の場合と同様、社員間に誠実義務が存在するとの結論を導いたわけである。しかし後に見るように、株主間の誠実義務の根拠として株式会社の人的構造を強調する本判決の立場は、その後の判例によって修正されている。そしてもう一つは、本判決が誠実義務の名宛人を多数派株主に限定し、小株主(Kleinaktionär)は通常の場合には誠実義務を負わないとしたことである。その理由については具体的に示されていないが、本判旨の論理からすれば、それは、多数派株主の場合には業務執行に対する影響力の行使を通じて会社や少数派株主の利益を害する可能性を持つことから、そのバランスとして少数派株主の利益を考慮する義務を要求しなければならないのに対して、小株主は通常かかる勢力地位を有しないからだと思われる[61]。このように小株主は通常は誠実義務を負わないが、しかし例外的な場合において誠実義務を負うべきことの可能性が全く否定されているわけではないので、誠実義務はもっぱら多数派支配を制約するためのものではなく、株主一般につき権利行使の制約を課す法理として位置づけられるのか、そして小株主が誠実義務を負うべき例外的な場合とはどのような場合なのか、といった問題が生じてくる。これらの問題については本判決は明確な答えを示さなかったが、後に見るようにごく最近出た判例は、このような残された諸問題を真っ正面から取り上げて、これを解決したのである。

Viktoria事件判決やＩＴＴ事件判決の流れに沿って、株主間の法的関係ないし誠実義務関係を承認する近時の有力説も取り入れて、株主間の誠実義務を認めるに至った本判決は、学説から「納得のゆく方法で、連邦通常裁判所民事第二部の法倫理的に志向した判例の伝統を継承し発展させたもの」と評価され(62)、広く支持されている(63)。Lutterは、株主間の誠実義務を承認した本判決は、時代遅れのAudi/NSU事件判決（前記⑦判決）以降一二年間続いた不確実性を除去し、将来における方向性を示した点において重要な意義を有するとし、これからは法律学と実務はかかる誠実義務の具体化に務めていかなければならないと強調している(64)。またBommertは、株式会社という法形態の特殊な構造から株主相互間の誠実義務を否定したAudi/NSU事件判決の立場を放棄し、会社の現実的構造が誠実義務の存在を決定するという法形態超越的な（rechtsformübergeifende）思考方法を取り入れた本判決は、多数決の実質的制約の法理と誠実義務の思想とを並存させ、七〇年代半ば以降の資本会社における少数派保護の継続的発展に大きく寄与した、と評価している(65)。さらに、Wiedemannは、アメリカ法等の諸外国法が多数派株主に対し少数派株主の利益を適正に考慮すべき義務を課していることに触れ、本判決の意義は何よりもまずドイツの株式法を諸外国の株式法の基準に引き上げたところにあるとし、会社の業務執行への影響力行使によって少数派社員の利益を害する可能性を有するため衡平を期する見地からこのような利益を考慮しなければならないとする誠実義務の根拠づけは、まさにアメリカのPepper v. Litton (308 U.S. 295) 事件判決など(66)において用いられているものであり、多数派株主の誠実義務を承認する法的基盤はドイツ法とアメリカ法とが共通していることを指摘した(67)。

ただし、誠実義務に関する本判決の二点目の法的根拠づけについては、疑問を示す見解がある。Wiedemannは、かかる理由づけは人的会社における社員間の信頼関係から誠実義務を導き出そうとしたものであり、多数派支配の濫用という事実以外の何かが要求されているような印象を与えるから、それはそもそも不必要なもので、誤解を招きかねないと反対し、多数派社員の誠実義務の法的根拠は、会社が人的構造を有するか資本的構造を有するかとは関係なく、会社内における権限分配の秩序から必然的に生じてくる他人の利益への影響可能性にあると指摘すれば十分である、と主張している(68)。すなわち、Wiedemannの見解によれば、多数派社員の誠実義務を決定するのは会社の法形態でもなく、またその内部的構造いかんでもなく、もっぱら多数派社員の有するところの、共同社員の会社における利益を害する可能性なのである。かかる立場をとれば、株主の誠実義務はもはや人的株式会社の場合に限らず、大規模な公開会社についてもこれを認めるべきことになろう(69)。

本判決以降、株主間の誠実義務の問題をめぐる判決が二つ出ている。一つは一九九二年のScheich Kamel事件判決であり、いまひとつは、一九九五年の少数派株主の誠実義務を承認したGirmes事件判決である。まず、Scheich Kamel事件判決を取り上げよう。

⑫　BGH. Urt. v. 22. 6. 1992 (WM 1992, 1812)　A会社（訴外）とB会社（訴外）はX有限責任会社（原告）の社員であるところ、A社のオーナーであるC（Scheikh Kamel、訴外）は一九八二年五月と同年八月の二回にわたりD株式会社（訴外）の発行する新株をそれぞれ発行価額九〇〇〇万マルクと四七〇〇万マルクで引き受け、払い込んだ。新株引受に際して、Cは調査を依頼した経済監査会社からD社の経営状態が芳しくないとの報告を受けたことから、D社の他の株主も新株を引き受け、新株の発行価額を現実に払い込むことを条件にD社と交渉し、D社の株主で、D社に営業財産を売却したY株式会社（被告）もそれに同意する旨の回答をしていた。そしてY社は他の株式引受人と共に、新株を引き受けて、払い込んだが、二回目の新株発行に先立ち、Y社はD社との間で、D社のY社に対する売買代金債務の弁済をめぐり交渉し、結

局D社の子会社を通じてY社の子会社に四〇〇〇万マルクを支払わせた。しかしその後間もなくDグループは破産手続に入った。そこで、A、BおよびCから債権を譲り受けたXは、CがD社の株式を引き受けたのは、Yを含む他の株主もD社の株式を引き受け、その発行価額の全額を払い込むことを前提としたもので、もしYとDとの間に子会社を通じた債務弁済の合意があったことを知っていたならば、株式の引受をしなかったとして、誠実義務違反などを理由に、Yに対し損害賠償の訴えを提起した。一審・二審ともXの請求を棄却した。Xの上告に対し連邦通常裁判所は、「株主間にも誠実義務が存在するというXの主張は正当である。それは、当裁判所が一九八八年二月一日の判決（前記⑪判決）で、有限責任会社の社員間の誠実義務について下した一九七五年六月五日の判決（前記③判決）に関連して判断したものである。もっともこのような法理は、多数派株主が少数派株主の会社法上の利益を無視して、会社企業の構造に対し影響力を行使する場合にのみ妥当するものである。……Xの損害が会社法外の領域で生じてきたものであるところ、共同社員に対する誠実義務の保護領域は原則的に定款により包含され、会社の目的によって限定された社員たる地位の範囲にのみ及ぶから、本件においては株主間の会社法上の誠実義務という問題について態度表明をする契機は存在しない。仮に、Cが二回の増資につき締結された引受契約により得た法的地位が誠実義務によってカバーされ、そしてYの誠実義務違反により害されたとしても、その主張する損害はそこからは出てこないのである。なぜならば、社員の誠実義務の内容は、共同社員の会社外の利益を守り、その個人的権利を害しないというものではなく、むしろ単にその社員たる地位の保護にあるのである。……Xの主張する損害は、大変不利な投資をすることによってD社における持分権以外の財産について生じたものである。この損害は社員間の誠実義務の保護目的によってはカバーされない。たしかに、会社における協働にとって重要で、緊密な人的結合関係のゆえに、私的領域における衝突が社員たる地位の領域に影響を及ぼすことになるから、この場合には誠実義務から導かれる私的利益に対する配慮（義務）が求められる。しかしD社の株主間の、特にCとYとの間におけるこのような緊密な結合関係は立証されていないし、また明白でもない」[70]と判示して、Xの誠実義務違反に基づく損害賠償請求を斥けたものの、D社の増資に際してYがXに対し不実表示をしており、それが故意・過失によるものか、したがって不法行為が成立するか否かについて、さらに審理する必要があるとして、原判決を破棄差し戻した。

右判旨から明らかなように、本判決はLinotype事件判決の立場を踏襲し、株主間に誠実義務が存在することを再確認したものである。本件では結局、XのYに対する誠実義務違反に基づく損害賠償請求が認められなかったが、それはXの主張する損害がX(C)の社員たる地位に基づく利益に対する侵害から生じてきたものではなかったからである。すなわち判旨によれば、共同株主（Mitaktionär）に対する誠実義務の保護領域は原則的に、定款により包含され、会社の目的によって限定された社員たる地位の範囲にのみ限られる。言い換えれば、誠実義務の内容は原則的に、共同社員の会社外における私的利益ではなく、その社員たる地位に基づく利益だけを保護するものである。そしてXの主張する損害は、D社における持分権以外の財産について、すなわちD社に対する不利な株式投資をすることによって生じてきたものであるから、かかる損害についてはX(C)に対する誠実義務違反として、D社の多数派株主であるYに賠償せしめることはできないというわけである。

誠実義務の保護領域の問題について、Wiedemannは、合名会社や合資会社のような責任共同体においては、社員は人的関連の誠実義務（personenbezogenen Treuepflicht）を負うのであるから、共同社員の会社内における利益のみならず、その会社外の私的利益についての考慮も要求されるのに対し、大規模な合資会社や株式会社においては、多数派社員の誠実義務は共同社員の会社内における利益のみに限局される、との見解を示している。[71]また合名会社における社員間の誠実義務に関して、Schmidtは、誠実義務は社員たる地位の保護に限定されるが、しかしこのことは「具体的な組合関係（Gesellschaftsverhältnis）に基礎付けられた誠実的拘束から、私的領域に対する顧慮の義務も生じてくることを排除するものではない」としている。[72] Xの誠実義務違反を理由とする損害賠償請求を退けた本判決の判断は、かかる学説の立場に従ったものと思われる。ただし、右に引用した本判旨の最後の部分が、緊密な人的結合関係が存在する場合には、共同社員の私的利益に対する顧慮義務も要求されるとしているように、もし本件においてXが、D社の株主としてCとYとの間に緊密な人的結合関係が存在していることを立証できたならば、このような誠実義務違反に基づくXの請求が認められる余地があったと推測される。

最後に、少数派株主の誠実義務を認めたGirmes事件判決を見てみよう。

⑬ BGH. Urt. v. 20. 3. 1995 (BGHZ 129, 136)[73]　A会社（Girmes株式会社、訴外）は経営が悪化して、一九八二年から利益配当ができない状況にあったことから、一九八九年二月三日に開催された株主総会においてA社の取締役は、会社債権者との間で合意した会社再建計画を提示して、株主の同意を求めた。この再建計画によれば、会社債権者が総額七八〇〇万マルクの債権を放棄する代わりに、A会社はその基本資本につき五対二の割合で減資手続を行うことになっていた。しかしこの総会で減資決議案は必要な議決権数を得られず、否決された。その結果、A社の取締役は総会の翌日に和議手続を申請し、続いて同月二八日にA社の財産につき破産手続が開始された。右減資決議案が否決されたのは、A社の株式を一株も持っていないY（被告）が本件総会に先立ち、A社の債権者にもっと債権を放棄してもらえば、減資比率が一〇対九で足り、再建計画は一方的に小株主に不利益を強いるものだと主張し、A社の多数の株主から議決権行使の代理権を取得して、総会でこの決議案に反対投票したためであった。そこで、株主であるX（原告）は、A社の再建計画が挫折したのはYの責任であるとして、Yに対し誠実義務違反等を理由に、A社の破産に伴う投下資本の回収不能による損害の賠償を求めた。一審・二審とも敗訴した。Xの上告に対して連邦通常裁判所は、YがA社の株主でないため、独自の会社法上の誠実義務を負わず、それゆえ誠実義務違反に基づく[74]損害賠償責任がないとした原判決の判断を正当としながらも、本件ではYが議決権行使の代理人として民法典一七九条一項の責任を負うべきであり、この点に関するXの主張を考慮しなかった点に審理不尽、理由不備の違法があるとして、原判決を破棄差し戻した。この中で、本判決は少数派株主の誠実義務について次のような一般論を展開している。すなわち「株式会社において、多数派株主が少数派株主または小株主に対し誠実義務を負うのみならず、逆に少数派株主または小株主も多数派株主もしくは他の少数派株主または小株主に対して誠実義務を負う。当裁判所の近時の判例によれば、株主と会社との間の関係のみならず、株主相互間の関係も会社法上の誠実義務によって決定され得る。なぜならば、既に理由として挙げられているように、株式会社においても社員が共同社員の会社における利益を害する可能性を有するため、ここでも衡平の見地からこのような利益を考慮に入れるという会社法上の義務を要求しなければならないからである（BGHZ 103, 184, 194f. = 前記 Linotype 事件判決）。この原則は、その事件においては多数派株主の少数派株主に対する行動に適用されていたが、小株主の義務については当裁判所は、通常それが会社法上の誠実義務によって決定されないと指摘していた。その結果、誠実義務は多数派支配の制約という範囲を越えて、株主に対しその社員権、特に

その共同管理権と監督権の行使につき一般的な制限を課すのかという問題が残されていた。この問題は、学説においてほぼ一致して主張されている見解と共に、基本的にこれを肯定すべきである。誠実義務の思想が資本会社法において一般的な妥当性を持つことを要求しうる限りにおいて、その核心は、社員の責任とそこから生じてくる会社の利益および共同社員の会社における利益を考慮するという義務の程度は社員の影響力の程度と一致すべきであること、または判例において示されているように、影響力の行使により共同社員の会社における利益を害することの可能性が、衡平の見地からこのような利益を考慮に入れるという会社法上の義務を要求しなければならないというところにあり、したがってこの思想は多数派社員の行為のみならず、少数派社員の行為についても妥当すべきものである。……たしかに個々の小株主は通常の場合にはその議決権行使につきさしたる影響力を持たないから、顧慮の義務を生ぜしめる責任は成立しない。しかし彼が少数派社員として、（例えば株式法一二二条に基づく総会の招集や一四二条二項に基づく特別検査役の選任などのような）一定の権利の行使を可能ならしめ、または（一七九条の定款変更決議や一八二条の資本増加決議などのような）効果的な決議を阻止できるほどの持分を所有するに至った場合には、事情が異なってくる。株主が、その行使につき共同社員の会社における利益の観点から一定の制限を課される少数株主権（Minderheitenrecht）と結合した、影響力を有する地位に置かれている限り、当該少数派株主は、その地位に基づく権利を彼の負うべき誠実義務の範囲内においてのみ行使することができる」、と。(75)

本件は、議決権の代理行使をした代理人が誠実義務違反に問われたやや特殊な事例である。議決権行使の代理人が誠実義務を負うべきかについては、学説において争いがあり、(76) 本判決は結局否定説の立場を取ったのであるが、(77) この問題についてはこれ以上触れないこととし、(78) ここでは小株主の誠実義務についての判旨の一般論に注目したい。既述のように、連邦通常裁判所はLinotype 事件判決において小株主は通常の場合には会社法上の誠実義務を負わないとの見解を示していたが、このことは反対解釈として、小株主が例外的に誠実義務を負うべき場合があることを肯定したことになるわけである。ただそうであるとすれば、そもそも誠実義務理論は、多数派株主の権利行使ないし勢力地位の濫用に対する制約という範囲を越えて、株主一般についてその権利行使を制約するものとして位置づけられるべきことになるが、この点についてはLinotype事件判決はそれ以上の言及を避けていた。しかし本判決は真っ正面からこの問題を取り上げ、明確にこれを肯定したのである。すなわち本判決によれば、個々の小株主は通常の場合には権利を行使したとしても、さほどの影響力を持たないから、その権利行使につき共同社員の会社における利益を考慮する必要はない。しかし、もし一定の持株数を所有することにより、株式法上定められているような少数株主権を行使することが可能となる場合、または特別多数決の要件が要求されている総会決議についてこれを阻止することができる場合には、彼は少数派株主として誠実義務を負わなければならず、この誠実義務の範囲内で権利を行使することが要求される。(79) つまり本判決は、誠実義務の主体的範囲を多数派株主から少数派株主へと拡大したのであり、これにより誠実義務はもはや多数派支配の制約に止まらず、株主の権利行使一般について制約を課す法理として位置づけられることとなったのである。学説においても、小株主ないし少数派株主の誠実義務を肯定し、誠実義務を株主一般に対する権利制約の法理としてとらえる見解が多数を占めており、(80) 本判決はこのような多数説の立場を取り入れたものである。(81)

そしてもう一つ注目すべき点は、本判決が株主の誠実義務の根拠として、もっぱら前記Linotype事件判決において示された一つ目の根拠である株主の影響力行使の可能性だけを挙げており、Linotype事件判決が強調していた株式会社の人的構造という法的根拠については全く触れていないのである。これは、Linotypte事件判決が誠実義務の名宛人を多数派株主に限定していたのに対し、本判決が株主一般について誠実義務を認めたため、もはや人的株式会社における株主間の特殊な人的結合関係から誠実義務を根拠づけることができなくなったからだと思われる。それゆえ、本判決の下では、株主の誠実義務はもはや人的性格を持つ株式会社に限られないのであり、誠実義務は会社の法形態を超越して、資本会社一般において妥当することとなった。(82)

このように、小株主ないし少数派株主の誠実義務を認めた本判決は、株主の誠実義務理論を判例法理として完全に確立したのであり、これによって長年続いてきた法的論争にようやく終止符を打ったのである。(83)

（1）　本件については、早川勝「コンツェルンにおける有限責任会社の過半数社員の誠実義務について―ITT事件判決を手がかりとして—」下関商経論集二〇巻二号七三頁（昭和五一年）に簡潔な紹介がある。

（2） 民法典二四二条は、「債務者は、取引の慣習を顧慮し信義誠実の要求に従って給付をなす義務を負う」と定めている（訳文は柚木馨＝上村明廣・獨逸民法II（昭和三〇年復刻版、有斐閣）二一頁による）。同条が私法上の団体の内部関係についても適用されるべきことは、一般に承認されているところである。Vgl. Zöllner, Die Schranken mitgliedschaftlicher Stimmrechtsmacht bei den privatrechtlichen Personenverbänden, 1963, S. 335.

（3） BGHZ 9, 157, S. 163ff.

（4） 判旨が指摘したように、ドイツの有限責任会社法には社員の除名に関する規定が設けられていないが、ライヒ裁判所一九四二年八月一三日判決は当時の学説の主張を取り入れて、重大な事由に基づく社員の除名が可能であるとの見解を示していた（RGZ 169, 330. 本書一八二頁参照）。しかし、除名の要件や手続き等に関しては多くの問題点が残され、争われていた。こうした中で本判決が登場したのであり、これらの問題点は本判決によってほぼ解決されることとなり、有限責任会社における社員の除名制度が完全に確立するに至った。この問題については、詳しくは、Scholz/Winter, GmbHG, 8. Aufl. 1993, §15 Anm. 130; Hueck in Baumbach/Hueck, GmbHG, 16. Aufl. 1996, §34 Anh. Rdnr. 2; Soufleros, Ausschliessung und Abfindung eines GmbH-Gesellschafters, 1983; 大野正道「有限会社における社員の除名制度—西独の判例および学説を参考にして—」商事法務一一一九号四八頁（昭和六二年）、同「有限会社における社員の除名・退社と補償条項」鴻常夫先生古稀記念・現代企業立法の軌跡と展望（平成七年、商事法務研究会）二九〇頁（中小会社の法所収）、増田政章「有限会社における脱退—比較考察—」比較法政第一〇号一三五頁（昭和五二年）、野村修也「閉鎖的資本会社における社員の『除名』について」私法五五号二三九頁（平成五年）以下参照。

（5） 本書一八二頁参照。

（6） Würdinger, Gesellschaften, Bd. II, 1943, S. 12, 238; Feine in Ehrenberg, Handbuch des gesamten Handelsrechts, Bd. III3, 1929, S. 52; Winterfeld, Betrachtungen zu GmbH-Grüdung, NJW 1947/48, 86, S. 88; Schilling in Hachenburg, GmbHG, 6. Aufl. 1956, §13 Anm. 3.

(7) Vgl. H.M. Schmidt, Die gegenseitige Treupflicht der GmbH-Gesellschfter, GmbHR 1960, S. 137.

(8) Brodmann, GmbH-Gesetz, 1924, §13 Anm. 2; Ballerstedt, Kapital, Gewinn und Ausschüttung bei Kapitalgesellschaften, 1949, S. 170, 181ff.; Siebert, Das Wesen der Rechtsfähigkeit privatrechtlicher Personenverbände, DJZ 1935, 715, S. 718ff.; Brecher, Subjekt und Verband, Beiträge zum Arbeits-, Handels- und Wirtschaftsrecht (Festschrift für A. Hueck), 1959, 233, S. 257; Hoffmann, Die Klagebefugnis des GmbH-Gesellschafters (actio pro socio), GmbHR 1963, S. 61ff.; Landgrebe, Der Rechtsgedanke der actio pro socio im Recht der GmbH, GmbHR 1967, 227, S. 228; Schmidt, a.a.O. (Fn. 7), S. 137. Ballerstedt は，法人における会社財産の独立性は単に社員の責任を制限するための法技術的な手段に過ぎないから，社員間における法的関係の存在はかかる責任制限の目的と相容れないものではないとし，有限責任会社を，社員間に会社上の結合関係を有する資本会社の特殊な類型だと位置づけている。Ballerstedt, a.a.O.

(9) Schmidt, a.a.O. (Fn. 7), S. 137; Baumbach/Hueck, GmbHG, 5. Aufl. 1951, über vor §13 Anm 2B; Ganssmüller, GmbHR 1968, S. 76; Ballerstedt, a.a.O. (Fn. 8), S. 184; H. Lehmann, Gesellschaftsrecht, 2. Aufl. 1959, S. 300; Winkler, Die Lückenausfüllung des GmbH-Rechts durch das Recht der Personengesellschaften, 1967, S. 53f.

(10) 本件については，早川・前掲注(1)七四頁参照。

(11) BGHZ 14, 25, 37f.

(12) 当時の有力な学説は，社員がその議決権の行使につき原則的に自由だとしながらも，このような議決権行使は社員の会社と他の社員に対する誠実義務によって限界づけられると主張していた。Baumbach/Hueck, GmbH-Gesetz, 12. Aufl. 1966, §47 Anm 3Bおよび前掲注(9)の諸文献参照。本判決はこのような学説の立場に従ったものである。

(13) 本件については，早川・前掲注(1)六三頁以下，菊地雄介「資本多数決の実質的制約について（一）」朝日法学論集八号（平成四年）五五頁，道端忠孝「株主誠実義務論の概括的考察」秋田経済法科大学法学部法律政治研究所

紀要一二巻四七頁（平成八年）五一頁以下参照。

(14)　BGHZ 65, 15, S. 18f.

(15)　有限責任会社法四三条はその一項で「業務執行者は会社の事務において通常の営業者の注意を用いなければならない」と定めるとともに、二項で「自己の任務を懈怠した業務執行者は、会社に対し連帯してこれにより生じた損害について責任を負う」と定めている。訳文は、法務大臣官房司法法制調査部・西ドイツ有限会社法西ドイツ組織変更法西ドイツ会社財産による資本増加及び有限会社の合併に関する法律（昭和六三年、法曹会）二一頁による。

(16)　コンツェルン法の観点から見れば、本判決の意義はコンツェルンにおける支配的勢力に対し誠実義務をもって実質的制約を加えたことであり、親会社が子会社に損害を与えた場合には、誠実義務に違反し、過失があれば損害賠償義務を負うべきことが明らかにされたという点である、とされている。詳しくは、Rehbinder, Treuepflichten im GmbH-Konzern-Besprechunge der Entscheidung BGH65, 15, ZGR 1976, S. 386ff.; 早川・前掲注(1)六一頁以下参照。

(17)　前掲注(8)および(9)の各文献参照。このほか、社員間の法的関係ないし誠実義務を認める当時の有力説として、Immenga, Die personalistische Kapitalgesellschaften, 1970, S. 270ff.; Wiedemann, Unternehmensrecht und GmbH-Reform, JZ 1970, 593, S. 595; ders., Unternehmerische Verantwortlichkeit und formale Unternehmensziele in einer zukünftigen Unternehmensverfassung, Wirtschaftsfragen der Gegenwart (Festschrift für Barz), 1974, 561, S. 568f. などが挙げられる。

(18)　このように本判決が要件の明確化を図らなかった点については、学説はやや批判的である。Vgl. Ulmer, NJW, 1976, 191, S. 193.

(19)　Ulmer, a.a.O. (Fn. 18), S. 193.

(20)　Schilling, BB 1975, 1450; Ulmer, a.a.O. (Fn. 18), S. 193; Emmerich, JuS 1976, 54; Rehbinder, a.a.O. (Fn. 16), S. 386ff.; Wiedemann, Die Bedeutung der ITT-Entscheidung, JZ 1976, 392; Martens, Das Bundesverfassungsgericht und das Gesellschaftsrecht, ZGR 1979, 493, S. 495ff.

(21)　Wiedemann, a.a.O. (Fn. 20), S. 392f.
(22)　Winter, Mitgliedschftliche Treubindungen im GmbH-Recht, 1988, S. 2.
(23)　Raiser, Die Treuepflichten im GmbH-Recht als Beispiel der Rechtsfortbildung, ZHR 151, 422, S. 432ff. またWiedemannも、有限責任会社における支配社員の誠実義務は合名会社や合資会社のような責任共同体における構成員間の人的関係に基づく誠実義務（personenbezogenen Treuepflicht）とは区別されるべきであり、構成員間の人的関係に基づく誠実義務は構成員の会社における利益のみならず、その私的利益に対する顧慮をも要求するが、有限責任会社における支配社員の誠実義務は共同社員の会社における利益にのみ向けられ、したがって支配社員の誠実義務を認めるには、会社の構造が人的か物的かとは無関係だとして、誠実義務についての本判旨の二点目の理由づけについて疑問を提起している。Wiedemann, a.a.O. (Fn. 20), S. 393.
(24)　このほか例えば、BGH. Urt. v. 28. 1. 1980 (BGHZ 76, 352)は、Y有限責任会社の一〇%の持分を持つXが九〇%の持分を有する多数派社員たるAに対し、Aは業務執行社員として重大な義務違反があったからその解任を求めると通告したところ、Aは早速その母親Bと共にC有限責任会社を創設する一方、Y社の臨時社員総会を開催して、Y社の解散を決議し、その財産をC社に譲渡させた事案であるが、解散決議の取消を求めたXの訴えに対し、連邦通常裁判所は、必要な多数決によって会社を解散する決議がなされた限り、決議それ自体は正当性を持つとしながらも、本件解散決議の前にC有限責任会社を作り、Y社を解散してからY社の財産の大部分をC有限責任会社に移転させた多数派社員Aの行為は、会社とXの損害において不法に特別の利益を追求するもので、誠実義務に違反すると判断し、Xの請求を認容した。またBGH. Urt. v. 23. 2. 1981 (BGHZ 80, 346)は、兄弟三人で経営していたY有限責任会社において、兄弟間に不和対立が生じ深刻な事態となったため、兄弟の一人であるXがこれ以上会社を共同経営していくことが不可能だとして、Y社の解散を求めた事案であるが、原審がY社の解散を認めたのに対し、連邦通常裁判所は、社員全員が共同運営に当たり、商法上の人的会社に極めて類似するY社のような有限責任会社においては、深刻で解消不能な対立は会社の解散をもたらす重大な事由に当たるとしながらも、誠実義務に違反した社員は重大な事由による除名が可能であるため、本件原告XにY主張のような義務違反があったか否か、

Xの除名によって会社の解散が回避されうるか否かなどについての審理が不十分だとして、破棄差し戻した。さらに、BGH. Urt. v. 15. 4. 1985（NJW1985, 1901）は、二人社員の有限責任会社（Zweimann-GmbH）の社員Xが、社員間に紛争対立が生じ解決が不可能だとして、同じく会社の解散を求めた事例であるが、連邦通常裁判所は、有限責任会社の社員間に誠実義務が存在するため、会社の解散請求の可否の判断に際しては、他の社員の利益も同時に考慮しなければならないとしながらも、本件では社員間の対立があまりにも深刻で、解散を認めないと、逆に会社の利益が著しく損なわれるとして、Xの請求を認容した。

(25)　ドイツの有限責任会社の最低資本金(Mindeststammkapital)は、一九八〇年の有限責任会社法改正までは、二万マルクだったが、同年の法改正により五万マルクに引き上げられた（現行法第五条参照）。

(26)　Martens, Die GmbH und der Minderheitsschutz, GmbHR 1984, 265, S. 267.

(27)　BHGZ, 18, 350, S. 365.

(28)　逆に、人的会社が有限責任会社や株式会社に組織変更した途端に、これまで認められてきた社員間の人的関係がすべて消滅するとすることも不適切である。まさにWiedemannが指摘したように、人的会社の物的会社への組織変更によって、多数派社員の義務的地位が「クロークに預けられてしまう」ことは決してないのである。Widemann, a. a. O.（Fn. 17）, FS Barz, S. 569. なお、Lutter, JZ 1976, S. 563 参照。

(29)　本件については、菊地・前掲注(13)六一頁、別府三郎・大株主権力の抑制措置の研究（平成四年、嵯峨野書院）三三頁以下参照。

(30)　企業結合、すなわちコンツェルンにおける企業契約（Unternehmensvertrag）は多数あるが、そのうち株式会社または株式合資会社がその会社の指揮を他の企業の下に置く契約は「支配契約（Beherrschungsvertrag）」、その総利益を他の企業へ供出する義務を負う契約は「利益供出契約（Gewinnabführungsvertrag）」と呼ばれる（株式法二九一条参照。訳語は慶応義塾大学商法研究会訳・西独株式法（昭和四四年）四四五頁による）。これらの企業契約の締結は、株主総会で議決に際し代表される資本の四分の三以上の多数の同意が必要であり(同二九三条)、また商業登記簿への登記によって初めて効力を生ずるものとされている(同二九四条)。他方、これらの契約が締結される場合には、局外株主（außenstehende Aktionäre）の利益が害される恐れがある。そこで局外株主の保護を図るために、株式法三〇四条以下は、局外株主に対する補償の支払や、局外株主の請求に基づくその持株の買取等の救済策を定めている。なお、ドイツのコンツェルン法および局外株主の保護等については、前田重行「ドイツ株式法におけるコンツェルンの規整」法学協会雑誌八四巻一二号一六六一頁（昭和四二年）、福岡博之「コンツェルン支配と局外株主の保護―メストメッカーの所説を中心として―（一）（二）」青山法学論集第四巻二号三一頁（昭和三七年）、四号三一頁（昭和三八年）、篠田四郎「株式会社に対する影響力利用の抑制―西ドイツ株式法を中心に―」田中誠二先生米寿記念論文・現代商事法の重要問題（昭和五九年、経済法令研究会）一三九頁、服部育生「事実上のコンツェルンにおける従属会社の保護（一）（二）」名古屋大学法政論集八五号一頁、八六号一五四頁（昭和五五年）、坂本延夫「経済力の濫用とコンツェルン法」市場経済体制と私法（平成六年、嵯峨野書院）一七三頁参照。

（31）　BGH WM 1976, 449, S. 450.

（32）　株主の誠実義務を否認する当時の有力な見解として、Baumbach/Hueck, Aktiengesetz, 8. Aufl. 1954, über vor §48 Anm. 1. 2; A. Hueck, Gesellschaftsrecht, 13. Aufl. 1965, S. 178; Meyer-Landrut in Großkomm. AktG, 3. Aufl. 1973. §1 Anm. 34.などが挙げられる。Meyer-Landrutは、資本主義的に組織構成されている株式会社の領域に法律学上把握の困難な誠実の概念を持ち込むことはそもそも間違いであって、個々の株主の間には個人法上の誠実的拘束は存在しないし、また議決権行使に対する制約が信義誠実の原則から導かれる権利濫用の禁止によって行われることができるから、誠実の概念は株式法にとっては必要ではない、とする。Meyer-Landrut, a.a.O.本判決は判決理由においてこれらの文献を引用しているから、これらの学説の主張に影響を受けていたことは明らかである。

（33）　Godin/Wilhelmi, Aktiengesetz, 2. Aufl. 1950, §1 Anm. 2; Wiedemann, Minderheitenschutz und Aktienhandel, 1968, S. 54f.; ders., a.a.O. (Fn. 17), FS Barz, S. 568; Schilling, Gesellschaftstreue und Konzernrecht, Freundesgabe für Hengeler, 1972, S. 226ff.; Lutter, Zur Treuepflicht des Großaktionärs, JZ 1976, 225; ders., a.a.O. (Fn. 28), S. 562f.

(34) Lutter, a.a.O. (Fn. 28), S. 562.

(35) Lutter, a.a.O. (Fn. 28), S. 562f.

(36) Zöllner, Die Schranken mitgliedschaftlicher Stimmrechtsmacht bei den privatrechtlichen Personenverbänden, 1963, S. 351ff.; Schilling in Großkomm. AktG, 3. Aufl. 1971, §255 Anm. 2; ders., a.a.O. (Fn. 33), S. 236f.; Wiedemann in Großkomm. AktG, 3. Aufl. 1971, §186 Anm. 2, 12; Lutter in Kölner Komm. z. AktG, 1971, §186 Anm. 49, 50; Füchsel, Probleme des Bezugsrechtsausschlusses im deutschen Aktienrecht, BB 1972, 1533. なお、洲崎博史「不公正な新株発行とその規制（一）」民商法雑誌九四巻五号（昭和六一年）五八八頁以下参照。

(37) Schilling, a.a.O. (Fn. 36), §255 Anm. 2.

(38) Wiedemann, a.a.O. (Fn. 36), §186 Anm. 2, 12.

(39) Füchsel, a.a.O. (Fn. 36), S. 1533f. これについては、松井秀征「取締役の新株発行権限(1)」法学協会雑誌一一四巻六号七〇七頁（平成九年）参照。

(40) Füchsel, a.a.O. (Fn. 36), S. 1538ff.

(41) 本件については、神田秀樹「資本多数決と株主間の利益調整（三）」法学協会雑誌九八巻一〇号一三一九頁（昭和五六年）、別府・前掲注(29)二二八頁以下参照。

(42) 株式法一八六条一項一文は、「各株主にはその要求により、従前の資本への彼の持分に相当する新株の部分が割り当てられることを要する」と定めて、株主は原則として新株引受権を有することを表明しているが、同時に第三項は、「引受権は資本の増加に関する決議においてのみ、全部または一部排除されることができる。この場合には、その決議は、法律または定款において資本増加のため設定された要件の外に、議決に際して代表される資本の少なくとも四分の三を含む多数を必要とする。定款は、これより大きな資本の多数およびその他の要件を定めることができる」と定めて、特別多数決によって株主の新株引受権を排除することを認めている。訳文は、慶應大学商法研究会訳・前掲注(30)三四八頁による。なお、後に触れるように、一九九四年の株式法改正により、同三項に第四文が追加され、上場会社についてのみ一定の要件の下でより簡易な手続きによる新株引受権排除の新株発行を認めるようになった。

(43)　BGHZ 71, 40, S. 44ff.

(44)　例えばライヒ裁判所の⑧判例（本書一七二頁）がその一例である。学説としては、Baumbach/Hueck, AktG, 13. Aufl. 1968, §186 Anm. 14; Godin/Wilhelmi, AktG, 4. Aufl. 1971, BandII, §186 Anm 8. などが挙げられる。

(45)　例えば、Lutter, Materielle und förmliche Erfordernisse eines Bezugsrechtsausschlusses-Besprechung der Entscheidung BGHZ 71, 40 (Kali+Salz)-, ZGR 1979, 401; Martens, Der Ausschluß des Bezugsrechts: BGHZ 33, S. 175, Festschrift für Fischer, 1979, S. 442ff.; Bishoff, Sachliche Voraussetzungen von Mehrheitsbeschlüssen in Kapitalgesellschaften, BB 1987, 1055, S. 1059f.; Hirte, Der Kampf um Belgien-Zur Abwehr feindlicher übernahmen, ZIP 1989, 1233, S. 1237.

(46)　ただし、本判決は訴訟法上の主張・立証責任に関して、会社側が実質的事由の存在を主張するのに対し、原告側株主はかかる事由の不存在について立証しなければならないと判示している。BGHZ 71, 40, S. 81. この点については、これにより主張責任と立証責任とが分離されるが、しかし法は一方当事者よりも他方当事者のほうがより事実に近いとの理由から、立証責任を転換してその当事者をして立証責任を負わしめるのが普通であるから、本件のように事実から遠く離れる者（すなわち原告株主）に立証責任を負わせるのは不当だとの批判がなされており、また決議に対し実質的制約が行われる場合には、実質的事由の存在は少数派の利益に対する侵害の違法性阻却事由となるから、もとより会社側が立証責任を負うべきものとする見解が主張されている。Hirte, Bezugsrechtsausschluß und Konzernbildung, 1986, S. 220f.; Lutter, a.a.O. (Fn. 45), S. 412ff.

(47)　Lutter, a.a.O. (Fn. 45), S. 411.

(48)　BGHZ 83, 122, S. 142f. なお、判旨に言う株式法一八二条以下の規定は、出資による資本増加（Kapitalerhöhung gegen Einlagen）に関するものである。

(49)　本件については、金田充広「ドイツ法におけるコンツェルン形成規制」阪大法学四三巻一号二三三頁（平成五年）参照。

(50)　株式法二〇二条は、定款は会社の登記後最高五年間に、出資による新株の発行により会社の資本を一定の公称額（認可資本 genehmigtes Kapital）まで増加することを取締役に授権することができること、このような授権は株主総会における特別決議による定款変更によっても行いうることを定めると共に、同法二〇三条二項は、「授権は引受権の排除につき取締役会が決定する旨を定めることができる。これを定める授権が定款変更により与えられるときは、第一八六条第四項が準用される」と定めている。訳文は慶応大学商法研究会訳・前掲注(30)三五九頁による。なお、この二〇三条二項によって準用される一八六条四項は、「新株引受権の全部または一部を排除する決議は、その排除が明示的かつ適正に公告されたときにのみ行われることができる。取締役は株主総会に対し、引受権の一部または全部の排除の理由に関する書面の報告を提出しなければならず、この報告書は提案された発行価額についても理由を説明しなければならない」と定めている。同項第二文の規定は一九七八年一二月一三日のEC第二指令の実施に関する法律によって新たに追加されたものである。

(51)　BGHZ 83, 319, S. 320ff.

(52)　学説は、株式法二〇三条二項に基づき取締役に対し新株引受権の排除による新株発行を授権する場合にも、通常の資本増加における引受権排除の場合と同じように、株主に財産的利益の減殺をもたらす危険性があるとして、かかる授権に関する株主総会決議も一八六条三項の決議と同様の実質的制約に服さなければならないと主張してきた。Timm, Die Aktiengesellschaft als Konzernspitze, 1980, S. 79f.; ders., Der Bezugsrechtsausschluß beim genehmigten Kapital, DB 1982, 211, S. 215; Marsch, Zum Bericht des Vorstands nach § 186 Abs. 4 Satz 2 AktG beim Genehmigten Kapital, AG 1981, S. 211ff. 本判決はこれらの学説の見解に従ったものである。なお、Lutterは、取締役に対する引受権排除の授権の問題について、かかる授権自体は株主の権利に直接に影響しないから、実質的制約を課す必要はないが、取締役が実際に引受権の排除を決定する場合には、株主総会決議と同様の実質的な拘束を受け、引受権の排除は会社の客観的な利益を促進し、株主の権利をより害さない他の手段が不可能である場合にのみ、許されると主張していた（Lutter in Kölner Komm. z. AktG, 1971, §203 Anm. 11）。しかし本判決は「実質的事由によって正当化されるべきなのは株式法二〇三条二項に基づく授権決議であって、引受権排除決議それ自体ではない」として、この立場をとらないことを明らかにしている。BGHZ 83, 319, S. 325.

(53)　Vgl. Hirte, a.a.O. (Fn. 46), S. 16; Bischoff, a.a.O. (Fn. 45), S. 1057ff.

(54)　前掲注(33)の諸文献参照。このほか、Zöllner in Kölner Kmm. AktG, 1971, §243 Anm. 195; Schmidt, Gesellschaftsrecht, 1986, §20 IV 2d, §28 I 4 などが挙げられる。Zöllner は右コンメンタールの中で、伝統的な社団法上の概念からすれば、社員法上の関係は構成員と社団との間にのみ存在し、構成員相互間には存在しないが、しかし社団構成員の相互間の関係は任意の第三者のようなものではなく、誠実的拘束を生ぜしめる特別の結合関係の性質を持つと述べ、株主は共同株主の社員たる地位に基づく利益を考慮すべき義務を負う、と主張する。

(55)　Hüffer, Zur gesellschaftlichen Treupflicht als richterrechtlicher Generalklausel, Festschrift für Steindorff, 1990, S. 63, Fn. 22.

(56)　本件については、別府・前掲注(29)三一二頁、道端・前掲注(13)五四頁参照。

(57)　株式法二四三条は一項で、株主総会の決議は法律または定款違反を理由に訴により取り消されうることを定めるとともに、その二項で、「(株主総会決議の)取消は、株主が議決権の行使により、自己または第三者のために、会社または他の株主の損害において、特別利益を獲得せんと企て、かつその決議がこの目的に役立つに適していることを理由とすることもできる。これは、その決議が他の株主にその損害に対し相当の補償を与えているときには、適用されない」と定めている。訳文は、慶応大商法研究会訳・前掲注(30)三八六頁による。

(58)　BGHZ 103, 184, S. 193ff.

(59)　Lutter, Die Treupflicht des Aktionärs-Bemerkungen zur Linotype-Entscheidung des BGH-, ZHR 153, S. 447.

(60)　本件事案については、本判決はこれを通常の総会決議による解散の事例と見て、清算の段階で少数派株主も自由に会社財産の取得に参加できるとの前提に立っていた。そこで、もし解散前に会社財産の譲渡等をめぐり合意がなされていたならば、それは少数派株主の自由参加を妨害するもので、誠実義務違反となると判断したわけである。これに対しLutterは、本件事案は形式的には通常の解散のようであるが、実質的にはこれは「経済的には完全に実行されていない解散という形での、会社からの少数派の締め出し」であり、最初から少数派株主による会社財産の取得の可能性が排除されているから、多数派がこのような意図でなした解散決議は権利濫用にあたる、としている。Lutter, a.a.O.S. (Fn. 59), S. 450f. なお、本件の差戻審においてXは、本件株主総会の招集手続の瑕疵を理由に本件解散決議の無効確認の請求も追加したが、一九九〇年一〇月三一日にYとの間で、Xが訴えを取り下げる代わりに、Yとその多数派株主AがXに対し弁護士費用等を含め総額一八万マルクを支払う旨の裁判外の合意(außergerichtliche Einigung) がなされた。しかしXは右金員を受領しながら、訴えを取り下げなかった。そこで、フランクフルト上級地方裁判所一九九一年二月一九日判決は、Xの総会決議取消及び無効の訴えが悪意(arglistig)かつ権利濫用であり許されないこと、また仮に権利濫用による不法がないとしても、本件招集手続の瑕疵は重大なものでなく、それゆえ決議無効の事由が存在しないこと、また実質的にも本件総会に先立ち、多数派株主AとYの取締役との間で財産の譲渡をめぐる合意が行われていたという事実が認められないとして、Xの請求を棄却した。OLG Frankfurt Urt. v. 19. 2. 1991, ZIP 1991, 657.

(61)　学説には、小株主にはほとんど影響力がないことから、多数派株主のみが誠実義務を負うとする見解が有力であり (Zöllner in Kölner Kmm. AktG, 1984, Einl. Rn. 169; Wiedemann, Gesellschaftsrecht, Bd. I, Grundlagen, 1980, §8II3a; ders., Der Kapitalanlegerschutz im deutschen Gesellschaftsrecht, BB 1975, 1591, S. 1595)、本判決がかかる有力説に従ったものであることは明らかである。

(62)　Wiedemann, JZ 1989, S. 447.

(63)　Wiedemann, a.a.O. (Fn. 62), S. 447; Timm, NJW 1988, S. 1582; Bommert, JR 1988, S. 509; Kort, Zur Treupflicht des Aktionärs, ZIP 1990, 294; Lutter, a.a.O. (Fn. 59), S. 446ff.; Hüffer, a.a.O. (Fn. 55), S. 62ff.; Paschke, Treupflichten im Recht der juristischen Personen, Festschrift für Serick, 1992, 313, S. 321ff.; Henze, Zur Treupflicht unter Aktionären, Festschrift für Kellermann, 1991, S. 414ff.; Claussen, 25 Jahre deutsches Aktiengesetz von 1965 (II), AG 1991, 10, S. 16.

(64) Lutter, a.a.O. (Fn. 59), S. 471.

(65) Bommert, a.a.O. (Fn. 63), S. 509.

(66) Pepper v. Litton, 308 U.S. 295, 306においてアメリカ連邦最高裁は、「取締役は受任者である。支配株主又は株主のグループもそうである。彼らの権限は信託された権限である。彼らの会社との取引は厳格な審査に服し、会社との契約又は取り決めに対し異議が申し立てられた場合には、取締役又は株主は、当該取引が誠実であるのみならず、会社と他の利益関係者の観点からみて本質的に公正であることを証明する責任を負う。……誠実義務の基準は会社における利益共同体全体－債権者や株主も含めて－の保護を目的とするものである」と判示している。本書八四頁注(9)参照。

(67) Wiedemann, a.a.O. (Fn. 62), S. 447.

(68) Wiedemann, a.a.O. (Fn. 62), S. 448. 同旨、Timm, a.a.O. (Fn. 63), S. 1582; Lutter, a.a.O. (Fn. 59), S. 455. またBommertは、本件では九六%の持分を有する親会社とその残りの四%を分散所有している局外の小株主との関係は典型的な人的会社と類似性を持たないから、誠実義務を人的会社に類似した組織構造に求めるとすれば、かかる基準は本件のような事実関係には必ずしも妥当しないのではないかと指摘し、多数派株主の誠実義務はもっぱら多数派の会社における支配的地位だけから導き出されるべきだとしている。Bommert, a.a.O. (Fn. 63), S. 509. なお、誠実義務の法的根拠をめぐる学説の主張については、詳しくは本書二五九頁以下参照。

(69) そして実際に、連邦通常裁判所がその後の判例でこのような法的根拠を放棄して、会社の現実的構造を問題にすることなく、株主一般について誠実義務を認めるに至ったことは、後に見る通りである。なお、このほか、Timmは次のようなコンツェルン法上の問題点を指摘している。すなわち、本件はコンツェルン関係における利益の衝突が問題となった事案と見ることができるが、連邦通常裁判所はＩＴＴ判決と同様、コンツェルン法上の特別な手段(例えば株式法三一一条以下)を用いずに、ただ一般的な会社法上の誠実義務という法理をもって、このようなコンツェルンにおける利益衝突の問題を解決したのである。そこで、会社法上の誠実義務が株式法三一一条以下の規定および三一七条の規定と並存するのか、それともこれらの株式法上の規制がただ部分的に誠実義務によってカバーされるのか、といった問題が生じてくる。Timm, a.a.O. (Fn. 63), S. 1582. 一方、Martensは、株式法における誠実義務の適用を完全に排除すべきものではないが、しかしその具体的な事例における適用は慎重を期すべきであるとし、本件において連邦通常裁判所は、Y側がAとの間に解散決議に先立ち財産の移転等について契約上の合意をなしていたならば、それは少数派から清算の段階において会社の財産を取得する機会を奪うもので誠実義務に違反すると判断しているが、本件における問題は誠実義務よりもむしろ株式法五三a条が定めている平等扱いの原則、すなわちY社の取締役が営業上の財産の売却を同等の条件ですべての株主に対して申し出なければならないという義務を負うとの観点から解決すべきであると主張し、本判決によって示された株主間の誠実義務の法的根拠をいずれも不適切だと批判している。Martens, Die Treupflicht des Aktionärs, in K. Schmidt, Rechtsdogmatik und Rechtspolitik, 1990, 251, S. 253ff.

(70)　WM 1992, S. 1818f.

(71)　Wiedemann, a.a.O. (Fn. 20), S. 393. またLutterも、一般の株式会社または大規模な合資会社の社員は通常、他の社員の私的利益を考慮することなく自己の自由裁量で行動することができるが、「真正の協働共同体の場合には事情が異なってくる。すなわち、ここでは重要な私的利益が、構成員の力を合わせた協力関係に対する目的共同体の利益に転換する。それゆえ、ごく例外的な場合に構成員の私的利益に対する顧慮の義務に帰着する」と述べている。Lutter, Theorie der Mitgliedschaft, AcP 180, 84, S. 128f.

(72)　Schmidt in Schlegelberger, HGB, 5. Aufl. Bd. III, §105 Rdn. 162. しかし合名会社における社員間の誠実義務の保護領域がもっぱら社員たる地位の範囲に限るとする見解もある。例えばEmmerichは、「誠実義務または促進義務（Förderpflicht）は、定款の範囲内において、かつ定款に基づいてのみ存在する。それによって団体化された領域の向こうでは、各社員にとっては原則的に自由であり、したがってその限りで無制限に、その自己の私的利益を追求することができる」としている。Emmerich in Heymann, HGB, 1989, Bd. II, §109 Rdn. 6.

(73)　本判決については、別府三郎「ドイツにおける『会社法上の誠実義務』の判例—第2 Girmes事件判例の紹介を中心として―」鹿児島大法学論集三二巻一・二合併号三九頁（平成九年）、田中裕明「Girmes判決にみる小株主の誠実義務」南山法学二〇巻三・四合併号（平成九年）三七五頁以下参照。

(74)　民法一七九条一項は、「代理人として契約を締結した者がその代理権を証明せず、かつ本人が契約の追認を拒んだときは、相手方の選択に従いこれに対して履行又は損害賠償の義務を負う」と定めている（訳文は、柚木馨＝高木多喜男・獨逸民法（Ⅰ）（昭和三〇年復刊版、有斐閣）二六二頁による）。連邦通常裁判所は、この規定が代理人による契約締結の場合を定めたものであるが、しかしその基本的思想は、代理人が株主総会で多数の少数派株主のために議決権を行使し、かつその議決権行使が誠実に反し、代理権授与者を明示しなかった場合にも適用されると し、本件では、A社の再建案が挫折し会社が倒産するに至れば、A社の株主が著しい不利益を被ることは明らかであるから、A社の株主は積極的に協力する義務を負わないとしても、少なくとも会社の再建を妨害しないようにすべきであり、それゆえYが議決権の代理行使により本件再建計画を挫折させたことは、代理権を授与した株主たちが原告株主に対して負うべきところの誠実義務に違反することを示すものであり、その結果本来授権した株主らが誠実義務違反の責任を負わなければならないが、議決権代理行使につきYはその授権した株主らの名を示さなかったため、右民法の規定の類推適用により、自らが責任を負わなければならないとした上で、その責任の内容は、本件が代理人による契約締結ではなく、株主総会における議決権行使であることに鑑み、損害賠償責任となると判示している。BGHZ 129, 136, S. 149ff.

(75)　BGHZ 129, 136, S. 142ff.

(76)　肯定説は、株主から議決権を集めた者が大株主と同様の立場に置かれ、会社および他の株主の利益に多大な影響を及ぼすことになるとして、議決権行使の代理人は大株主と同様の誠実義務を負わなければならないと主張している。Timm, Treuepflichtn im Aktienrecht, WM 1991, 481, S. 488f.; Marsch-Barner, Treuepflichten zwischen Aktionären und Verhaltenspflichten bei der Stimmrechtsbündelung, ZHR 157 (1993), 172, S. 184.
これに対し、議決権行使代理人自身の誠実義務を否定する見解が多数を占めており、この立場の学説は肯定説に対し、株主の誠実義務は株主の権利と同様、社員たる地位 (Mitgliedschaft) から生じてくるもので、株主の地位とは独立にこの義務を第三者に移転せしめることはできないなどと反論している。Dreher, Treuepflichten zwischen Aktionären und Verhaltenspflichten bei der Stimmrechtsbündelung, ZHR 157 (1993), 150, S. 165ff.; ders., Die Schadensersatzhaftung bei Verletzung der aktienrechtlichen Treuepflicht durch Stimmrechtsausübung, ZIP 1993, 332, S. 334; Nehls, Die gesellschaftsrechtliche Treuepflicht im Aktienrecht, 1993, S. 166; Heermann, Stimmrechtsvertretung in der Hauptversammlung und Schadensersatzhaftung, ZIP 1994, 1243, S. 1244 f.; Hennrichs, Treupflichten im Aktienrecht, AcP 195 (1995), 221, S. 262f.

(77)　本判決は、多数説の主張しているところの、株主の誠実義務とその社員たる地位との不可分性を根拠に、議決権行使代理人自身の誠実義務を否定した（BGHZ 129, 136, S. 148f.）。ただしこれについてLutterは、私人間（private）の代理権授与の場合にはこのように考えることができるかもしれないが、機関（institutionellen）たる議決権行使代理人と株主との関係については別の角度からこれを考察すべきであるとし、代理人による議決権行使が前提されている現行株式法の下で、議決権行使代理人が自由に行動することができ、委任者からのコントロールを実際上ほとんど受けないという実態からすれば、議決権行使代理人は独自の責任を負わなければならず、その代理権行使につき故意に義務に違反した場合には、会社と他の株主に対し義務違反に基づく損害賠償責任を負わなければならないとしている。Lutter, Das Girmes-Urteil, JZ 1995, 1053, S. 1056. また、Heenrichsも、原則的に議決権行使代理人の誠実義務を否定しながらも、議決権行使代理人が議決権行使により個人的な利益を図る等の事情が存在する場合には、その代理人自身の責任を認めるべきだと主張している。Hennrichs, a.a.O. (Fn. 76), S. 263ff.

(78)　この問題をめぐる議論については、詳しくは、前掲注(76)の諸文献および別府・前掲注(73)七六頁以下、田中・前掲注(73)三八九頁以下参照。

(79)　本判決は小株主と少数派株主の言葉を使い分けているが、その概念上の差異については明らかにしていない。通常影響力を全く持たない株主は小株主であるが、彼が一定の持株数を所有することにより少数株主権を行使するに至る場合には、少数派株主となると考えられているようである。Vgl. Bungert, Die Treupflicht des Minderheitsaktionärs-Besprechung des BGH-Urteils vom 20. 3. 1995, DB 1995 S. 1064-, DB 1995, 1749, S. 1750.

(80) Timm, a.a.O. (Fn. 76), S. 483; Lutter, a.a.O. (Fn. 59), S. 455; Nehls, a.a.O. (Fn. 76), S. 35; Werner, Zur Treuplflicht des Kleinaktionärs, Festschrift für Semler, 1993, S. 419ff; Fillmann, Treuepflichten der Aktionäre, 1991, S. 93f.; Grunewald, Gesellschaftsrecht, 1994, S. 260; Hennrichs, a.a.O. (Fn. 76), S. 240f.; Henze, Die Treupflicht im Aktienrecht, BB 1996, 489, S. 496.

(81) この点で本判決は学説から高く評価されている。Lutter, a.a.O. (Fn. 77), S. 1056; Bungert, a.a.O. (Fn. 79), S. 1750. もっとも、学説の中には株主の誠実義務を否定する見解も存在しており、この立場の学説からは、株主一般の誠実義務を認めた本判決について疑問が提起されている。Altmeppen, NJW 1995, S. 1750; Flume, Die Rechtsprechung des II. Zivilsenats des BGH zur Treupflicht des GmbH-Gesellschafters und des Aktionärs, ZIP 1995, 161, S. 165.

(82) Vgl. Bungert, a.a.O. (Fn. 79), S. 1751.

(83) Lutter, a.a.O. (Fn. 77), S. 1053.

第三章　学説における誠実義務の展開

第一節　誠実義務とその法的根拠

第一項　初期の学説

一　初期の学説においては、株主間の誠実義務を否定する見解が強かった(1)。それは、株式会社の社団的性格が株主相互間の法律関係を遮断するとする古典的な社団法理論による影響が大きかったからである(2)。そこで、誠実義務に関する学説の検討に入る前に、まずかかる古典的な社団法理論を概観しておく必要があると思われる。

すなわち、ローマ法では、universitas（社団）とsocietas（組合）とは完全に相対立するものとしてとらえられていた(3)。universitas内部においては、universitasがそれを構成するsinguli（個体）に著しく対立し、擬制人と自然人とは相互に授受し合うことなく（einander nichts nehmen und nichts geben）、その間に何ら個人法的な紐帯も存せず、ただ単に結び付きのない個々人の間に生じるのと同じような法的関係の可能性のみが存在するものとされ、その結果あらゆる共同体関係が、擬人化されたuniversitasの単一法(Einheitsrecht)の中に吸収される一方、singuliのすべての複多法（Vielheitsrecht）は完全に団体外に排除されていた。したがって、このuniversitasは、ローマ法の下で法的単一体としての存在が認められず、すべての団体的関係が独立した個人領域の中に解消されるとされるsocietasとは、まさに対立の関係に置かれていたのである。しかしこのような硬直的なローマ法的社団理論に対して、Beselerはドイツ的団体理論（germanistische Genossenschaftstheorie）を創設し、Genossenschaftの思想を社団と組合の概念の中に注入して、ローマ法における社団と組合との隔絶（Kluft）を多くの中間形態によって埋めた。(4) そして社団と構成員との関係については、BeselerやGierkeはその提唱した実在的団体人格の理論（die Theorie der realen Verbandspersönlichkeit）(5)の下で、団体と団体の担い手との間に、第三者と団体との間に通常存在するような債務法的関係とは区別されるべき有機的な法的関係を基礎づけた。(6) すなわち、Gierkeらのドイツ法的社団理論によれば、社団は現実的な全体人（Gesamtperson）として、そこに結合した個体人から分離され、かつそれらに帰属するGemeinwesenとして性格づけられる。そして、全体人と個体人とは相互に授受し合い、影響し合う関係に立ち、社団外においては生じ得ないような個人法的な絆によって結ばれている。(7) この場合に、共同体関係は必然的に全体の単一法によって規整し尽くされるわけではないので、同時に社員間の結合によって形成される複多法による補完が必要とされるが、「単一法の犠牲における複多法の大量の形成により、ドイツ的社団は構成員の中に存在している組合に著しく接近することができる」(8) ことになるのである。このようにドイツ法的社団理論は、ローマ法的社団理論における社団と組合および社団と構成員との間の厳然たる対立の関係を解消し、社団とその構成員を個人法的な紐帯によって結びつけさせたのである。これはまさに、ローマ法的社団理論に対する超克であり、社団法理論の飛躍的発展であった。しかしながらそれにもかかわらず、ドイツ法的社団理論の下においても、社団と組合は依然として「画然とした概念上の切断（scharfen begrifflichen Einschnitt）」によって分離されており、(9) また、社団の構成員の相互間に法律関係が存在しうるのかといった重要な問題についても、必ずしも明確な答えが示されていなかった。(10)

右のようなドイツ法的社団理論に残されていた諸問題に積極的に取り組もうとしたのが、Wielandであった。Wielandは、ローマ法に帰結する硬直的な社団法理論の貫徹に対し反撃を加え、独自の社団理論を提唱した。すなわち彼は、商事会社を組合と法人に二分した上でこの両者を排他的に対置するものとしてとらえる会社二元論

(dualistische Lehre) を、会社の根底にある目的要素を探求しようとする統一的な考察を阻害し、各部分の有機的な関連を分断するものとして排斥し、単純な形態である合名会社や合資会社から複雑な形態である有限責任会社または株式会社に至るまでのすべての会社について、社員の出資や責任形態等の構成要素を総合して探究するという比較的方法を用いて、商事会社の法的性質につき詳細な考察を加えた後[11]、「近時の法発展の成果を総合すれば、あらゆる商事会社は、それが契約に基づく限りにおいては組合であり、その財産が社員の共同の財産である限りにおいては合有であり、そしてそれが外部に対し一定の方向で法律上独立の権利主体として取り扱われる限りにおいては法人である[12]」との結論を導き出した。「緩やかな民法上の組合から国家及び国家総体に至るまで間断なく連続する組合的構成物の階段が形成され、仔細に観察すればそれは基本形態（組合・合有）の変形に過ぎない[13]」としていることから明らかなように、Wieland は、基本形態としての組合もしくは合有の中に、すべての商事会社に共通する法的基盤を見い出したのである。そうすることによって、彼はドイツ法的社団理論における組合と社団の対立関係を解消し、両者間の内的関連性を示そうとしたわけである。そして具体的に株式会社に関しては、「株式合資会社は人的責任を負う取締役を有する株式会社である。法がそれを組合として把握しているとすれば、株式会社もまた組合のはずである。なぜならば、株主の法的地位は合資会社における有限責任社員のそれとは全く異ならないからである。株主は、（会社が）権利能力ある社団として登記される前は組合的に結合し、組合員として相互に権利義務を創設するが、たとえそれが権利能力ある社団になったとしても、株主は依然として組合員である[14]」と述べ、株式会社は組合たる性格を有し、株主間に法的関係が存在することを強調している。このように、Wielandの統一的な考察方法の下では、株式会社もまた基本形態たる組合の一変形に過ぎないのであり、そしてこのように株式会社が組合たる性質を有するために、株主相互間においてもまた組合員間におけるような契約的関係が認められることになるのである。

しかしながら、株式会社を組合と解する Wieland の所説は、株式会社を社団としてとらえる支配的見解によっては承認されなかった。[15]この結果、株主が会社との間に特殊な株式法上の関係が生ずるとする見解が徐々に広がっていったが、株主相互間の関係については依然争われていた。このようにドイツ法的社団理論は結局、構成員間の契約的ないし個人法的な関係が存在するのかという基本的な問題については、しかるべき答えを提供しなかったのである。[16]それればかりか、法人は組合でありえず、両者は区別されるべきだというローマ法もドイツ法も共に承認してきた法的命題から、権利能力の制度は構成員相互間の契約的ないし個人法的な結合関係の存在を容認しないという別の法的命題が演繹されたのである。[17]かかる法的見解は、株主間の関係についてのZahnの次のような論述に端的に示されている。すなわち、株式会社を社団として把握する限り、個々の株主は会社とは直接的な社団法上の関係に立つが、共同株主とは何らの結び付きもなく、契約的関係などは一切存在せず、それは恰も偶然に路上で出会った二人の通行人のごとく全く無関係であり、それゆえ現行法の下では、契約的関係の存在を前提とする民法典二四二条（信義誠実の原則）は株主相互間には適用されず、もっぱら民法典一三八条（良俗違反の行為）と八二六条（良俗違反）のみが適用され、そしてその結果として、共同株主との関係においては、株主の行為はたとえ信義誠実の原則に反するとしても、公序良俗に違反しない限り容認され得る、と。[18]

かくして、ドイツ法的社団理論の下では、株主と株式会社との間においてはある種の社団法的関係が存在することは承認されたものの、株主相互間における法的関係の存在可能性は、徹底的に否定されてしまった。そしてこれがまた株主間の誠実義務を否認する学説の基本的出発点でもあったのである。

Fechnerは、株主相互間の関係を民法上の組合関係として把握し、そして誠実義務を実定法的に基礎づけようとする試みを不当だとして退け、株主は民法上の組合関係を形成することはないとして、株主相互間の誠実義務の存在を否定する。ただし彼は同時に、株主相互間の関係は古典的な社団理論のように完全に無関係ではないことも指摘している。すなわち、彼によれば、株主は社団とそれに帰属する財産に対し法的権力を持っているが、この法的権力は個々の株主の法的地位に由来するもので、その限りでそれは株式と結びついた個人的なものであり、所有権法の性格を呈する。しかしその行使は団体の社会的生活を決定するのみならず、その行使方法は総会における議決権の行使のように他の株主と共同で行われるものであるから、株主の権利はまた社会法的性格を持つ。それゆえ法人という「人的物的複合体」に対する共通の法的権限が存在し、そしてそれが共同でのみ行使されうる限りにおいて、合手的共同体に類似した法的関係が認められる。[19]しかし彼によれば、株主間にかかる法的関係が認められるとはいえ、それを株主間の誠実義務まで発展せしめる必要はない。なぜならば、株式法一〇一条（会社への影響の利用による損害賠償責任）と一九七条（法令・定款違反または会社外の特別利益の追求を理由とする総会決議の取消）が新たに設けられた一九三七年法（現行六五年法一一七条と二四三条）の下では、株主の利益保護が実定法上十分図られることになったからである。したがって、株式法における株主の権利濫用の問題を解決する目的で株主相互間の誠実義務を認める必要がないし、またそもそもこれを認めることが困難であるから、株式法についてはかかる誠実義務を諦めたほうがよい、とする。[20]

しかし他方、企業と株主との関係については、企業の利益が株主の利益より優先しなければならない場合もあることから、右の一九三七年株式法一〇一条と一九七条によって示された直接または間接的な拘束以外にも株主の企業に対する特別な誠実的拘束を認める必要があるとして、[21]企業に対する株主の誠実義務を次のように導き出した。すなわち、株主は単なる出資者に留まらず、同時に株主総会で企業―それは「一定の経済的目的のために組織された人間の集団」と定義づけられているが[22]―の運命について決定するなど、企業に対しかなりの影響力を行使する可能性を持つ。なぜならば、株主が議決権またはその他の共同管理権の行使に際し示した意思は法人との間にのみならず、企業との関係においても法的・経済的効果を生じ得るからである。[23]つまり、株主に付与される諸権利がまた株主に対し、会社と企業および企業の中で働く人々に対する影響力の行使を容認する結果、株主は企業の人的・物的存在要素の秩序ある相互関係を変更することが可能なのである。それは人的側面においては、株主総会における監査役の選任または解任を通じて企業の人的団体に介入することであり、また物的側面においては合併や財産譲渡に関する決議に端的に現れるように、その支配関係は会社財産の全体に及ぶものである。[24] このように、株主に対し個人法上の秩序に対する法的権力を付与し、その秩序に結合した人々に対する影響力の行使を可能ならしめている株主の法的地位から、「言葉の厳格な意味での誠実義務が生じてくる」のであって、「この誠実義務は株主の具体的な秩序としての企業への介入に基づくものであり、企業の中心に立つ人的団体に対して存在する」のである。[25] そしてこのような誠実義務の機能について、Fechnerは、それは株主の権利行使を積極的な意味で企業の利益に結びつけることにあるとし、株主は企業に関連する決議をなすに際しあらゆる権利に内在する制約を守らなければならず、また企業の利益をその権利行使の規準とし、自己の利益を企業の利益の背後に後退させせなければならない、とする。[26]

このようにFechnerは、一定の経済的目的のために組織された人間の集団である企業に対する影響力行使の可能性から、株主の企業に対する誠実義務を導き出したのであるが、それは、企業の利益と株主の個人的利益とが衝突する場合に、前者を後者に優先させることによって前者を保護するという目的から株主に課されたものである。しかし株主間の誠実義務に関しては、一九三七年法が既に株主の利益保護を図る諸措置を講じたため、株主の権利濫用に対処するのに誠実義務を用いる必要がないとの理由で、これを徹底的に否定してしまったのである。

二　これに対し、株主間の公正な利益調整を図る立場から、古典的な社団法理論を突破して、株主間の誠実義務を肯定する見解も当時において有力に主張されていた。しかしかかる誠実義務の法的根拠については、株主間の組合関係や社会共同体関係など種々のものが主張されていて、統一した見解が見られなかったが、[27] 後の発展に少なからぬ影響を与えたものとしては、Dorpalenの所説が挙げられよう。[28]

Dorpalenはまず、ローマ法の理論の下では全体人とそこに結合した個体人との間に個人法的関係が認められないのに対して、ドイツ法的社団理論は全体人と個体人との間に相互に授受し合い影響し合う法的関係が存在することを承認し、社団がその具体的な形成によっては組合に近づき得ることを認めているので、ドイツ法上の社団は組合的または少なくとも組合に類似するような関係のもとで適切に理解することができるとして[29]、自らの理論の展開が基本的にドイツ法的社団理論の上に立脚すべきことを明らかにした。そして続いて、Dorpalenは、社団と構成員および構成員相互間の法的関係を否認する当時の一般的見解に対して検討を加えていく。すなわち、ドイツ法的社団理論は、構成員の権利範囲が共同生活への参加によって拡大されると同時に、共同体への服従によって制約されるというところに、社員たる地位により基礎づけられた個人法的関係を発見し、そしてその理論の下では、議決権などの構成員の諸権利は団体生活の範囲においてのみ与えられ、それゆえに全体の利益と調和する限りにおいてその行使が許されると考えられていた。しかしながら、社団と組合を完全に相対立する法的概念としてとらえる見解が存在しており、かかる見解の下では社団と構成員との関係のみならず、構成員相互間の関係も発生する余地がないとされ、それゆえにまた社員の会社に対する拘束感（Gebundenheit）も失われていったのである。このような法的見解の展開に決定的に作用したのは、法思想における根本的な変化、精神的および経済的状勢の発展、特に個人主義思想の貫徹と企業集中現象の進展であり、このような状況下では、社団の構成員間に一定の拘束を認めようとする説もますますその基盤を失っていった[30]。

そこでDorpalenは、このような一般的見解の「遺憾な展開[31]」に挑戦しようとした。まず会社に対する関係において、彼は株主を受託者として位置づける。すなわち、彼によれば、あらゆる者は共同体に対して受託者であり、彼に与えられた権利を受託者としてのみ行使しなければならない。株主は会社の受託者であり、そしてこの受託者たる地位は株主をして、会社の利益と衝突するような場合においてその個人的な利益を後退させるという誠実義務を負わせしめるのである。なぜならば、議決権等の行使を通じて共同体生活の形成に影響力を発揮するという権利は、単に株主個人のために与えられたものだけでなく、共同体全体の利益を図るためのものでもあるのであり、株主はたとえ純粋に個人的な動機からその権利を行使するとしても、同時に必然的に全体意思の共同形成者としての立場に置かれるからである。しかし、彼によれば、かかる株主の誠実義務は合名会社における社員の誠実義務とは異なり、株主に対し積極的な行動を求めるような意味での義務ではない。株式会社の本質から明らかなように、株主にその権利の行使を強制することは不適切であるし、また不可能だからである。したがって株式会社に対する株主の誠実義務の意義はただ次の点にある。すなわち、それは株主に対し、議決権などの諸権利を行使するにあたって会社の利益を適切に考慮すべきことを要求する、ということである。[32]

このようにDorpalenが、株主を株式会社の受託者として位置づけ、その受託者たる地位から株式会社に対する株主の誠実義務を導き出した後、株主相互間の関係においても誠実義務が重要な意義を有する。すなわち、権利に対する実質的な制約という意味では、株主相互間の誠実義務については次のように展開する。すなわち、権利に対す相互間に誠実義務が存在するとする見解は未だに一般的な承認を得ていないし、また互いのことについてほとんど無関心の株主の間に一定の拘束関係を想定することは、一見したところ、現実と矛盾しているようである。しかしながら一方では、個々の株主の受託者たる地位からもまた、他の株主に対し、誠実義務に合致するような行動をとるべき義務を生ぜしめる。会社が株主に対してかかる行動を期待しうるのみならず、共同株主の忠実な行動を信頼して会社に参加したあらゆる株主もまた、かかる行動を期待できるのである。また他方では、構成員の受けるべき拘束は、決して全体としての共同体に対するだけのものではなく、いわばそれ以前に存在していた組合関係—支配的見解によれば株式会社が成立する前に存在していたVorgesellschaft（会社の前身）[33]は民法上の組合である—の最後の発現（Ausfluß）として、共同体の他のすべての構成員に対しても存在するのである。したがって、株主は会社に対してのみならず、他の株主に対しても誠実義務を負うべきことになるが、当然ながらかかる誠実義務は株主の権利行使に対する制約という意味を持つに過ぎない。[34]

かくしてDorpalenは、株主の受託者たる地位および株主間の組合関係から、株主の他の株主に対する誠実義務を導き出したのであるが、後者の点は、株式会社を含むすべての商事会社を組合という基本形態の変形としてとらえるWielandの見解に一脈相通ずるものであり、Wielandの説に影響を受けていたことが見受けられる。他方、株主を受託者として把握し、かかる受託者たる地位に株主間の誠実義務の法的根拠を求める点は、むしろ英米法的な発想に基づいたものと思われる[(35)]。そして後に見るように、Dorpalenのこのような方法的態度は、信託法理から株主の誠実義務を展開する近時の一部の有力説に少なからぬ影響を及ぼすこととなった[(36)]。

以上Dorpalenの所説を概観してきたが、最後に、何故に株式会社に対する誠実義務以外に株主相互間の誠実義務を肯定する必要があるのかという問題についてのDorpalenの次の説明に触れておきたい。すなわち、株主の利益が侵害されると同時に会社の利益も侵害されるというような場合については、株主の共同株主に対する誠実義務を云々する必要性はたしかにないように思われる。しかし、例えば多数派株主が少数派株主を会社から締め出す場合のように、多数派株主の濫用的行為によって会社の利益が侵害されなくても、少数派株主の利益が害される場合も考えられるのであり、このような場合において少数派に対する救済を適切に図るためには、その前提として少数派に対する多数派の誠実義務を肯定しなければならないのである[(37)]。

まさにDorpalenの指摘した通り、会社の利益と株主の利益とが必ずしも常に重なり合うとは限らないのである。株式会社という私的利益を追求する団体においては、個々の株主は通常自己の利益を図るために行動するのであり、その行為によって会社の利益が害されなくても、他の株主の利益が侵害される場面は多々ある。したがって、とりわけ多数派の濫用からの少数派の利益保護を図る上では、株主相互間の誠実義務は極めて有効な保護手段としてその存在価値が認められるべきである。たしかに、Fechnerの言うように、一九三七年株式法改正により株主の利益保護を図る実定法上の制度がかなり整備されたが、しかしこれらの法制度をもってしても、株主間のあらゆる利益衝突をカバーすることはできないのであり、このことは、既に検討した一九三七年以降の諸判例からも明らかである。したがって、Fechnerのように、株主相互間の利益調整の側面において実定法を恰も完全無欠のものとして扱い、株主間の利益調整法理としての誠実義務の存在価値を完全に否定するのは、不当だと言わざるをえない。

三　他方、有限責任会社の社員間の誠実義務に関しても、有限責任会社の社団法人性からこれを否定する見解があった。例えばSchillingは、有限責任会社が法人格を持つことから、社員相互間には直接的な権利義務関係が創設されることはないとし、ある社員が他の社員を害する意図でその議決権を行使したとしても、それは契約上の義務に違反するものではなく、ただ単に民法の不法行為責任を負うに過ぎないと主張していた(38)。したがって、このような立場に立つ限りでは、社員相互間の誠実義務を想定することは不可能であった。

しかし、右のような否定的な見解は少数説に留まり、有限責任会社の社員間の法的関係ないし誠実義務関係を肯定するのがむしろ支配的であった(39)。もっとも、かかる社員間の誠実義務の法的根拠については、それを社員間の直接的な契約関係に求めるものもあれば、また社員間の組合関係に求めるのもあるなど、統一的な見解は見られなかった。

Ballerstedtは、社員間に直接的な契約関係が存在することを認めた上で、このような社員間の契約関係において誠実義務の法的根拠を求めた。すなわち、彼によれば、立法者が有限責任会社を資本会社として構想したが、しかし出資義務不履行に対する他の社員の塡補責任を定めた有限責任会社法二四条や、禁じられた出資の払い戻しに対する他の社員の返還義務を定めた同法三一条のように、有限責任会社法の規定自体は既に、有限責任会社がその内部において組合的構造を持つ人的団体であることを示しており、これはまた直接的な権利と義務を包含した社員相互間の契約関係を創設している(40)。そしてかかる直接的な契約関係から有限責任会社社員が相互に負うべきところの誠実義務が発生し、またそこから、決算書類の確定やその他の会社業務における社員相互間の協働の義務が生じてくるのだ、という(41)。

他方、Hoffmannは、有限責任会社の創設に際して、設立者たちは定款の内容について合意をなす組織契約と同時に、すべての措置につき協働する義務を定める民法上の組合契約を締結するが、後者の民法上の組合契約は有限責任会社が登記簿への登記を完了してからも、解消することなく存在し続けるとする。そしてこの場合に、組合契約は社員が定款に定められた目的を促進し、業務執行につき必要な行動をとる義務を負うべきことをその内容とする。このような社員間に存在する組合契約から、有限責任会社の社員相互間の義務が生じてくる、と主張する。(42)

右のように社員間の直接的契約ないし組合契約を措定した上で、このような契約関係から社員間の誠実義務を導き出す学説に対し、もっぱら有限責任会社の内部の人的構造に着目して社員相互間の誠実義務を認める説もある。

M. Schmidt は、これまでに有限責任会社を独自の法人格を持つ資本会社と位置づけ、社員相互間の法的関係を否定する見解もあったが、しかしそれは、有限責任会社が個々の具体的な場合において、法によって与えられた契約自由（定款自治）の原則に基づいて、種々の異なった内部的構造を作り出しうることを無視したものであり、不当であると批判し、連邦通常裁判所が（前章第二節①判例において）判示したように、有限責任会社の社員間の関係は純粋に資本的なものではなく、人的な性質をも持つもので、それゆえ社員相互間に誠実義務が存在する、と主張する。(43)

また、株主間の誠実義務について否定的立場をとるA. Hueckも有限責任会社の社員間の誠実義務については、有限責任会社が著しく人的会社に近似し、個人法的な特徴を持ち、とりわけ社員が会社法上の権利および義務として業務執行または他の経営参加を行うときには一層その特徴が明らかとなり、したがって株式会社の場合とは異なり、誠実義務の存在が認められなければならないとして、これを明確に承認している。(44) そしてかかる誠実義務の内容については、それは当該会社の具体的な形成によって決定されるとする。

右のように、有限責任会社における社員相互間の誠実義務の法的根拠については種々の見解が主張されたが、直接的契約関係説にしろ、組合契約説にしろ、あるいはまた有限責任会社の人的構造を重視する説にしろ、いずれも人的性格を持つ有限責任会社の現実的構造に着目し、そこに社員間のある種の結合関係を認めた上で、それをもって社員間の誠実義務を根拠づけようとする点では共通しているといえる。

かくして、有限責任会社の社員間の誠実義務については比較的に早い時期から、多くの学説によって承認されることとなった。株式会社における株主間の誠実義務の存否をめぐり激しく争われていたのとは対照的である。これは、大規模な公開会社が大多数を占めている株式会社の場合とは異なり、有限責任会社は通常少人数の社員からなり、しかも社員自らが業務執行に参加し、社員の個性が濃厚であるなど、その内部構造が合名会社のような人的会社に極めて類似しているため、社員相互間の法的関係が容易に認められるからだと考えられる。

（1）　当時の有力説としては、Ritter, Gleichmäßige Behandlung der Aktionäre, JW 1934, 3025, S. 3029; Fechner, Die Treubindungen des Aktionärs, 1942, S. 103; Hachenburg in Düringer-Hachenburg, Das Handelsgesetzbuch, 3. Aufl., 1934, Bd. III 1, Einl. II Anm. 78; Crisolli, Auswirkungen der neuen Rechtsanschauung im Handelsrecht, JW 1935, 8, S. 13などが挙げられる。

（2）　例えば、Ritterは、株式会社は社団であり、社団法によって支配されるため、株主相互間には債務法上の契約関係もまた社団法上の結合関係も存在せず、単に株式会社と株主との間にのみ社団法上の関係が存在する、とする。Ritter, a.a.O.S. 3029. 同旨、Hachenburg, a.a.O. Einl. II Anm. 78; Crisolli, a.a.O.S. 13. また、Staub/Pinnerは株式会社の社団的構造から株式会社法全体における誠実義務の適用を否定し（Staub/Pinner, Handelsgesetzbuch, 14. Aufl. 1933, Bd. II, §178 Anm. 23）、さらにA. Hueckも、誠実義務は労働関係や組合関係（民法上の組合・合名会社・合資会社）のような個人法的な共同体関係においてのみ存在するとし、株式会社は真正の個人法的共同体ではなく、資本参加のみに基づいているから、株主相互間の誠実義務も会社に対する誠実義務も存在しないと主張する（A. Hueck, Der Treugedanke im modernen Privatrecht, 1947（この文献はJ.v. Gierke, ZHR111 (1948), S. 191による）。Vgl. ders., Gesellschaftsrecht, 6. Aufl. 1956, S. 157）。

(3)　以下の部分は、O. Gierke, Deutsches Privatrecht, Bd. I, 1895, S. 479による。本文中の訳語は、西原寛一「株式会社の社団法人性」田中耕太郎編・株式会社法講座第一巻（昭和三〇年、有斐閣）三八頁を参照したものである。なお、ローマ法における社団法人については、船田享二・羅馬法第二巻（昭和一八年、岩波書店）一五四頁以下参照。

(4)　Gierke, a.a.O. (Fn. 3), 479ff.; ders., Die Genossenschaftstheorie und die deutsche Rechtsprechung, 1887, S. 306ff. なお、この点については、西原・前掲注(3)三八頁参照。

(5)　実在的団体人格の理論（法人実在説）とは、人間の団体は現実に存在する実体（Wesenheiten）として見るべきであり、また法律上もそれは現実のPersonenとして扱われるべきものだという理論であり、Savignyの擬制人説（法人擬制説）とBrinzの団体人格否定説（法人否認説）とともに、当時の三つの主要な法人本質理論の一つである。この理論は最初Beselerによって提唱されたものであるが、後にゲマルニステンやローマニステンなどはこれを発展させてきた。Gierke, a.a.O. (Fn. 3), S. 466f.; ders., a.a.O. (Fn. 4), S. 5ff. なお詳しくは、松本蒸治「法人学説」商法解釈の諸問題（昭和三〇年、有斐閣）一一一頁以下参照。

(6)　Vgl. Siebert, Das Wesen der Rechtsfähigkeit privatrechtlicher Personenverbände, DJZ 1935, 713, S. 718.

(7)　Gierke, a.a.O. (Fn. 3), S. 479, 533ff.

(8)　Gierke, a.a.O. (Fn. 3), S. 479. なお、Gierkeの所説については、詳しくは、田中耕太郎「社員権否認論(三)—独逸に於ける社員権理論」法学協会雑誌四五巻四号（昭和二年）六二六頁以下（商法学特殊問題上所収）、出口正義「株主の誠実義務」株主権法理の展開（一九九一年、文眞堂）四六頁以下参照。

(9)　Gierke, a.a.O. (Fn. 3), S. 481.

(10)　Gierkeは、社団とその構成員との間に存在する三種の法律関係（すなわち社団外の関係、純社団的関係及び社団的固有権の関係）の一つとして純社団的関係を挙げたときに、「社団的な生活秩序（Lebensordnung）は、それが法秩序であるゆえに、またその限りで、構成員相互間だけでなく、あらゆる構成員と全体との間に、相互の権利と義務に示されるような『相互性の関係』（Verhältnis der Gegenseitigkeit）を創出する」と述べているが、かかる構成員間の相互性の関係とは一体いかなる性質のものなのかは、明らかではない。Gierke, a.a.O. (Fn. 3), S. 534.

(11) Wieland, Handelsrecht, Bd. I, 1921, S. 396ff. Wielandの所説については、西原・前掲注(3)五〇頁以下、豊崎光衛「株式会社に於ける多数決の濫用（四）」法学協会雑誌五八巻五号（昭和一五年）六四四頁以下、出口・前掲注(8)四七頁以下参照。

(12) Wieland, a.a.O. (Fn. 11), S. 425.

(13) Wieland, a.a.O. (Fn. 11), S. 427.

(14) Wieland, a.a.O. (Fn. 11), S. 415.

(15) Vgl. Haff, Die juristischen Personen des bürgerlichen und Handelrechtes in ihrer Umbildung, Die Reichsgerichtspraxis im deutschen Rechtsleben (Festgabe der juristischen Fakultäten zum 50Jährigen Bestehen des Reichsgerichts), 1929, Bd. II, 178, S. 184; Brodmann, Aktionrecht, 1928, §210 Anm. 1. Haffは、たしかにWielandの説では商事会社の統一的理解が可能であるが、しかし支配的見解と判例によれば、民法における社団法の一般規定が株式会社や有限責任会社について補充的にしか適用されないから、Wielandの理論の貫徹は現行法上は不可能である、とする。

(16) Siebert, a.a.O. (Fn. 6), S. 719.

(17) Siebert, a.a.O. (Fn. 6), S. 719.

(18) Zahn, Gegen den körperschaftlichen Aufbau der Aktiengesellschaft, DJ 1935, S. 27f. もっとも、ここでのZahnの論述はあくまでも実定法に基づいた解釈論に過ぎず、彼自身はむしろこのような考え方に反対するのであり、株式会社を真正の組合として構築して株主相互間に信義誠実の原則を適用すべきことを強調していた。A.a.O.S. 28ff. なお、伊澤孝平「ツァーン『新株式会社法における経営指揮と契約法理』（一）（二）（三）」法学三巻一〇号九〇頁、一一号六八頁、四巻一号六一頁（昭和九年・一〇年）参照。そしてZahnと同様、Crisolliは、現行法の下では株主相互間に契約的関係が存在しえないから、株主間の誠実義務が認められないとする一方、法改正によりかかる誠実義務の関係を承認すべきことを提唱していた。Crisolli, a.a.O. (Fn. 1), S. 13.

(19)　Fechner, Die Treubindungen des Aktionärs, 1942, S. 83ff. なお、Fechnerの所説については、出口・前掲注(8)五五頁以下、南保勝美「株式会社における少数派保護（一）」法律論叢五八巻二号（昭和六〇年）六八頁以下参照。

(20)　Fechner, a.a.O. (Fn. 19), S. 98ff.

(21)　Fechner, a.a.O. (Fn. 19), S. 99.

(22)　Fechner, a.a.O. (Fn. 19), S. 67.

(23)　Fechner, a.a.O. (Fn. 19), S. 70.

(24)　Fechner, a.a.O. (Fn. 19), S. 75f.

(25)　Fechner, a.a.O. (Fn. 19), S. 77.

(26)　Fechner, a.a.O. (Fn. 19), S. 78.

(27)　例えば、Godin/Wilheimiは株式会社の組合的性格から誠実義務を根拠づけている（Godin/Wilheimi, Aktiengesetz, 2. Aufl. 1950, §1 Anm. 2）のに対し、Bergemannは株式会社を民族共同体の受託者としてとらえ、株主は民族共同体に対し義務を負わなければならず、株主の株式会社および共同株主に対する誠実義務は社会的な勢力地位の法的帰結だとしている（Bergemann, Über den Mißbrauch gesellschaftlicher Machtstellungen, ZHR 105 (1938), S. 9ff.）。またClarenは、資本会社共同体説の立場から株主相互間の誠実義務を肯定している。Clarenの見解については、長岡富三「クラーレン『株主の誠実義務』」法と経済一二巻六号（昭和一五年）一六七頁以下参照。

(28)　Dorpalen, Die Treupflicht des Aktionärs, ZHR 102 (1935), 1. なお、Dorpalenの所説については、豊崎・前掲注(11)六六七頁、長岡富三「ドルパーレン『株主の誠実義務』」法と経済五巻二号（昭和九年）一五三頁以下、出口・前掲注(8)四九頁以下参照。

(29)　Dorpalen, a.a.O. (Fn. 28), S. 6.

(30) Dorpalen, a.a.O. (Fn. 28), S. 7ff.
(31) Dorpalen, a.a.O. (Fn. 28), S. 10.
(32) Dorpalen, a.a.O. (Fn. 28), S. 18ff.
(33) ドイツ法におけるVorgesellschaftの概念については、丸平秀平「いわゆる『会社の前身』(Vorgesellschaft)について―権利義務の移転に関する西ドイツ法の展開」商事法の現代的課題・喜多了祐先生退官記念論文集（昭和六二年、中央経済社）一八頁以下参照。
(34) Dorpalen, a.a.O. (Fn. 28), S. 27f.
(35) 西原寛一「株主権の濫用とその対策」商事法研究第二巻（昭和三八年、有斐閣）九八頁参照。英米法系の会社法理論は当時のドイツの商法学者にも少なからぬ影響を与えていたようである。例えば、Dorpalenのこの論文が発表された一年前に、Zahn は Wirtschaftsführertum und Vertragsethik im neuen Aktienrechtという著書の中で、アメリカ会社法との比較法的検討を通じて、株主間に契約法理を導入すべきことを力説していた。これについては、伊澤・前掲注(18)参照。
(36) 本節第二項(二)（本書二六五頁）参照。もっとも受託者たる地位から株主の誠実義務を導き出したDorpalenの所説に反対する見解が存在しており、Fechnerもその一人である。Fechner, a.a.O. (Fn. 19), S. 50ff. なおこれについては、出口・前掲注(8)五三頁参照。
(37) Dorpalen, a.a.O. (Fn. 28), S. 28f.
(38) Schilling in Hachenburg, GmbH, 6. Aufl. 1956, §13 Anm. 3. このほか、Würdinger, Gesellschaften, Bd. II, 1943, S. 12, 238; Feine in Ehrenberg, Handbuch des gesamten Handelsrechts, Bd. III3, 1929, S. 52; Winterfeld, Betrachtungen zu GmbH-Grüdung, NJW 1947/48, 86, S. 88 が挙げられる。ただし Schilling は同時に右著書の中で、会社の定款が個々の社員の間に直接的な関係を作り出すことが可能だとしており、定款の形成によっては社員間に直接的な法的関係が存在しうることを示唆していた。
(39) Brodmann, GmbH-Gesetz, 1924, §13 Anm. 2; Ballerstedt, Kapital, Gewinn und Ausschüttung bei

Kapitalgesellschaften, 1949, S. 184; H. Lehmann, Gesellschaftsrecht, 2. Aufl. 1959, S. 300; H.M. Schmidt, Die gegenseitige Treupflicht der GmbH-Gesellschfter, GmbHR 1960, S. 137; Winkler, Die Lückenausfüllung des GmbH-Rechts durch das Recht der Personengesellschaften, 1967, S. 53f.; Baumbach/Hueck, GmbHG, 5. Aufl. 1951, über vor §13 Anm 2B; Ganssmüller, GmbHR 1968, S. 76. なお、社員間の直接的な法的関係の存在を否定的に解していたSchillingも後に改説し、社員間の誠実義務を認めることになった。Schilling in Hachenburg, GmbHG, 7. Aufl. 1979, §13 Rdn. 6f., §14 Rdn. 23ff.

(40) Ballerstedt, a.a.O. (Fn. 39), S. 181f.

(41) Ballerstedt, a.a.O. (Fn. 39), S. 184.

(42) Hoffmann, Die Klagebefugnis des GmbH-Gesellschafters (actio pro socio), GmbHR 1963, 61, S. 63.

(43) M. Schmidt, a.a.O. (Fn. 39), S. 137ff.

(44) A. Hueck, Gesellschaftsrecht, 6. Aufl. 1956, S. 204. Vgl. Baumbach/Hueck, GmbH, 3. Aufl., 1951, Anm 2B vor §13; H. Lehmann, a.a.O. (Fn. 39), S. 300.

第二項　近時の学説

一　近時、株主相互間の誠実義務、特に多数派株主の少数派株主に対する誠実義務を認める説が増えてきて、今や支配的見解となった[1]。しかし、これを否定する見解も依然一部において主張されている[2]。かかる否定説の立場は基本的に初期の学説の場合と同様、株式会社の社団的性格に立脚するものである。例えば、近時の否定説の代表的な論者の一人であるMeyer-Landrutは、株式会社を法治国家の基本原理から組織構成された社団と位置づけた上で、株主は会社の構成員として単に会社に対してのみ法的関係に立ち、個々の株主の間には個人法的な誠実的拘束が存在しないし、またかかる資本主義的に組織構成された株式会社の内部関係において、法律学上把握の困難な誠実の概念を持ち込むのは不当である、と主張する。そして彼は、株主の議決権行使やその他の行動については、株式法一一七条および二四三条によってこれを限界づけることが可能であるとして、株主の権利行使の制約の点でも誠実義務は不要である、と結論づけている[3]。

またBungerothも、株式会社は純粋に資本主義的に組織形成された会社形態として、人的商事会社とは異なり、社員間の人的協働関係を前提としておらず、個人主義的な要素も存在しないため、株主間に法的関係は発生せず、それゆえそれに基づく特別な誠実義務も考えられないとする。そして、会社の機関やその権限についての株式法の詳細な規整が個人主義的な契約形成の余地を残していないから、このことは親族関係にある少人数の株主からなる同族の株式会社の場合も同じである、という[4]。

しかし、このような否定説の立場に対しては、肯定説からは次のような反論がなされている。すなわち、右否定説は、まさに連邦通常裁判所がLinotype事件判決において指摘していたように、株式会社の社団的構造に対する過大評価にほかならず、現代の社員資格理論[5]によれば、社員たる資格は、あらゆる会社形態において社員間の特殊な法的結合関係を創設するものであり、単にそこから生じてくる誠実義務の程度につき、個々の法形態において差異が見られるだけである[6]。それゆえ、誠実義務は、社員間における社員資格上の関係(Mitgliedschaftsverhältnis)に基づくものであり、人的会社のみならず資本会社についても承認されうるものである[7]。また、Meyer-Landrutは株主による議決権の濫用に対し株式法二四三条二項をもって対処しうると主張するが、この規定はまさに株主の誠実義務の現れとして見るべきものであり[8]、また株式法一一七条も、それが株主の影響力行使を制約する限りにおいては、やはりその根底に誠実義務の思想が横たわっている、と[9]。

二　このように、今日の支配的学説は株主間の誠実義務ないし多数派株主の少数派株主に対する誠実義務を承認しているが、かかる誠実義務の生ずる法的根拠（Rechtsgrundlagen oder dogmatischen Grundlagen）は何かという問題については、見解が分かれている。人的会社においては社員間の組合関係が承認されているから、かかる組合関係から容易に社員相互間の誠実義務が導かれてくるのに対し、物的会社である株式会社においては、株主間の直接的な法律関係の存否が争われてきたため、株主間の誠実義務の法的根拠をどこに求めるべきかが大きな争点となったのである。次に述べるように、株主の誠実義務の法的根拠を影響力行使の可能性に求めるのが現在の支配的見解であるが、このほかにも信託受託者説や契約関係説といった少数説が主張されている。

なお、株主間の誠実義務の実定法上の根拠（gesetzliche Grundlagen）をめぐっても争いがあるが、現在この根拠は、信義誠実の原則を定めた民法典二四二条、および会社外の特別利益の追求を目的とした議決権行使による総会決議の取消を定めた株式法二四三条二項にある、とするのが一般的である。(10)

①　影響力行使可能性説　この説は誠実義務の法的根拠を、個々の株主、特に多数派株主の有するところの、会社および少数派株主の利益に対する影響力行使の可能性（Einwirkungsmöglichkeit）に求めている。

株主の持つ影響力行使の可能性から誠実義務を根拠づけることは、とくに目新しいものではない。Fechner が株主間の誠実義務を否定しながらも、一定の経済的目的のために組織された人間の集団である企業に対する株主の影響力行使の可能性から、株主の企業に対する誠実義務を導き出したことは、既に見た通りである。そしてかかるFechnerの立場を受け継いで、会社に対する株主の誠実義務のみならず、株主相互間の誠実義務をも認めたのはZöllner である。

Zöllnerは、社員の議決権行使を制約する法理としての誠実義務の意義を承認した上で、かかる誠実義務の法的根拠について次のように論じている。すなわち、社員の権利行使を制約する法理としての誠実義務の程度、つまり社員が会社および他の社員の利益に対してどの程度の顧慮の義務（Pflicht zur Rücksichtnahme）を負うべきかという問題は、会社の内部において個人法的な共同体関係が存在するか、あるいは社員間に人的信頼関係が存在するかといった要素とは全く無関係である。議決権行使に際しての顧慮義務の程度は、もっぱら法秩序によって容認された、他人の利益に介入する権限の強度による。(11)すなわち、通常の債権債務関係や物権法上の関係とは異なり、会社という法的関係においては、その目的の円満な達成を可能ならしめるために、法秩序は社員に対し権利行使についての広範な裁量の余地を付与している。このため、株式会社に参加する者は共同社員（Mitgesellschafter）に対し内容上限定されていない（offene）影響力行使の可能性を容認することを強いられ、その社員たる地位に基づく利益を、いわば共同社員を信頼してそれに任せざるを得ないのである。かかる状況は必然的に、共通の利益および他の社員の会社における利益を顧慮すべき義務による権利行使の内在的な制約を要求する。この顧慮義務は、議決権行使が同時に団体および共同社員の利益範囲を形成するという介入メカニズムの相関概念（Korrelat）であり、したがって、株主の誠実的拘束は、法と定款が株主に付与した、会社財産および共同株主（Mitaktionär）の利益に対する影響力行使の可能性の程度と一致しなければならない[12]。

このようにZöllnerは、会社財産および共同株主の会社における利益に対する影響力行使の可能性から、株主の会社および共同株主に対する誠実義務を導き出したのである[13]。Zöllnerの所説においては、株主の誠実義務は、株主が法と定款によって他人の利益範囲に介入する可能性を与えられたことに対する法的権衡としてとらえられている。つまり、株主は共同株主から内容上限定されていない影響力行使の可能性を容認されているからこそ、その権利行使につき会社全体の利益および共同株主の会社における利益を顧慮する義務を負わなければならないわけである。言い換えれば、株主の誠実義務を認めるのは、まさに株主の有するかかる影響力行使の可能性を制約するためである。

Fechner説とそこから発展してきたZöllner説は、学説に大きな影響を及ぼすこととなった。その中で、とりわけWiedemannとLutterは、誠実義務が影響力行使可能性の程度と一致すべきだというテーゼを受け継いで、多数派株主の誠実義務を積極的に展開してきている。

Wiedemannは、資本会社における多数派社員（支配社員）の誠実義務は合名会社や合資会社などのような責任共同体における構成員間の人的関連の誠実義務（personenbezogenen Treuepflicht）とは区別されるべきものであり[14]、

A. Hueckのようにこれを特殊な共同体関係から導き出すべきではないとの観点から[15]、多数派社員の誠実義務を次のようにとらえている。すなわち、それは、「社員総会および業務執行に際して、自己と他人の財産を処分することができ、またその持分の譲渡につき他人の財産に影響を及ぼすことのできる者が有する勢力の増大に基づく[16]」ものであり、「多数派社員が商事会社の構造から、自己の出資を超えた、それゆえ不釣り合いに大きい影響力行使の可能性を取得したことに対する調整（Ausgleich）[17]」である。そして、このように把握されるべき多数派社員の誠実義務は、多数派社員の権利行使を制約する機能を果たすものとされる。すなわち、誠実義務は多数派社員に対して、その勢力地位を濫用せず、特に会社の基礎および構造に関する決定に際しては他の社員の利益を適切に顧慮すべきことを要求するものである[18]。

また、Lutterも同様の観点から、多数派株主の誠実義務を根拠づけている。すなわち、彼によれば、資本参加、財産出資およびその広範な分散をめざして構成されている株式法において、小株主についても特別の積極的な義務を課すと、株式法の理念が消失し、同時にそれが広範な財産分散の手段としての健全な発展も阻害されるから、一般株主には誠実義務を負わせるべきではない[19]。しかし株主が議決権行使を通じて会社の運命について影響力を行使し始めるときには、彼の義務的地位は増大してくる。つまり、影響力のない単なる投資者に過ぎない場合には、株主は自由であるが、会社に対する影響力を増せば増すほど、彼はそれに対応して増大する法的義務、すなわち会社の利益を促進する義務（誠実義務）の侍者（Knecht）となるのである[20]。そして共同株主との関係においても、多数派株主は法律および定款上、その議決権行使によって直接または間接的に少数派株主の権利に介入することが認められるのみならず、業務執行への影響力行使によって少数派の利益を支配するということも容認されている。Lutterによれば、これはまさに通常の取引関係においては存在しないことであって、それゆえ、かかる増大した法的勢力と影響可能性の帰結として、多数派株主は少数派株主に対し公正と誠実の義務、すなわち強化された顧慮義務を負わなければならないのである[21]。したがって、多数派株主の誠実義務の根拠は、多数派株主に与えられているところの、直接的または間接的な影響力行使の権限と影響力行使の可能性に対する必要な法的コントロールである。[22]

このように、Wiedemann と Lutter も、株主の誠実義務を共同株主の利益に対する影響力行使の可能性から根拠づけているが、多数決原則の行われている株式会社において、株主総会の決議または業務執行に対する影響力の行使を通じて、現実に会社および共同株主の利益に影響を及ぼすことができるのは多数派株主であるという事実に着目して、彼らは特にこの誠実義務を多数派株主に負わしめるべきことを強調しているのである。[23]

そしてかかる学説の立場は、判例にも大きな影響を与えることとなった。既に紹介したように、連邦通常裁判所は Linotype 事件判決（前章第二節⑪判例）において、多数派株主が業務執行への影響力行使により少数派株主の会社における利益を害する可能性を有するため、衡平の見地から少数派株主の利益を顧慮すべき会社法上の義務を要求する、と判示している。すなわち連邦通常裁判所も右学説の立場と同様、多数派株主の持つ影響力行使の可能性から会社法上の顧慮義務、すなわち誠実義務を導き出したわけである。ただ、誠実義務の名宛人の問題に関しては、既述のように、連邦通常裁判所はその後の Girmes 事件判決（前章第二節⑬判例）において、個々の小株主は通常の場合には権利を行使したとしても、さほどの影響力を持たないから、その権利行使につき共同社員の会社における利益を考慮する必要はないとしながらも、一定の持株数を所有することにより、株式法上定められているような少数株主権を行使することが可能となる場合、または特別多数決の要件が要求されている総会決議についてこれを阻止することができる場合には、少数派株主も誠実義務を負わなければならず、その誠実義務の範囲内で権利を行使すべきであると判示して、誠実義務の主体的範囲を多数派株主から少数派株主へと拡大したのである。

もっとも、誠実義務に関する右のような学説・判例の法的根拠づけについては、これを不十分だとして、疑問を示す見解もある。例えば Paschke は、Linotype 事件判決における連邦通常裁判所の判断は実質的に、法的権力と責任とが一致すべきであるという一般的法原則を持ち出したに過ぎず、誠実義務の法的根拠が十分明確に示されていないと批判した上で[24]、株主間の誠実義務を次のように導き出している。すなわち彼によれば、社員は会社に加入するに際して、その社員たる地位に基づく利益を、団体の影響システムと決定システム(Einfluß- und Entscheidungssystem)を信頼してこれに任せざるを得ないが、このシステムは、業務執行への影響力行使により共同社員の法的に保護された利益に介入することを可能ならしめるのみならず、例えば新株引受権の排除による新株発行のように直接に共同社員の権利を侵害する可能性ももたらしている。そこで、その限りにおいて、すべての社員によって支えられている会社法上の影響システムは、その相関概念としての誠実義務を要求するのである[25]。したがって、株主の誠実義務は、団体の決定システムへの従属に伴う社員たる利益の客観的に必要な委譲強制(Anvertrauenmüssen)に対する補償であり、ここにおいて人的会社における誠実義務との差違が見い出される、という[26]。

たしかに、Paschkeが指摘するように、判例・学説は株主の誠実義務を、単に影響と責任とが一致しなければならないという一般的法原則の具体化としてとらえているに過ぎないような嫌いがある。この点で、Paschkeの主張は一見したところ、より実質的な根拠を示しているようにも思われる。しかし株主の誠実義務を、共同株主の利益への影響力行使の可能性を持つことに対する法的調整として把握するにしろ、あるいは会社の決定システムへの従属に伴う利益の委譲強制に対する補償として把握するにしろ、実質的にはそれは同じことを示しているのであり、ただ前者は影響力行使の主体側に、また後者は影響力行使の客体側に焦点を当てているだけである。すなわち、両者間の差異は単に問題を見る角度の違いによるものであって、どちらが理論的により優れているかは、にわかに断定できないように思われる。

いずれにせよ、株主間の誠実義務は、会社の内部構造が人的性格を持つか否か、株主間に人的信頼関係が存在するか否かなどの要素とは一切関係なしに認められるべきものであり、その法的根拠はもっぱら株主に与えられているところの、他人の利益に対する影響力行使の可能性にあるとするのが、今日ドイツにおける支配的見解だといえよう。

② 信託受託者説　この説は、多数派株主の誠実義務が多数派株主の受託者たる地位に由来することを主張するものである。

既述のように、Dorpalenは株主を株式会社と共同株主の受託者として位置づけ、かかる株主の受託者たる地位から、会社および共同株主に対する誠実義務を導き出した。そしてその後、Mestmäckerは、アメリカ法における多数派株主の受託者たる地位とそれに伴う誠実義務について考察を行った後、多数派株主の誠実義務理論をドイツ法に展開し、その法的根拠を多数派株主の受託者たる地位に求めたのである。(27) すなわち、彼によれば、多数決原則が行われている株式会社において、多数派株主は常に自分の意思を貫徹することができ、社団的に結合されている、少数派株主の持分を含んだ会社財産を処分する権限を有する。つまり多数派株主は、他人の財産の管理者でもあるのである。そして理事者としての権限を有する者が、法律上定められている理事者の信託的義務を負うのと同様、多数派株主もまた少数派株主に対しては受託者であり、受託者としての義務、すなわち誠実義務を負うべきなのである。(28)

また Zöllner も、株主の誠実義務の根拠に関連して、多数派株主が少数派株主の受託者としての地位を有するとし、かかる受託者たる地位に多数派株主の誠実義務の法的根拠があることを示唆している。(29)

ただ、この受託者説に対しては次のような反論もある。すなわち、株式法においては、すべての株主は原則的に自らその権利を行使し、義務を履行するものであるから、そこには信託関係に特徴的なメルクマールが欠けている。たしかに大株主を小株主の受託者と認めることによって、会社内部における大株主の地位がより具体的に確定されうるが、しかしそれによってその法的根拠が示されたわけではないし、また説得的とも言えない、と。(30)

③ 組合契約説　これは、株主間の誠実義務の法的根拠を、株主間の組合契約（Gesellschaftsvertrag）に求める

説であり、既にDorpalenによって唱えられたものである。[31]

この説によれば、人的会社における社員間の誠実義務は、社員間に存在する組合契約に由来し、それは組織契約法上の義務であると同時に、債務法上の義務でもある。そしてこのことはまた、資本会社における社員間の誠実義務についても同じく妥当する。すなわち、資本会社における組織契約としての定款は、団体と構成員間の法的関係のみならず、構成員相互間の関係をも決定している。登記簿への登記とそれに伴う法人の成立は、決してこれまで存在していた社員間の法的関係を変更するものではなく、それはむしろ、誠実的拘束に基づく積極的地位（Aktivposition）が、設立中の株式会社または有限責任会社（Vor-AG oder Vor-GmbH）から法人格取得後の会社に移転するという効果をもたらすものである。それゆえ法人が成立した後も、社員間の誠実的拘束は消失することなく、存在し続けるのである。この義務は定款に基づいているため組織法上の義務であり、また債務法上の顧慮義務でもある。したがって、社員間の誠実義務は契約上の義務である、という。[32]

しかし、誠実義務を株主間の組合契約に求めるこの説については、Dorpalen の所説に対する Fechner の批判がそのまま妥当することになる。すなわち、Fechner の言うように、株式会社が長年にわたり存続し構成員が交替した場合に、果たして設立者と会社の前身がまだ残っていると言えるのかは疑問である。また法的観点から見ても、かかる見解は必ずしも適切とは言えない。なぜならば、権利継承の面では会社の前身と株式会社との間に同一性が認められているが、それは無制限のものではなく、会社の設立に必要な行為により生じた権利義務のみが継承されるに過ぎず、また株主は設立者の権利継承者でもないからである。[33]もっとも、右の批判は大規模の公開会社を念頭に置いたものと思われるが、小規模の人的株式会社においては、株主相互間に人的信頼関係が存在するので、このような場合について組合に類似した人的結合関係から株主間の誠実義務を導き出すことも、あながち不当とはいえないように思われる。

三　前述のように、株式会社の社団的性格から株主相互間の誠実義務を否定する見解が依然一部において主張されているが、かかる学説も有限責任会社の社員間の誠実義務については、ほぼ一致してこれを承認している。(34) 株主間の誠実義務に反対するMeyer-Landrutは、有限責任会社の社員間に組合契約から生ずる団体法上の関係が存在することを認め、(35) かかる法的関係から共同社員の利益を顧慮する義務、すなわち誠実義務が生じ、有限責任会社が個人主義的に形成されればされるほど、かかる誠実義務も一層強く要求される、と説いている。(36)

かくして今日、有限責任会社における社員間の誠実義務については、ほとんど反対説が見られないほど、広く一般に承認されている。(37)

しかし、このような有限責任会社における社員間の誠実義務の法的根拠をめぐっては、現在も争いがある。大きく分ければ、次の三説が挙げられよう。(38)

①　組合契約説　この説は既に前項三のところで紹介したように、Hoffmannによって主張されたものであるが、近時Verhoevenがこれを受け継いで、積極的に展開している。(39) 彼は、「一般的な社団上の誠実」と「真正の誠実義務」とを区別し、前者は社員の権利行使を制約し、特にその濫用を禁じるものであるのに対し、後者は積極的な行動義務と促進義務を要求するものだとする。そして彼は、前者の誠実義務を導き出す法的根拠を、有限責任会社の定款のほかに、有限責任会社と並存し、有限責任会社の事業を促進することを目的とする民法上の組合契約に求めている。すなわち、彼によれば、特に人的有限責任会社を設立するに際しては、設立者たちは民法上の組合契約を締結するが、この会社成立前の組合の目的は、会社設立の規約を定立するだけでなく、さらに将来の有限責任会社における持分所有者たちの権利義務をも創設するのである。そしてかかる組合契約は、有限責任会社の成立後も存在し続け、社員間の誠実義務を決定する、という。

ただし、これに対しては、有限責任会社の社員たちが定款以外に債務法上の合意をなしうることは確かであるが、かかる合意をもって有限責任会社の事業目的を促進するための社員相互間の義務としてとらえるのはフィクションであり、また支配的見解によると、設立者間の債務法上の合意に違反した場合にも、通常の誠実義務違反の場合に生ずるような決議取消等の法的効果は認められないので、社員間の誠実義務の法的根拠をこのような社員間の合意に求めるのは不適切である、といった批判がなされている。[40]

② 直接的契約関係説　この説は既に前項三のところで触れたように、当初Ballerstedtによって主張されたものであり、近時Martensがこれを積極的に展開している。[41] Martensは、法人格を単に社員の人的責任を排除するための法技術的な手段としてとらえ、有限責任会社が権利義務の帰属主体であることと、社員が相互間の権利義務を直接に創設することとは決して両立し得ないものではないとの立場から出発して、有限責任会社における社員間の誠実義務を導き出している。[42] すなわち、彼によれば、有限責任会社法四五条二項により社員総会が会社のほぼあらゆる事項について決定する権限を持つことから明らかなように、有限責任会社においては他の機関への権限分配が行われておらず、社員は有限責任会社法によって広範囲な自治の権限（Dispositionsbefugnis）を与えられている。そのため社員は、相互間の関係を直接に規整するような閉鎖的な組織構造を作り出し、会社関係を契約関係として形成することができるのである。[43] そして実際にも、特に人的有限責任会社においては設立者と社員との間に同一性が見られ、社員数が少なく、自己機関により社員自身が業務執行に当たるのが一般的である。これらのことは、有限責任会社が社員自身によって自己責任のもとで形成された組織であることを示すものであり、その妥当の根拠および規整の根拠は社員間に存在する契約関係である。[44] そしてかかる立場からすれば、社員間の誠実義務もまたこのような直接的な契約関係に帰結するのである。[45]

しかしこの説に対しても、次のような批判がある。すなわち、Martensの言うように、権利義務の最終的な帰属主体としての有限責任会社の地位とその内部組織との間に必然的な関連性が存在しないということは確かであるが、有限責任会社法五三条二項に基づく四分の三の特別多数による有限責任会社の定款変更が社員間に存在する契約の変更ではなく、法人の基礎の変更であることから明らかなように、組織契約としての定款の構造は社員間における直接的・相互的な契約義務の存在を想定することを不可能にしている。また、この直接的契約理論は誠実義務を人的有限責任会社に限定しているが、このような限定も不適切であり、あらゆる形態の有限責任会社についてその社員間の誠実義務を認めるべきである、と。(46)

③　特別結合関係説　この説は、社員たる地位を社員相互間の特別な結合関係（Sonderverbindung）としてとらえる現代の社員資格理論に基づいて提唱されたものである。

この説の主唱者であるWinterによれば、有限責任会社に対する社員の誠実義務は、組織契約としての有限責任会社の定款—それは会社の組織構成を規整するのみならず、有限責任会社と社員間の法律関係をも創設するが—に由来し、社員は有限責任会社に対し、法律および定款上与えられている管理権を行使するにつき、会社の利益を顧慮する義務を負わなければならない。(47)これに対し、社員相互間の誠実義務の法的根拠については、Winterはこれを共通の社員たる地位によって媒介された特別な結合関係に求めている。すなわち、彼によれば、有限責任会社における社員たる地位は、個々の社員に多くの財産権と管理権を媒介している。そのうちの議決権は法人の意思決定に参加するためのものであるが、社員総会が法律および定款の定めにより会社の多くの事項を決定しうることから、かかる社員の権限には、社員全員によって共通の目的を追求するために拠出された会社財産に対する影響力行使の可能性を伴うのみならず、定款を変更する権限や共同社員の会社における利益に介入する権限等も含まれている。例えば、社員の持分引受権を排除して増資が行われる場合には、社員の持分割合の低下とそれによる利益配当額の減少をもたらすし、また利益配当決議で準備金の積立が決定された場合には、社員の利益配当請求権が影響を受けることになる。このように団体の他の構成員に対しても拘束力をもって決定を行うという社員たる地位に結びついたこの種の権限は、会社内部の決定システムに服従する者たちの間に特別な結合関係を生じさせ、(48)そしてこのような組織法上の特別な結合関係から共同社員に対する誠実義務が発生するのである。(49)したがって、社員相互間の誠実義務は、共通の社員たる地位に基づいて生じてくる、他の社員の利益に対する影響力行使可能性の相関概念であり、それは個人主義的に形成された有限責任会社についても、また資本主義的に形成された有限責任会社についても同じく妥当するものである、という。(50)

　このようにWinterは、Lutterらが提唱しているところの社員資格理論を土台にして、社員たる地位に基礎づけられた組織法上の特別な結合関係から、社員相互間の誠実義務を導き出したのである。他方、彼もまた、社員間の誠実義務を影響力行使可能性の相関概念としてとらえており、会社内部の決定システムへの従属に伴う利益の客観的な委譲強制が社員間の誠実義務を生ぜしめる根拠となると理解しているのである。(51) したがってこの説は、社員間における特殊な結合関係を重視し、社員たる地位に内在する組織法上の拘束から誠実義務を導いた点で極めて特徴的であるが、社員間の誠実義務を影響力行使可能性の相関概念としてとらえる点では、株主間の誠実義務について唱えられている影響力行使可能性説と共通しているといえよう。(52)

（1）　株主一般の誠実義務を認める学説として、Bischoff, Sachliche Voraussetzungen von Mehrheitsbeschlüssen in Kapitalgesellschaften, BB 1987, 1055; Hüffer, Zur gesellschaftrechtlichen Treupflicht als richterrechtlicher Generalklausel, Festschrift für Steindorff, 1990, 59; Kort, Zur Treupflicht des Aktionärs, ZIP 1990, 294; Timm, Treuepflichten im Aktienrecht, WM 1991, 481; Henze, Zur Treupflicht unter Aktionären, Festschrift für Kellermann, 1991, 141; ders., Die Treupflicht im Aktienrecht, BB 1996, 489; ders., Treupflichten der Gesellschafter im Kapitalgesellschaftsrect, ZHR 162 (1998), S. 186ff.; Paschke, Treupflichten im Recht der juristischen Personen, Festschrift für Serick, 1992, 313; Dreher, Treuepflichten zwischen Aktionären und Verhaltenspflichten bei der Stimmrechtsbündelung, ZHR 157 (1993), 150; Nehls, Die Gesellschaftsrechtliche Treuepflicht im Aktienrecht, 1993, S. 32ff.; Schmidt, Gesellschaftsrecht, 2. Aufl. 1994, §28 I4; Grunewald, Gesellschaftsrecht, 1994, S. 230ff.; Henrichs, Treupflichten im Aktienrecht, AcP 195 (1995), 221; Häsemeyer, Obstruktion gegen Sanierungen und gesellschaftsrechtliche Treupflicht, ZHR 160 (1996), 109, S. 113などがあり、また多数派株主の誠実義務を強調する学説として、Zöllner in Kölner Komm. AktG, Bd. 2, 1971,

§243 Anm. 189ff.; ders., in Kölner Komm. AktG, 1984, Einl. Rn. 169; Wiedemann, Gesellschaftsrecht, Bd. I, Grundlagen, 1980, §8 II3a; ders., Der Kapitalanlegerschutz im deutschen Gesellschaftsrecht, BB 1975, 1591, S. 1595; ders., Zu den Treuepflichten im Gesellschaftsrecht, Festschrift für Heinsius, 1991, 949; Lutter, Zur Treuepflicht des Großaktionärs, JZ 1976, 225; ders., Die Treupflicht des Aktionärs, ZHR 153 (1989), 446; Kübler, Gesellschaftsrecht, 1981, §15c; G. Hueck, Gesellschaftsrecht, 19. Aufl. 1991, §26 IV1; Marsch-Barner, Treuepflichten zwischen Aktionären und Verhaltenspflichten bei der Stimmrechtsbündelung, ZHR 157 (1993), 172 などが挙げられる。

(2) 例えば、A. Hueck, Gesellschaftsrecht, 13. Aufl. 1965, S. 178f.; Meyer-Landrut in Großkomm. AktG, 3. Aufl. 1973, §1 Anm. 34; Hefermehl/Bungeroth in Geßler/Hefermehl/Eckardt/Kropff, Aktiengesetz, 1983, vor §53a Anm. 22ff.; Würdinger, Aktienrecht und das Recht der verbundenen Unternehmen, 4. Aufl. 1981, S. 51f.; Martens, Die Treupflicht des Aktionärs, in K. Schmidt, Rechtsdogmatik und Rechtspolitik, 1990, S. 251ff.; Flume, Die Rechtsprechung des II. Zivilsenats des BGH zur Treupflicht des GmbH-Gesellschafters und des Aktionräs, ZIP 1995, S. 161ff.

(3) Meyer-Landrut, a.a.O. (Fn. 2), §1 Anm. 34. なお、Martensも、株式法が既に株式会社における各種の利益衝突について広範的かつ周到綿密な規整をなしているとして、一般条項としての誠実義務の導入に反対している。Martens, a.a.O. (Fn. 2), S. 258.

(4) Hefermehl/Bungeroth, a.a.O. (Fn. 2), vor §53a Anm. 22ff.

(5) 現代の社員資格理論の主唱者であるLutterによれば、ある団体における社員たる資格あるいは社員たる地位(Mitgliedschaft)は一種の法的関係であり、複数の主体間の私的自治的な決定に基づいた私法上の特別な結合関係である。かかる法的関係は、権利能力のない組合と団体においては、構成員相互間にしか存在しないのに対し、権利能力を有する社団においては、団体と構成員間の法的結合関係がまず前面に出るが、構成員相互間においてもやはりかかる法的結合関係は存在しうるのである。そして、この社員たる資格は法的関係であるのみならず、あらゆる私法上の団体における客体として独立する法秩序の目的物でもある。かかる客体において、当該団体における構成員の現実的および潜在的な権利義務が一つの統一体を構成し、それが譲渡移転の対象となる、という。Lutter, Theorie der Mitgliedschaft—Prolegomena zu einem Allgemeinen Teil des Korporationsrechts—, AcP 180 (1980), 84, S. 97ff., 120ff. Vgl. Schmidt, a.a.O. (Fn. 1), §19 I, III. なお、別府教授はLutterの右論文の一部を紹介しておられる。別府三郎「M・ルッターの所説『社員資格としての義務』」鹿児島大法学論集一九巻一・二合併号（昭和五九年）一五一頁以下。

（6）Dreher, a.a.O. (Fn. 1), S. 153.

（7）Henze, a.a.O. (Fn. 1), FS Kellermann, S. 149. 同旨、Lutter, a.a.O. (Fn. 1), ZHR 153, S. 457.

（8）Dreher, a.a.O. (Fn. 1), S. 153; Henze, a.a.O. (Fn. 1), FS Kellermann, S. 149.

（9）Henze, a.a.O. (Fn. 1), FS Kellermann, S. 148.

（10）Lutter, a.a.O. (Fn. 1), ZHR 153, S. 454ff.; Schmidt, a.a.O. (Fn. 1), §28 I4; Nehls, a.a.O. (Fn. 1), S. 50f.; Henrichs, a.a.O. (Fn. 1), S. 228ff.; Henze, a.a.O. (Fn. 1), BB 1996, S. 491; Bungert, Die Treupflicht des Minderheitsaktionärs, DB 1995, 1749, S. 1750.

（11）Zöllner, Die Schranken mitgliedschaftlichen Stimmrechtsmacht bei den privatrechtlichen Personenverbänden, 1963, S. 342; ders., a.a.O. (Fn. 1), Anm. 190. 用語の問題であるが、Wiedemannは、多数派社員の義務的地位を強調し、誠実義務という言葉の持つイデオロギー的な色彩を避けるために、顧慮義務または忠実義務（Loyalitatspflicht）という言葉を用いるべきだと主張している。Wiedemann, a.a.O. (Fn. 1), §8 II3. Zöllnerもここで誠実義務という言葉を使わずに、顧慮義務を使用しているが、それはある意味ではWiedemannの言うような意図があったかもしれない。なお、Zöllnerの所説については、出口正義「株主の誠実義務」株主権法理の展開（平成三年、文眞堂）六三頁以下参照。

（12）Zöllner, a.a.O. (Fn. 11), S. 343; ders., a.a.O. (Fn. 1), Anm. 190.

（13）このほかZöllnerは、会社の利益が害されなくても、共同社員の利益が侵害されることがあることに注目し、この場合には団体の目的による拘束は直接的には無関係であるため、共同社員に対する直接の誠実的拘束を承認する必要があるとの前提に立ち、共同株主に対する誠実的拘束を次のところにも求めている。すなわち、伝統的な社団法上の概念では、団体と社員との間にしか法的結合関係が存在しないが、しかしこれは共同社員の利益に対する顧慮義務を否定する根拠とはならず、社団の社員は互いに任意の第三者のような関係にあるのではなく、社員相互間の関係は特別な結合関係（Sonderverbindung）の性質を持つものである。かかる関係は誠実的拘束を承認する根拠としては十分である。そして、多くの社員利益に対する侵害が多数決原則の下でのみ可能であるため、社団においては共同社員の利益に対する顧慮義務はより高い程度で要求されるべきだ、という。Zöllner, a.a.O. (Fn. 11), S. 349f.; ders., a.a.O. (Fn. 1), Anm. 195. さらにZöllnerは、他の社員に対する影響力行使の可能性を多く容認すればするほど、それに対し与える信頼も強くなるから、社員の誠実的拘束は他の社員から与えられた信頼の相関概念であるとも述べており、株主間の誠実的拘束の根拠を社員間の信頼関係にも求めている。Zöllner, a.a.O. (Fn. 1), Einl. Rn. 169.

(14) Wiedemann, Die Bedeutung der ITT-Entscheidung, JZ 1976, 392, S. 393. Wiedemannによれば、構成員間の人的関連の誠実義務は構成員の会社における利益のみならず、その私的利益に対する顧慮をも要求するが、資本会社における支配社員の誠実義務は共同社員の会社における利益にのみ向けられるため、支配社員の誠実義務を認めるには、会社の構造が人的か物的かとは無関係である。なお、Wiedemannの所説については、南保勝美「株式会社における少数派保護（二）完」法律論叢五八巻六号（昭和六一年）四二頁以下参照。

(15) Wiedemann, JZ 1989, S. 448.

(16) Wiedemann, a.a.O. (Fn. 1), §8 II3a.

(17) Wiedemann, a.a.O. (Fn. 14), S. 393; ders., Minderheitenschutz und Aktienhandel, 1968, S. 55.

(18) Wiedemann, a.a.O. (Fn. 1), FS Heinsuis, S. 950f.

(19) Lutter, a.a.O. (Fn. 1), JZ 1976, S. 230. もっとも、あらゆる場合に一般株主（小株主）が誠実義務を負わないのではなく、例えば同族会社のような小規模閉鎖的な株式会社においては組合的な共同体関係が存在するから、この場合には一般株主も誠実義務を負うとされている。Lutter, a.a.O.

(20) Lutter, a.a.O. (Fn. 1), ZHR 153, S. 452f.

(21) Lutter, a.a.O. (Fn. 1), ZHR 153, S. 454f.; ders., a.a.O. (Fn. 1), JZ 1976, S. 231.

(22) Lutter, a.a.O. (Fn. 1), ZHR 153, S. 455. なお、Lutterは、一九九七年一二月に、元連邦通常裁判所副長官Walter Stimpleの八〇歳誕生祝賀のために開催されたシンポジウムにおいて、「誠実義務とその適用問題」という題で個別報告を行っており、その中で、「誠実義務は一般条項として既に慣習法上確立されているので、もはやその法的根拠を論じる必要はない」という趣旨のことを述べている。Lutter, Treupflichten und ihre Anwendungsprobleme, ZHR 162 (1998), 164, S. 166. そして、同報告をめぐる討論会の中でも、出席した会社法学者たちの議論は、もっぱら誠実義務の適用範囲やその限界等の問題に集中し、誠実義務の根拠についてとくに議論することもなかったと言われている。Casper, Diskussionsbericht zu den Referaten Lutter und Henze, ZHR 162 (1998), S. 197. このように見ると、現在、ドイツにおいては、誠実義務理論はもはやその法的根拠を問うまでもなく、広く一般に承認されているということができよう。

(23) 同旨、G. Hueck, a.a.O. (Fn. 1), §26 IV1; Claussen, 25 Jahre deutsches Aktiengesetz von 1965 (II), AG 1991, 10, S. 16; Reul, Die Pflicht zur Gleichbehandlung der Aktionäre bei privaten Kontrolltransaktionen, 1991, S, 252ff. ただ、これらの学説の立場と同様、株主の誠実義務の法的根拠を影響力行使の可能性に求めながらも、かかる誠実義務を多数派株主に限定しないで、場合によっては少数派株主にも負わせるべきことを主張する見解も多い。Timm, a.a.O. (Fn. 1), S. 483; Dreher, a.a.O. (Fn. 1), S. 154ff.; Schmidt, a.a.O. (Fn. 1), § 28 II4; Werner, Zur Treupflicht des Kleinaktionärs, Festschrift für Semler, 1993, 418ff.; Nehls, a.a.O. (Fn. 1), S. 34f.; Henrichs, a.a.O. (Fn. 1), S. 235ff.; Bungert, a.a.O. (Fn. 10), S. 1749ff. そのうちTimmは次のように説いている。すなわち、多数派株主は容易に総会を支配し、それによって取締役をもコントロールすることができるから、誠実義務をまず第一に多数派株主に負わせるべきであるが、誠実義務はすべての社員たる地位に不可欠の構成要素であり、その存在は資本参加の多寡とは無関係であって、ただその内容と範囲は個々の社員によっ

て異なるだけである。そしてその内容と範囲を決定する基準は個々の株主に与えられた影響力行使の可能性であり、一人の株主でも、その議決権行使により会社の構造変更決議を阻止するなどの影響力を持ちうるから、誠実義務の名宛人を多数派株主に限定せず、すべての株主とすべきだ、という。Timm, a.a.O. また、多数派株主の誠実義務を強調するLutterも他方では、小株主が誠実義務を負うべき場合があることを認めている。Lutter, a.a.O. (Fn. 1), ZHR 153, S. 455 および前掲注(19)参照。

(24) Paschke, a.a.O. (Fn. 1), S. 317.

(25) Paschke, a.a.O. (Fn. 1), S. 320.

(26) Paschke, a.a.O. (Fn. 1), S. 321.

(27) Mestmäcker, Verwaltung, Konzerngewalt und Rechte der Aktionäre, 1958, S. 195ff. Mestmäckerの所説については、福岡博之「コンツェルン支配と局外株主の保護—メストメッカーの所説を中心として—(一)(二)」青山法学論集四巻二号三一頁、四号三一頁以下（昭和三七・三八年）参照。

(28) Mestmäcker, a.a.O. (Fn. 27), S. 196ff., 345.

(29) Zöllner, a.a.O. (Fn. 1), Einl. Rn. 169. このほか、Wiedemannも、多数派社員は社員総会や業務執行につき他人の財産を処分する権限を有することから、会社と少数派株主に対し誠実義務を負わなければならないとした上で、かかる「自己資本と他人資本の全体に対する受託者的な管理の義務は、影響と責任が一致しなければならないという一般的法原則の具体化である」と述べ、誠実義務は多数派社員の受託者としての義務でもあることを指摘している。Wiedemann, a.a.O. (Fn. 1), §8 II3a. 同旨、Lutter, a.a.O. (Fn. 5), AcP 1980, S. 114f., 121f.

(30) Fillmann, Treuepflichten der Aktionäre, 1991, S. 81f. このFillmannの所説については、南保勝美「ドイツにおける株主の誠実義務の理論」法律論叢六六巻六号五頁以下（平成六年）参照。

(31) Hüffer, a.a.O. (Fn. 1), S. 66ff. Lutterもまた、組合に関する民法典七〇五条の規定は団体法全体の一般的規範として理解されるべきであるとし、株式会社の株主もまたパートナーとして共通の目的を追求するものであると述べ、株主間に組合的関係が存在しうることを示唆している。Lutter, a.a.O. (Fn. 1), ZHR 153, S. 454. なお、Hüfferの所説については、名島利喜「会社法上の誠実義務の機能と目的―Uwe Hüfferの見解を中心として―」富士大学紀要第二八巻一号七五頁以下（平成八年）参照。

(32) Hüffer, a.a.O. (Fn. 1), S. 68. 同旨、Henze, a.a.O. (Fn. 1), BB 1996, S. 492; Hemmrichs, a.a.O. (Fn. 1), S. 234. 社員間のこの種の義務を誠実義務と称すべきか否かという用語上の問題に関して、Hüfferは、あらゆる社員たる地位が定款に基づくものであるから、これを〝Mitgliedspflichten〟と称したほうが最も適切だとしている。

(33) Fechner, Die Treubindungen des Aktionärs, 1942, S. 47.

(34) 例えば、A. Hueck, Gesellschaftsrecht, 13. Aufl. 1965, S. 236; Meyer-Landrut in Meyer-Landrut/Miller/Niehus, Gesetz-GmbHG, 1987, §14 Rdn. 25ff,; Martens, Mehrheits- und Konzernherrschaft in der personalistischen GmbH, 1970, S. 119; ders., Die GmbH und der Minderheitsschutz, GmbHR 1984, 265.

(35) Meyer-Landrut, a.a.O. (Fn. 34), §14 Rdn. 17.

(36) Meyer-Landrut, a.a.O. (Fn. 34), §14 Rdn. 25ff.

(37) 主要な文献を挙げると、次の通りである。Winkler, Die Lückenausfüllung des GmbH-Rechts durch das Recht der Personengesellschaften, 1967, S. 53f.; Immenga, Die personalistische Kapitalgesellschaft, 1970, S. 261ff.; ders., Bindung von Rechtsmacht durch Treuepflichten, Festschrift 100 Jahre GmbH-Gesetz, 1992, S. 189ff.; Schilling in Hachenburg, GmbHG. 7. Aufl. 1979, §14 Rdn. 23ff.; Kübler, Gesellschaftsrecht, 1981, §17 IV2d; Lutter/Timm, Konzernrechtlicher Präventivschutz im GmbH-Recht, NJW 1982, 409; Lutter/Hommelhoff in GmbH-Gesetz, 12. Aufl. 1987, §14 Rdn. 9ff.; Winter, Mitgliedschaftliche Treuebindungen im GmbH-Recht, 1988, S. 43ff.; ders., in Scholtz, GmbH-Gesetz, 8. Aufl. 1993, §14 Rdn. 50ff.; G. Hueck in Baumbach/Hueck, GmbH-Gesetz, 15. Aufl. 1988, §13 Rdn. 21ff.; ders., Minderheitsschutz bei der Ergebnisverwendung in der GmbH, Festschrift für Steindorff, 1990, 45; K. Schmidt, Gesellschaftsrecht, 2. Aufl. 1994, §35I2d; Nehls, a.a.O. (Fn. 1), S. 23ff.

(38)　このほか、Mertensは社員たる地位に対する不法行為法上の保護において社員間の誠実義務の法的根拠を求めている。すなわちMertensによれば、判例が認めているように、社員たる地位は民法典八二三条一項におけるその他の権利として法律上保護されており、社員たる地位への侵害は同時に社員の権利に対する侵害を意味する。社員たる地位はその法的存在において保護されるのみならず、共同管理権および財産権としての全体の形成においても保護されている。そして、このように社員たる地位を保護すべき義務は、社員間の誠実義務として把握することができ、かかる誠実義務を不法行為法上のVerkerspflichtとして位置づけることができる、としている。Mertens, Deliktsrecht und Sonderprivatrecht—Zur Rechtsfortbildung des deliktischen Schutzes von Vermögensinteressen, AcP 178 (1978), 225ff.; ders., Die Geschäftsführungshaftung in der GmbH und das ITT-Urteil, Festschrift für R. Fischer, 1979, S. 461ff.

(39)　Th. Verhoeven, GmbH-Konzern-Innenrecht, 1978, Rdn. 195ff.（この部分はWinter, a.a.O. (Fn. 37), S. 46f.; Nehls, a.a.O. (Fn. 1), S. 27による）。このほかHüfferが、資本会社における社員間の誠実義務を会社成立前（会社の前身）に存在していた社員間の組合契約に求めていることは、既に述べた通りであり、その説はVerhoevenの立場に極めて近いように思われる。Hüffer, a.a.O. (Fn. 1), S. 66ff. 前掲注(31)および本文参照。

(40)　Winter, a.a.O. (Fn. 37), S. 47ff.; Paschke, a.a.O. (Fn. 1), S. 318f.; Nehls, a.a.O. (Fn. 1), S. 58ff.

(41)　Martens, a.a.O. (Fn. 34), S. 117ff.

(42)　Martens, a.a.O. (Fn. 34), S. 130ff.

(43)　Martens, a.a.O. (Fn. 34), S. 142ff.

(44)　Martens, a.a.O. (Fn. 34), S. 145ff.

(45)　Martens, a.a.O. (Fn. 34), S. 117ff.

(46)　Winter, a.a.O. (Fn. 37), S. 59ff.; Paschke, a.a.O. (Fn. 1), S. 319.

(47)　Winter, a.a.O. (Fn. 37), S. 63ff.

(48) Winter, a.a.O. (Fn. 37), S. 69.
(49) Winter, a.a.O. (Fn. 37), S. 70ff.
(50) Winter, a.a.O. (Fn. 37), S. 75ff.
(51) Winter, a.a.O. (Fn. 37), S. 78.
(52) 有限責任会社における社員相互間の誠実義務について、これを株主の場合と同様、もっぱら社員の有する影響力行使の可能性から根拠づける説がある。Nehls, a.a.O. (Fn. 1), S. 27. なお、Winterは、その主張する組織法上の特別な結合関係に基づく誠実義務の理論が株式会社についても同じく妥当するとし、株主間においても特別な結合関係に基づく誠実義務が存在することを指摘している。Winter, a.a.O. (Fn. 37), S. 82.そしてWinter と同様の観点に立ち、社員資格理論に基づいて株主間に一種の特別な結合関係を認めた上で、このような特別な結合関係から株主相互間の誠実義務を根拠付ける説が主張されている。Fillmann, a.a.O. (Fn. 30), S. 89ff.

第二節　誠実義務の内容と機能

第一項　誠実義務の内容

前節で紹介したように、今日ドイツ法においては、資本会社の社員が会社に対してのみならず、共同社員に対しても誠実義務を負うべきことが広く一般に承認されている。かかる誠実義務は会社法上の一般条項とされており、会社において生起してくる具体的な紛争事例への適用が期待されている。(1) それでは、資本会社における社員の誠実義務は、具体的にいかなる内容を有し、そしてまたいかなる機能を果たすものであろうか。以下は、この誠実義務の内容と機能に関する学説の議論を中心に検討していく。

まず、資本会社における社員の誠実義務は、次のような内容を有するものとされている。すなわち、社員が会社に対して負うべきところの誠実義務は、個々の社員が会社の利益を擁護し、それを害するような行動をしないことを要求するものである。特に小規模の有限責任会社や人的株式会社においては、社員は決算書類の確定や、会社事業の遂行上必要とされる定款の変更などの決議に際し、積極的に参加するなどの協働義務を負うべきものとされる。(2) これに対し、共同社員に対する誠実義務の内容は一般的に、共同社員の社員たる地位に基づく利益について適切な考慮を与えることである。(3)

しかし、右はあくまでも誠実義務の一般的な内容を示したものに過ぎない。誠実義務は一般的な法原則であるから、その内容の具体的な確定は、個々の具体的事例において、その特殊な事実関係とそれに対する評価の下で行われなければならないのである。(4) その場合、会社がいかなる目的を有するのか、会社の現実的構造がより資本主義的な性格を示しているのか、それともより個人主義的な性格を示しているのか、社員によって行使された権利がいかなる種類のものなのか、それが会社法上いかなる機能を持つのか、などといった要素が重視されることになる。(5) すなわち、資本主義的に形成されている会社（大規模の株式会社や有限責任会社）においては、社員の誠実的拘束の内容は限定されてくるが、個人主義的に形成された会社（人的構造を持つ会社）においては、社員に対する誠実的拘束は強く求められることになる。また、その行使された権利が共益権に属する場合には、会社および共同社員の利益による拘束が強くなるのに対し、自益権の場合にはそれが逆に緩やかになる、とされる。(6)

このように誠実義務の内容は、最終的には個々の具体的事例において確定されるべきことになるが、誠実義務に求められるべき機能は誠実義務の内容を確定する上で、ある種の指針を与えることができるから、誠実義務の機能についての考察は同時に誠実義務の内容の具体化にも役立つのである。そこで、次に誠実義務の果たすべき機能について見てみよう。

第二項　誠実義務の機能

資本会社における社員の誠実義務は、主として社員の権利行使と影響力行使に対する制約的機能（Schrankenfunktion）を果たすものとされている。すなわち、誠実義務は個々の社員に対してその社員権を行使するにつき、また特に多数派社員に対してはその業務執行に対する事実上の影響力（勢力）の行使につき、会社の利益および共同社員の社員たる地位に基づく利益を顧慮すべきことを要求するものである[7]。ここから明らかなように、このような誠実義務の制約的機能は特に少数派保護との関連で、極めて重要な役割を果たすことが期待される[8]。なぜならば、誠実義務の下では、多数派社員はあらゆる業務執行上の措置に際して会社の利益によって拘束されるのみならず、その他の行為に際しても少数派社員の利益を適切に顧慮することが要求されるため、これにより少数派の利益を侵害する多数派の濫用的行為が抑制され得るからである[9]。

このように、誠実義務は社員の権利行使と事実上の影響力行使を制約する機能を果たすものであるが、まず前者の権利行使についての制約的機能を見てみると、そこには社員による自益権行使と共益権行使の両方が含まれることになる。そこで、自益権を行使する場合においても、社員は原則的に誠実義務による拘束を受けるが、しかしそれはごく低い程度で要求されるに過ぎない[10]。誠実義務の制約的機能は、むしろ主として社員の共益権行使に向けられる[11]。

そして、社員の有する共益権のうち最も重要なものは、議決権である。社員総会は社員による議決権行使の場であり、また社員間の利益が激しく衝突する場でもある。それゆえ、共益権行使に対する制約は、主として議決権行使に対する制約となるが、その中でもとりわけ問題となるのは、多数派社員による議決権行使である[12]。特に少数派社員の保護との関連では、社員総会における多数派社員の濫用的な議決権行使をいかに抑制すべきかが大きな課題となっている。既に見たように、この問題の解決につき決定的な転機を与えたのが、連邦通常裁判所の

Kali＋Saltz事件判決（前章第二節⑧判例）であった。この判決において、連邦通常裁判所は多数決に対し実質的な制約を課すことによって、少数派株主に対する利益保護を図ろうとしたが、かかる判例の立場が学説からの影響を受けて形成されたものであることは、既に述べた通りである。そこでここでは、多数決に対する実質的制約をめぐる学説の議論をもう少し詳しく検討してみることにする。

一　多数決に対する実質的制約

1

既に前章第二節第二項のところで触れたように、学説は一九六〇年代以降、少数派株主保護の観点から、株主総会における多数決、とりわけ新株引受権排除による新株発行の決議に対して、その形式的適法性のみならず、決議の内容における実質的正当性をも審査すべきことを提唱してきた(13)。そして連邦通常裁判所はかかる学説の主張を取り入れて、そのリーディングケースであるKali＋Saltz事件判決を打ち出した以降も、特に新株引受権排除による新株発行に関する事例において、多数決に対する実質的制約の立場を堅持してきた(14)。

学説は、かかる多数決に対する実質的制約を多数派社員の少数派社員に対して負うべきところの誠実義務の表出としてとらえ、その理論的根拠を会社法上の誠実義務に求めてきた(15)。すなわち、誠実義務は多数派社員に対し、あらゆる措置に際して少数派社員の利益を顧慮すべきことを要求するが、議決権行使の場面においては、それはとりもなおさず、多数派の議決権行使に対する法的コントロールの基準を示すものである(16)。かかる多数決の実質的制約は誠実義務の適用場面の一つに過ぎないが、しかしそれは誠実義務の果たすべき最も重要な機能の一つとされる(17)。

そしてまた、多数決に対する実質的制約の基準も学説によって徐々に明確化されてきた。すなわち、それによると、少数派社員の地位を著しく侵害する多数派の決定は、適合性（Geeignetheit）、必要性（Erforderlichkeit）(18)および均衡性（Verhältnismäßigkeit）という三つの部分原則からなる「比例原則（Verhältnismäßigkeitsgrundsatz）」

の下で、実質的な事由によって正当化されることが必要であり、その具体的な正当性についての審査は次のように行われる。

まず、多数派によって決定された措置について、それが会社の事業目的を達成するのに適切なものか否かを審査する。すなわち決定を下す多数派は、かかる措置が会社の事業目的を達成する上で適切な手段であり、それによってその追求しようとする目的が達成され得るという前提から出発しなければならない[19]。そして多数派の決定した措置が目的達成上適切なものと認められれば、次に必要性の原則による審査を受けることになる。すなわち、かかる適合性のある措置が会社の利益を追求する上で絶対に必要なものなのか、言い換えればその追求しようとする目的が少数派社員の利益をより害さないで、しかも同じく効果的な他の手段によって達成され得ないものか否かを審査するわけである[20]。この場合、決定された措置によって少数派社員にいかなる不利益をもたらすのか、そして選択肢となる手段が他に存在するのか、存在するとすればそれはいかなるものかを確定しなければならないが、もし他の手段によって同じ目的を達成しうることが予想され、しかもそれが少数派の利益をより害さないものであるならば、多数派の決定は必要性の原則に違反することになる[21]。そして仮に他の選択肢が存在せず、多数派の決定した措置が絶対に必要なものとされた場合でも、それだけでかかる措置の正当性が認められるわけではない。それはさらに、次の均衡性の原則による審査を受けなければならないのである。すなわち、かかる措置を実行に移した場合に実現される会社の利益と、現状維持により得られる社員の利益およびそれが実行された場合における社員の利益への侵害の程度とを比較考量しなければならない[22]。この場合、まず当該措置の実行によりもたらされる会社の利益を確定し、そして続いてかかる措置によって、いかなる社員たる地位上の利益がどの程度侵害されるかを確定する。これは利益考量を行う上で必要な判断材料となるものである。そして、もし会社の利益においてなされた措置と、それによる社員の法的地位への侵害の程度とが著しく均衡を失するならば、言い換えれば実現される会社の利益と比較して侵害される少数派社員の利益の方が明らかに著しい場合には、それは均衡性の原則に違反することになる。[23] したがってその結果として、多数派の決定は少数派の利益を不当に侵害するものと認定され、違法とされるのである。[24]

株主総会決議のうち多数派と少数派間の利害が著しく対立し、これまで繰り返し裁判で争われてきたのは、新株引受権を排除して行われる新株発行に関する決議である。ドイツ株式法において株主の新株引受権が法定されているとはいえ、その全部または一部は、資本増加に関する決議において四分の三の特別多数によって排除されることができることになっている（株式法一八六条。なお一九三七年株式法改正前は単純多数決によってこれを排除することができた）。学説が多数決に対する実質的制約の理論を提唱した当初は、まさにかかる新株引受権排除の決議についてのものであった。そして現在、新株引受権を排除する決議については、右法定の形式的要件を満たすほかに、さらに前述した実質的制約の基準に基づいて、次のような実質的正当化という不文の実質的要件の充足が要求されている。[25] すなわち、①まず新株引受権を排除して行われる増資について、会社の特別の利益が存在しなければならない。ただそれは、必ずしも会社の存在が危険にさらされるような緊急な場合に限らないのであり、注意深い考慮の下で会社の利益にとって最善のものと判断した限り、原則的にこれを行うことができる。この場合、会社の利益は株主、特に少数派株主の利益に優先する。②しかし引受権排除につき会社の利益が存在すると認められる場合でも、ただそれだけで適法とはならないのである。引受権を排除することが当該会社の利益を追求するための適切な手段であり、しかもこれと同様のまたはより適切な他の手段が存在しないことが要求される。すなわち引受権排除は、会社の事業目的を達成するための唯一または最も適切な手段でなければならないのである。したがって例えば現物出資が行われる場合には、その拠出される財産が会社の事業展開上必要とされ、かつ市場における通常の売買契約によっては取得しえないようなものでなければならない。③そして最後に、手段と目的との均衡性という観点の下で、会社の引受権排除による増資の利益とそれにより害される少数派株主の利益とを比較考量する。この場合、引受権を排除して発行される新株数は、発行済株数との関係で不当に多くなってはならない、とされる。[26]

かくして、学説・判例は、とりわけ新株引受権排除による新株発行の決議について、それが法律および定款上定められている形式的要件のみならず、実質的事由による正当化という不文の実質的要件をも満たすべきことを要求するようになった。そして前述のように、かかる多数決の実質的制約の法的根拠やその基準についても、学説の見解はほぼ一致している。

2　ところで、連邦通常裁判所は会社の解散決議の取消に関する BGHZ 76, 352 および BGHZ 103, 184[27]（前章第二節⑪判例）の二つの判決において、「いかなる理由により解散がなされたかは、重要ではない。必要な多数決で行われた解散決議は、実質的な事由による正当化を必要としない。それ自体が正当化を持つ」と判示し、会社解散に関する決議を実質的制約の対象から除外した。そこで、この二つの判決によって次のような問題が提起された。すなわち、前述した実質的制約は引受権排除に関する決議だけでなく、その他のあらゆる総会決議にも適用されるべきなのか、それとも右判例のように一部の総会決議はかかる実質的制約から除外されることができるのか、もしできるとすれば、それは具体的にいかなる決議なのか、である。この問題をめぐって、学説の見解はほぼ真二つに分かれている。

①　除外否定説　Wiedemann は、定款変更の決議または企業契約の締結、合併、組織変更、財産譲渡、解散といった構造変更の決議について、法は広範囲なコンセンサスを形成せしめるために特別多数決によるべきことを要求しているが、かかる特別多数決の要件は決議の公正を実現する可能性を高めてはいるものの、これを保証しているわけではないから、それだけでは少数派の利益保護が適切に図られないとして、定款変更や構造変更などに関するあらゆる総会決議が実質的事由によって正当化されるべきことを主張している。[28] 彼によれば、構造変更決議は決議に敗れた社員の社員たる地位を著しく侵害するため、人的会社においては全員一致の同意が必要とされるが、資本会社においても単なる特別多数決の要件では足りず、さらに少数派社員の利益に対する適切な顧慮

が求められるべきである。[29] 解散決議について連邦通常裁判所はこれを実質的制約の対象から除外しているが、しかし解散決議も、決議に敗れた社員の社員たる地位を侵害するものであるから、他の構造変更決議の場合と同様、多数派社員は誠実義務に従い、共同社員の利益を適切に顧慮した上で行わなければならない。[30] そしてこのことは、決議に敗れた社員に対して払戻請求権（Abfindungsanspruch）が与えられる場合にも同様だとされる。なぜならば、社員に与えられるこの種の請求権は損害賠償ではなく、Ausgleich（補償）たる性質を持つものであり、多数決の無責性と法的有効性を前提としており、また、たとえそれが与えられるとしても、少数派は常に多数派の恣意的な決定による不利益を蒙るからである。したがって、彼によれば、共同社員の社員権を侵害するあらゆる多数決は、実質的制約に服し、実質的事由によって正当化されることが必要である。[31] つまり、あらゆる総会決議は常に攻撃可能であり、裁判上のコントロールに服すべきものであって、相対的な自治（Relative Autonomie）はただ設立契約についてのみ存在し、解散決議やその他の決議についてはもはや存在しないのである。[32]

かくしてWiedemannは、少数派の利益保護を図る観点から、少数派の利益を侵害するあらゆる多数派の決定を実質的事由による正当化という裁判上のコントロールに服せしめたのである。そしてMartensも、実質的正当化という要件があらゆる決定権限の行使について適用されるべきことを主張し、Wiedemann の見解に同調している。彼は、解散決議を実質的制約から除外した連邦通常裁判所の判断を不適切だと批判し、次のように説いている。すなわち、学説には、会社の再編に関する決議と、会社の従来の枠組みおよびその存続に触れない決議とを区別し、前者を実質的制約から除外し、後者のみをこれに服せしめることにより、連邦通常裁判所の立場を正当化しようとする見解があるが、限界づけが不明瞭であるため、このような区分は説得力を欠いている。[33] 彼によれば、会社の解散と投下資本の回収を必要な多数決で決定しうるという立法者によって尊重された自治権は、多数派の権限が、少数派の利益を顧慮した上で、その付与された目的に合致して行使されるべきであるという要請と何ら矛盾するものではない。したがってこのような立場からすれば、個々の具体的場合において、解散決議を含むあらゆる多数派の決定につきその機能的な目標設定を考慮して、比例原則に合致するものか否かを審査すべきであり、少数派の利益に対する適切な顧慮がなされた否かという観点の下でコントロールしなければならないのである。(34) 支配契約の締結の場合について、立法者はたしかに少数派株主に対し補償請求権と払戻請求権を付与しているが、しかし彼によれば、かかる補償義務が認められているからといって、少数派に対する侵害が正当化されうるものではないから、この場合も実質的事由による正当化が必要である。(35) もっとも、このような利益考量は具体的な権限規制を考慮してなされるべきであり、この場合に重要なのは、立法者が具体的な多数派の決定に対しいかなる規範的な価値を認め、また個々の規定において多数派の利益をいかに評価しているかという点である。すなわち立法者が多数派の利益を重視すればするほど、少数派に対する法的保護の重要性が低下し、実質的な正当化の要請も緩和される。また、人的有限責任会社については、大規模の株式会社とは異なる基準が用いられるべきである。さらに、決議事項がいかなる目的関連性（Zweckrelevanz）を有するかによって、審査の基準も異なるべきであり、業務執行事項についてはより厳格な基準が適用されるべきである、という。(36)

このように、Martens は基本的にあらゆる総会決議が実質的に正当化されるべきだとしながらも、少数派に与える不利益の程度や決議の対象事項の性質等に応じた審査基準を採用すべきことを提唱しており、Wiedemann よりも一層具体的な事情を考慮している点で特徴的である。(37)

② 除外肯定説　あらゆる総会決議が実質的制約を受けるべきだとする右の Wiedemann らの見解に対して、Lutter や Timm は連邦通常裁判所と同様の立場に立ち、総会決議のうちのあるものが実質的制約から除外され得ることを認めている。

Lutter は、原則的に少数派の地位に対する多数派のあらゆる介入が比例原則に基づく実質的正当化を必要とするが、例外的に個々の場合において立法者自身によって利益考量がなされ、実質的な前提なしに少数派の地位への介入が容認されているときには、このような実質的正当化は必要でない、としている。(38) すなわち、彼によれば、法律上定められている多数決のうちのあるものは、法的コントロールを受けることなしに、多数派の自由裁量による少数派の地位への介入が認められ、ただ自由裁量権が濫用された場合にのみ権利濫用としてコントロールされるだけである。これは、会社の利益が会社の目的の追求と目的の実現にあるところ、決議には完全に目的中立的（zweckneutral）なものもあるし、また目的追求に反するものもあり、後者のうち法律上容認されているものについては、もはや必要性と適合性の原則によってこれを審査することができないからである。彼によると、解散決議はまさにこのような部類に属するものであり[39]、また、支配契約および利益供出契約の締結について、株式法三〇四条と三〇五条は少数派株主の保護のために特別の補償義務を定めているため、ここでも比例原則を適用する余地はない[40]。このほか、組織変更法九条に基づく組織変更や株式法三一九条以下に基づく編入、合併等に関する決議も実質的正当化の対象から外される[41]。

要するに、Lutterの立場からすれば、立法者によって自由裁量に基づく決定の権限が付与されている場合には、決議は実質的制約から除外されるべきであり、WiedemannやMartensのようにあらゆる決議を実質的制約という統一的基準のもとで審査すべきではない[42]。その代わり、Lutterは総会決議について次のような二段階審査を提唱した。すなわち、第一段階においては、あらゆる多数決は、権限愈越（権限濫用）および平等原則の下でコントロールされる。この場合、企業活動を行っている多数派（支配企業）の不利益な（業務執行上の）決定はより厳格な審査を受けることになる。そして第二段階においては、少数派に不利益をもたらすあらゆる決定は、必要性、適合性および最小限の負担という観点の下でコントロールされる。ただし、決議の対象により、法律上特別にまたは一般的に裁量行使の審査から除外されている場合は除く、という[43]。

右Lutterの見解と同様、総会決議のうち実質的制約を受けない例外的なものの存在を認める一方、コンツェルン法の観点から決議事項についてより詳細な検討を加え、このような例外的事例を明らかにしたのはTimmである。

Timmは、あらゆる決議に対する実質的制約を主張する学説を、正当化できない過度な少数派保護をもたらすものだとして排斥し[44]、多数決の実質的制約についての考察の視点を結合企業法すなわちコンツェルン法に据えて、自説を次のように展開している[45]。すなわち、企業結合は通常、株式(持分)の過半数の取得、多数派による支配権の行使(事実上のコンツェルン)、契約コンツェルンと合併という四段階を経て行われるが、少数派にとって最も危険なのは、会社の独立性を喪失せしめる可能性を持つ第一段階である。それゆえ、コンツェルン形成に際しては予防的保護、すなわち入り口での保護(Eingangsschutz)は最も重要な意味を持っており、従属関係を作り出すあらゆる総会決議は、特別の実質的前提、すなわち必要性と均衡性の原則に服すべきことが要求される。そして、新株引受権の排除による新株発行はほとんどコンツェルン形成のためのものであるため、これに関する決議は実質的前提を満たさなければならない[46]。しかし他方、株式会社においては、株式の過半数の取得(第一段階)は通常、総会決議なしに行われるから、企業契約の締結(第三段階)の前までは事実上、必要性と均衡性の原則によるコンツェルン形成の審査はなしえないのである。また第三段階においても、決議によって会社の従属関係が創設される場合にのみ、実質的審査が行われるに過ぎない[47]。つまり企業契約は通常、既に存在している結合企業間で締結されるものであり、これは少数派にとって危険をもたらすものではなく、逆にその保護が強化されるから、この場合には実質的制約は行われない。ただこのような契約によって会社が初めて従属関係に入る場合、すなわち企業契約がこれまで独立した二つの会社間において締結される場合には、これに関する決議は必要性と均衡性の原則に服することになる[48]。そして合併の場合にはコンツェルン合併、すなわち既に存在している結合企業間の合併は基本的に企業契約の場合と同様、実質的制約を必要としないし、また独立した企業間の合併もこれにより従属関係が創設されるわけではないから、右と同様に考えてよいが、合併により解散会社の社員または存続会社の社員が初めて従属会社の社員になるような場合には、実質的な内容上の制約を受ける[49]。このほか、財産譲渡は会社の構造を著しく変更せしめるものであるから、これにより従属関係が創設されなくても、実質的制約を受ける[50]

のに対し、編入や株式会社の有限責任会社への組織変更はかかる制約を受けない、という。[51]

以上のように、学説は、実質的制約の妥当範囲をめぐって激しく対立しているが、しかし諸説間の違いは、事実上それほど大きくはないのである。[52] すなわち、訴訟上の主張・立証責任の配分から見ると、除外否定説を主張するWiedemannも、[53] また肯定説を主張するLutterも共に、[54] 決議が実質的制約を受ける場合における実質的正当化の事由の存在についての主張・立証責任を被告会社側に負わせているのである。ただ除外肯定説をとれば、実質的制約を受けない決議についていては、原告株主側は議決権の濫用等を理由に決議の瑕疵を攻撃することになるため、この場合、もちろん原告側はかかる濫用の事実について主張・立証する責任を負う。しかしこの場合における原告側の主張・立証責任は、その後、原告による会社の帳簿閲覧等が制限されているなどの理由から、連邦通常裁判所によって著しく軽減されたのである。[55] たしかに決議の制約基準に関して、除外否定説は相対立する多数派と少数派間の利益を考慮して、必要性と適合性の原則の下で会社の目的追求との関連において決議に対する実質的制約を行うのに対し、除外肯定説は総会決議のうちのあるものを権利濫用という一般的法原則によるコントロールに委ねるという点に、違いが存在している。しかし権利濫用によるコントロールの場合も、実質的制約による審査の場合と同様、その根拠が社員の誠実義務にあるものとされ、[56] そしてまた決議は会社の目的との関連において、すなわちそれが会社の目的追求と無関係になされたものか、それとも目的に合致してなされたものかという観点の下で審査されることになるのである。[57] したがって、具体的事例における適用の結果においては、両者間の差違はそれほど大きくないと思われる。

二　多数派の事実上の影響力行使に対する制約

資本会社における社員の誠実義務は、前述したような、議決権をはじめとする各種の社員権の行使を制約する機能を果たすほか、特に多数派社員がその支配たる地位に基づいて行う事実上の影響力の行使に対しても、制約的機能を果たすことになる。そしてこの点は少数派の利益保護を図る上で、特に重要な意味を持つことになる。なぜならば、多数派による少数派の圧迫は、総会の場における議決権行使を通じて行われるのみならず、多数派の事実上の支配力に基づく影響力行使によって行われることもあるため、前者の議決権行使の制約だけでは少数派の利益が本質的に保護されることができず、さらに後者の事実上の影響力行使をも抑制することによって初めて、少数派の利益保護が全面的に図られることになるからである。(58)

Timmによれば、誠実義務は株式法において三つの適用領域を有している。すなわち、一つは株式の市場における多数派の行動についての規整、例えばインサイダー取引、少数派の閉じ込め、株式公開買付などに関する規整であり、もう一つは社員たる地位に対する財産法上の保護、例えば隠れた利益分配、会社の取引機会の奪取などに関する規整であり、そして最後は株主総会における多数派および少数派の議決権行使によって生ずる利益衝突についての規整である。(59)このうち三番目は既に述べた議決権行使の問題であり、また一番目と二番目のうちインサイダー取引や株式公開買付、会社の取引機会の奪取等は、多数派の濫用からの少数派の救済という本書のテーマからやや離れた問題領域に属するものであるため、ここでは取りあげないが、少数派の閉じ込めや隠れた利益配当などは、まさにここで検討すべき多数派の事実上の影響力行使の問題である。(60)

1　少数派の閉じ込め　多数派による少数派の閉じ込めの問題について、Lutter はアメリカのカリフォルニア州最高裁のJones v. H.F. Ahmanson & Company 事件判決(61)を取り上げて検討を加えている。既に紹介したように、これは、閉鎖的株式会社である貯蓄貸付会社A社の多数派株主Y_1らが、建設ブームのために建設貯蓄貸付業が投資の対象となっていることを機に、持株会社Y_2社を設立し、その所有しているA社の株式をY_2社の発行する株式と交換した後、Y_2社の株式を上場させて、巨額の利益を得たのに対し、少数派株主XがA社に閉じ込められて、持株の売却によるA社からの離脱もできないなど著しい不利益を蒙った事例であるが、カリフォルニア州最高裁は、多数派株主が少数派株主に対し誠実義務を負い、誠実かつ公平に行動しなければならないところ、Y_1らの行為は少数派の利益を全く考慮することなく一方的に利己的な利益を追求するもので、誠実義務に違反すると判示した。[62] 本判決に対する検討を通じて、Lutterは、この問題をドイツ法の下で考えても、多数派グループのかかる行動は他の株主に対して負うべきところの誠実義務に違反するものであり、多数派はそれによって少数派にもたらした損害を賠償する義務を負わなければならないと結論づけている。[63]

連邦通常裁判所のLinotype事件判決におけるように、解散決議による少数派の締め出しの問題は、誠実義務に基づく解散決議の実質的審査により、あるいは議決権濫用の法理によりこれを解決することが可能であるが、前記アメリカ法における事例はその逆の少数派の閉じ込めであり、この場合は決議に対する実質的制約あるいは議決権濫用の法理によってはカバーされない。しかし、常に少数派の利益に対する適切な顧慮を要求する多数派の誠実義務理論は、かかる多数派の濫用的な勢力行使を抑制することが可能である。右のような事例においては、多数派株主は少数派株主の利益を害して、または少なくとも少数派株主の利益に対する適切な顧慮をせずに、一方的に利己的な利益を追求するものであり、これは少数派株主に対する誠実義務違反となり、損害賠償義務を負わなければならないのである。[64]

2　隠れた利益配当　多数派社員が業務執行に対する不当な影響力行使を通じて私的利益を図る典型的な例の一つとして挙げられるのは、隠れた利益配当である。[65] 隠れた利益配当とは、社員が通常の利益分配以外に、その社員たる地位に基づいて会社から金銭上の利益を取得することである。[66] これは通常、業務執行に対し影響力を持つ多数派社員が、あるいは直接的に会社との間において異常に高額の対価で、または有利な支払条件で売買契約を締結したり、何ら義務を負わないいわゆる「顧問契約」を会社と結んだり、会社が当該社員の個人的な債務を免除しまたは弁済したりすることによって、あるいは間接的に会社をして当該社員に近い者、例えばその家族や親族、従属会社等に金銭を支払わせることによって、行われるものである。[67]

既述のITT事件判決（前章第二節③判例）におけるコンツェルン賦課金の支払も、隠れた利益配当の一例である。このような特定の多数派社員への隠れた利益配当によって、会社の利益が不当に費消され、少数派社員ないし会社の債権者の利益が害されることは明らかである。そこでかかる多数派社員による隠れた利益配当に対し、誠実義務は厳しい制裁を加えることになる。すなわち、連邦通常裁判所がＩＴＴ事件判決においても示したように、多数派社員が業務執行者に対する影響力行使を通じて、通常の利益配当以外に相当の対価を支払うことなく会社から財産上の利益を取得することは、会社法上の誠実義務に違反する。(68) そしてかかる誠実義務違反の効果として、当該社員は、その取得した財産を会社に返還する義務を負わなければならないが、会社に損害をもたらした場合にはさらに損害賠償をしなければならない。(69) また、利益配当は本来社員総会の権限に属する事項であり、業務執行者の権限でこれを行うことができないから、隠れた利益配当はこのような会社内部の権限分配秩序に対する侵害を構成するものであり、それゆえ自らの義務に違反して行動した業務執行者については、これを解任することができる、とされている。(70)

３　少数派社員に対する兵糧攻め　少数派社員を会社から締め出すために、多数派社員は、会社の利益を全く配分しないか、またはごくわずかしか配当しないといった、いわゆる兵糧攻め（Aushungerung）の手段をよく用いる。(71)

小規模閉鎖的会社において、多数派社員は通常、業務執行者として会社から給与を受け取るため、利益配当にはさほどの関心を持たないが、業務執行に参加しておらずもっぱら会社からの利益配当のみを頼りにしている少数派社員にとっては、利益配当を受け取れるか否かは極めて切実な利益問題である。たしかに利益留保によって会社の資産が増加し、これにより持分の価値も増加することになるが、しかし小規模閉鎖的会社においては持分の譲渡を仲介する市場が存在しないから、少数派社員はかかる持分価値の実現を期待することもできない。(72) そしてこの問題は、現行有限責任会社法二九条二項により社員総会の単純多数決によって利益の一部または全部が利益準備金に組み入れられ、もしくは利益として繰り越されることができることとなっている有限責任会社において、特に顕著である。[73] すなわち、有限責任会社においては、社員が具体的な利益配当請求権を取得する前提として、まず有限責任会社法二九条二項に基づく利益処分決議が行われなければならないが、ここで問題となるのは、このような利益処分決議が多数派の妨害により同法四二a条第二項[74]所定の期間内になされなかったり、または完全に決議がなされないということである。[75] このように決議が行われない限り、具体的な利益配当請求権が発生しないため、少数派社員は利益配当を受けられなくなる。そこで、かかる多数派の濫用から少数派の利益を保護するために、学説においては、持分の多寡にかかわらず、すべての社員に対し、訴求可能な利益処分決議の採決請求権を付与すべきだとする見解が主張されるようになり、支配的となってきた。[76] すなわち、この支配的見解によれば、社員はその社員たる地位に基づいて、企業の利益に参加する一般的な権利を有するから、給付の訴え(Leistungsklage)によって、会社に対して利益配当決議の採決を請求することができるとともに、決議を拒否する他の社員に対しても、会社法上の誠実義務に基づいて利益配当決議の採決に積極的に協働するよう求めることができる。[77]

このように、利益配当決議が遅延になった場合または完全に行われない場合には、訴求可能な決議採決請求権によって少数派社員の利益を図ることになるが、次に、決議が行われた場合でも、多数派は不当に巨額の準備金を積み立てたり、利益を繰り越したりすることによって、少数派の利益配当請求権を害するという問題がある。これは社員総会決議の瑕疵の問題となるが、学説はこのような場合には、比例原則に基づいて、準備金積み立てに対する会社の利益と利益配当に対する社員の利益とを比較考量して利益配当決議を審査し、合理的な商人の判断からして正当化できないような準備金の積み立ては、それが社員全員の同意がない限り、不法であり、これに関する決議は多数派社員の誠実義務違反として株式法二四三条一項に準じて取り消すことができる、と主張している。[78] このように多数派社員が兵糧攻めの手段を用いて少数派社員を抑圧する場合には、誠実義務は権利制約的機能ないし勢力制約的機能を発揮して、少数派に対し強力な保護を与えることが可能なのである。[79]

4　その他の影響力行使の事例　多数派社員が事実上の影響力行使を通じて私的利益を図る手段はさまざまであり、前述したもの以外にも、次のようなものが考えられる。すなわち、多数派社員は業務執行者、監査役または他の機関の構成員に自ら就任するか、または自分に近い者を選任したり、給与や退職金などの条件を自分たちに有利なように定めたりすることがある。これらの多数派の行為は事実上法的コントロールに服していないが、しかしもし多数派の影響力行使によって不適切な人間が選ばれたり、報酬が異常に高額であったりするような場合には、会社法上の誠実義務違反として多数派社員に対し損害賠償責任を追及することができる、とされる。[80]

（1）　Hüffer, Zur gesellschaftsrechtlichen Treupflicht als richterrechtlicher Generalklausel, Festschrift für Steindorf, 1990, S. 59ff.; Nehls, Die gesellschaftsrechtliche Treupflicht im Aktienrecht, 1993, S. 3f.; Henze, Die Treupflicht im Aktienrecht, BB 1996, 489, S. 499.

（2）　G. Hueck in Baumbach/Hueck, GmbH-Gesetz, 15. Aufl., 1988, §13 Rdn. 22; Lutter/Hommelhoff, GmbH-Gesetz, 12. Aufl., 1987, §14 Rdn. 10; Friedewald, Die personalistische Aktiengesellschaft, 1991, S. 136; Hüffer, a.a.O. (Fn. 1), S. 69.

（3）　Dreher, Treuepflichten zwischen Aktionären und Verhaltenpflichten bei der Stimmrechtsbündelung, ZHR 157 (1993), 150, S. 153; Hueck, a.a.O. (Fn. 2), §13 Rdn. 22; Hüffer, a.a.O. (Fn. 1), S. 69.

（4）　Hueck, a.a.O. (Fn. 2), §13 Rdn. 22; Winter in Scholtz, GmbH-Gesetz, 8. Aufl., 1993, §14 Rdn. 53.

（5）　Hueck, a.a.O. (Fn. 2), §13 Rdn. 22; Winter, a.a.O. (Fn. 4), §14 Rdn. 53.

（6）　Hueck, a.a.O. (Fn. 2), §13 Rdn. 22.

（7）　Wiedemann, Gesellschaftsrecht, Bd. I, 1980, §8 II3; Hueck, a.a.O. (Fn. 2), §13 Rdn. 25ff.; Immenga, Bindung von Rechtsmacht durch Treuepflichten, Festschrift für 100 Jahre GmbH-Gesetz, 1992, 189, S. 204; Winter, a.a.O. (Fn. 4), §14 Rdn. 54ff.; Nehls, a.a.O. (Fn. 1), S. 88; Lutter, Treupflichten und ihre Anwendungsprobleme, ZHR 162 (1998), 164, S. 166f. この点で注目に値するのは、Hüfferによって唱えられて

いるところの誠実義務の二重目的（Doppelzweck）説である。すなわち、彼によれば、誠実義務は一般条項として、一つはA. Hueckが言うところの社員相互間の信頼の保護、そしてもう一つはZöllnerが主張するところの影響力行使の可能性に対するコントロール、という二つの目的を有する。したがって誠実義務は、信頼の保護と影響力行使の制約という二重の目的を持つが、しかし誠実義務を現実化せしめるためには、信頼関係の破壊と影響力の不当な行使という二つの要素が同時に作用する必要はない。もちろん、例えば業務執行社員が利己的な目的のために会社事業を害するような行為を行い、同時にそれが社員間の信頼関係の破壊を招来した場合のように、両者が共同作用する場面もありうるが、基本的にこの両者は独立した意味を持つ。それゆえ、団体の現実的構造により社員間に信頼関係が存在しない場合には、影響力行使に対する制約という目的だけが機能することになるし、また逆に会社企業または他の社員の社員権に対する不当な影響力行使がなくても、社員相互間の誠実関係に反するような行動があれば、それは顧慮義務違反と見なされることになる。このように誠実義務の二重目的を認めれば、誠実義務は法形態の如何を問わず、すなわち法形態超越的に(rechtsformübergreifend)、すべての団体において承認されることができる。つまり、社員たる地位が会社においてコントロールされるべき影響力行使の可能性を作り出している限りにおいて、または会社の現実的構造により社員間に保護されるべき信頼関係が存在する限りにおいて、誠実義務は承認されうるのである。ただ資本会社においては、影響力行使に対する制約という目的がより前面に立つ、という。Hüffer, a.a.O. (Fn. 1), S. 73ff. これについては、名島利喜「会社法上の誠実義務の機能と目的―Uwe Hüfferの見解を中心として―」富士大学紀要第二八巻一号八一頁以下（平成八年）参照。

（8）Hueck, a.a.O. (Fn. 2), §13 Rdn. 25; Winter, a.a.O. (Fn. 4), §14 Rdn. 54; Kort, Zur Treuepflicht des Aktionärs, ZIP 1990, 294, S. 296; Henze, a.a.O. (Fn. 1), S. 497.

（9）Hueck, a.a.O. (Fn. 2), §13 Rdn. 25; Henze, a.a.O. (Fn. 1), S. 497.

（10）Hueck, a.a.O. (Fn. 2), §13 Rdn. 23.

（11）Hueck, a.a.O. (Fn. 2), §13 Rdn. 27.

（12）もっとも、多数派社員の権利行使だけでなく、少数派社員の権利行使に対しても制約を加えるべきだとする見解が多い。すなわち、少数派社員の誠実義務を肯定する学説は、会社企業の発展上必要な構造変更の措置を議決権行使により阻止するとか、決議取消訴訟などを提起して会社から不当な利益の取得を図るといった少数派社員による権利の濫用が現実的に存在しているとして、このような場合について少数派の権利行使を抑制する必要性のあることを主張している。Timm, Treupflichten in Aktienrecht, WM 1991, 481, S. 483; Werner, Zur Treupflicht des Kleinaktionärs, Festschrift für Semler, 1993, S. 419ff.; Winter, a.a.O. (Fn. 4), §14 Rdn. 54; Henze, Treupflichten der Gesellschafter im Kapitalgesellschaftsrecht, ZHR 162 (1998), 186, S. 191ff. そして連邦通常裁判所がGirmes事件判決において少数派株主の誠実義務を承認したことは、既述の通りである。

(13)　本書二〇八頁以下参照。

(14)　前章第二節⑨⑩判決参照。

(15)　例えば、Zöllner, Die Schranken mitgliedschaftlicher Stimmrechtsmacht bei den privatrechtlichen Personenverbänden, 1963, S. 349ff.; ders., Kölner Komm. zum AktG, Bd. II, 1971, §243 Anm. 200ff.; Lutter, Zur inhaltlichen Begründung von Mehrheitsentscheidungen, ZGR 1981, 171; Hirte, Bezugsrechtsausschluß und Konzernbildung, 1986, S. 16ff.; Martens, Die GmbH und der Minderheitschutz, GmbHR 1984, 265, S. 269f.; Timm, Zur Sachkontrolle von Mehrheitsentscheidungen im Kapitalgesellschaftsrecht, ZGR 1987, 403, S. 408f.; Winter, Mitgliedschaftliche Treuebindungen im GmbH-Recht, 1988, S. 130ff.; Wiedemann, Zu den Treuepflichten im Gesellschaftsrecht, Festschrift für Heinsius, 1991, 949, S. 960ff.; Paschke, Treupflichten im Recht der juristischen Presonen, Festschrift fur Serick, 1992, 313, S. 321ff.;Henze, a.a.O. (Fn. 1), S. 496f.; Nehls, a.a.O. (Fn. 1), S. 82.

(16)　Vgl. Timm, a.a.O. (Fn. 15), S. 409; Paschke, a.a.O. (Fn. 15), S. 321.

(17)　Paschke, a.a.O. (Fn. 15), S. 323.

(18)　ドイツ法における比例原則は警察法や懲戒法、租税法などの公法の分野で発展してきたものであるが、近時、その適用範囲を拡大してきており、私法の一部にも及ぶようになってきた。会社法における同原則の適用はまさにその典型的な例である。ドイツ公法における比例原則については、青柳幸一「基本権の侵害と比例原則」芦部信喜先生還暦記念・憲法訴訟と人権の理論（昭和六〇年、有斐閣）六〇四頁、高木光「比例原則の実定化—『警察法』と憲法の関係についての覚書—」芦部信喜先生古稀祝賀・現代立憲主義の展開下（平成五年、有斐閣）二一五頁以下、須藤陽子「行政法における『比例原則』の伝統的意義と機能—ドイツ警察法・学説の展開を中心にして—（一）〜（三）」東京都立大法学会雑誌三一巻二号三二七頁、三二巻一号五〇一頁、二号一〇一頁以下（平成二年・三年）、山下義昭「『比例原則』は法的コントロールの基準たりうるか—ドイツにおける『比例原則』論の検討を通して—（一）〜（三）」福岡大法学論叢三六巻一・二・三号一三九頁、三八巻二・三・四号一八九頁、三九巻二号一頁以下（平成三年〜七年）参照。なお、本書は山下教授の論文に従い、狭義の比例性原則を均衡性原則と訳すことにした。

(19) Lutter, Materielle und fömliche Erfordernisse eines Bezugsrechtsausschlusses, ZGR 1979, 401, S. 404; Winter, a.a.O. (Fn. 15), S. 147.

(20) Lutter, a.a.O. (Fn. 19), S. 404; Winter, a.a.O. (Fn. 15), S. 147.

(21) Winter, a.a.O. (Fn. 15), S. 148.

(22) Winter, a.a.O. (Fn. 15), S. 149; Lutter, a.a.O. (Fn. 19). S. 404.

(23) Winter, a.a.O. (Fn. 15), S. 150; Lutter. a.a.O. (Fn. 19), S. 404.

(24) Winter, a.a.O. (Fn. 15), S. 154.

(25) Lutter, a.a.O. (Fn. 19), S. 404; ders., in Kölner Komm. zum AktG, Bd. V, 1990, §186 Anm. 61ff.; Hirte, a.a.O. (Fn. 15), S. 20ff. なお、有限責任会社法においては社員の出資引受権が定められておらず、同法五五条二項により会社は出資の引受を従前の社員または第三者に認めることができることになっている。しかし有限責任会社の社員は一般に株主の場合とは異なり、単なる財産上の出資に留まらず、企業経営に積極的に参加するため、従前の持分比率を維持し、またはこれを増やすことが極めて重要である。それゆえ増資に際して、出資引受権が与えられないと、持分割合が低下するなど著しい不利益を蒙る恐れがある。そこで、Priester は、株式会社において株主の新株引受権が与えられているのに対し、通常人的構造を有し、社員間に密接な人的関係を有する有限責任会社において社員の出資引受権が定められていないのは立法上の不備だと指摘し、かかる法律上の欠缺を補うために、彼は、社員が持分割合を維持する権利を有することを商事会社法における普遍的原則として根拠づけ、かかる普遍的原則の下で有限責任会社においても当然社員が持分維持の権利を有するとし、有限責任会社法には既に事実上または法律上当然に(ipso jure)、株式法に相当する不文の引受権が存在していると主張する。そして、社員はかかる不文の引受権が付与されているから、増資に際して出資の引受権が排除される場合には、これに関する決議は必要性と均衡性の原則の下で株式法におけるよりも一層厳格に審査されなければならない、とする。Priester, Das gesetzliche Bezugsrecht bei der GmbH, DB 1980, 1925ff. そしてこの見解は近時多くの学説から支持されることとなり、有力になってきた。Zöllner in Baumbach/Hueck, GmbH-Gesetz, 15. Aufl., 1988, §55 Rdn. 13; Lutter/Hommelhoff in Fischer/Lutter/Hommelhoff, GmbH-Gesetz, 12. Aufl., 1987, §55 Rdn. 7. したがってこの不文の引受権説を前提とする限り、以下の新株引受権排除の決議への比例原則の適用をめぐる議論は、有限責任会社についても妥当することとなろう。

(26)　なお、立法上も株主の新株引受権に関して次のような措置がとられた。すなわち、EC第二指令（株式会社の設立ならびにその資本の維持および変更に関する指令）の実施に関する法律（一九七九年七月一日施行）によって追加された株式法一八六条四項二文は、「取締役は株主総会に対し、引受権の一部または全部の排除についての理由に関する書面報告を提出しなければならない。この報告において提案された発行価額につき理由を示さなければならない」と定め、新株引受権排除の理由に関する取締役の書面報告の義務を法定した。これにより、新株引受権排除の総会決議については、四分の三の特別多数による同意および引受権排除の公告（株式法一二四条一項）という要件以外に、もう一つの形式的要件がつけ加えられたわけである（これについては、Hüffer, Harmonisierung des aktienrechtlichen Kapitalschutzes, NJW 1979, 1065, S. 1070. なお、右のEC第二指令については、山口幸五郎編・EC会社法指令（昭和五九年、同文舘出版）四五頁以下参照）。しかし他方では、新株引受権を排除して行われる新株発行について、本文で述べたような不文の実質的正当化という要件とともに、前述の取締役の報告義務が要求された結果、近年、新株発行に関する総会決議につき多くの取消訴訟が提起され、その中に濫訴によるものも少なくなかった。このため、ほとんどすべての引受権排除による新株発行の決議が計算不能なリスクを負うことになり、株主の新株引受権を排除して新株を発行することは、会社にとって一か八かの勝負(Vabanquespiel)となったのである。Vgl. Martens, Richterliche und gesetzliche Konkretisierungen des Bezugsrechtsausschlusses, ZIP 1994, S. 669. しかしこれでは、企業の必要な資金調達が妨げられ、健全な企業活動が阻害されかねない。そこで、企業が新株発行を円滑に行えるようにするために、今度は右の立法方向とは逆の措置がとられた。すなわち一九九四年の株式法改正は、株式法一八六条三項に「新株引受権の排除は、金銭出資による資本増加が基本資本の一〇〇分の一〇を超えず、かつ発行価額が取引所価格を著しく下回らない場合には、特別に認められる」という一文を追加し、この要件を満たす場合には、上場会社はより簡易な手続きで引受権を排除して新株発行を行うことができることとしたのである。その立法理由によれば、現行法上株主の新株引受権が法定されているが、株主に新株引受権を与えて新株を発行する場合には、コストがかかるし、また時間的にも遅れる場合が多いため、会社は資金調達を迅速かつ柔軟に利用することが妨げられる。そこで、旧株主の保護がとくに問題とならない場合に限り、簡易化された引受権排除の制度を導入したのである。その理由は、このような場合には、旧株主は市場で株式を買い付ける可能性を有するから、影響力の喪失などの危険は存在しないし、また発行価額が相場価格によって決定されるため、持分価値の低下の危険性も存在しないからである、という。これについては、Seibert, ZIP 1994, 247, S. 252f.; Martens, a.a.O. S. 674ff.; Blanke, Private Aktiengesellschaft und Deregulierung des Aktienrechts, BB 1994, 1505, S. 1512; Marsh-Barner, Die Erleichterung des Bezugsrechtsausschlusses nach §186 Abs. 3 Satz 4 AktG, AG 1994, 532; Schwark, Der vereinfachte Bezugsrechtsausschluß—Zur Auslegung des §186 Abs. 3 Satz 4 AktG, Festschrift für Carsten Peter Claussen, 1997, S. 357ff.; 坂本延夫「株式法における新株引受権排除の簡略化」青山法学論集四〇巻三・四合併号八一頁（平成一一年）以下参照。

(27)　本書二二九頁注(24)参照。

(28)　Wiedemann, Rechtsethische Maßstäbe im Unternehmens- und Gesellschaftsrecht, ZGR 1980, 147, S.156 ff.; ders., a,a.O. (Fn. 7), §8 II3b, III2; ders., a.a.O. (Fn. 15), FS Heinsius, S. 690ff.

(29) Wiedemann, a.a.O. (Fn. 15), FS Heinsius, S. 961f.

(30) Wiedemann, a.a.O. (Fn. 15), FS Heinsius, S. 962.

(31) Wiedemann, a.a.O. (Fn. 28), ZGR 1980, S. 157.

(32) Wiedemann, a.a.O. (Fn. 15), FS Heinsius, S. 963.

(33) Martens, a.a.O. (Fn. 15), GmbHR 1984, S. 269.

(34) Martens, a.a.O. (Fn. 15), GmbHR 1984, S. 269f.; ders., Der Ausschluß des Bezugsrechts: BGHZ33, S. 175, Festschrift für Fischer, 1979, 437, S. 445f.

(35) Martens, a.a.O. (Fn. 34), FS Fischer, S. 446.

(36) Martens, a.a.O. (Fn. 15), GmbHR 1984, S. 270; ders., a.a.O. (Fn. 34), FS Fischer, S. 445.

(37) このほか、BishoffもWiedemannらの見解に賛成し、定款変更決議を含むあらゆる総会決議が実質的事由によって正当化されなければならないと主張している。Bishoff, Sachliche Voraussetzungen von Mehrheitsbeschlüssen in Kapitalgesellschaften, BB 1987, 1055, S. 1059ff.また Schilling も、多数派社員によるあらゆる社員権の行使について、均衡性と必要性の原則が適用されなければならないとしている。Schilling in Hachenburg, GmbHG, 7. Aufl., 1979, §14 Rdn. 24.

(38) Lutter, a.a.O. (Fn. 19), ZGR 1979, S. 411.

(39) Lutter, a.a.O. (Fn. 15), ZGR 1981, S. 176f.

(40) Lutter, a.a.O. (Fn. 19), ZGR 1979, S. 412.

(41) Lutter, a.a.O. (Fn. 15), ZGR 1981, S. 180.

(42) Lutter, a.a.O. (Fn. 15), ZGR 1981, S. 178f. Henzeの見解も Lutter に近い。Henze, Auflösung einer Aktiengesellschaft und Erwerb ihres Vermögens durch den Mehrheitsgesellschafter, ZIP 1995, 1473, S. 1475 ff.; ders., a.a.O. (Fn. 1), S. 493, 498.

(43) Lutter, a.a.O. (Fn. 15), ZGR 1981, S. 178, Fn. 34.

(44) Timm, a.a.O. (Fn. 15), ZGR 1987, S. 415ff.; ders., Der Mißbrauch des Auflösungsbeschlusses durch den Mehrheitsgesellschafter, JZ 1980, 665, S. 667f.

(45) Timm, a.a.O. (Fn. 15), ZGR 1987, S. 423ff.

(46) Timm, a.a.O. (Fn. 15), ZGR 1987, S. 424f.

(47) Timm, a.a.O. (Fn. 15), ZGR 1987, S. 425.

(48) Timm, a.a.O. (Fn. 15), ZGR 1987, S. 426f.

(49) Timm, a.a.O. (Fn. 15), ZGR 1987, S. 428; ders., a.a.O. (Fn. 44), JZ 1980, S. 668.

(50) Timm, a.a.O. (Fn. 15), ZGR 1987, S. 434.

(51) Timm, a.a.O. (Fn. 15), ZGR 1987, S. 436ff. このほか、Winter は、法律上少数派社員に対し補償請求権と払戻請求権が与えられているか否かによって、実質的正当化による内容上の制約を受ける決議とかかる制約を受けない決議とを区分けすることを提唱している。この基準からすれば、有限責任会社の組織変更に関する決議は実質的制約から免れるのに対し、有限責任会社間の合併については、法は合併に反対する社員に対し脱退権および払戻権を付与していないから、これに関する決議は実質的制約を受けることになる。Winter, a.a.O. (Fn. 15), S. 163 ff. また、Schneider は、あらゆる業務執行範囲内での決定、特に構造変更決議については、社員は広範な裁量権が与えられているから、これらの決議については裁判所による内容上のコントロールは行われないとし、この場合社員は単に決議に際し誠実義務によって定められた限度を守れば足り、実質的な事由を示す必要はないと主張する。Schneider, Die Gründung von faktischen GmbH-Konzernen, ZGR Sonderheft 6 (1986), 121, S. 129. さらに、Hirte は、会社内部における支配関係の異動に焦点を当て、かかる支配関係を変動せしめるような決定および措置はすべて実質的事由によって正当化されるべきだとしながらも、実質的制約は少数派の利益に対する顧慮が可能であることを前提とするものであることから、ある種の決定につき二者択一的な選択しか許されない場合、例えば編入や解散などのような場合には少数派の利益に対する顧慮が不可能であるため、このような場合にはたとえ支配関係に介入するとしても、多数派の決定は実質的制約を受けないと説いている。Hirte, a.a.O. (Fn. 15), S. 138ff. 一方、Paschkeも、あらゆる多数決を実質的制約に服せしめることは、会社法における形成の自治と組織構成の自治という思想の根本的な変化を意味するもので、基本的なstat pro ratione voluntas（私人の自由意思に基づく私的自治）は介入主義的な自治思想によって取って代われ、誠実的拘束はもはや私的自治を限界づける制約的規範としてではなく、私的自治を制御する(steuern)内容上の規範として現れることになるから、かかる理論的枠組みの変更は意思自治に基づいて構築された競争志向的な私法秩序には合致しないとして、あらゆる決議が内容上のコントロールに服するとする見解を批判し、多数派の決定に対する実質的制約と誠実的拘束とが区別されるべきことを強調している。Paschke, a.a.O. (Fn. 15), S. 324f.

(52) Vgl. Timm, a.a.O. (Fn. 15), ZGR 1987, 412; Fillmann, Treupflichten der Aktionäre, 1991, S. 149.

(53) Wiedemann, a.a.O. (Fn. 15), FS Heinsius, S. 964ff. ただしWiedemannは、あらゆる場合に被告会社が主張・立証責任を負うとしているわけではない。彼は決議を、直接的に決議に敗れた社員の社員たる地位を侵害するもの（新株引受権排除に関する決議のほか、議決権の制限や譲渡制限付き持分の譲渡などに関する決議）と、ただ間接的にかかる効果をもたらすもの（定款変更決議と構造変更決議）とを区別し、会社側が前者についてのみ主張・立証責任を負うとし、後者の場合は決議取消訴訟の原告側が負うべきものと主張している。Wiedemann, a.a.O. (Fn. 15), FS Heinsius, S. 965.

(54) Lutter, a.a.O. (Fn. 19), ZGR 1979, S. 412ff. Lutterはかつて株式法一八六条の注釈の中で、総会決議の取消を求める原告側が実質的要件の不存在を争うために立証責任を負わなければならないとしていたが（Lutter in K.K. AktG. §186 Anm. 68）、前記論文においてかかる立場を改め、必要性と適合性を新株引受権を排除する決議の実質的な効果発生の要件として認めた上で、このような実質的要件の存在についての立証責任は被告である会社側が負うとした（したがって法文化すれば、それは「引受権排除を決議することができる。……のときはこの限りではない」というのではなく、「実質的に正当化される場合に、引受権排除を決議することができる」という形式となる）。Lutter, a.a.O. (Fn. 19), ZGR 1979, S. 413; ders., Die Treupflicht des Aktionärs, ZHR 153 (1989), 446, S. 470.

(55) Vgl. Timm, a.a.O. (Fn. 15), ZGR 1987, S. 412f.

(56) Timm, a.a.O. (Fn. 15), ZGR 1987, S. 413; Paschke, a.a.O. (Fn. 15), S. 325.

(57) Timm, a.a.O. (Fn. 15), ZGR 1987, S. 413f.

(58) Vgl. Martens, a.a.O. (Fn. 15), GmbHR 1984, S. 267.

(59) Timm, Treuepflichten im Aktienrecht, WM 1991, 481, S. 482. Vgl. Lutter, Zur Treuepflicht des Großaktionärs, JZ 1976, 225, S. 228.

(60) このように、誠実義務の適用範囲は極めて広いものであり、個々の社員、特に多数派社員の各種の行動を適正に規制することが期待されうる。ただ、本書はもっぱら多数派の濫用からの少数派の利益保護を問題にしているため、インサイダー取引など株式市場における問題についての検討は、別の機会に譲りたいと思う。

(61) 460 P. 2d 464 (Cal. Supr. 1969). 本書七四頁参照。

(62) カリフォルニア州最高裁は、多数派株主Y_1らがXを含む他の少数派株主を排除して持株会社を設立し、その株式を上場させたなどの行為について、「このようにY_1らがすべての株主によって享受されえない利益を得るために、A社に対する支配権を行使した。彼らは、少数派株主に不利益をもたらすことを全く考慮せず、かつ何ら合理的な事業目的を有せずに行動したのである。このような行為は少数派に対する誠実および内在的公正の義務に反する」と判示している。460 P. 2d 464, at 474-476.

(63) Lutter, a.a.O. (Fn. 54), ZHR 153, S. 459.

(64) Lutter, a.a.O. (Fn. 54), ZHR 153, S. 459.

(65) Wiedemann, a.a.O. (Fn. 7), §8 III1a. なお、ドイツ法における隠れた利益配当の問題について、詳しくは、宍戸善一「閉鎖会社における内部紛争の解決と経済的公正（三）」法学協会雑誌一〇一巻九号一三四二頁以下（昭和五九年）参照。

(66) Winter, a.a.O. (Fn. 15), S. 220.

(67) Wiedemann, a.a.O. (Fn. 7), §8 III1a.

(68) Wiedemann, a.a.O. (Fn. 7), §8 III1a; Winter, a.a.O. (Fn. 15), S. 220.

(69) Wiedemann, a.a.O. (Fn. 7), §8 III1a; Winter, a.a.O. (Fn. 15), S. 227ff., 235.

(70) Wiedemann, a.a.O. (Fn. 7), §8 III1a.

(71) Wiedemann, a.a.O. (Fn. 7), §8 III2c; Liebs, Die Anpassung des Gesellschaftsvertrags der GmbH an das Bilanzrichtlinien-Gesetz, DB 1986, 2421, S. 2422.

(72) Wiedemann, a.a.O. (Fn. 7), §8 III2c; Winter, a.a.O. (Fn. 15), S. 276.

(73) ドイツ有限責任会社法旧二九条一項によれば、社員は定款に別段の定めがない限り、年度貸借対照表に基づき生ずる純利益の分配を請求することができたが、EC第四、第七および第八指令の実施のための法律である貸借対照表指令法（Bilanzrichtliniegesetz）（一九八六年一月一日施行、これについては増田正章＝中西基「西ドイツ有限会社の計算・公開の立法動向―一九八三年政府草案をもとに―」比較法政二三・二四号（昭和五九年）一六七頁以下、戸田秀雄「西ドイツにおける貸借対照表指令法による財務諸表の諸問題―貸借対照表指令法の立法過程とその構造―」地域分析二五巻二号二九頁以下参照）により、有限責任会社法二九条が改正され、現在同条一項は、「社員は利益繰越金を加え損失繰越金を控除した年度剰余金に対する請求権を有する。ただし、その金額が、本法若しくは定款により、第二項の決議により、又は利益処分決議に基づく付加的費用として、社員に対する配当を禁じられる場合は、この限りでない。部分的利益処分を考慮して貸借対照表が作成されているとき、又は準備金が取り崩されるときは、第一文にかかわらず、社員は、貸借対照表利益に対する請求権を有する」と定め、また第二項は「定款に別段の定めがない限り、利益処分決議をもって、社員は一定金額を利益準備金に組み入れ、又は利益として繰り越すことができる」と定めている（訳文は法務大臣官房司法法制調査部編・西ドイツ有限会社法西ドイツ組織変更法西ドイツ会社財産による資本増加及び有限会社の合併に関する法律（昭和六三年、法曹会）一四頁による）。

同規定の改正理由によれば、一つは、一九世紀末に制定された旧法の下では全額配当の原則が行われていたが、これは自己金融（Selbstfinanzierung）ができず企業の投資拡大に不利であるなど、もはや現代的経営の要請に合致しないこと、もう一つは旧法下で自己金融のために積極財産に対する過小評価と消極財産に対する過大評価などによる秘密準備金の積み立てが広く行われていたが、秘密準備金の弊害が大きいため、正規の準備金の積立を認める一方、かかる秘密準備金の積み立てを禁止するためであった。G. Hueck, Minderheitsschutz bei der Ergebnisverwendung in der GmbH, Festschrift für Steindorff, 1990, 45, S. 47; Winter, a.a.O. (Fn. 15), S. 276, 289. しかしながら他方では、右法改正により準備金の積み立てまたは利益の繰り越しが単純多数決によって決められ、社員の利益配当請求権が著しく制約されることになったため、多数派・少数派間の関係が逆転し、少数派社員は利益の不配当による兵糧攻めという危険な立場に立たされたのである。Martens, Grundlagen und Entwicklung des Minderheitsschutzes in der GmbH, Festschrift 100 Jahre GmbH-Gesetz, 1992, 607, S. 619ff.; G. Hueck in Baumbach/Hueck, GmbH-Gesetz, 15. Aufl., 1988, §29 Rdn. 29. このためMartensは、右法改正を、社員の私的自治的規整の権限への不当な干渉であり、少数派の利益保護を考慮しなかった立法の失敗例だと批判している。Martens, a.a.O. なお、貸借対照表に関する政府草案では当初、有限責任会社について最低四%の利益配当を要求し、四%以下の利益配当を決定した社員決議については、それが会社の生活力と抵抗力を確保するために絶対必要と認められる場合以外は、すべて取り消しうると提案していたが、法律委員会は、法律で配当の最低額を定めるのが不適切だとの理由で草案中のこの部分を削除した、という経緯がある。Vgl. Liebs, a.a.O. (Fn. 71), S. 2421.

(74) 有限責任会社法四二a条第二項は、「社員は遅くとも営業年度終了後八箇月以内に、又は小会社(商法第二六七条一項)である場合には営業年度終了後一一箇月以内に、年度決算書の確定及び利益処分について決議しなければならない。定款によりその期間を延長することはできない。年度決算書についてはその確定の際にその作成のために妥当する規定を適用しなければならない」と定めている。訳文は、法務大臣官房司法法制調査部編・前掲注(73)書二一頁による。

(75) Hueck, a.a.O. (Fn. 73), FS Steindorff, S. 52.

(76) Hueck, a.a.O. (Fn. 73), §29 Rdn. 39ff.; Schulze-Osterloh in Baumbach/Hueck, GmbH-Gesetz, 15. Aufl., 1988, §42a Rdn. 41; Fischer/Lutter/Hommelhoff, GmbH-Gesetz, 12. Aufl., 1987, §29 Rdn. 29; Roth, GmbHG, 2. Aufl., 1987, §29 A. 5. 2, §46 A. 2. 2; Goerdeler/Müller in Hachenburg, GmbHG, 7. Aufl., §

29 Rdn. 44; Rowedder in Rowedder/Fuhmann/Koppensteiner/Rasner/Rittner/Wiedemann/Zimmermann, GmbHG, 2. Aufl., 1990, §29 Rdn. 35f.

(77) Hueck, a.a.O. (Fn. 73), FS Steindorf, S. 53. 会社に対する決議採決請求と他の社員に対する決議協働請求は、訴えによって行われるが、その執行は民事訴訟法（ZPO）八八八条に従って行われるとされる。なお、Hueckは、請求した決議がその後なされた場合の決議の結果を担保するために、同一訴訟で一定の決議の内容を求めることも可能だと主張している。Hueck, a.a.O. S. 56.

(78) Hueck, a.a.O. (Fn. 73), FS Steindorf, S. 55ff.; ders., a.a.O. (Fn. 73), §29 Rdn. 32ff.; Winter, a.a.O. (Fn. 15), S. 290ff.; Liebs, a.a.O. (Fn. 71), S. 2421f.; Ehlke, Ergebnisverwendungsregelungen in der GmbH nach dem BiRiLiG, DB 1987, 671, S. 672.

(79) Hueck, a.a.O. (Fn. 73), §29 Rdn. 30.

(80) Wiedemann, a.a.O. (Fn. 7), §8 III2c, §8 IV1.

第三節　誠実義務違反の法的効果

第一項　総会決議の取消と損害賠償責任

一　社員が、会社および共同社員に対して負うべきところの誠実義務に違反して行動した場合における法的効果は、基本的にその社員の用いた手段の性質によって決定される(1)。したがって、多数派社員が利己的な目的を追求するために、その議決権を行使して不当に総会の決議を成立させた場合には、誠実義務違反の効果として当該総会決議が取り消されることになる。すなわち、この場合の誠実義務違反は、総会決議の取消という法的効果を生ぜしめるわけである。これは、現在一般に認められているところである(2)。

しかしながら、総会決議の取消という法的効果を認めただけでは、問題がすべて解決されるわけではない(3)。なぜならば、一つは、決議取消訴訟によって総会決議の存在力（Bestandskraft）はたしかに排除されることになるが、しかし決議が既に実行に移された場合に生ずる事実上の効果はもはや除去されることができないのであり、またもう一つは、多数派社員が議決権行使によらずに、その事実上の影響力の行使により業務執行者をして一定の措置をなさしめ、または具体的な企業政策をとらせることが可能だからである(4)。それゆえ、誠実義務違反の法的効果を総会決議の取消に限定すると、少数派社員の利益が本質的に保護されることができないため、このほかさらに誠実義務違反の行為によって生ずる損害を多数派社員に賠償せしめることが必要となる(5)。

かような観点から、学説は有限責任会社の社員について、社員による議決権行使または事実上の影響力行使が誠実義務に違反した場合には、当該社員が、これにより損害を受けた会社のほか、直接に損害を受けた共同社員に対しても損害賠償義務を負うべきことを、ほぼ一致して認めている(6)。そして連邦通常裁判所もかかる支配的見解に従い、有限責任会社に関するＩＴＴ事件判決（前章第二節③判例）などにおいて、多数派社員が誠実義務に違反して行動した場合には、これにより少数派社員に直接に生じた損害につき賠償する義務を負うことを認めた(7)。

二　これに対し、株式会社の株主が誠実義務に違反した場合に損害賠償義務を負うべきかについては、見解が分かれている。初期の段階では、株主の損害賠償責任を認めることは株式会社の根本原理と相容れないとか、株主の無名性に反するといった理由で、株主の損害賠償責任を否定する見解が強かった(8)。そして今日でも、依然これを支持している学説が見られる(9)。しかしこのような見解に対しては、現行株式法三一七条が支配企業の損害賠償義務を認めているように、多数派株主の損害賠償義務は株式会社の組織構造と調和しうること、また多数派株主については無名性の権利を認めることができず、それに対する損害賠償請求権が行使された場合にも法的安定性が維持され得るとの反論がなされている(10)(11)。そして現在、株主の誠実義務違反に基づく損害賠償責任を肯定するのが、むしろ支配的である。[12] また連邦通常裁判所も、既述のように、Sheikh Kamel 事件判決（前章第二節⑫判例）や Girmes 事件判決（同⑬判例）において、このような株主の損害賠償責任を認めるに至っている。

もっとも、株式会社の株主に損害賠償責任を認める場合には、次のようなことが問題となる。すなわち一つは、株主に損害賠償責任を課すことは、株主の義務を出資義務に限定した株式法五四条[13]に反しないか、という問題である。これについて学説は、株主の損害賠償責任を肯定しても、五四条の趣旨には反しないと主張している。[14] その理由として、株式法三一七条が既に支配企業について議決権行使による損害賠償責任を認めていること、民法典八二六条の規定も、故意に誠実義務に反する方法で議決権を行使し、他の株主の利益を害する場合について適用され得ること、また実質的にも議決権行使による誠実義務違反の場合の損害賠償請求は当該株主に対し会社への追加出資を要求するものではなく、その不当な行為により損害を受けた会社および他の株主に対しその損害を塡補せしめる性質のものであること、といった点が挙げられている。[15]

そしてもう一つは、株式法一一七条七項一号の規定が株主総会における議決権の行使について株主の責任を排除しているが、もし議決権行使による誠実義務違反について株主の損害賠償責任を認めるとすれば、これは右規定と矛盾することになるのではないか、ということである。しかしこれについても多くの学説は、両者は矛盾しないとしている。[16] その理由に関して、株式法一一七条七項一号の適用範囲を限定的に解釈し、同規定が適法な議決権行使についてのみ適用されるとする見解が主張されている。すなわち、それによれば、株式法一一七条七項一号の規定の適用領域は誠実義務理論のそれと異なっており、前者は経済的に独立している株式会社の内部における意思形成の自治の確保と、第三者の侵害からの会社および株主の財産的利益の保護を目的とするもので、後者は会社内における株主の権利行使ないし影響力の行使を制約するものである。もちろん一一七条七項一号の規定は、株主が議決権行使を通じて恣意的に共同株主の利益を害することを黙認しているわけではないが、しかしこの規定は、単に適法な議決権行使の場合にのみ適用され、議決権が不当に行使された場合には、株主はこの規定を根拠にその責任を免れることができない、という。[17]

他方、株式法一一七条七項一号の適用範囲について同じく限定的な解釈の立場を取りながらも、その適用対象を株主総会の決議事項のうち業務執行の措置に関する決議に限定し、定款変更決議や資本増加・減少等の構造変更決議は同規定の適用範囲から除外すべきだとする解釈があり、この立場の下では、定款変更等に関する決議が誠実義務に反してなされた場合には、議決権を行使した株主は他の株主に対し損害賠償義務を負うことになる。[18]このほか、実定法上の解釈として、株主の議決権行使による誠実義務違反の場合における損害賠償責任と株式法一一七条七項一号の規定との間の矛盾を矛盾として認めながらも、立法者が議決権の濫用に対し株式法二四三条二項に基づく決議取消訴訟によって会社と株主の利益保護を充分図り得ると考えたことから、議決権行使についての株主の責任を免除したという同規定の立法趣旨に着目し、決議取消訴訟によって会社と株主の利益を保護できないときには、この責任免除の特典も当然限界を見いだすべきだと解釈し、決議取消訴訟による救済が効果を発揮しない場合、特に取消訴訟によっては迅速な救済が期待できないような場合については、株主の議決権行使による損害賠償責任を肯定すべきである、とする見解も有力に主張されている。[19][20]

このように、株主の誠実義務違反に基づく損害賠償責任を認める場合に、株式法一一七条七項一号の規定との関係をどのように整合的に解釈するかが問題となっており、右のような見解の違いも存在しているが、ともかくこの規定を根拠に議決権行使による誠実義務違反についての株主の責任を免除するのは妥当でなく、同条項は制限的に解釈されるべきだとする点では、学説の立場がほぼ一致していると言える。[21]

第二項　損害賠償責任の主観的要件

このように、有限責任会社の社員または株式会社の株主は、誠実義務違反により会社または共同社員（株主）に生じた損害につき、賠償責任を負うべきものとされているが、かかる損害賠償責任を認める場合に、いかなる故意・過失の基準（Verschuldensmaßstab）を用いて社員の行為の違法性を判断すべきかが問題となる。すなわち、損害賠償責任の主観的要件の問題である。

これについては、学説において社員の誠実義務違反による損害賠償責任は、必ずしも民法典八二六条に定める故意（Vorsatz）の主観的要件を必要としないとする見解が有力である。(22) ただ、株主に関しては、会社に対する影響力を利用する者の損害賠償責任を定めた株式法一一七条一項(23)が明確に故意の要件を要求していることから、これといかに調和するかが問題となるが、Wiedemannは、この一一七条の規定はただ偶然に、非計画的に(gelegentlich aber nicht planmäßig) 会社の運命を決定する株主にのみ適用されるべきであって、長期間にわたり存在する安定的な多数派株主はより高度の配慮義務を負うべきものであるから、多数派株主にはこの株式法上の要件は適用されないと主張し、一一七条の規定を極めて制限的に解釈している。(24) したがってこの有力説によれば、一般株主については株式法一一七条が適用され、故意という主観的要件が存在する場合にのみ、誠実義務違反による損害賠償責任が認められるのに対し、従前から存在している安定的な多数派株主については一一七条の主観的要件が適用されず、過失があるだけで、損害賠償責任が成立することになる。

もっとも、連邦通常裁判所は、過失（Fahrlässigkeit）のある議決権行使によって誠実義務に違反した場合について株主の損害賠償責任を認めると、特に小株主に株主総会への出席を躊躇させ、その議決権行使を萎縮させてしまう恐れがあること、金融機関への議決権行使の委任も行わなくなる恐れがあること、さらには株式市場での株式取引にも影響を及ぼしかねないことなどを理由に、議決権行使によって誠実義務に違反した場合の損害賠償責任を故意の場合に限定したほうがよいとした上で、軽過失と重過失(grobe Fahrlässigkeit)との限界付けが法律上および事実上の評価の問題として極めて困難であるとして、重過失のある場合も株主は損害賠償責任を負わないとの見解を示しており、学説にもこれを支持する見解がある。(25)

このように、株主の議決権行使による誠実義務違反については、一般株主ないし小株主は故意の要件が存在する場合にのみ損害賠償責任を負うという点では、判例・学説の見解がほぼ一致していると言えるが、多数派株主の責任については見解の違いが見られる。ただし右判例の立場の下でも、多数派株主について一般株主とは異なる過失基準を適用することが考えられないわけではないので、この問題は今後、前記有力説の主張する方向に収斂していく可能性は十分あると思われる。

また、注意義務の基準（Sorgfaltsmaßstab）については、特に有限責任会社の社員について、普通の社員はそれほどの影響力を持たず、ただ一般的な利益追求の行為をしているだけであるから、民法典二七六条[26]に定める通常の取引における注意義務を尽くせば足りるのに対し、多数派社員は会社の業務執行に対し影響力を行使することができ、場合によっては業務執行者に代わって業務執行に従事するようなこともあることから、業務執行者と同等の注意義務、すなわち有限責任会社法四三条一項に定める通常の営業者の注意義務を負わなければならない、とする見解が有力である。[27]

（1）Lutter, Die Treupflicht des Aktionärs, ZHR 153 (1989), 446, S. 457f.; Winter in Scholz, GmbH-Gesetz, 8. Aufl. 1993, §14 Rdn. 61.

（2）Lutter, a.a.O. (Fn. 1), S. 457; ders., Das Girmes-Urteil, JZ 1995, 1053, S. 1054; Lutter/Hommelhoff, GmbH-Gesetz, 12. Aufl. 1987, §14 Rdn. 13; Winter, a.a.O. (Fn. 1), §14 Rdn. 61; Wiedemann, Gesellschaftsrecht, Bd. I, 1980, §8 III2; Martens, Die GmbH und der Minderheitsschutz, GmbHR 1984, 265, S. 267; G. Hueck in Baumbach/Hueck, GmbH-Gesetz, 15. Aufl. 1988, §13 Rdn. 31; Timm, Treuepflichten im Aktienrecht, WM 1991, 481, S. 485ff.; Schilling in Hachenburg, GmbHG, 7. Aufl. 1979, §14 Rdn. 26; Meyer-Landrut in Meyer-Landrut/Miller/Niehus, GmbHG, 1987, §14 Rdn. 29; Henrichs, Treupflichten im Aktienrecht, AcP 195 (1995), 221, S. 267; Häsemeyer, Obstruktion gegen Sanierungen und gesellschaftsrechtliche Treupflichten, ZHR 160 (1996), 109, S. 116f. なお、議決権行使の場合における誠実義務違反は、株式法二四一条の決議無効の事由とはならないと解されている。Vgl. Henrichs, a.a.O. S. 267, Fn. 197.

（3）　Martens, a.a.O. (Fn. 2), S. 267.

（4）　Martens, a.a.O. (Fn. 2), S. 267. 前者に関しては例えば、既に紹介したGirmes事件判決（前章第二節⑬判例）におけるように、会社の再建計画案に基づく減資決議案が否決された後に破産手続が開始された場合には、たとえ総会決議が取り消されても、判決の遡及効はもはや現実的な効果を発揮することができず、株主は決議取消訴訟によっては救済され得ないのである。

（5）　Martens, a.a.O. (Fn. 2), S. 267.

（6）　前掲注(2)の諸文献のほか、Winter, Mitgliedschaftliche Treuebindungen im GmbH-Gesetz, 1988, S. 83 f.; Meyer-Landrut, a.a.O. (Fn. 2), §14 Rdn. 30; Wiedemann, a.a.O. (Fn. 2), §8 IV1aなどがある。なお、不当な議決権行使による損害賠償責任が認められる場合には、会社または社員はその賠償請求権を行使する前提として、まず当該議決権行使によって成立した総会の決議を取り消さなければならないとするのが、支配的見解である。その理由は、法律違反の決議を取り消さないと、その効果が流動的であること、損害賠償請求権を無制限にかつ決議の取消と無関係に認めるのは法的安定性に反し不当であること、などが挙げられている。Vgl. Winter, a.a.O. S. 320f. ただし、連邦通常裁判所はGirmes事件判決において、総会決議の取消を損害賠償請求権行使の前提条件として要求しても、前掲注(4)に述べたように、決議取消判決が現実的な効果を発揮できず、それゆえ決議の存在力の除去による法的安定性の確保が現実的な意味を持たない場合もあることに鑑み、このような要件は不要だとする見解を示している。BGHZ 129, 136, S. 160f.

（7）　なおこのほか、有限責任会社において極めて重大な誠実義務違反があった場合には、当該社員を会社から除名することも認められている。連邦通常裁判所一九五三年四月一日判決(前章第二節①判例)。学説としては、Lutter, a.a.O. (Fn. 2), §14 Rdn. 61; Hueck, a.a.O. (Fn. 2), §13 Rdn. 31; Winter, a.a.O. (Fn. 1), §14 Rdn. 61が挙げられる。

（8）　これについてはWiedemann, a.a.O. (Fn. 2), §8 IV1a. 参照。

（9）　Winter, a.a.O. (Fn. 6), S. 147, Fn. 93; Martens, Die Treupflicht des Aktionärs, in K. Schmidt,

Rechtsdogmatik und Rechtspolitik, 1990, S. 251ff.

(10) 株式法三一七条は、支配契約がない場合における支配企業とその法定代理人の責任を定めたもので、その第一項は「支配的企業が、支配契約のない従属会社をして、従属会社のため不利益な法律行為を為しまたは従属会社の不利益に処置を行いまたは行わないように仕向け、しかもその支配的企業が営業年度の終迄にその不利益を事実上補償しまたは補償に当てられた利益を求める法律上の請求を従属会社に付与しないときは、支配的企業はこれにより会社に生じた損害の賠償につき会社に義務を負う。株主が損害を受けた限り、会社の損害により株主に加えられた損害は別として、支配的企業はこれにより株主に生じた損害の賠償につき株主にも義務を負う」と定めている。訳文は、慶應義塾大商法研究会訳・西独株式法（昭和四四年、慶應義塾大法学研究会）四九六頁による。

(11) Wiedemann, a.a.O. (Fn. 2), §8 IV1a.

(12) Wiedemann, a.a.O. (Fn. 2), §8 IV1a; Lutter, a.a.O. (Fn. 2), §14 Rdn. 61; ders., a.a.O. (Fn. 2), JZ 1995, S. 1055; Timm, a.a.O. (Fn. 2), S. 485ff.; Dreher, Die Schadensersatzhaftung bei Verletzung der aktienrechtlichen Treuepflicht durch Stimmrechtsausübung, ZIP 1993, S. 332ff.; Hirte, Bezugsrechtsausschluß und Konzernbildung, S. 236ff.; Marsch-Barner, Treuepflichten zwischen Aktionären und Verhaltenspflichten bei der Stimmrechtsbündelung, ZHR 157 (1993), 172, S. 189ff.; Friedewald, Die Personalistische Aktiengesellschaft, 1991, S. 138; Henrichs, a.a.O. (Fn. 2), S. 267; Bungert, Die Treupflicht des Minderheitsaktionärs, DB 1995, 1749, S. 1755; Häsemeyer, a.a.O. (Fn. 2), S. 117.

(13) 株式法五四条一項は、「出資の給付についての株主の義務は、株式の券面額またはそれより高い発行価額により限定される」と定めている。訳文は、慶應義塾大学商法研究会・前掲注(10)七四頁による。

(14) Timm, a.a.O. (Fn. 2), S. 486f.; Dreher, a.a.O. (Fn. 12), S. 337.

(15) Dreher, a.a.O. (Fn. 12), S. 337.

(16) Wiedemann, a.a.O. (Fn. 2), §8 II4; Lutter, a.a.O. (Fn. 1), S. 456; Timm, a.a.O. (Fn. 2), S. 487; Dreher, a.a.O. (Fn. 12), S. 335ff.; Heermann, Stimmrechtsvertretung in der Hauptversammlung und

Schadensersatzhaftung, ZIP 1994, 1243, S. 1249.

(17)　Timm, a.a.O. (Fn. 2), S. 487.

(18)　Marsch-Barner, a.a.O. (Fn. 12), S. 190.

(19)　一九六五年株式法の政府草案理由書は一一七条七項一号についてそのような立法理由を示している。慶応義塾大学商法研究会・前掲注(10)一八六頁参照。

(20)　Henrichs, a.a.O. (Fn. 2), S. 270f.

(21)　また連邦通常裁判所もGirmes事件判決において、この一一七条七項一号の規定を極めて制限的に解釈しており、決議取消訴訟によって損害の発生を防ぐことができない場合には、議決権行使に基づく株主の損害賠償責任を認めても、同規定の趣旨には反しないとの見解を示している。BGHZ 129, 136, 158ff.

(22)　Wiedemann, Die Bedeutung der ITT-Entscheidung, JZ 1976, 392, S. 394; Timm, a.a.O. (Fn. 2), S. 487. なお、民法典八二六条は、良俗に反する方法で、故意に他人に損害を加えた者は損害賠償義務を負うと定めて、故意の要件を要求している。

(23)　株式法一一七条は、株主をも含めた会社への影響力を利用した者の責任を定めたもので、その第一項は、「会社への自己の影響を利用して、取締役会もしくは監査役会の構成員、支配人または番頭手代をして、会社またはその株主の損害となる行為を故意に為さしめた者は、これにより会社に生じた損害の賠償につき会社に義務を負う。会社の被害によって株主に加えられた損害を除き、株主が損害を受けた限りは、その者はこれによって株主に生じた損害の賠償につき株主にも義務を負う」と定めている。訳文は慶應義塾大商法研究会・前掲注(10)一八三頁による。

(24)　Wiedemann, a.a.O. (Fn. 22), JZ 1976, S. 394; ders., a.a.O. (Fn. 2), §8 II4. なお、Wiedemannは、この一九三七年株式法一〇一条に相当する現行株式法一一七条の規定は、元来社員関係から発生してくる社団法上の義務を不法行為に基づく債務法上の義務（die schulderechtliche aus unerlaubter Handlung）に転換したものであり、このような一般的な不法行為の規定は支配株主の特殊な配慮義務の発展を阻害するものだとしている。Wiedemann, a.a.O. S. 394, Fn. 24.

(25)　BGHZ 129, 136, S. 162ff. これについて、Lutter, a.a.O. (Fn. 2), JZ 1995, S. 1055; Häsemeyer, a.a.O. (Fn. 2), S. 118; Grunewald, Rechtswidrigkeit und Verschulden bei der Haftung von Aktionären und Personengesellschaftern, Festschrift für B. Kropff, 1997, 89, S. 96ff. が支持している。

(26)　民法典二七六条一項は、「債務者は別段の定めがない限り故意及び過失につきその責に任ずる。取引に必要な注意を怠った者は過失があったものとする」と定めて、取引上必要とされる注意義務を尽くさなかった者が過失による責任を負うべきことを明らかにしている。訳文は、柚木馨＝上村明廣・獨逸民法［II］（昭和三〇年復刻版、有斐閣）一〇九頁による。

(27)　Martens, a.a.O. (Fn. 2), GmbHR 1984, S. 268; Meyer-Landrut, a.a.O. (Fn. 2), §14 Rdn. 31; Wiedemann, a.a.O. (Fn. 2), §8 IV1a; Hueck, a.a.O. (Fn. 2), §13 Rdn. 31.

第四編　日本法への展開

第一章　誠実義務理論の展開

第一節　総　説

これまで本書は、アメリカ法およびドイツ法における閉鎖的資本会社の少数派社員の抑圧問題と、それに対処するための多数派社員の誠実義務理論の展開を検討してきた。アメリカ法およびドイツ法について共通して言えるのは、これらの国の判例や学説が、閉鎖的資本会社における多数派社員の少数派社員に対する抑圧の問題に比較的に早くから取り組んできており、今日では多数派社員の誠実義務理論の採用によって、少数派社員の利益救済が積極的に図られている、ということである。

アメリカ法においては、閉鎖会社はパートナーシップに準ずる法形態としてとらえられており、株主相互間の関係もパートナーシップにおけるパートナー的関係として把握されている。それゆえ、閉鎖会社の株主は、互いにパートナー相互間の「最大の誠実と忠誠」の義務を負うべきものとされ、会社および他の株主の利益を適切に考慮して行動することが要求されている。(1) 多数派株主が議決権行使または事実上の影響力行使によって、不当に少数派株主を会社の経営から締め出したり、会社利益への平等な参加から排除したりする場合には、少数派株主に対する誠実義務違反と認められ、その法的効果として当該議決権行使の効果が否認される上、少数派株主に直接にもたらした損害については、賠償責任を負わなければならない。また、多数派株主の濫用行為が特に著しく、少数派株主の利益保護を図る上で必要不可欠だと裁判所が判断した場合には、少数派株主による会社解散の請求

も認められることになる。(2)

一方、ドイツ法においても、有限責任会社については、それが人的会社に類似した組織構造を有し、社員間に人的関係が存在すること、そして多数派社員が業務執行に対する影響力の行使を通じて、共同社員の会社における利益を害する可能性を有するため、衡平の見地から共同社員の利益を考慮する会社法上の義務を要求すべきであることから、多数派社員の少数派社員に対する誠実義務は、広く一般に承認されている。(3) もっとも、株式会社にあっては、長い間、伝統的な社団法理論の影響により、株式会社の社団的性格が強調された結果、株主相互間における直接的な法律関係の存在可能性が徹底的に否認されていた。しかし近時、社員圏の閉鎖的な人的株式会社については、それが有限責任会社の場合と同様、人的会社に類似した内部的構造を形成することができ、それゆえ株主間に人的関係が存在しうること、そして株式会社においても、多数派株主が業務執行への影響力行使により、共同株主の会社における利益を害する可能性を有するため、ここでも衡平の見地から、共同株主の利益を考慮すべき会社法上の義務を要求しなければならないとして、株主相互間の誠実義務、特に多数派株主の少数派株主に対する誠実義務が承認され、強調されるようになってきた。(4)

そして、このような資本会社における多数派社員の誠実義務は、多数派社員による権利行使およびその社員たる地位に基づく影響力行使を制約することにより、会社の利益および少数派社員の会社における利益を保護する機能を果たすものとされている。すなわち、少数派社員に対して誠実義務を負うために、多数派社員は、その議決権行使または影響力行使に際して、少数派社員の会社における利益を適切に顧慮することが要求され、自己の私的利益を追求するために、少数派社員の利益を恣意的に侵害してはならない。少数派社員の利益を著しく侵害する多数派の決定は、いわゆる比例原則の下で、実質的事由によって正当化される場合であることが必要である。もし、多数派社員が少数派社員に対して負うべきところの誠実義務に違反して、総会において議決権を行使し、または事実上の影響力を行使した場合には、当該総会決議が取り消されることができるのみならず、少数派社員

に直接に生じた損害については、賠償責任を負わなければならないのである。(5)

このように、アメリカ法やドイツ法においては、閉鎖的資本会社における少数派社員の抑圧問題は、判例および学説における誠実義務理論の意欲的な展開によって、徐々に解決されつつあるのである。

ところで、閉鎖的資本会社における少数派社員の利益救済に関する日本法の現状については、既に序論のところで紹介した。そこでの検討を通じて、多数派社員の濫用から少数派社員の利益救済を図る法的手段として、従来から唱えられてきた多数決濫用の理論は、多数派の議決権の濫用によって成立した総会の決議を取り消すか、または無効にすることによって、持分支配権の濫用の一場面である総会の場における多数派の濫用をある程度抑制しうるものの、持分支配権濫用のもう一つの側面である、多数派の事実上の支配力に基づく勢力の濫用には完全に対処し得ないというところに、その限界があることが、明らかとなった。そこで、閉鎖的資本会社における少数派社員の抑圧問題を徹底的に解決するためには、多数派による議決権の濫用と勢力の濫用とを統一的に制御するための理論、すなわち持分支配権濫用の理論の構築が新たに試みられなければならないことを確認した。(6)

そうして、アメリカ法やドイツ法についての比較法的考察の結果、本書は、この多数派社員による持分支配権の濫用に対処するための新たな理論構成として、誠実義務理論が極めて効果的に機能しうるのではないか、との認識を得ることができた。これまでの検討からも明らかなように、閉鎖的資本会社において、少数派社員が多数派社員の濫用的ないし抑圧的な行為にさらされやすい危険な立場に置かれている、という問題状況は、日本においても、そしてまたアメリカやドイツにおいても、全く同様だと言ってよいのである。(7) アメリカ法やドイツ法において、多数派社員の誠実義務という法理論が判例・学説上確立され、発展してきた背景には、多数派社員による不当な権利行使または影響力行使を抑制し、このような危険な立場に立たされている少数派社員を救済するという考慮があったことは明らかである。この法理論は、日本にも存在しているこの問題状況に対処することが十分可能であり、かつ必要であると考えられる。そこで、以下では誠実義務の法的根拠などについて検討する。

第二節　誠実義務の法的根拠

既述のように、日本法において多数派社員の誠実義務を肯定する場合に、その法理論上ないし解釈論上の根拠は、どのように考えるべきかが、問題となる。この多数派社員の誠実義務の法理論上ないし解釈論上の根拠については、本書は、これを次の二点に求めることが可能なのではないかと考える。

すなわち、まず、閉鎖的資本会社が実質的に人的会社と同様の組織構造を有し、社員相互間に契約的結合関係が存在しているという点が考えられる。つまり、小規模閉鎖的な株式会社や有限会社においては通常、社員の数が少なく、社員間に家族や親戚、友人関係などを背景とした密接な人的信頼関係が存在している。また、社員は同時に、会社の取締役または従業員として、会社の経営に直接に参加するのが一般的であり、大規模の公開会社において見られるような所有と経営の分離は行われていない。[8] こうした閉鎖的資本会社の特徴は、元来、合名会社のような人的会社においてしか見られないところであり、[9] それゆえ、このような閉鎖的資本会社の現実的形態に着目する限り、これを、人的会社化した物的会社としてとらえることも可能なのであろう。その意味においては、閉鎖的資本会社は、実質的に社員の個性の濃厚な組合的性格を有するものであり、[10] その社員は、いわばこの組合企業の共同経営者として、相互間の契約関係によって結合しているということができる。[11] したがって、閉鎖的資本会社においては、社員相互間に直接の法的関係の存在する契機が、このような会社の現実的構造によって作り出されたということができ、そしてそれが社員相互間の誠実義務、特に多数派社員の少数派社員に対する誠実義務を生ぜしめる根拠となる、と考えられる。[12]

そして、次に、多数派社員の誠実義務の根拠を、閉鎖的資本会社における多数派社員の有するところの、少数派社員の会社における利益に対する支配の可能性という点に求めることも可能だと考えられる。すなわち、前述のように、社員自らが企業経営に参加する閉鎖的資本会社は、実質的には組合企業の一形態であり、その事業の存続発展は、かなりの程度において、社員相互間の緊密な協働・協力関係に依存している。それゆえ、会社の業務執行等に関する意思決定は、本来、このような実質的な組合性を反映すべく、合名会社の場合と同じような頭数多数決ないし全員一致の原則[13]によるのが望ましいといえる。[14]ところが、実際にはこの種の会社においても、大規模の公開会社と同様に、資本多数決制度が採用されており、資本多数決による会社の意思形成を通じて、社員相互間の利害調整が図られている。[15]その結果として、少数派社員の意思がしばしば無視され、代わりに多数派社員の意思が会社全体の意思として擬制され、貫徹されることになる。これはすなわち、会社の持分の多数を握る多数派社員が、[16]総会の場における議決権行使を通じて、直接または間接的に少数派社員の利益を処分することが可能であるほか、その事実上の支配力に基づき、業務執行機関に対する影響力の行使により、少数派社員の会社における利益を侵害しうることを意味するものである。つまり、多数派社員は、資本多数決制度の下で、その会社における優越的な地位に基づいて、少数派社員の会社における利益範囲に対し、多大な支配力を及ぼすことができるわけである。[17]

そこで、共同事業者としての少数派社員の会社における利益を確保するという観点から、多数派社員のこのような自己の出資を超えた、不釣り合いに大きい支配力を制限することが、当然必要となってくる。また、企業の存続発展が社員相互間の緊密な意思疎通と協力関係にかかっている以上、このような社員間の人的信頼関係の維持を図るという点からしても、多数派社員に対して、その権利行使および影響力行使につき、他の社員の会社における利益を適切に考慮することを要求してしかるべきである。したがって、このような多数派社員の有するところの、少数派社員の利益範囲に対する支配の可能性という点においても、多数派社員の少数派社員に対する誠実義務、すなわち、少数派社員の会社における利益を適切に考慮し、自己の個人的な利益の追求のために、少数派社員の利益を不当に害することのないようにすべき義務を認める根拠がある、と考えられる。[18]

このように、閉鎖的資本会社における多数派社員の誠実義務は、右の法理論上ないし解釈論上の根拠により認められるべきものと考えるが、このような誠実義務を認める上での実定法上の根拠としては、民法の信義誠実の原則を挙げることができよう。

すなわち、民法一条二項は、「権利の行使及び義務の履行は信義に従い誠実にこれをなすことを要す」と定めて、権利の行使および義務の履行は信義誠実の原則に従うべきことを明らかにしている。この信義誠実の原則は私法全体に妥当する法原理であるが、それが会社法の領域において、社員相互間の関係を規整する場合には、会社法上の誠実義務として把握されることになると考えられる。[20] したがって、会社の構成員は、会社という共同体の一員として、常にこの社員間の関係の調整を目的とする規準原理に従うべきこと、より通俗的に言えば、互いに相手方から一般に期待される信頼を裏切ることのないように、誠意をもって行動すべきことが求められる。[21] 特に多数派社員については、その権利行使または勢力行使が会社の利益および少数派社員の会社における利益に大きく影響しうることから、より一層の誠実的な行動が求められるべきものと考えられる。[22]

第三節　伝統的会社法理との関係

一　右のような法的根拠により、閉鎖的資本会社における多数派社員の誠実義務を肯定する本書の立場に対しては、伝統的な会社法理論から、次のような二つの疑問が提起されることが予想される。

すなわち、一つは、日本法では、社団と組合とは相対立する法的概念だと考えられており、このため、社団とされる物的会社においては、誠実義務の根拠となるべき社員相互間の直接的な法的関係を見いだすことは不可能なのではないか、という会社の社団法人法理からの疑問であり、そしてもう一つは、株主（社員）は会社に対して出資義務のみを負い、これ以外に何等の義務をも負わないとする株主（社員）有限責任法理（商法二〇〇条一項、有

限会社法一七条）からの疑問である。(23)

いずれも現代会社法の基礎理論に関わる重要な問題であるため、以下ではやや詳しくこれらの点について考察してみることにする。

まず、社団と組合との関係については、組合をもって社団に対立する団体の結合形式ととらえる伝統的社団理論は、今一度これを再検討する必要があるのではないかと思われる。すなわち、従来の理解によれば、社団は、団体自体が明確に構成員から独立した存在となっており、そこでは個々の構成員が全く重要性を為さないため、団体の行動はその機関によって行われ、その法律効果は団体自体に帰属して、その構成員には帰属せず、構成員はただ総会を通じて、多数決原理によって団体の運営に参画するに過ぎないのに対し、組合は、団体としての色彩が比較的淡く、逆にその構成員個人の色彩が強く現れる結果、対外的には、構成員自体が集団として現れ、内部的には、構成員相互間の契約関係のみが存在するに過ぎないとされる。結局、社団と組合とは、このように互いに相排斥する法的概念だというのである。(24)

しかしながら、社団と組合の両概念についてのこのような理解の仕方が果たして適切なのか、甚だ疑問である。そもそも、民法においては、組合について詳細な規定が置かれているものの（民法六六七条以下）、社団については、単にそれが公益法人または営利法人になり得ることを定めているに過ぎず(民法三四条、三五条一項)、その具体的な概念規定は存在しない。そして、民法の起草者が法人制度に関する説明の中で、法人を社団法人と財団法人の二種類に分類し得るとした上で、社団法人を「二人以上ノ共同行為ニ因リテ設立シ且設立者其他ノ人格者カ法人ノ構成分子ヲ成スモノ」(25)と理解していることから明らかなように、社団については、それが二人以上の設立者の共同行為により設立されるものという要件しか要求していないわけである。したがって、民法起草者の理解においては、社団とは、人の団体を指すものであって、それは単に財団と区別する上で意義を有するにすぎず、組合と区別する概念としてはそもそも考えられていなかったのである。(26)(27)

他方、現行商法五二条一項は会社を定義して、これを「商行為ヲ為スヲ業トスル目的ヲ以テ設立シタル社団」と定めているが、この規定における「社団」という語は、明治二三年の旧商法に対する商法修正案の段階では「モノ」となっていたところ、[28]最終的に商法整理会においてこれに改められたものである。[29]この点に関して、同条の提案者である梅博士から、「此修正ハ単ニ文字ニ止リ意味ニ於テハ更ニ異ナルコトナシ」との説明がなされており、[30]社団と組合とを特に区別していなかった起草者の立場に鑑みれば、ここにいう「社団」もまた民法におけるのと同様、組合に対立する概念としてはとらえられていなかったものと考えられる。[31]実際に、当時の商法学者も、[32]社団を人的結合という広い意味において用いていたのであり、組合もまた社団の一種として理解していたのである。

このように、立法当時において、社団と組合とが互いに排斥しあう概念としてとらえられていなかったことは、もはや疑いの余地のない事実だと言えるが、[33]それではなぜ、その後の学説においてこの両概念が厳格に峻別されるようになったのであろうか。おそらく、それはドイツ法的社団理論の影響によるものと思われる。すなわち、一九世紀後半にギールケらの主唱したドイツ法的社団理論は、極めて硬直的なローマ法的社団理論における社団と組合、および社団とその構成員間の厳然たる対立の関係を解消しようとしたが、そのうち社団とその構成員間の関係については、たしかにこれを個人法的な紐帯によって結びつけさせたものの、社団と組合については、依然としてこれを相対立する法的概念としてとらえていたのである。[34]そして、このようなドイツ法上の社団と組合との緊張した対立関係の理論は、その後日本法における社団と組合の概念をめぐる解釈論の中で、そのまま学説によって承継されたものと思われる。[35]

しかし、右の立法史的考察からも明らかなように、民法の起草者および当時の商法学説が社団と組合とを相排斥する法的概念ではなく、むしろこの両者をほぼ同一の意義に用いていたのは、当時全盛時代にあったフランス法学の影響を受けていたからであり、[36]日本法上の組合・社団制度は、いわばフランス法の強い影響下で誕生したものと言えるが、このような法制度の歴史的経緯を顧みることなく、一方的にドイツ法的な解釈論を持ち込むことが果たして妥当なのかどうか、問題となる余地があると思われる。[37] また、仮にドイツ法的な解釈論が成り立ちうるとしても、そもそも組合と社団との峻別を強調するドイツ法的社団理論をもって、日本法上の組合・社団制度を説明することにおいて、どれほどの学問的な意義ないし効用が認められるのか、問題とならざるを得ない。もちろん、社団が団体における構成員相互間の関係を処理するための法的技術であることは、現在一般に認められているところであり、[38] しかも構成員が契約関係によって結合する組合の場合に比べて、構成員が団体対構成員の関係、すなわち社員関係によって結合する社団のほうが、構成員相互間の関係をより簡明に処理し得ることも、また明らかな事実である。[39] したがって、立法当時の学説のように、組合と社団とをあたかも同一の制度のようにとらえて、両者間における右のような法技術上の差異を無視することは、もとより妥当とは言えない。

しかし、逆に、社団と組合とを厳格に区別するドイツ法的社団理論をそのまま持ち込んで、この両者を全く相容れない法的概念として理解することも、また適切とは言えないのである。本来、団体の構成員が共通の目的を追求していく上で、[40] その相互間の関係を社団形式で処理するか、それとも組合形式で処理するかは、自由に選択しうるところであり、ただ構成員の数が極めて多数に上る場合には、技術的な制約により、組合形式をとるのが困難であるため、社団形式によらざるを得ないという側面がある。[41] しかし、その場合でも、団体自体が社団形式を取りながら、内部において構成員が組合的結合関係、すなわち契約関係を維持していこうとすることもあり得るのであるし、また逆に構成員の数が少なく、形式的に組合形式をとる団体においても、構成員の中から代表者が選ばれて、団体が継続的存在を有するものもあり得るのである。[42] 結局、従来の学説が強調してきたところの社団と組合との対立関係は、あくまでも理念型的な対立に過ぎないのであり、現実の団体の中には、右のような両類型の中間的なものも多く存在している。[43] いわゆる典型的な社団と典型的な組合はともかくとして、この両者の中間に位置するものについても、従来の学説のように、まずこれについて性質決定を行い、これを社団あるいは組合のいずれかの類型に分類した上で、極めて観念的にその社団または組合としての性格を強調するのは、あまりにも柔軟性を欠いた概念法学的な手法との批判を免れないのであろう(44)。その意味では、立法当時において考えられていたような社団の概念を再認識して、これを広く組合も含む人的結合ないし団体を意味するものとしてとらえることにより、社団と組合との対立関係の解消を図る近時の学説の立場(45)は、支持しうるものと考えられる。

言うまでもなく、社団の概念をこのように広く解するということは、決して社団と組合における前述の法技術上の差異を無視するものではない。むしろ、われわれは、この両者間に右のような法技術上の差異が存することを認めつつも、なおその間に深い内的関連性があることを認識し得るのである。この点をもう少し敷衍すれば、前述のように、団体の構成員がその相互間の関係を社員関係により処理するか、あるいは直接の契約関係により処理するかは、もっぱら構成員の私的自治に基づく法技術的手段の選択の問題であり、前者の方式が選ばれた場合には、団体の独立性が認められる結果、団体それ自体が対構成員の関係と対第三者の関係を有することとなるが(46)、しかしそれは、構成員相互間における直接的な結合関係の存在をすべて否定しなければならないものではない。つまり、構成員相互間の関係は、必ずしも団体の独立性の強さに反比例して薄れていくというものではなく、団体自体が対構成員・対第三者の関係を有することと、構成員相互間に契約関係があることとは論理的に両立し得ないものではないのである(47)。したがって、ある団体が社団形式を取りながらも、その構成員の個性が濃厚で、相互間に契約的結合関係が存在しているとすれば、それは組合的社団ということが可能であるし、また逆に組合形式を取る団体において、構成員の中から代表者が選出されているなど、団体自体の独立性が強く現れている場合には、これを社団的組合としてとらえることも可能なのであろう(48)。社団と組合とは、このように相互の性質を兼有しうる概念だと考えられるわけである(49)。

そこで、右のような観点から、本書が問題としているところの閉鎖的資本会社を見ると、既に述べたように、小規模閉鎖的な株式会社や有限会社においては、所有と経営が分離しておらず、社員は会社財産の共同所有者であると同時に、会社事業の共同参加者という二重の資格を有しており、社員相互間に高度の人的信頼関係や協働関係が存在している。それは、まさに合名会社のような人的会社と同様、法形式的には社団方式を取っているものの、内部的実質的には、社員の個性の濃厚な組合的性格のものである。[50] したがって、これらの会社においては、会社の法律関係は、その形式的な社団性により、会社対社員および会社対第三者の関係が中心となることは確かであるが、しかしなお、社員相互間の組合的結合関係が認められなければならないのであり、社員相互間の関係が問題となる場合には、その実質的な組合性を考慮して、組合的法理による解決を図ることも許されるべきものと考えられる。[51] 社団と組合との峻別論から資本会社の社団性を強調し、社員相互間における直接的法律関係の成立を否定する従来の会社法理論が、結局支配社員と少数派社員との間の決定的な法益不均衡を隠蔽する機能を営んできたという問題状況[52]を考えれば、社員相互間の利益調整を図る上で、社団と組合との関係を相対的に、柔軟にとらえるという新たな社団・組合法理の確立は、極めて重要な意味を有するものと言えよう。

二　そして後者の、株主(社員)有限責任の理論から、本書の主張するところの多数派社員の誠実義務理論に疑問を提起することが考えられるが、これも十分論拠の成り立つものとは言えないように思われる。

たしかに、現行法上、物的会社の社員(株式会社の株主および有限会社の社員)は会社に対する出資義務を履行さえすればよく、それ以外に株主(社員)として何らの責任をも負わないものとされている(商法二〇〇条一項、有限会社法一七条)。[53] このことから、株主(社員)有限責任の原則と呼ばれているが、そもそもこの物的会社における有限責任制度の根拠をどこに求めるべきかが問題となるところであり、[54] そしてより重要なのは、この原則自体もその例外を認められないほど絶対的なものではない、ということである。[55] 有限会社法は、有限会社の社員について、会社成立時および資本増加時における現物出資等についての価格塡補責任(同法一四条・五四条)、会社成立時における給付未済の出資についての払込給付塡補責任(同一五条)、組織変更の場合における純資産額の不足分についての塡補責任（同六五条・六七条四項）などの財産上の義務を課しており、これは、有限会社社員の有限責任原則に対する例外を法自身が認めたものである。(56)

そして商法においては、会社の設立に際して発行された株式のうち、会社の成立後なお引受のないものがあるとき、またはその申込みが取り消された株式があるときは、発起人および会社成立当時の取締役は共同してこれを引き受けたものとみなされ（同法一九二条一項）、また会社の成立後、払込または現物出資の給付未済の株式があるときは、発起人および会社成立当時の取締役は連帯してその払込をなし、または給付未済財産の価額の支払いをなす義務を負うべきことが定められており（同法一九二条二項）、これらの場合において、発起人・取締役は当該株式について払込義務を負わなければならず、また後者の場合には、その株式の引受人たる株主も、払込または現物出資の給付をなす義務を負うべきことは明らかである。これらの場合については、株主有限責任の原則に対する例外をなすものと解する余地もあり得よう。(57)

また、現行商法上、小規模閉鎖会社または結合企業に関する法規整が極めて不備であることから、第三者たる会社債権者の利益保護を図るためのいわゆる法人格否認の法理(58)が判例上形成され、確立しており、一定の要件の下で、会社の法人格が否認され、会社を実質的に支配していた株主は第三者に対して個人的責任を負わされることがある。(59)極めて特殊な事例に限られるとは言え、本来出資義務しか負わないはずの株主（個人株主ないし企業結合の場合における親会社）が、会社の債権者に対する直接の個人的責任を課されるという意味では、やはりそれは、株主有限責任の原則に対する例外をなすものと考えるべきであろう。(60)(61)

さらに、昭和六一年五月に法務省民事局参事官室が公表した「商法・有限会社法改正試案」では、資本金が一定の金額に満たない株式会社・有限会社において、発行済株式総数または資本の二分の一以上の株式・持分を有する株主・社員は、その者が取締役（または代表取締役）または取締役の職務に重要な影響を行使する者であるときは、その地位にある間に発生した労働債権または不法行為債権につき、会社が弁済することができない場合に、直接の責任を負うとして、一定の支配株主（社員）について会社債務に対する直接の責任を認める趣旨の立法提案を行っている。(62) この支配株主（社員）の責任の制度は、平成二年の商法改正では、結局立法化するには至らなかったが、(63) もしこの制度が実現されれば、過小資本の会社における支配株主（社員）は、その取締役の在任中または業務執行に対する重要な影響力を行使する間に発生した、会社の弁済不能な労働債権および取引によって生じたもの以外の不法行為債権について、会社債権者に対する直接かつ無限の責任を課されるわけであり、支配株主（社員）についてその有限責任の特典を排除しうることを立法により一般的に認めるものとなろう。(64)

このように、株主（社員）有限責任の原則は例外を許さないほど絶対的なものではなく、法（判例法も含めて）は一定の政策的目的を実現するために、これを修正することがもとより可能であり、現に右に見た通り、その例外が多く認められているところである。したがって、われわれは、株主（社員）有限責任の原則について、従来のようにこれを会社法における至上の原理として絶対視するのではなく、むしろこの原則の立脚する根拠を再認識することによって、その適用範囲の限界を明らかにしていくことが必要になるのではないだろうか。(65)

そしてここで注意すべきなのは、本書が提唱しているところの多数派社員の誠実義務は、社員に対し積極的な行為をなすべきことを求めるような意味における義務ではなく、単に社員の権利行使（とりわけ議決権を中心とした共益権の行使）を制約する消極的要件として認められるものであり、(66) あくまでも社員の権利行使に伴う内在的制約にすぎないのである。(67) 既述のように、民法一条二項の信義誠実の原則により、あらゆる権利の行使は信義誠実になされるべきことが要求され、その濫用は許されないものである。多数派社員の誠実義務は、いわばこの信義誠実の原則が特殊団体法的な変容を受けて形成されたものということができるから、(68) 社員の権利行使がこの特殊団体法上の義務によって制約されるべきことは、むしろ当然のことと言えよう。

さらに実質的に考えても、ここで主張している誠実義務理論の下で、多数派社員が誠実義務に違反したとして、少数派社員に対する損害賠償責任を認められる場合でも、(69) それは、当該行為により実際に損害を受けた少数派社員に対して、直接にその損害を塡補するものであり[70]、会社に対する追加出資のような性質のものではないから、そもそも株主（社員）有限責任の原則に直接に抵触することはないのではないかと考えられる[71]。

このように考えれば、資本会社の社員が有限責任のみを負うとする原則は、今日ではもはや絶対的なものではなく、一定の合理的な理由が存する限り、その例外を認めることはもとより可能であり、またそもそも多数派社員の誠実義務を認める場合でも、この義務違反による責任は、少数派社員に対して負うべきものであるため、この原則に直接抵触することもないので、この有限責任の原則は、多数派社員の誠実義務を承認する上での障害とはなり得ないものと考えられる。

三　ところで、閉鎖的資本会社における多数派社員の誠実義務を主張する本書の立場に対しては、予想され得る右のような伝統的会社法理論からの批判のほかにも、社員の会社に対する誠実義務以外に、他の社員に対する誠実義務を承認することがそもそも必要であるのか、といった疑問があり得る。

例えば、ドイツ法についての比較法的検討を通じて、株主の会社に対する誠実義務を解釈論として展開された出口教授は、株主が他の株主に対しても誠実義務を負うべきかという問題について、否定的な立場をとられているようである。というのは、教授が、株主の有するところの会社の業務執行への影響力行使の可能性から、株主の会社に対する誠実義務を導き出されたが、株主相互間の誠実義務については直接的にこれを肯定されていないからである。すなわち、教授によれば、株主の議決権は誠実義務を包含した権利であり、株主は、会社の業務執行に関する問題を決定する場合には会社の利益のために、または少なくともそれを侵害しないようにこれを行使すべき義務を負い、この義務に違反して会社に損害を与えた場合には、会社に対してはもちろんのこと、事情によっては第三者に対しても損害賠償義務を負わねばならないとされる[72]。しかし、株主の利益にだけ関係する問題を決定する場合には、株主は自己の利益のために行使できるが、同時にまた仲間の株主の利益を侵害しないように議決権を行使すべき義務を負い、この義務に違反して仲間の株主に不利益を与えたときは、一定の要件のもとで決議の取消・無効が生ずることとなり、この限りにおいて、従来の多数決の濫用の法理で十分である、とされる。(73)

社員と会社との関係については、社員が会社に対し誠実義務を負い、会社の利益のためにまたは少なくともそれを侵害しないように議決権または社員資格に基づく影響力を行使しなければならないとする教授の見解には、全面的に賛同するが、(74)ただ社員間の問題に限って、従来の多数決濫用の法理による解決に委ねてよいとされる点については、疑問がないわけではない。

たしかに、会社の利益が侵害されることにより、他の社員の利益も同時に害された場合には、社員は会社に対する誠実義務違反により損害賠償責任を負わなければならないから、その賠償義務の履行によって会社の損害が回復されれば、仲間の社員の損害もそれによって塡補されることになるのは確かであり、その限りでは、とりたてて社員の他の社員に対する誠実義務を云々する必要がないようにも思われる。しかし多数派社員が少数派社員を会社から締め出すといった事例に見られるように、会社の利益が損なわれなくても、少数派社員の利益が多数派社員の行動によって直接に害される場合が多々存在するのである。このような場合において、総会決議の取消・無効といった法的効果しか認めない多数決濫用理論を持ち出しても、仲間社員の個人的な損害は直接には塡補され得ないのである。したがって、社員の会社に対する誠実義務が認められるとしても、ただそれのみをもって社員相互間の利益調整を適切に図ることはできないのであって、少数派社員の利益救済を徹底的に図るためには、その前提として多数派社員の少数派社員に対する誠実義務を承認する必要がある。すなわち、かかる誠実義務を承認して初めて、議決権行使等により少数派社員に不利益を与えた多数派社員に対し、誠実義務違反による損害賠償責任を問うことによって、少数派社員の利益救済を図ることができるのである。(75)

また、仮に社員間の問題について、従来の多数決濫用の法理による解決に委ねるとしても、既に本書の序論のところで指摘したように、この法理は、議決権行使によらずに、総会の場を離れた業務執行機関レベルでの多数派の事実上の支配力に基づく勢力の濫用には対処し得ないという欠陥を内包しているため、多数派社員の持分支配権の濫用を完全に抑制することはできないのである。[76] それゆえ、多数派による議決権の濫用と勢力の濫用とを統一的に制御するためには、多数派社員の誠実義務理論を用いることが必要となる。したがって、結論としては、本書のように多数派の濫用からの少数派の利益保護という問題に視点を据えるときは、社員の会社に対する誠実義務を認めるだけでは不十分であり、それ以外にさらに社員相互間、特に多数派社員の少数派社員に対する誠実義務を認めることが必要だと考える。[77]

（1）第二編第二章第二節第二項（本書九八頁以下）、同第三章第一節**二3**（本書一二三頁以下）参照。

（2）第二編第二章第二節第二項（本書九八頁以下）、同第三章第二節**一**（本書一三五頁以下）参照。

（3）第三編第二章第二節第一項（本書一九五頁以下）、同第三章第一節第二項**三**（本書二六七頁以下）参照。

（4）第三編第二章第二節第二項（本書二〇四頁以下）、同第三章第一節第二項**一**（本書二五八頁以下）参照。

（5）第三編第三章第二節および第三節（本書二七八頁以下）参照。

（6）第一編第二章**二**（本書一一頁以下）参照。

（7）アメリカおよびドイツの閉鎖的資本会社における少数派抑圧の問題状況については、第二編第一章第二節（本書三六頁）以下）、第三編第一章第二節（本書一四九頁以下）参照。

（8）このような小規模閉鎖的な株式会社と有限会社の実態については、これまでの多くの実態調査において明らかにされているところである。本書五頁注(2)の諸文献参照。

（9）人的会社の典型である合名会社においては、社員は、互いに信頼する少数の者に過ぎず、しかも会社の債務につき直接会社債権者に対して連帯無限の責任を負う（商法八〇条）のと照応して、原則として会社の業務執行および代表の権限を有する（商法七〇条・七六条）。このため、合名会社においては、企業の所有と経営とが合一しており、まさに個人企業の共同経営のようなものである。鈴木竹雄＝竹内昭夫・会社法［第三版］（平成六年、有斐閣）

五五〇頁参照。

(10)　合名会社のような人的会社が民法上の組合に当たるかという問題をめぐり、かの有名な松田＝鈴木論争があったことは、周知の通りであるが（松田二郎「人的会社の組合性―人的会社に対する社団的理論構成の否認―」法曹会雑誌一三巻一号一頁、二号一〇頁（昭和一〇年）、同・株式会社の基礎理論―株式関係を中心として―（昭和一七年、岩波書店）八六頁、同「会社の組合性と社団性」田中先生還暦記念・商法の基本問題二〇一頁（昭和二七年）（株式会社法研究一五一頁以下所収）、同・株式会社法の理論（昭和三七年、岩波書店）一二九頁、鈴木竹雄「会社の社団法人性」松本先生古稀記念・会社法の諸問題（昭和二六年）（商法研究II一頁以下所収））、この論争を通じて少なくとも確認できるのは、人的会社が、法形式上はともかくとして、その構成員たる社員の個性が重視される点から、社会学的には民法上の組合である、ということである。現在、人的会社を実質的側面から組合としてとらえるのは、通説的見解と言ってよいのであろう。鈴木＝竹内・前掲注（9）五五四頁、田中誠二・三全訂会社法詳論（下巻）（平成六年、勁草書房）一一八八頁、服部栄三・商法総則第三版（昭和五八年、青林書院新社）二三四頁、大隅健一郎＝今井宏・会社法論上巻［第三版］（平成三年、有斐閣）一六頁、北沢正啓・会社法［第五版］（平成一〇年、青林書院）七七九頁。なお、谷川久・新版注釈会社法第一巻五二条注釈八（昭和六〇年、有斐閣）参照。

　そして閉鎖的資本会社についても、その実態に着目して、これを実質的に組合的性格のものとする指摘が従来からあった。例えば、服部教授は、「大部分の株式会社は小規模の会社で、とりわけ家族会社ないし同族会社たることが多いが、かかる株式会社においては、人的色彩が強く、株主の個性も重視される傾向があり、その意味で組合的性格が濃厚である。したがって、株式会社が合名会社などと異なって社団的性格を有するということは、理念型として見た場合のことである」と述べられ、理念型としての大規模公開の株式会社とは異なり、同族会社などの小規模閉鎖的な株式会社が組合的性格を持つことを指摘されている。服部・前掲書二四〇頁。また、小規模株式会社においては、設立当初からの会社存在自体が問題となり、そのうえ株主総会や取締役会が法の要求通りに開催されず、仮に開催されても招集手続違反が常態となっているから、このような会社はもはや社団的運営を喪失し、社団性を具備していないとする見解もある。柿崎栄治「小規模会社における社団的運営の喪失と解釈」民商法雑誌七八巻臨時増刊号・法と権利（2）一三二頁（昭和五三年）。さらに、会社の法律関係をすべて会社と社員間の社員関係として整序する社団法理は、典型的な株式会社について妥当であるとしても、閉鎖会社には不適合であり、その理由は法社会学的実態として閉鎖会社は社団ではなく組合だからであるとして、特に有限会社について、その内部関係が人的会社に類似しているため、社団法理ではなく、組合法理ないし準組合法理が適用されるべきだとする見解も有力に主張されている。大野正道「有限会社における社員の除名制度―西独の判例および学説を参考にして―」商事法務一一一九号（昭和六二年）四九頁（中小会社法の研究二九頁以下所収）、同「有限会社における社員の除名・退社と補償条項」鴻常夫先生古稀記念・現代企業立法の軌跡と展望（平成七年、商事法務研究会）二八七頁、特に三〇五頁以下（中小会社法の研究七三頁以下所収）。

(11)　合名会社は現行法上社団とされているが、前掲注（10）にも触れたように、実質的には民法上の組合としてとらえられており、会社の内部の関係についても、民法の組合に関する規定が準用されているため(商法六八条)、合名会社の社員相互間に法律関係が存在することは、議論の余地がないと思われる。田中耕太郎・改訂会社法概論上巻一一〇頁（昭和三〇年、岩波書店）、田中（誠）・前掲注（10）一一九七頁。しかし、小規模閉鎖的な株式会社や有限会社については、社会学的観点からこれらの会社を人的会社と同様、組合としてとらえることが可能であるものの、法律的に社員相互間の結合関係をどのように把握すべきかは問題となるところである。これについては、次のように考えることができないのであろうか。すなわち、会社の設立時に、原始社員（設立者）は通常、会社の設立のためにする組合契約を締結するが、小規模閉鎖的な株式会社や有限会社においては、このような会社の設立事項に関する組合契約のほか、会社の成立後に各社員が会社の取締役または従業員として企業経営に参加するといった、今後の会社経営に関する事項の取り決めも同時に行われることが多いと思われる。通常、会社の設立時の発起人組合は、もっぱら会社の設立のみをその組合事業としており、会社が成立すると、かかる事業目的の達成により解散することとなるが（竹内昭夫・会社法講義（上）（昭和六二年、有斐閣）一〇一頁）、小規模閉鎖的な株式会社や有限会社においては、会社成立後の会社運営における社員相互間の権利義務に関する取り決めはそのまま存続するものと考えられ、しかもこのような会社においては、会社の設立行為を行う原始社員のほかに、新しい社員が加わることは通常ないのであり、また仮にあるとしても、人的つながりのあるごく少数の者に過ぎないから、右のような会社運営上の事項に関する取り決めは、会社成立後の社員相互間の関係の基礎をなすものと考えられる。したがって、閉鎖的資本会社においては、会社成立後においても、会社成立前の設立者（原始社員）間の契約関係が維持されているということができる。なお、小規模閉鎖的な株式会社においては、いわゆる株主間契約（例えば、多数決原則を修正する株主間契約や取締役会の権限事項に関する株主間契約など）が締結されることがあるが、これも株主相互間の契約関係の存在を示す証拠となろう。この株主間契約の問題については、青竹正一・小規模閉鎖会社の法規整（昭和五四年、文眞堂）一頁、同・続小規模閉鎖会社の法規整（昭和六三年、文眞堂）五三頁、同「株主の契約」菅原菊志先生古稀記念論集・現代企業法の理論（平成一〇年、信山社）一頁、前田雅弘「会社の管理運営と株主の自治―会社法の強行法規性に関する一考察―」川又良也先生還暦記念・商法・経済法の諸問題（平成六年、商事法務研究会）一三九頁、宍戸善一「株式会社法の強行法規性と株主による会社組織設計の可能性―二人会社の場合」商事法務一四〇二号三〇頁（平成七年）参照。

(12)　もっとも、株式会社および有限会社は、現行法上、社団とされているため（商法五二条一項、有限会社法一条一項）、社団を組合と相対立する概念としてとらえる伝統的立場からは、社団の構成員相互間に法的関係が存在しうるのかとの疑問を提起することが予想されるが、これについての本書の立場はこの後に詳論することとする。

(13)　合名会社における業務執行に関する意思決定の方法は、まず第一に定款によるが、定款に別段の定めがないときは、対内関係として組合に関する民法の規定が適用される結果、総社員が業務執行機関であるときは、その過半数をもって決し、特に業務執行社員を定めたときは、その過半数による（商法六八条、民法六七〇条一項・二項）。また、定款変更や合併、組織変更等に関する事項の決定は、総社員の同意が必要とされる（商法七二条、九八条、一一三条）。合名会社においては、社員の議決権は、株式会社の場合と異なり、定款に別段の定めのない限り頭数によるわけである。田中（誠）・前掲注（10）一二〇九頁参照。

(14)　閉鎖的資本会社について合名会社と同様に、頭数主義を採用しうるのか、問題となるところであるが、有限会社については、有限会社法三九条が出資一口一議決権を原則としつつも、定款による別段の定めを認めていることから、有限会社における一持分一議決権の原則が一人一議決権という頭数主義に変更されうることは、解釈論上異議はない。菱田政宏・新版注釈会社法一四巻四〇条注釈四（平成二年、有斐閣）、大隅健一郎＝大橋光雄ほか「有限会社法評説（三）」法学志林四〇巻六号二九頁（昭和一三年）、服部栄三＝加藤勝郎・有限会社法全訳（平成四年、日本評論社）一六二頁、鈴木隆元「閉鎖会社における資本多数決原則の修正」岡山大学法学会雑誌四三巻三号二四頁（平成六年）。しかし株式会社については、法が特に定める場合を除き、一株一議決権の例外は認められていないため（商法二四一条、二四二条）、定款上頭数主義を定めることはできないようにも思われるが、閉鎖的な株式会社に関しては、その実質的な組合性に鑑み、有限会社と異なった扱い方をしなければならない理由が乏しいので、定款による頭数主義の採用を認める余地があると言える。すなわち、有限会社においては、持分複数主義の下で、本来複数の持分を有する者が、その持分と同数の議決権を有するはずであるが、法は、有限会社の人的結合性に鑑み、多数持分を有する社員の会社支配力を抑制し、もって少数持分を有する社員の会社における地位を相対的に強化することが、有限会社への社員の参加を促すことになるという政策的判断から、定款による一人一議決権の定めを許容したものと考えられ、その場合、社員は依然としてその持分数に応じた議決権を保有しているものの、定款上の別段の定めによりその一部分につき議決権行使が休止ないし停止されると解しうる（菱田・前掲注釈四）。小規模閉鎖的な株式会社についても、同様の解釈が可能だと考えられるわけであるが、少なくとも立法論としては有限会社と同様の規制を設ける余地があろう。

(15)　もとより、閉鎖的資本会社といえども、それが物的会社である以上、会社の持分を多く持っている者はそれなりに大きな発言権を与えられて当然だとも考えられる。しかし、資本多数決制度が採られたのは、元来、株式会社において、株主があまりにも多数存するため、株主総会における意思決定が全員一致によることができないこと（鈴木＝竹内・前掲注（9）二一九頁参照）、および資本の集中を可能ならしめるための政策的な考慮（倉沢康一郎「株式会社と私的自治」法学セミナー増刊・現代の企業一三三頁（昭和五五）、河本一郎・新版注釈会社法二巻前注（株式会社）一六、一七（昭和六〇年、有斐閣））によるものであって、決してそれは物的会社に原理的な意思決定制度ではないのである。その意味では、大規模な資本の集約についての要請がそれほど高くなく、しかも社員の数が少なく、人的信頼関係が重視されるような閉鎖的資本会社においては、その意思決定の方法は、社員全員の意思を尊重しうるように、業務執行事項については頭数多数決によることとする一方、会社の最も基本的な意思決定については全員一致の原則によることとするのが合理的だと考えられる。つまり、右の政策的原則が妥当しない場合については、資本多数決制度ではなく、社団における自治の原理である頭数多数決の原則に復帰すべきである（倉沢・前掲注一三四頁。この点で、森淳二朗「資本多数決制度の再構成」商事法務一一九〇号（平成元年）六一頁は資本多数決制度が採用されるところのこの政策目的について、その内容の画定が困難であるなどと批判しているが、資本多数決制度が政策的制度に過ぎないことについてはこれを認められている）。なお、現行法の下で、小規模会社における出資者間の利害が公正適切に調整され得ないという問題の根源の一つが、かかる資本多数決制度にあることは、既に指摘されているところであり（浜田道代「中小企業と会社法のあり方」ジュリスト一〇〇〇号一八二頁（平成四年）、同「小規模会社に関する立法上の問題点」商法の争点I三二頁（平成五年））、そして、かかる多数決原則に対する修正として、閉鎖的株式会社の株主は定款もしくは株主間の契約によって、決議の要件を加重したり、全員一致を要求することを認めるべきだとする見解も有力に主張されてきている。浜田道代「閉鎖的会社の法に関する一提言II III」商事法務六六八号二八頁、六六九号一二頁（昭和四九年）、青竹・前掲注（11）続小規模閉鎖会社の法規整四一頁、同・前掲注（11）現代企業法の理論二七頁。

（16）　社員（株主）の議決権は、自己の利益を擁護するための権利であると同時に、会社の利益および仲間の社員（株主）の利益をも処分しうる権限でもあり、いわば権利性と権限性とが一体化したところにその特殊性があると言える。出口正義・株主権法理の展開（平成三年、文眞堂）一〇八頁。

（17）　この点は、多数派の濫用をめぐる問題の中でしばしば指摘されてきたところであり、例えば龍田教授は、「持分に基づく支配は、統一された複合所有（会社の所有）全体に効果の及ぶことを本質的内容とする。他人の持分と無関係には作用しえない」と述べられ、会社内部における持分支配権の行使が同時に他人の持分を害する可能性があることを指摘されている。龍田節「株主総会における議決権ないし多数決の濫用」末川先生古稀記念・権利の濫用中（昭和三七年、有斐閣）一四六頁。また三枝教授は、「大株主は、相対的に多数の株式を有するがゆえにその所有に比して過大な支配権を有するが、……このように過大な大株主の支配権はとかく濫用されがちである。大株主の利益のために会社あるいは一般小株主の利益を犠牲とする結果を引き起こしがちである」と説かれ、多数派社員が自己の出資した資本だけでなく他人の出資した資本をも支配し、それを犠牲にするおそれのあることを指摘されている。三枝一雄「ドイツ株式法における大株主の支配権抑制について」法律論叢四六巻五・六合併号七頁（昭和四九年）、同「支配株主と信認義務―支配権濫用抑制のための一つの理論―」法律論叢四四巻二・三号一三八頁（昭和四五年）。

(18)　この点に関連して、別府教授は、株式会社において「タテの法律関係」（多数者の対会社関係）および「ヨコの法律関係」（多数者の対小・少数者関係）を規制する法理としての誠実義務を主張され、その根拠につき、「通理として株主に誠実義務が認められる根拠は、法的に保護される他の株主利益へ広範囲にわたる一定の影響可能性が存することにあり、このことが『対抗力』として誠実義務を必要とする理由となる」と説明されているが（別府三郎・大株主権力の抑制措置の研究（平成四年、嵯峨野書院）三二五頁、同「会社法上の誠実義務試論―株主相互間の『法的な特別結合』論―」菅原菊志先生古稀記念論集・現代企業法の理論（平成一〇年、信山社）五七六頁）、これは本書の立場とほぼ同趣旨のものと思われる。

(19)　この信義誠実の原則は、当初、債権法を支配する原理であったが、やがてそれ以外の物権法や家族法、団体法などの領域についても、社会的接触関係に立つ者同士の間に適用されるようになった、と言われている。四宮和夫・民法総則第四版補正版（平成八年、弘文堂）三〇頁。かつてドイツでは、伝統的な社団法理論の立場から、株主は全くの他人同士で、互いに一切の関係も存在しないとして、契約関係の存在が適用要件とされるドイツ民法典二四二条の信義誠実の原則は株主相互間には適用しえないとする見解もあった。本書二四五頁参照。しかし、物的会社といえども、社員（株主）相互間に一定の社会的接触関係―近時のドイツの有力説はこれを特別な結合関係と位置づけているが（Lutter, Theorie der Mitgliedschaft, AcP 180 (1980), 84；本書二七一頁注（5）、二六九頁参照）―が存在することは肯定されうるところであり、したがってこの原則が社員相互間の関係に適用されることについては、現在もはや異論は存しない。

(20)　つまり、会社法上の誠実義務は、私法の基本原理としての信義誠実の原則が会社法領域への具体的な適用の結果、特殊団体法的な変容を受けて形成されたものということができ、この場合の団体法的変容は、一般的な契約関係における当事者の利益から、団体における構成員の利益を基準に行われるものと考えられる。

(21)　信義誠実（Treu und Glauben）とは、まさに、社会共同生活の一員として、互いに相手の信頼を裏切らないように、誠意をもって行動することである。我妻栄・新訂民法総則（昭和四〇年、岩波書店）三四頁、四宮・前掲注(19)三〇頁。

(22)　株主の誠実義務を日本法に導入すべきことをいち早く主張された高田博士も、その解釈論上の根拠の一つとして、民法一条二項に定める信義誠実の原則を掲げられていた。高田源清「株主の誠実義務」竹田先生古稀記念・商法の諸問題（昭和二七年、有斐閣）一三〇頁。このほか、同旨の見解として、別府・前掲注(18)大株主権力の抑制措置の研究二五二頁、同・前掲注(18)現代企業法の理論五七三頁がある。

(23)　これは、服部教授が、大株主の誠実義務を展開されている別府教授の説を論評したときに指摘されたものであるが（服部栄三「『大株主権力の抑制措置の研究』の刊行に寄せて」別府・前掲注(18)大株主権力の抑制措置の研究ⅱ）、本書の立場についても同じ疑問の提起が予想される。なお、株式会社の社団性を強調する日本法において、支配株主の信認義務ないし誠実義務を認めるのが非常に困難であることは、しばしば指摘されてきているところである。前田重行「株主の企業支配と監督」竹内昭夫＝龍田節編・現代企業法講座第三巻企業運営（昭和六〇年、東京大学出版会）二三〇頁、福岡博之「判批」金融商事判例二八三号七頁（昭和四六年）、田中誠二「子会社の債権者保護の法理」金融商事判例五九四号二六頁（昭和五五年）。

(24)　例えば、石田文次郎「権利能力なき社団」法学論叢三一巻二号（昭和九年）一六五頁（民法研究Ⅰ二九頁以下所収）、我妻・前掲注(21)一二八頁、川島武宜・民法総則（昭和四〇年、有斐閣）九八頁、西原寛一「株式会社の社団法人性」田中耕太郎編・株式会社法講座第一巻（昭和三〇年）三五頁（商事法研究第二巻一九頁以下所収）、森泉章「権利能力なき社団に関する研究」団体法の諸問題（昭和四六年、一粒社）五六頁等参照。なお、これまでの学説について詳しくは、大賀祥充「『社団・財産・組合』管見（一）」法学研究（慶応大学）四六巻八号一八頁（昭和四八年）以下参照。

(25)　梅謙次郎・民法要義巻之一総則編（明治四一年訂正増補二九版）七八頁。また、財団法人の概念については、「一定ノ目的ニ供シタル財産ノ主体トシテ設立スルモノニシテ且其構成分子タル人格者ナキモノ」という説明がなされている。梅・前掲書七八頁。なお、明治二九年帝国議会に提出されたいわゆる新民法の草案のうち、第一編総則第二章法人および第三編債権第二章契約第一二節組合の部分を実際に担当したのは、それぞれ穂積陳重博士、富井政章博士だったとされている。大賀祥充「『社団・財産・組合』管見（二）」法学研究（慶応大学）四六巻九号八九頁注八（昭和四八年）。

(26)　民法の起草者が、広く人の団体という意味で社団の語を用いていたことは、法典調査会における法案審議の過程で、富井博士と穂積博士が行った説明などからも明らかである。この点について詳しくは、大賀・前掲注（25）九七頁以下参照。

民法の起草者は、組合と社団の両概念を対置するどころか、むしろ民法六六七条に定める組合を「会社」と全く同一の意義に理解していたのであり、梅博士の説明によれば、この規定の定める組合は従来多く会社と呼ばれていたため、「初メ政府案ニハ之ヲ会社ト称セシモ、衆議院ニ於テ之ヲ組合ト改メ」られた。しかしなぜこのように改められたのか、「余ハ殆ト其何ノ故タルヲ知ルコト能ハス」、あるいはそれは「組合ナル文字カ会社ナル文字ヨリモ立法者ノ嗜好に適シタルニ因レリト謂フヘキカ」と述べていた。梅謙次郎・民法要義巻之三債権編（明治四二年訂正増補二九版）七八〇頁（この立法経緯について詳しくは、大賀・前掲注（25）八八頁以下、相本宏「民法上の組合について—編纂過程を中心に—」佐賀大学経済論集九巻一—三合併号三七頁以下（昭和五二年）参照）。そして具体的に組合の概念については、梅博士は「組合ハ往往ニシテ之ヲ法人トスルコトアリ而シテ其目的公益ニ在ルトキハ民法第三四条ニ従フヘク営利ヲ目的トスルトキハ同第三五条ニ従ヒ商事会社ニ関スル規定ニ依ルヘシ（此場合ニ於テハ立法者ハ之ヲ会社ト称セント欲スルナルヘシ）」と説明しており、組合は法人格を持つことができ、その目的が営利であるときは商事会社の規定に従うとしているが（梅・前掲書七八二頁）、ここの説明においては、組合と社団とがむしろ概念上同一のものであることが前提されているように思われるのである。なお、大賀・前掲注（25）

一一二頁、同「『社団・財産・組合』管見（三・完）」法学研究（慶応大学）四六巻一〇号五三頁（昭和四八年）は、立法の沿革的研究を踏まえた上で、民商法典の起草者が社団も組合もすべて単なる人の団体という程度の意味に解していた、と指摘されている。

(27)　この点は、既に星野教授の指摘されていたところであり（星野英一「いわゆる『権利能力なき社団』について」民法論集第一巻（昭和四五年、有斐閣）二五五頁。なお、大賀・前掲注（25）九四頁注三二参照）、本書のこの部分は、星野教授の論文に負っている。

(28)　明治二三年旧商法第六六条は、商事会社に関する総則規定の第一箇条として、「商事会社ハ共同シテ商業ヲ営ム為メニノミ之ヲ設立スルコトヲ得」と定めていたが、商法修正案第四二条（後の明治三二年商法四二条、現行商法五二条）はこの規定を、「本法ニ於テ会社トハ商行為ヲ為スヲ業トスル目的ヲ以テ設立シタルモノヲ謂フ」と改めていた。この修正理由として、「本条ハ現行商法第六十六条ノ規定ヲ修正シテ以テ本案ニ所謂会社ノ何タルコトヲ明カニス抑モ本案ニ所謂会社ハ商行為ヲ業トスルモノノミヲ指示スルコト素ヨリ言フヲ俟タサルトコロナルカ如シト雖モ其他ニ商行為ヲ業トセサル会社アリトセハ其会社ト本案ニ所謂会社トノ関係如何ニ付テハ疑ヲ生スルノ恐アリ是レ本案ハ特ニ商行為ヲ業トスル云々ト曰ヒ以テ一方ニ於テハ他ノ法令ニ依リ商行為ヲ業トセサル会社ヲ設立シ得ヘキコトヲ示シ他方ニ於テハ其会社ハ本案ニ規定セル会社中ニ包含スルモノニアラサルコトヲ明カニシタル所以ナリ」と説明されている。法典修正案理由書商法同施行法・商法修正案参考書第二編会社第四二条（明治三一年、東京専門学校出版部）。なお、日本近代立法資料叢書二一、法務大臣官房司法法制調査部監修・法典調査会商法修正案参考書（昭和六〇年、商事法務研究会）二二頁参照（ただし、この資料には条文そのものは掲載されていない）。このほか、法典編纂の過程における会社概念の変遷を考察したものとして、藤田祥子「法典編纂期における会社の概念」奥島孝康教授還暦記念第二巻・近代企業法の形成と展開（平成一一年、成文堂）一二三頁以下があり、明治二三年の旧商法に対する全面的修正の経緯や背景等を考察したものとして、三枝一雄・明治商法の成立と変遷（平成四年、三省堂）一一五頁以下がある。

(29)　商法整理会第六回議事要録によれば、明治三一年一二月六日配付の商法整理案では、前掲注（28）に触れた商法修正案第四二条における「モノ」という語が「社団」に修正されていた。日本近代立法資料叢書二〇、法務大臣官房司法法制調査部監修・法典調査会商法整理会議事要録（昭和六〇年、商事法務研究会）四一頁。なお、大賀・前掲注（25）九五頁以下参照。

（30）法務大臣官房司法法制調査部・前掲注（29）四一頁。

（31）星野・前掲注（27）二五六頁、大賀・前掲注（25）九六頁。

（32）例えば、志田博士は会社と民法上の組合との関係についての説明の中で、「新民法ハ社団ヲ組織スル各員カ出資ヲ為シテ共同ノ事業ヲ営ムコトヲ目的トスル社団ヲ組合ト称シタリ（新民法第六百六十七条第一項）此組合ハ新民法草案カ会社ト名ツケタルモノ」と述べているが、ここでは明らかに組合は社団の一種として理解されていたのである。志田鉀太郎・日本商法論第二編会社上巻（第三版）四一頁。なお、この点を最も早く指摘したのは、松田博士である。松田・前掲注（10）株式会社の基礎理論九一頁、同・前掲注（10）株式会社法研究一六四頁、同・前掲注（10）株式会社法の理論一五〇頁。

（33）この点は今日一般に認められているところである。竹内・前掲注（11）二七頁、倉沢康一郎「営利社団法人の意義」会社法の理論（昭和五四年、中央経済社）一三頁参照。

（34）本書二四三頁。この点に関するギールケの所説については、田中耕太郎「独逸に於ける社員権理論」―社員権否認論二―」商法学特殊問題上（昭和三〇年、春秋社）一六八頁、松田・前掲注（10）株式会社法の理論一一六頁、出口・前掲注（16）四六頁以下参照。なお、ギールケの団体法理論全般については、石田文次郎・ギールケの団体法論（昭和四年、ロゴス書院）、福地俊雄・法人法の理論（平成一〇年、信山社）二一五頁以下参照。

（35）福地俊雄・新版注釈民法一七巻前注（§§六六七―六六八［組合］）Ⅱ２イd（平成五年、有斐閣）、森泉章「法人制度の問題点と課題」団体法の諸問題（昭和四六年、一粒社）二〇頁参照。また松田博士は、日本法の沿革上、社団が人的結合を意味するに過ぎないのに、組合概念に対立する社団概念を用いることは、日本法を「不当にドイツ法的」に解釈しようとするものだと批判され、組合に対立する意味での社団の概念はドイツ法からもたらされたものであることを指摘されている。松田・前掲注（10）株式会社法研究一六四頁、同・前掲注（10）株式会社法の

理論一五一頁。なお、星野・前掲注（27）二五〇頁、二五二頁注一六参照。
（36）　フランス法上の société は、組合と訳されているが、フランス法においては会社も société とされているため（société commerciale、商法上の会社）、その概念中には営利的社団も包含されており、したがってその点で日本法上の組合概念よりは範囲が広いと言われ（山本桂一「フランスにおける組合法人論」フランス企業法序説一九〇頁（昭和四四年、東京大学出版会）、西原・前掲注（24）二二頁）、またこの société は、判例・学説上法人格を有するものと認められている（山本・前掲書一九三頁以下、松田・前掲注（10）株式会社法研究一五三頁、星野・前掲注（27）二六八頁）。梅博士が、組合を会社と同意義に理解し、かつ組合が法人となりうることを何の躊躇もなく認めていたのは（前掲注（26）参照）、まさにかかるフランス法の影響を受けたものというべきであり（松田・同前掲注（10）株式会社法研究一六六頁注六）、これはまた、かかる見解が、組合と法人とを相対立するものととらえ、組合は法人になりないとする初期のドイツの学説の立場（これについては松田・前掲注（10）株式会社法の理論一三二頁参照）とが明らかに相反するものであったことからも、裏付けられる。なお、フランス法における「組合」と「社団」の概念については、このほか、奥島孝康「フランス私法人法制の構造―フランスの『組合』と『社団』に関する覚書―」加藤勝郎先生＝柿崎榮治先生古稀記念・社団と証券の法理（平成一一年、商事法務研究会）三頁以下参照。
（37）　松田博士は、このような沿革を有する日本法にドイツ法上の社団概念を持ち込むことは「不当」であると批判されている。松田・前掲注（10）株式会社法研究一六四頁、同・前掲注（10）株式会社法の理論一五一頁。
（38）　鈴木・前掲注（10）七頁、鈴木＝竹内・前掲注（9）八頁、倉沢・前掲注（33）一六頁。
（39）　現在の一般的な理解によれば、組合の場合は、団体自体の存在が認められないため、例えばある構成員に対し、またはある構成員から請求をなすときには、構成員間の契約関係に従って、他の全員から、または他の全員に対して請求するほかなく、その処理が複雑であるが、社団においては、団体自体が独立して存在しているため、右の場合は団体と構成員間の関係に従って、団体から、または団体に対して請求すればよいので、極めて簡単な処理が可能なわけである。鈴木・前掲注（10）七頁。
（40）　それは、いかなる団体を形成するかは、法人格の取得の問題とは異なり、当事者の私的自治の問題だからであ

る。川島・前掲注（25）一〇四頁以下、倉沢・前掲注（33）一六頁、同・前掲注（15）一三一頁。

（41）もっとも、どのくらいの数の構成員であれば、組合形式によりえず、社団方式をとらざるを得ないのかは、必ずしも明確な基準があるわけではない。この点に関し、松田博士は、凸多角形における各辺および各対角線の総和を示す公式 $\frac{n(n-1)}{2}$ を用いて、団体の構成員が合意により結合する場合、各構成員相互間を結ぶ合意数の総和が人数の増加によって如何に変化するかを調べ、その結果、構成員一〇人が契約的に結合するときは、その合意の総和は四五に達し、二〇人となれば、合意の総計は一九〇にもなるとして、合意の総数が構成員数の増加に比して幾何級数的に上昇し、構成員が一〇人以上の場合には、既に契約的結合が事実上不可能であることを指摘されている。松田・前掲注（10）法曹会雑誌一三巻二号三六頁、同・前掲注（10）株式会社の基礎理論一二三頁、同・前掲注（10）株式会社法の理論一三八頁。ただ、鈴木博士が言われたように、契約関係の数がその通りであるとしても、合意の成立を見ると、構成員の一人が同意すれば、それによってn-1の合意の成立が可能になるから、実際上は社団において全員一致を要求する場合に比べて格別複雑なものではないのである。鈴木・前掲注（10）一〇頁注一。同旨、星野・前掲注（27）二五〇頁。したがって、構成員の数だけが、組合形式か社団方式かを決める基準とは言えないように思われる。西原・前掲注（24）六五頁。

（42）判例は、継続的存在を有し、代表者の定めのある組合を社団に準ずる団体性を有するものとして扱い、このような組合に対し民事訴訟法二九条（旧四六条）を適用して、訴訟当事者能力を認めてきた。大判昭和一〇年五月二八日大審民集一四巻一三号一一九一頁、大判昭和一五年七月二〇日大審民集一九巻一五号一二一〇頁、最判昭和三七年一二月一八日民集一六巻一二号二四二二頁など。なお、この点については、森泉章・新版注釈民法一七巻六七〇条注釈Ⅳ2ア参照。

（43）四宮・前掲注（19）八三頁注一（b）、福地俊雄「組合と法人」契約法体系Ⅶ（補巻）三九頁（昭和四〇年、有斐閣）、同「法人に非ざる社団について」前掲注（34）法人法の理論三〇七頁。

（44）このような団体の性質を社団か組合かに一義的に決定する従来の立場に対して、福地教授は、「まずその団体の性質を一般的に『組合』か『社団』かに決定し、そこから個々の問題点に関する結論を画一的に演繹しようという態度は、あまりにも弾力性に乏しく、妥当とはいえない」と批判されている。福地・前掲注（35）注釈民法一七巻前注II２ウｂ③、同・前掲注（43）契約法体系四五頁、同・前掲注（34）法人法の理論三一〇頁。

（45）松田・前掲注（10）株式会社の基礎理論九一頁、同・前掲注（10）株式会社法研究一六四頁、同・前掲注（10）株式会社法の理論一五〇頁、大塚市助「株主の出資義務」田中耕太郎編・株式会社法講座第二巻四五一頁（昭和三一年、有斐閣）、田中誠二・三全訂会社法詳論（上巻）（平成五年、勁草書房）六四頁注六、大隅＝今井・前掲注（10）一五頁、北沢・前掲注（10）一三頁、大賀・前掲注（25）一〇二頁。もっとも、松田博士が立法史的考察を通じて、商法五二条における社団の本来の意義を明らかにした点は、その後の学説が社団と組合との関係を見直す契機となったという意味で、大いに評価すべきものであるが、ただ博士自身の説においても社団と組合との対立関係が完全に解消されたわけではないのである。すなわち、松田博士は、数の問題が団体の性質決定につき重要な意義を有するとの立場から、団体における構成員の多少という数量の差異は団体に質的差異をもたらし、それが組合と社団という相対立する二つの法形態を生ぜしめる結果となるとして、組合と社団の区別の基準を構成員の数の多少に求める一方（松田・前掲注（10）株式会社の基礎理論一二二頁、同・前掲注（10）株式会社法研究一五五頁、同・前掲注（10）株式会社法の理論一三八頁）、このようにして区別されるべき組合と社団とは、「互いに相排斥する概念」であり、「社団は組合たり得ず、組合は社団たり得ない。両者の性質を兼有するところの組合的社団又は社団的組合というような鵺的存在は許されない」（松田・前掲注（10）株式会社法研究一五六頁、同・前掲注（10）株式会社法の理論一四一頁）として、定型の必然性により組合と社団とはあくまでも相対立する法的概念であることを強調し、鈴木博士が実質的および形式的の両側面から社団と組合を区別し、合名会社のような人的会社を実質的意味での組合、形式的意味での社団としてとらえ、例外的に社員相互間の法律関係の存在を認めるという立場を批判されている（松田・前掲注（10）株式会社法研究一六七頁、同・前掲注（10）株式会社法の理論一五三頁）。つまり、松田博士の見解によれば、すべての会社は、その設立時において組合的結合であるという点において統一的基礎が存するが（松田・前掲注（10）株式会社の基礎理論一四二頁、同・前掲注（10）株式会社法の研究一五九頁）、合名会社と合資会社は組合的結合から出発し、組合として誕生するのに対し、株式会社と有限会社は組合より出発しながら、構成員数の増加により社団として誕生するのであり、そしてこのように組合的性質を有する会社と社団的性格を有する会社とは全く異質的な存在であって、相互の性質を兼有するような会社形態は存在し得ないというのである。しかし、このように法の定型化の作用を絶対視した結果、社団と組合とを概念的に相排斥するものととらえ、両性質を兼有する形態を認めない博士の主張は、結論においては従来の学説の立場に逆戻りしたとさえ言い得るのであり、それは博士自身が当初目指していたすべての会社についての統一的理解ともかけ離れたものとなっているのである。この点では、むしろ松田博士によって批判されている鈴木説のほうが、社団と組合との関係をより柔軟にとらえているのではないだろうか。

(46)　社団形式が取られた場合には、団体自体の存在が認められるため、構成員相互間の関係が社員関係によって調整されるほか、取引の相手方たる第三者との関係も団体対第三者の関係で処理されることになる。その意味から、倉沢教授は社団の形成を、「個人の事業関係を、対外関係と対内関係との二段階の関係に構成するための社会的技術」と位置づけられている。倉沢・前掲注（33）一六頁。

(47)　倉沢・前掲注（33）一四頁。

(48)　合名会社のような人的会社は、まさに前者のような性質を有する団体と言えるのであり、法形式的に団体対構成員（社員）・対第三者の関係が認められる点において、それは社団に属しており、実質的に構成員（社員）相互間に人的結合関係が存する点においては、それはまた組合的性格を有するのである。これに対し、松田博士は、前掲注（45）に触れたように社団と組合とを概念的に相対立するものととらえ、両性質を兼有する団体の存在を否定するという立場をとっていることから、合名会社の組合性を強調するあまり、その社団性の存在を徹底的に排斥しているが（松田・前掲注（10）株式会社の基礎理論八七頁以下、同・前掲注（10）株式会社法研究一六七頁、同・前掲注（10）株式会社法の理論一二九頁）、これは、結局従来の学説のように社団と組合との内的関連性を無視することになり、妥当ではない。鈴木博士が指摘された通り、商法が合名会社についても社団と定めたのは、社員の数の如何に関わらず、その法的処理の簡明を期するためであり、合名会社が実質的な意味での組合であっても、その内部構成が形式的な意味においてまで組合でなければならないわけではないのである。鈴木・前掲注（10）七頁以下。

(49)　これはもはや現在の商法学説における共通した認識だと言ってよいのであろう。例えば、鈴木博士は、株式会社に関し、それが実質的にも形式的にも典型的な社団であるものの、株主の個性をより濃厚にすることによって実質的な意味で株式会社を組合化することが可能である一方、形式的な社員関係にも株主相互間の共同関係がやはり包含され、組合的要素が完全に喪失したわけではないとして、社団法人としての株式会社が二重の意味において組合と関連性を有することを指摘すると同時に、有限会社については、それは物的会社と人的会社の中間形態で、実質上社団性と組合性を兼有するものだと指摘し、社団と組合が相互に関連することを認められている。鈴木・前掲注（10）一八頁以下。また、豊崎博士は、社団と組合とを実質的に連続的な各種の団体を定型的に把握するための一種の理念型であるとした上で、「社団については全然契約的紐帯がないということは言えないばかりでなく、社団の典型的或いは極限的な場合にあっても、恰も団体たる限り社員相互間に何等かのいわば組合的な紐帯の存することを否定するのは行きすぎ」であるとして、従来の見解を批判され、典型的な社団においても組合的要素が存在しうることを認められている。豊崎光衛「株式会社に於ける多数決の濫用（五・完）」法学協会雑誌五八巻六号八三〇頁（昭和一五年）。さらに、倉沢教授も、人的結合は常に結合する人々の間の意思的な関係、すなわち構成員間の契約関係を生み出すと指摘した上で、「ある団体において、構成員相互間の契約関係が問題となるならば、それはその団体の組合性において問題が生じたのであるから、その面には組合の法理が及ぼされるべきであり、団体対構成員・第三者の関係が問題となるならば、それはその団体の社団性において問題が生じたのであるから、その面には社団の法理が及ぼされるべきである」と述べられ、具体的団体においては社団性と組合性が併有しうることを強調されている。倉沢・前掲注（33）一五頁。他方、立法政策的立場から、社団において社団と構成員の関係と併行して構成員相互の関係を認めることができるとする見解も有力に主張されている。竹内・前掲注（11）三〇頁、菱田政宏「会社の社団法人性と社員の責任」法学論集（関西大）四三巻一・二合併号六三八頁以下（平成五年）。

ところが、松田博士は、前掲注（45）に触れた通り、社団性と組合性を兼有するような団体の存在を否定しているが、星野教授が批判しておられるように、特定の団体がアプリオリに社団であるとか組合であるとか決まっているわけではなく、これを社団か組合か決めるのは、法規定を適用して、一定の法的効果を認め、あるいは認めないという実践的目的からであって、具体的な団体に関して、社団に関する規定あるいは組合に関する規定だけを適用しなければならないことはなく、したがって社団と組合の双方の性質を備えている「ぬえ」的存在であっても、問題はないわけである。星野・前掲注（27）二八〇頁注六。

なお、大賀教授は、現行法が、組合を組合契約という法律要件と、それによる法律効果としての組合員相互間および組合員対第三者間の関係の発生という法律関係の面からとらえているのに対し、社団を一定目的達成のための複数人の集合体という事実上の効果の面からとらえているとした上で、組合と社団との区別について、事実上の効果のディメンジョンと法律関係（すなわち法律要件・効果）のディメンジョンとに分けて考察され、前者のディメンジョンにおいては、一定目的達成のために複数人が自由意思に基づいて結集した団体という意味で、組合も社団も同義的に解すべきであるが、後者のディメンジョンにおいては、組合の場合、組合契約から組合員相互間および組合員対第三者間の法律関係を生ずるが、社団については、それがいかなる法律要件に基づきいかなる法律効果をもたらすか、その法律関係は各個具体的に検討されるべきことになるので、この法律関係のディメンジョンにおいては、社団と組合とを常に同一に論ずることはできない、と説かれている。大賀・前掲注（26）五九頁以下。教授の説は、やや抽象的で理解しにくいところもあるが、ともかくそれによれば、現行法上の社団の概念については、複数の者が一定の目的を達成するために自由意思に基づいて結集した団体という広い意味において理解すべきであること、この意味では組合契約に基づきその結果事実上出来上がる団体としての組合も社団の概念に含まれるべきこと、ある社団（団体）の法律関係は、それが組合契約に基づく場合には、組合に関する民法の規定が適用ないし類推適用されて、構成員相互間および構成員対第三者間に一定の法律関係を生ずるが、場合によっては社団法人におけるように、社団法人対構成員間および社団法人対第三者間に法律関係を生ずることもあるし、さらに場合によっては法人でない社団におけるように、社団代表者対構成員間および社団代表者対第三者間に法律関係を生ずることもあり得るのである。大賀・前掲注（26）六二頁。

（50）　閉鎖的資本会社は、その形式的な社団性が弱まった半面、実質的な組合性が強く現れているため、人的会社と同じように、前述の意味での組合的社団ということができよう。

(51) つまり、従来の学説のように、ある団体を社団あるいは組合のいずれかに性質決定した後に、これにもっぱら社団の規定あるいは組合の規定のみを適用するのは、極めて硬直的で、実際に適しない。むしろ、団体の具体的性格に応じて、ある点については社団の規定を適用し、他の点については組合の規定を適用してよいわけである。星野・前掲注(27)二七九頁、二八〇頁注六。その意味で、閉鎖的資本会社については、その実質的な組合性に鑑み、社員相互間の関係への組合法理の適用は肯定されるべきものと考える。

(52) 福岡博之「日本の大企業とは何か―その法的構造と問題点―」法学セミナー増刊・現代の企業五七頁(昭和五五年)は、この点を指摘されている。

(53) 現行商法上、株式を引き受けた者は、会社の成立前または新株の発行前に、引受価額全額の払込など、出資義務をすべて履行しなければならず(商法一七〇条一項・一七二条・一七七条一項三項・二八〇条ノ七・二八〇条ノ一四)、また有限会社法上も、出資を引き受けた者は、会社の成立前または資本増加の効力発生前にその義務をすべて履行しなければならない(有限会社法一二条・一三条一項・五三条・五三条ノ二)ため、株主(社員)になった後はもはや一切責任を負わないという意味で、「株主(社員)無責任の原則」とも言われている。竹内・前掲注(11)七六頁、田中(誠)・前掲注(45)一二六頁、大隅＝今井・前掲注(10)一四七頁。

(54) 従来、物的会社における有限責任制度を認める根拠として、経済的には大規模経営を可能ならしめるために少額資本を糾合することが必要であること、法理論的には企業の所有と経営の分離、すなわち企業規模の拡大により株主が企業全体を支配することが不可能となるため、企業危険についての無限責任を課されるのが不当であること(支配なきところに責任なしという原則)、などと説明されてきた。田中耕太郎「株式会社法序説」商法学特殊問題上(平成一〇年復刻版、新青出版)四三九頁、松田二郎・会社法概論(昭和四三年、岩波書店)三頁、同・前掲注(10)株式会社法の理論一〇四頁、大塚・前掲注(45)四五五頁、同「株主有限責任の原則」商事法務研究四一号四二頁(昭和三一年)、鈴木＝竹内・前掲注(9)二七頁、大隅＝今井・前掲注(10)一七二頁以下、河本・前掲注(15)注釈八、菱田・前掲注(49)六五四頁参照。しかしこれについて、近時、江頭教授は、少額資本糾合の必要性からは、株式会社と株式合資会社という物的会社と人的会社の限界線における「株式会社の有限責任」の合理性を説明できないし、企業の所有と経営の分離に関しても、株式会社成立期に社員全員の有限責任を要求した者が企業を支配する機能資本家であったという歴史的事実からすれば、その説明根拠が曖昧であるとの批判を加えられ、物的会社の有限責任制度は企業活動から生ずる損失・危険を社員・会社債権者間で分担する制度だと位置づけられた上で、「この制度の核は一定額の資本の『拠出』と『維持』をつうじての危険引受にあ」る、と説明されている。江頭憲治郎・会社法人格否認の法理（昭和五五年、東京大学出版会）一四九頁。また、森本滋「いわゆる『法人格否認の法理』の再検討―会社法人格についての若干の考察（一）」法学論叢八九巻三号一六頁（昭和四六年）は、今日の法思想では、資本会社の社員の有限責任制度は、資本糾合の手段ではなく、営業財産に企業危険を制限するという目的のみに利用されうると指摘し、この制度の法理論的基礎として、支配なきところに責任なしという原則を掲げる必要はなく、会社債権者のために明確に責任財産が公示され、責任財産の維持の保証がある限り、支配の有無を問わず、社員に有限責任の特権が与えられ得る、と指摘されている。（ちなみに、この点において、両教授の立場は極めて近いように思われるが、ただ、森本教授が資本額の公示と維持を有限責任制度の本質ととらえ、「責任なきところに支配なし」の原則を全く否定するのに対し、江頭教授は「開示」や「支配」を有限責任制度の付随的問題としてとらえているところに、見解の違いがあるように見受けられる。江頭・前掲注一五一頁、一六八頁注六九参照。）

なお、小規模閉鎖的な株式会社に関して、このような会社においては、資本集中の必要性がさほど大きくなく、また所有と経営の分離もなされていないので、このような会社における株主の有限責任については、もはや従来考えられてきたような根拠には求めることができず、むしろ会社債権者のための担保財産を社員の個人財産から分別させる利益をその株主に享受させるべきか否かという観点から、有限責任を政策的に決定することになる、とする見解もある。柿崎栄治「『区分立法』における一人会社―その社団性と有限責任に関連して―」産業経理四六巻一号一四三頁（昭和六一年）、同「閉鎖的小規模株式会社の有限責任の論理と政策―その構造的特質から―」山形大学紀要（社会科学）一九巻二号三〇三頁以下（平成元年）。なお、竹内昭夫「最低資本金制度と大小会社の区分」会社法の理論Ⅰ総論・株式（昭和五九年、有斐閣）九三頁参照。

（55）　近時、物的会社における有限責任制度は、物的会社の自明の本質的要素というよりは、むしろ立法政策的所産であり、絶対的なものではないとする見解が有力である。河本一郎・現代会社法［新訂第八版］（平成一一年、商事法務研究会）三六頁、三枝一雄「株主有限責任の理論」法律時報五六巻一一号二一頁（昭和五九年）、菱田・前掲注（49）六五〇頁、柿崎・前掲注（54）山形大学紀要三〇一頁、出口・前掲注（16）一二一頁、吉田直「株主有限責任原則の根拠に関する学説の系譜」青山法学論集三七巻三・四合併号二三一頁（平成八年）、高田太久吉「持株会社における株主有限責任の排除」商学論纂（中央大学）三九巻三・四号五〇七頁（平成一〇年）。後述の通り、現在この制度は立法上および判例上、多くの例外が認められており、したがって近時の有力説のようにこれを立法政策上の所産としてとらえない限り、この現象をうまく説明することができないのであろう。

（56）　有限会社法のこれらの規定に基づく社員の塡補責任は、会社に対して負担するものであり、直接会社債権者に対して負担するものではないが、それは資本の充実を図り、会社債権者を保護するために認められたものであることから、総社員の同意によっても免除することができないとされている。神崎克郎・新版注釈会社法一四巻一七条注釈五、七（平成二年、有斐閣）。

（57）　大隅＝今井・前掲注（10）三七八頁、北沢・前掲注（10）一六九頁参照。なお、商法二八〇条ノ一一は、新株発行に際して取締役と通じて著しく不公正な発行価額で株式を引き受けた者が、会社に対し公正な価額との差額に相当する金額の支払いをなす義務を負うべきことを定めており、通説はこれを一種の損害賠償義務とし、有限責任の例外をなさないとしている（大塚・前掲注（45）四六四頁、同・前掲注（54）四五頁、鈴木＝竹内・前掲注（9）一一七頁、石井照久・会社法上巻（商法Ⅱ）一四五頁（昭和四二年、勁草書房）、大隅＝今井・前掲注（10）三七八頁、米津昭子・新版注釈会社法三巻二〇〇条注釈九（昭和六一年、有斐閣）、田中（誠）・前掲注（10）一〇〇五頁）のに対し、右規定を追出資義務を定めたものとして、株主有限責任原則の例外をなすものとする見解も有力である。松田二郎＝鈴木忠一・条解株式会社法上（昭和二六年、弘文堂）一〇七頁（ただし松田二郎・会社法概論（昭和四三年、岩波書店）一五九頁はこの差額支払義務について、本来株式引受の対価として支払うべきものであり、株主有限責任の原則の例外に当たらないとしている）、北沢・前掲注（10）一七〇頁。

(58)　一言でいえば、これは、会社の法人格の形式的独立性を貫くことが正義公平に反すると認められる場合に、特定の事案の解決のために会社の独立性を否定して、会社とこれを実質的に支配する社員とを同一視する法理である。竹内・前掲注(11)三九頁、鈴木＝竹内・前掲注(9)一二頁、江頭憲治郎「法人格の否認」新版注釈会社法第一巻七〇頁(昭和六〇年、有斐閣)。なお、この問題を論じた文献は膨大な数に上っているが、主要なものについては、江頭・前掲注(54)三頁注四、四頁注九を参照されたい。比較的最近のものとしては、中村忠「法人格否認法理に関する一考察」高崎経済大学論集二八巻三号二四二頁(昭和六一年)、早川勝「企業の結合関係と法人格否認の法理」産大法学二一巻一・二号二七一頁(昭和六二年)、青木英夫「法人格否認の法理とコンツェルン関係」獨協法学二四号一頁(昭和六二年)、安井威興「法人格否認の法理と判決の既判力ないしは執行力の拡張」修道法学九巻二号五七三頁(昭和六二年)、井上明「形骸に基づく法人格否認の法理に関する日仏間の比較法的研究」私法四九号一九四頁(昭和六二年)、同「形骸に基づく法人格否認の法理における形骸概念の再構成(一)～(九)」成城法学二五号一頁、二六号三一頁、三〇号四一頁、三五号四三頁、四〇号二七頁、四一号三一頁、五二号一〇七頁、五五号一〇五頁、五八号六五頁(昭和六二年～平成一〇年)、後藤勇「法人格否認の法理適用の具体的要件―旧会社の債務を新会社に請求する場合について―」判例タイムズ六九九号四頁(平成元年)、奥島孝康「大株主の陰謀＝川岸工業賃金支払事件―法人格否認の法理」法学セミナー四三七号八八頁(平成三年)、加美和照「会社法人格否認の法理と商法二六六条ノ三の責任」判例タイムズ九一七号一二四頁(平成八年)などがある。

(59)　最判昭和四四年二月二七日民集二三巻二号五一一頁は、法人格否認の要件として、①法人格が全くの形骸に過ぎない場合、②法人格が法律の適用を回避するために濫用されている場合、の二要件を示したのであるが、甚だ抽象的であるため、その後学説は要件の明確化を図り、右②の要件についてはさらに支配の要件、すなわち法人格がその背後の社員により単なる道具として意のままに支配されているという要件、および法人格を違法・不当な目的のために利用するという目的の要件に区分けし、また右①の要件についてはこれを、会社財産と社員の個人財産の混同、取引業務活動の混同の反復・継続、明確な帳簿記載・会計区分の欠如、取締役会や株主総会の不開催など会社法上の手続き違反の反復などと解している。竹内・前掲注(11)四四頁、大隅＝今井・前掲注(10)五三頁、江頭・前掲注（58）新版注釈会社法七四頁、加美・前掲注（58）一二六頁以下参照。もっとも、近時、このような法人格否認の法理については、この法理は、小規模物的会社における過小資本規制の不備や、親子会社における利益相反取引規制の不備等により生ずる不衡平を調整するための一般条項の一つに過ぎず、この法理で解決されている問題の中に、新たな立法によって解決されていくべきもの、または従来の硬直な解釈論を改めることによって処理されるべきものが多いため、個々の具体的事案の解決はむしろこのような一般条項によらずに、個々の規定の目的や株式会社制度、有限責任制度の意義を十分に検討して解決を図るべきであるとする見解が有力に主張され、注目されている。江頭・前掲注（57）会社法人格否認の法理一四二頁、同「企業の法人格」現代企業法講座２企業組織（昭和六〇年、有斐閣）八一頁以下、森本・前掲注（54）論文、同「いわゆる法人格否認の法理の再検討―会社法人格についての若干の考察（二）～（四）」法学論叢八九巻四号二八頁、五号一頁、六号八二頁（昭和四六年）。

（60）　江頭教授は、法人格否認の法理のうち相当の部分が、アメリカ法のように資本拠出および資本維持による会社債権者保護制度の弱かった法体系において、株主の有限責任を排除するために発展したこと、また法が予定した資本の拠出・維持の確保のための制度によっては、もはや有効な会社債権者を保護するための規制・対処がなしえなくなった段階で、その規制の一環として有限責任排除のために発展してきたことを考察され、過小資本・財産混同・財産移転（会社搾取）の規制に関する法人格否認を第一類型の法人格否認の法理、すなわち有限責任の排除による会社債権者全体の保護を図るための制度的法人格否認の法理ととらえられている。江頭・前掲注（54）一四七頁以下、二九〇頁以下。江頭教授の分類法に従えば、この類型の法人格否認の典型は、会社債権者が社員に対して有限責任の排除を主張して会社債務を直接請求する場合であるから（江頭・前掲注（54）一五四頁）、この法人格否認の法理が適用される前提として、株主有限責任の原則に対する例外が認められ得るということは、明らかである。なお、森本・前掲注（59）法学論叢八九巻四号四八頁以下、奥島・前掲注（58）八八頁以下、三枝・前掲注（55）二一一頁参照。

（61）　小規模閉鎖会社においては、株主（社員）が一般に同時に取締役でもあることから、一定の場合において商法二六六条ノ三（有限会社法三〇条ノ三）の規定に基づく責任を追及されることがある。すなわち、このような会社が倒産した場合において、会社が無資力のため、債権の満足を得られない債権者が、右規定に基づいて会社の取締役たる株主（社員）に対して、債務の履行又は損害賠償責任を求めるわけである。取締役として実際に会社の経営を指揮監督する支配株主（社員）の個人責任を追及するという点で、法人格否認の法理と共通の機能を果たしているわけであり、取引の安全を図るための制度である。鈴木＝竹内・前掲注（9）二八〇頁、龍田節・新版注釈会社法六巻二六六条ノ三注釈一（昭和六二年、有斐閣）。もちろん、ここでは法人格否認の法理の場合と異なり、取締役としての義務違反という要件が要求されるが、会社債権者に取締役たる株主（社員）の個人資産から債権の満足を得させるという意味では、やはりこれを物的会社における有限責任制度の濫用に対処するための手段として位置づけることができよう。なお、松田＝鈴木・前掲注（57）一〇七頁、松田・前掲注（57）一五九頁は、法人制度の濫用でないときでも、一人会社の場合には、その実質は単独株主の個人企業に外ならないから、その法人格を無視して、唯一の社員たる株主に会社の債務につき会社債権者に対する直接の責任を認めるべきであり、この場合は株主有限責任の原則の例外となる、としている。ただ、この例外を認めるべきかについては疑問が提起されており（大塚・前掲注（54）四五頁、田中誠二＝山村忠平・コンメンタール会社法五全訂（平成六年、勁草書房）四〇八頁）、またそもそも一人会社ということだけで、単独株主が当然に会社債権者に対して直接に責任を負うべきかは問題のあるところである（大隅＝今井・前掲注（10）三三〇頁）。

(62)　昭和六一年五月一五日、法務省民事局参事官室「商法・有限会社法改正試案」三14（なお、その二年前の昭和五九年五月に同民事局参事官室が公表した『大小（公開・非公開）会社区分立法及び合併に関する問題点』四9では、経営に参画する支配株主等の責任として、「非公開会社において、相当の比率の株式・持分（例えば発行済株式総数又は資本の四分の一以上）を有する株主又は社員（実質的に同一人（例えば一〇〇％親会社の従業員）である場合を含む。）が取締役（又は代表取締役）であるときは、特別の責任（例えば、その在任中に発生した労働債権又は不法行為債権で一定の期間内に請求されたものにつき直接の責任）を負うものとするとの意見があるが、どうか。」という問題提起がなされ、広く意見照会が行われていた。稲葉威雄・大小会社区分立法に関する諸問題（別冊商事法務七三号）二〇五頁（昭和五九年）参照）。これは、債権者保護の見地から、有限責任を享受するための基本条件として相当額の責任資本金を定め、これに満たない会社（過小資本の会社）については、その経営に支配力を行使する機能資本家に対し有限責任の利益を制約して、その個人責任を強化しようとするものである。竹内昭夫＝稲葉威雄＝前田庸ほか「中小会社立法（中）—商法・有限会社法改正試案をめぐって—」ジュリスト八六六号一〇〇頁以下〈稲葉発言〉（昭和六一年）、西川昭「支配株主の責任等」商法・有限会社法改正試案の研究〔金融商事判例増刊号七五五号〕一三〇頁（昭和六一年）、稲葉威雄＝大谷禎男・商法・有限会社法改正試案の解説〔別冊商事法務八九号〕六八頁（昭和六一年）参照。なお、同試案が、支配株主（社員）が負うべき債権を労働債権と取引によらない不法行為債権に限定しているが、これは、これらの債権については、債権者側で債務者を選択して自衛しうる余地が乏しく、その保護がとくに必要であること、仮に取引上生ずる債権をも含めると、株主（社員）の有限責任が完全に否定されることになる、といった理由によるものだとされている。稲葉＝大谷・前掲六八頁、北沢正啓・会社法改正試案解説（昭和六一年、税務経理協会）九四頁。

（63）　立法化するには至らなかったが、会社の営業規模・種類に比して資本規模が著しく小さいという過小資本の問題については、従来からその規制の必要性が唱えられてきたのであり（江頭・前掲注（54）四〇二頁、片木晴彦「過小資本会社とその規制（一）（二）」法学論叢一一一巻五号三六頁、一一二巻二号七七頁（昭和五七年）、加美和照「過小資本の法理」会社法の現代的課題（平成三年、勁草書房）八三頁）、そしてこのような会社における支配株主（社員）についてその有限責任に制約・修正を加えようとするこの立法提案は、学説において基本的にこれに賛成する見解が多かった。柿崎・前掲注（54）山形大学紀要三一三頁、西川・前掲注（62）一三五頁、田中誠二「企業の社会的役割と企業についての有限責任の根拠」民商法雑誌九六巻五号六一二頁（昭和六二年）、並木俊守「資本金と株主有限責任—アメリカの過小資本の判例を中心に—」日本法学五二巻二号一八頁以下（昭和六一年）、並木和夫「アメリカの株主有限責任制度」企業会計三八巻一〇号一三〇頁（昭和六一年）、早川勝「Der Grundsatz der beschränkten Haftung im japanischen Gesellschaftsrecht—Über den Diskussionsstand zur Reform des Gesellschaftsrechts in Japan—」産大法学二三巻一号一六四頁以下（平成元年）、西脇敏男「有限責任制度の論拠—『商法・有限会社法改正試案』を契機として—」法学新報九六巻三・四号二六三頁、二六六頁（平成二年）。

(64) ドイツ会社法においては、株主（社員）有限責任の原則に対する例外を直接に認めた規定が存在する。まず、ドイツ株式法五五条は、株式の譲渡につき会社の同意を要するときは、定款をもって株主に資本に対する出資のほか、金銭以外の反復的な給付を提供する義務を課すことができると定めて、会社の定款において一定の前提要件の下で株主に従給付義務(Nebenleistungspflicht)を課すことを認めている。いわゆる従給付株式会社(Nebenleistungsaktiengesellschaft）と言われるもので、主として甜菜糖会社（Rübenzuckeraktiengesellschaft）がその株主に毎年生産する甜菜を会社に給付させる必要から、一九〇〇年に創設された制度であるが、今日ではカルテルおよびシンジケートにおいても利用されている。大隅健一郎＝八木弘＝大森忠夫・獨逸商法Ⅲ株式法（現代外国法典叢書八）一三八頁（平成三年復刻版、有斐閣）。次に、ドイツ有限責任会社法二六条は、「定款には、社員が基本出資の額を超えて追加的な払込金（追加出資）の徴収を決議することができる旨を規定することができる」と定めて、有限責任会社が定款上、社員に追加出資義務（Nachschüssen）を課しうることを認めている（訳文は、法務大臣官房司法法制調査部編・西ドイツ有限会社法　西ドイツ会社財産による資本増加及び有限会社の合併に関する法律（昭和六三年、法曹会）一三頁による）。社員の決議によってその内容が具体的に決定されることとなるこの追加出資義務は、定款をもって一定の金額に制限することができるが(同条三項)、これに制限を加えないことも当然可能である。そして後者の無制限の追加出資義務を課される場合には、社員の責任は実質的に無限責任に転化するので、同法二七条は社員に持分の委付権を認めて、その保護を図っている。大隅健一郎・獨逸商法Ⅳ（現代外国法典叢書九）有限会社法六四頁以下（平成三年復刻版、有斐閣）参照。さらに、禁止された支払（出資の返還、違法配当金等）を受領した株主に対して、その受領額を限度に会社債務につき会社債権者に対する直接責任を課していた一九三七年株式法五六条の規定、この規定を受け継いで、株主にまずその受領した給付の会社への返還を命じ、会社債権者は会社から弁済を得られないときに限り、会社の請求権を行使しうると定めた現行六五年株式法六二条の規定、および基本資本の維持に必要な会社財産の払戻を受けた社員に会社への返還義務を課した有限責任会社法三一条の規定も、それぞれ一定の要件の下で株主（社員）の有限責任を打破して、会社債権者に対する直接的あるいは間接的な責任を認めたものである。森本・前掲注（59）法学論叢八九巻四号五〇頁参照。

一方、アメリカ法においても、株主の有限責任に対する制限を許容する立法が存在している。例えば、デラウェア一般会社法第一〇二条（b）項（6）は、「会社の債務についてその株主または社員に、特定の限度までかつ特定の条件のもとで、個人的な責任を課す規定。この規定がないときは、会社の株主または社員は、それらの者が自己自身の行為のために責任を負う場合を除き、会社の債務の支払について個人的に責任を負わない」と定めて、会社の定款が任意的記載事項の一つとして、株主に対し会社の債務についての一定限度内での個人的責任を課すことを認めている（訳文は、北沢正啓＝浜田道代共訳・デラウェア会社法（昭和六三年、商事法務研究会）七頁による）。また、ニューヨーク事業会社法第六三〇条（a）項は、「国法証券取引所に上場されずまたは国法証券業協会もしくは支部証券業協会の一人以上の会員により店頭市場において正規に相場を付されない株式の発行会社（「一九四〇年投資会社法」と称する連邦議会の法律に基づき投資会社として登録された会社を除く）の株主であって、本条に定める賃金未払の労務が履行された期間の当初における受益権の公正価額により定まる上位一〇人の大株主は、工事請負人以外の労務者、雇人または従業員が会社のために履行した労務に対しこれらの者に支払うべき未払のすべての債務、賃金または給料につき、連帯して人的責任を負う。労務者、雇人または従業員は、その労務につき株主の責任を求める前に、この株主に対し、本条にもとづきその責任を求めようとする旨を書面により通知しなければならない……」と定めて、非上場会社の上位一〇人の大株主に対し、その会社の未払の労働債権について連帯の個人責任を課している（訳文は、長浜洋一訳・ニューヨーク事業会社法（平成二年、商事法務研究会）一〇二頁による。なお、既述の商法有限会社法改正試案における支配株主等の責任の制度は、ニューヨーク事業会社法のこの規定を参考にしたものだと言われている。竹内ほか・前掲注（62）一〇一頁、稲葉＝大谷・前掲注（62）六九頁参照）。さらに、アメリカ法曹協会の模範会社法は、第二・〇二条（b）項（2）号（v）において、会社の定款は任意的記載事項として、「特定の限度までかつ特定の条件での会社の債務についての株主の個人責任の負担」を定めることができるとすると共に、その第六・二二条（b）項において株主の責任として、「定款に別段の定めがないときは、会社の株主は、その者自身の行為または行動のためその者が個人的に責任を負うことがあることを除き、会社の行為または債務につき個人的に責任を負わない」と定めている（訳文は、北沢正啓＝平出慶道共訳・アメリカ模範会社法（昭和六三年、商事法務研究会）一七頁、三六頁による）。以上の点につき、並木（和）・前掲注（63）一二三頁、ニューヨーク州法の変遷については、伊藤紀彦「ニュー・ヨーク州における株主の有限責任制の変遷（一）（二）」中京法学二九巻一号八九頁、三一巻一号一頁（平成六年・八年）参照。なお、一定の場合について株主の有限責任原則を変更・修正すべきだとするアメリカの判例および学説の動向について、詳しくは、並木（俊）・前掲注（63）四頁以下、並木（和）・前掲注（63）一二五頁以下、同「株主有限責任の原則の検討―過小資本の問題を中心として―」私法四九号一八〇頁以下（昭和六二年）、同「株主有限責任の原則の検討―過小資本の問題を中心として―」法学研究（慶応大学）六〇巻一二号一〇〇頁以下（昭和六二年）、野田博「有限責任原則と親子会社関係」一橋論叢九八巻四号五八一頁以下（昭和六二年）、高田・前掲注（55）五二九頁以下参照。

（65）近時、久保教授は、株主有限責任の原則の適用範囲について次のような限界を指摘されている。すなわち、久保教授によれば、株主有限責任原則の承認の根拠は、自由の確保を基本理念とする法秩序の下では、外在的な負担不能の過大な危険の存在、および内発的危険に対する支配可能性の欠如の二つにあり、この原則は株式会社の自明の本質的要素ではなく、右の根拠が存する場合にのみ承認される例外であり、特権である。そして第一点の根拠についてみると、現在の株式会社はほとんど、とくに異常とはみられない危険を伴うに過ぎない事業活動を担っているだけであるから、もはやこの原則は好ましからざる特権となったのであり、また二点目の根拠からみても、無機能株主について責任制限を承認する理由がますます強くなり明瞭となるのに対し、内発的危険に関して支配統御の可能性を有する支配株主につき責任制限の特権を享受せしめる根拠はもはや存在しないとされ、株主の有限責任原則が資本の集中という産業発展上の要請に応えてきた反面、競争阻止・独占助長という現実的機能も果たしており、それゆえ自由・平等を理念とする現在の法秩序の下では、自ずと一定の制約を受けざるをえないと説かれている。久保欣哉「株主有限責任原則の限界―責任制限の競争阻止・独占助長機能をかえりみて―」青山法学論集一四巻一号三二頁以下（昭和四七年）。

また、関教授は、株主有限責任の原則が資本の集中と経営危険の分散という企業経営にとっての二大メリットをもたらしてきたが、同時に特に法人株主によって資本の責任回避だけの目的に利用されるという資本の無責任化も生じさせてきたことから、アメリカの一部の州のように制定法により賃金債権者など一定の会社債権者の債権について株主の責任を認めたり、或いは法人格否認論といった法解釈を通じて、会社の背後にいる株主特に法人株主の有限責任を部分的に否定しようとする傾向が近時徐々に強まってきたことを指摘され、今後この原則はより徹底した有限責任の原則へと純化・成長するよりも、むしろ有限責任が認められない例外的な類型を抽出していく方向に定着していくのであろう、と株主有限責任原則の発展の方向性を示されている。関俊彦「株主有限責任制度の未来像」商事法務一四〇二号二二頁以下（平成七年）。

なお、有限責任原則について論じた近時の文献として、このほか、川井正彦「物的会社の倒産と社員の有限責任排除」ジュリスト八六四号六〇頁（昭和六一年）、吉原和志「株主有限責任の原則」法学教室一九四号一四頁（平成八年）、金本良嗣＝藤田友敬「株主の有限責任と債権者保護」三輪芳郎＝神田秀樹＝柳川範之編・会社法の経済学（平成一〇年、東京大学出版会）一九一頁以下がある。

(66)　鈴木博士は、既述のように、社団と組合との関係を形式的および実質的の両面から考察するという方法的態度をとられているが、博士の見解によれば、形式的な社団においては、構成員相互間の関係が排除されて、団体対構成員の関係が認められるに過ぎないが、しかし構成員相互の関係が実質的にも存在しないというのではなく、例えば議決権等の共益権の行使が他の株主の利益範囲に当然影響を及ぼすように、株主相互間に一定の利害関係が発生してくるわけであり、したがって株主相互間の関係がたとえ実質的な組合におけるほど濃厚でないにしても、少なくとも株主はその共益権の行使につき、他の株主の利益を不当に侵害することのないように配慮すべき義務、すなわち誠実義務を負うべきであって、この義務は株主の会社に対して有する権利の行使を制約する消極的要件として認められるものである、とされる。鈴木・前掲注（10）二一頁。

(67)　株主の誠実義務の性質に関しては、現行法の解釈論として株主の誠実義務を認めることに消極的な学説をも含めて、それが権利に対応する通常の意味での法的義務ではなく、株主の権利の行使に伴う内在的制約であることについては、現在一般に認められている。高田・前掲注（22）一三二頁、大塚・前掲注（45）四五二頁、西原寛一「株主権の濫用とその対策」商事法研究第二巻（昭和三八年、有斐閣）一〇一頁、大隅健一郎「いわゆる株主の共益権について」新版会社法の諸問題（昭和五八年、有信堂高文社）一五四頁注（九）、田中（誠）・前掲注（45）三〇一頁、松田・前掲注（10）株式会社法の理論一一二頁、別府・前掲注（18）一〇頁以下、出口・前掲注（16）三頁。この点は、ドイツの学説もほぼ一致して認めているところである。本書二九四頁注(7)所掲の文献参照。なお、出口・前掲注（16）六頁注二参照。

(68)　前掲注（20）および本文参照。

(69)　誠実義務違反の要件や効果等については、次章で検討することとする。

(70)　利益を侵害された者に対する損害の塡補という意味では、この多数派社員の損害賠償責任は、第三者に対する不法行為責任という性質を有するが、次章で検討するように、この責任の発生要件は一般の不法行為の場合と全く同一のものではない。

(71)　既述のように、これまで社員の有限責任原則の例外として認められているところの社員の個人責任は、商法・有限会社法上の出資の払込給付塡補責任などといった会社に対する財産上の義務と、法人格否認の法理が適用された場合に認められる会社債権者に対する責任である。これらの責任が認められる根拠としては、出資の不完全履行または会社の不当経営などのために会社の資産（資本）が減少し、それによって会社債権者が債権の満足を得られないなどの不利益を被ることを救済するためであるということが考えられ、そして社員が本来会社に対し一定額の出資義務を負うに過ぎず、会社の債権者に対しては何らの責任も負担しないという原則からすれば、右のような社員の責任はこの原則の例外をなすものとなる。これに対し、多数派社員が誠実義務違反の行為により、少数派社員の利益を侵害した場合に認められる損害賠償責任は、もとより会社の資産（資本）の不足による会社債権者の不利益の救済という趣旨によるものではなく、すなわち会社の資産（資本）が不足しているか否かとは関係なく、しかも会社債権者ではなく、同じ会社の他の社員に対して認められるものであるから、厳密に言えば、この場合は有限責任原則と関わりがないわけであり、有限責任原則の例外をなすような問題ではないと考えられる。つまり、商法二〇〇条一項・有限会社法一七条は、社員の責任をその出資額に限定しているが、それは社員が会社に対し一定額の出資義務のみを負い、会社債権者に対し何らの義務をも負わないことを表明しているに過ぎず、例えば社員が自己の不法行為について会社または第三者に対し損害賠償責任を負担することまで否定しているとは、とうてい解し得ないわけである。そして、多数派社員の誠実義務違反による損害賠償責任は、会社の財産をもって債務を弁済できないときに補充的に認められるような性質のものではなく、いわば少数派社員に対する不法行為責任的な性質のものであるから、商法二〇〇条一項・有限会社法一七条との抵触はそもそも問題にならないと解するのが妥当であろう。

(72)　出口・前掲注（16）一〇九頁。この誠実義務の具体的な適用例の一つとして、出口教授は、取締役の選任・解任決議を挙げられ、この種の決議は会社の業務執行に関する重要な意思決定であり、会社の利益の問題であるため、株主はこの決議に際して会社に対し誠実義務を負い、自己の議決権を会社の利益のためにまたは少なくともそれを侵害しないように行使しなければならず、もしこの義務に違反したときは、決議取消または無効の原因となるほか、それによって会社に損害が生じたときは、違反株主は会社に対して損害賠償義務を負うとし、商法二五七条一項を根拠に株主に無制限の解任権を認める通説の立場を批判され、取締役の選任・解任決議も他の総会決議の場合と同様、一定の制約を認めなければならないと主張されている。出口・同前掲注一一〇頁以下。なお、教授によれば、株主が社員たる資格に基づく影響力を行使して、直接または間接に会社の業務執行に介入する場合にも、当該株主は会社に対して誠実義務を負い、その義務違反があるときは、取締役と同様の責任を負わねばならないとされている。出口・同前掲注一〇五頁、一一七頁以下参照。

(73)　出口・前掲注（16）一〇九頁。つまり、教授の理解によれば、仲間の株主に対する誠実義務違反がある場合は、会社に対する場合とは異なり、たとえ仲間の株主に損害（不利益）を与えたとしても、損害賠償は問題にならず、ただ決議取消または無効の問題として処理されるに過ぎないのである。

(74)　社員の会社に対する誠実義務の問題については、本書は直接的には扱ってこなかったが、既にドイツ法のところで紹介した通り、近時のドイツの判例・学説はほぼ異論なくこれを肯定しており（本書一九五頁以下、二五八頁以下参照）、本書もこのような立場が妥当ではないかと考えている。なお、田中（耕）博士は、特に株主の議決権に関して、それを株主が株主総会という会社機関の構成者としての公的資格において有する権限だと解された上で、

「株主はこの権限を行使するにあたっては自己の利益に支配されてはならず、ひたすら会社企業全体の利益を念頭におかなければならない。この故に株主はその機関資格において会社に対し法的に当然忠実関係(Treuverhältnis)に立つと見なければならない」と説かれ、株主は議決権の行使につき、会社に対する忠実義務ないし誠実義務によって拘束されるべきことを主張されている。田中耕太郎・改訂会社法概論下巻三五八頁(昭和三〇年、岩波書店)。個々の社員がその社員たる地位に基づいて有する諸権利、とりわけ共益権の行使につき、会社の利益を侵害してはならないという制約を受けることがいわゆる社員権論争を経て、現在一般に認められていることは、周知の通りであり(本書二〇頁注(9)の諸文献参照)、そして田中(耕)博士は、いわゆる社員権否認論の立場から、議決権等の共益権を株主の権利ではなく権限であるととらえられ、共益権はもっぱら会社の利益のためにのみ行使すべきだとされる点は極めて特異なものであるが、しかし少なくとも株主がその議決権行使につき、会社に対し忠実義務ないし誠実義務を負うべきだとする点については、支持しうるものと考えられる。

(75)　この点は、ドイツの学説がしばしば指摘しているところである。Andreas Dorpalen, Die Treupflicht des Aktionärs, ZHR 102 (1935), 1, S. 28f.; Ulrich Immenga, Bindung von Rechtsmacht durch Treuepflichten, Festschrift 100 Jahre GmbH-Gesetz, 1992, 189, S. 193. なお、本書二五〇頁参照。

(76)　本書一七頁参照。

(77)　もっとも、出口教授が扱われた当時のドイツ法では、学説は、仲間の株主の利益を侵害しないように顧慮すべき義務という意味での株主相互の誠実義務を認めるものの、それは損害賠償の基礎としては十分でないと解していたようであり(出口・前掲注(16)七〇頁参照)、その意味では、株主相互間に損害賠償責任を生じさせないような誠実義務を認めるとしても、それは株主相互間の利益調整を図る上で、従来の多数決濫用理論に比してさほど大きなメリットを有しないことは確かであり、この点から、株主相互間の誠実義務を明確に認められなかった出口教授の立場も、それなりに理解できるものである。ただ、近時のドイツにおいては、誠実義務違反による仲間株主に対する損害賠償責任を認める学説が多数を占めるようになり、今日もはやそれが通説となったのであり(本書三〇六頁以下参照)、そして連邦通常裁判所も近時の一連の判決においてこのような株主の損害賠償責任を明確に認めるに至ったことは、既に見た通りである(本書二二〇頁以下参照)。したがって、近時のドイツ法における誠実義務の発展を踏まえられていたならば、おそらく出口教授も株主相互間の誠実義務を承認されるのではないかと推測しうる。

第二章　誠実義務の適用基準

第一節　誠実義務違反の要件

一　これまで検討してきたように、閉鎖的資本会社における多数派社員の誠実義務は、社員相互間に契約的結合関係が実質的に存在しているという閉鎖的資本会社の現実的構造と、多数派社員が有するところの、少数派社員の会社における利益に対する支配の可能性という二つの側面から、これを肯定することが可能だと考えられる。そして、かかる誠実義務は、多数派社員が直接に少数派社員に対して負うべきものであるため、それは、多数派社員による持分支配権の濫用を抑制し、少数派社員の会社における正当な利益を保護するという機能を果たすものと期待しうる。

もっとも、このように多数派社員の誠実義務が肯定される場合に、次に問題となるのは、その具体的な適用基準、すなわち、いかなる要件が存在すれば、多数派社員の誠実義務違反が認められるのか、という点である。

多数派社員の誠実義務理論は、会社法における一般条項ないし一般原則として機能するため[1]、その具体的な適用基準を一義的に確定しておくことは、極めて困難であるが、あえて抽象的に命題化すれば、次のようなものとなろう。

すなわち、多数派社員が議決権行使または勢力行使によって、故意に少数派社員の利益を害し、利己的な目的を追求したときは、少数派社員に対する誠実義務違反となる。

客観的要件としては、第一に、議決権または勢力の行使によって、利己的な目的を追求したことである。ここでいう利己的な目的とは、多数派社員が会社における優越的な地位を利用して、自己の個人的な利益を図ることであるが、直接に自己のためではなく、特定の第三者のために利益を図ることもこれに含まれてよいと思われる。ただ、元来、社員は議決権等の権利を自己の利益のために行使してもよいはずであるから(2)、利己的な目的を追求したということだけでは、もちろん少数派社員との関係において、これを直ちに誠実義務違反と認定することはできない。

そこで、第二に、このような利己的な目的を追求することにより、少数派社員の利益を侵害したことが必要である。つまり、多数派社員が自己の個人的な利益を追求するために、少数派社員の利益を不当に犠牲にしたことが、違法性の要素としてとらえられるわけである(3)。

このような要件を充たす事例としては、種々のものが考えられるが、例えば、有限会社または株式譲渡制限の定めのある株式会社における多数派社員が、自己と対立する少数派社員の持分割合を低下させて、その発言権を封じるために、社員総会（株主総会）で議決権を行使して、他の社員の出資引受権または新株引受権を制限ないし排除したうえで、自己または自己に近い者にのみ出資引受権または新株引受権を与えて、増資または新株発行を行った場合には(4)、右の二要件は充たされるものと考えられる。なぜならば、このような場合において、社員総会（株主総会）における特別決議があるとはいえ(5)、多数派社員による増資または新株発行の目的がそもそも自己ないし自派の勢力拡大による少数派社員の排除にあると考えられ、そして実際にこのような増資または新株発行が行われる結果、少数派社員は持分割合の低下を余儀なくされ、持分要件の不足で少数社員権の行使ができなくなるなど(6)、大きな不利益を蒙ることになるからである(7)。

また、例えば、少数派社員を経済的に困窮させるために、会社が相当の利益を挙げているのに、社員総会(株主総会)で、配当可能な未処分利益を配当しないとする決議を成立せしめて、少数派社員を会社利益への参加から排除する一方で、自らが高額の役員報酬を受け取ったりする場合、[8] 或いは、自己と対立する少数派社員を取締役または従業員の地位から解任(解雇)することによって、会社経営から締め出す場合においても、[9] 右の二要件は成立するものと考えられる。

もっとも、右二要件が充たされる場合にも、多数派社員の誠実義務違反を認めるためには、さらに主観的要件として、少数派社員の利益を害することについて故意を有することが必要だと考える。[10] そして、右に挙げたような事例においては、この主観的要件の存在は、比較的に認定しやすいと思われる。[11] ただ、故意のほかに、過失のある場合についてこれをいかに処理すればよいかという問題はあるが、一般的に言えば、例えば議決権の行使につき過失があった場合についても誠実義務違反の成立を認めると、義務違反による責任を恐れて積極的に総会決議に参加しないなど、社員の総会出席への意欲を萎縮させる等の事態が生じてくることも考えられるので、過失の場合については誠実義務違反の成立を認めないほうが妥当ではないかと思われる。[12] しかし、重大な過失は、一般に故意の場合に準じて扱われてよいので、重過失によって少数派社員の利益を害した場合には、誠実義務違反は成立しうると解すべきであろう。

二　誠実義務違反の成否の問題については、基本的に右に示されたような要件のもとで判断することになるが、言うまでもなく、これらの要件も甚だ一般的、抽象的なものであり、個々の具体的場合における要件充足の有無についての判断は、非常に難しいと思われる。とりわけ、総会の場における議決権の行使については、それが果たして少数派社員の利益を不当に害するものなのか、言い換えれば、多数派社員の議決権行使により成立した総会決議が著しく不公正なものなのか、その認定は容易になし得るものではない。そこで、多数派社員による議決権行使の場合については、次のようないわゆる比例原則を用いて、その公正さについての判断を行うことが必要になるのではないかと考えられる。(13)

すなわち、まず、社員総会（株主総会）において多数派社員の議決権行使により決定された問題の措置について、それが会社の正当な事業目的を達成するのに適切なものか否かという観点から審査を行う。ここでは、当該措置が会社の事業目的を達成する上で適切な手段であり、それによって当該事業目的が円満に達成され得るということが必要である。そして、それが適切な手段であると認められる場合には、次に、それは会社の正当な事業目的を追求する上で必要不可欠のものか否かを審査する。つまり、問題の措置がかかる目的を追求する上で、唯一実行可能なものなのか、少数派社員の利益をより害さない他の手段が存在しないか否かについて審査を行うわけである。もし同様の目的を達成しうる他の手段が存在し、しかもそれが少数派社員の利益をより害さないものであれば、多数派社員の決定はこの比例原則に違反することになり、著しく不公正なものとして、多数派社員の誠実義務違反が認められることになる。

しかし他方、仮に他のより適切な選択肢が存在せず、問題の措置が目的達成において絶対不可欠のものとされた場合でも、それだけで多数派社員の決定が適法なものとはならず、さらに、当該措置を実行に移した場合に実現される会社の利益と、それにより損なわれる少数派社員の利益とを比較考量することが必要となる。そして、当該措置によって達成される会社の利益と比較して、それにより侵害される少数派社員の利益のほうがはるかに著しい場合には、多数派社員の議決権行使は少数派社員の利益を不当に侵害するものと認められ、少数派社員に対する誠実義務違反が成立することになる。

このように、多数派社員の議決権行使により少数派社員の利益を損なうような措置が決定された場合については、会社の事業目的との関連における当該措置の適合性と必要性、および少数派社員の利益との間の均衡性の有無という三つの側面から、その公正さを判断するわけである。このような判断基準を用いれば、多数派社員の議決権行使により成立した総会決議が著しく不公正なものか否かの認定は、比較的に容易になし得るのではないかと思われる。(14)

第二節　誠実義務違反の効果

一　前記のような要件のもとで、多数派社員の誠実義務違反が認定される場合について、いかなる効果を認めるべきであろうか。

多数派社員の誠実義務違反については、基本的に、議決権行使の場合における社員総会(株主総会)決議の取消と勢力行使の場合における行為の効力の否認、および損害賠償責任という三つの効果を認めることが可能なのではないかと考えられる。(15)

すなわち、多数派社員が利己的な目的を追求するために、議決権を行使し、それにより少数派社員の利益を不当に害した場合においては、当該議決権行使によって成立した総会の決議は、少数派社員の請求によりこれを取り消しうるものとする。また、勢力地位を濫用して、少数派社員の利益を不当に害した場合には、当該行為の効力は否認されることになる。(16)

もっとも、右のうち総会決議の取消という効果を認める場合には、現行法上の総会決議取消の制度との関係が問題となる。

商法二四七条(有限会社の社員総会への準用を定める有限会社法四一条)は、一項一号で、総会の招集手続または決議の方法が法令・定款に違反しまたは著しく不公正であるという決議の手続的瑕疵と、同項二号および三号でそれぞれ、決議の内容が定款に違反すること、決議につき特別の利害関係を有する株主が議決権を行使したことにより著しく不当な決議がなされたことという決議の内容的瑕疵を、総会決議の取消事由として定めている。多数派社員の誠実義務違反を理由とする総会決議の取消は、右取消事由のうち、一号および二号に該当しないことは明らかであるが、三号に当たるかが問題となる。

ところが、右三号の取消事由には、「決議につき特別の利害関係を有する株主の議決権行使によって決議が成立した」という特別利害関係の要件と、「決議が著しく不当である」という不当性の要件とがあるため(17)、総会の決議が著しく不当であるという事実だけでは、同号に基づく決議の取消が認められるわけではなく、さらに特別利害関係の存在という要件を充たすことが必要だと解されている(18)。この特別利害関係人の概念については、現行法上極めて広くとらえられているものの(19)、総会の場における議決権行使を通じて私的利益を追求する多数派社員が、常にこの特別利害関係人に当たるとは一般的に解しにくいので(20)、誠実義務違反を理由とする総会決議の取消が直ちに同号の取消事由に該当するという解釈は、困難であろう。

もっとも、特別利害関係の要件を欠くために、商法二四七条一項三号には該当しないとしても、誠実義務違反と認められるような多数派社員の議決権行使によって成立した著しく不公正な総会決議については、少なくとも同号の規定を類推適用することは、可能なのではないかと考えられる。なぜならば、同号の取消事由はもともと、株主の議決権濫用により成立した株主総会決議の取消を定めた一九六五年ドイツ株式法二四三条二項の規定と同様の規定を想定して設けられたという経緯があったこと(21)、そしてこのドイツ株式法の規定はまさに株主の誠実義務に関する実定法上の根拠規定であると解されていること(22)、また日本法においても現に、多数決濫用理論を主張する論者からは、著しく不当な決議のうち、特別利害関係人の議決権行使によって成立したものでない単なる多数決濫用の決議については、同号を類推適用しうるとする見解が有力に主張されていること(23)、を考えれば、右のように解するとしても、必ずしも無理とは言えないからである。そうであるとすれば、多数派社員の誠実義務違反を理由とする総会決議の取消については、その提訴期間や訴えの手続、判決の効果等はすべて、商法二四七条一項三号に基づく決議取消の訴えの場合に準じて、考えればよいことになる(24)。

ただこのような考え方に対しては、多数派社員が利己的な目的から議決権を行使し、これにより少数派社員の利益を害して、誠実義務に違反した場合は、いわば総会決議の内容上の瑕疵が存在することになるので、このような内容上の瑕疵のある総会決議については、これを決議無効事由とすべきではないか、との反論もあり得る。これまでの学説においても、多数決濫用の要件が充たされる場合には、決議内容の違法な場合として決議無効事由になるとする見解が多かった。[25] そして、立法論として、多数決濫用や定款違反のような会社の内部関係者にのみ利害関係のある瑕疵についても、これを決議無効事由になるとしたうえで、解釈により瑕疵の主張権を制限したり、第三者を害するか決議を前提に積み上げられた会社の内部関係を破壊するような遡及的な無効の主張を斥けるとする見解も、有力に主張されている。[26] このような考え方によれば、たしかに決議取消事由とする場合よりは、きめの細かい妥当な解決が図られようが、ただ現行法上は、前述のように、特別利害関係人が決議に加わったことにより不当な決議が成立した場合については、決議取消事由とされているので、このような場合とのバランスから考えれば、多数派社員の誠実義務違反による議決権行使を決議取消事由としたほうが、現行法の解釈論としては最も妥当ではないかと思われる。[27]

二　右のように、多数派社員の議決権行使が誠実義務違反の要件を充たした場合には、当該議決権行使によって成立した総会の決議は、少数派社員の請求により取り消されることとなるが、決議取消訴訟の制度による救済は、もともとその効果が限定的なものであり、[28] 総会決議の効力を否認しても、なお少数派社員の損害が塡補されない場合があり得るのである。[29] また、総会の場を離れた多数派社員の勢力の濫用によって、少数派社員が直接に利益を害された場合については、前述のように、当該行為の効力の否認という効果を認めることができるが、その場合でも、少数派社員に生じた損害が完全に塡補され得ないことも考えられるのである。[30]

そこで、さらに、多数派社員による誠実義務違反の法的効果として、少数派社員の直接に蒙った損害について多数派社員の賠償責任を認めることが必要だと考える。(31) すなわち、少数派社員は、多数派社員の不当な議決権行使または勢力行使によって蒙った損害について、直接に多数派社員に塡補せしめるわけである。(32)

もっとも、この点については、社員の議決権を中心とした共益権は、そもそも社員個人の利益のために行使してもよいはずであるから、議決権の行使により他の社員に損害を生じたとしても、それは正当な権利行使として、損害賠償責任を発生せしめる余地がないのではないか、との疑問があり得る。たしかに、一般的に言えば、権利を行使する過程において他人の利益に対する侵害を伴う場合でも、通常その行為は違法性を欠き、損害賠償の責任を発生せしめないが、しかしその権利の行使が濫用に当たるとの評価を受けるときは、違法性阻却の効果を生じないため、権利行使の効果が否認されるうえ、他人に与えた損害につき賠償の責任を免れないのである（民法一条三項参照）。(33) 株式会社や有限会社のような営利の追求を目的とする資本会社についても同じようなことが妥当するわけであって、社員の正当な権利行使によって他の社員の利益が害されただけでは、もちろん当該社員の損害賠償責任を認めることはできないが、しかしその形式上適法と見える権利の行使が、もっぱら他の社員の利益を害することを目的とする場合、あるいはこのような目的がなくても、それによる他の社員への利益侵害が一定の限度を超えるような場合には、やはり権利の濫用（議決権の濫用）との評価を受けざるを得なくなり、損害賠償が問題となってくるのである。(34)

ただ、実際問題としては、一般社員による権利行使は、仮に他の社員の利益を害する目的を有するとしても、結果的には他の社員の利益範囲に大きく影響することができないため、およそ権利濫用による損害賠償の問題にはならないと思われるが、(35) 既述のように、資本多数決制度によって大きな発言権を与えられている多数派社員は、議決権または勢力の行使によって他の社員の利益範囲に多大な影響を及ぼすことが可能であるので、多数派社員の権利行使が濫用に当たると認定される場合には、右民法の一般原則からしても、損害賠償責任は当然問題になり得るのである。したがって、少数派社員の利益を害する目的で議決権または勢力を行使し、誠実義務に違反した場合において、少数派社員の直接に蒙った損害につき多数派社員の賠償責任を認めることは、現行法上の解釈論としては十分可能であるし、かつ少数派の利益救済のためにも必要不可欠だと考えられる。

三　ところで、前述のように、誠実義務違反が成立するためには、多数派社員の議決権または勢力の濫用により、少数派社員の利益が害されることが必要であるが、この侵害を受ける少数派社員の利益は、いかなるものを含むのか、すなわち少数派社員の被侵害利益の範囲の画定が問題となる。

この被侵害利益として、少数派社員の社員たる地位に基づく権利ないし利益がまず挙げられるべきことについては、疑問の余地はない。したがって、例えば右に挙げたような、不公正な方法による増資または新株発行の事例においては、少数派社員の本来有すべき出資引受権または新株引受権を不当に制限ないし排除した点で、少数派社員の出資引受権または新株引受権に対する侵害となるのみならず、このような増資または新株発行により生ずる議決権割合の低下や、第三者に特に有利な発行価額で新株発行を行う場合における株式の価値の低下、出資口数または株式数の増加による利益配当の減少などの不利益も生じてくるので[36]、このような場合における少数派社員の被侵害利益は、出資引受権または新株引受権と利益配当請求権、および持分価値と持分割合の維持の利益となると考えられる。

また、利益配当の抑制による兵糧攻めのような事例においては、少数派社員の被侵害利益が利益配当請求権であることは、明らかである。

ところが、取締役たる少数派社員を取締役の地位から解任するとか、任期満了後に取締役に再選しないような事例においては、何をもって少数派社員の被侵害利益と見るべきかが、問題となる。もっとも、前者の取締役の解任の場合においては、少数派社員の取締役としての地位への侵害ということが考えられるが[37]、後者のような場合においては、果たして保護に値するような被侵害利益が認められるのか、という疑問があり得よう。しかし、問題を小規模閉鎖的な株式会社や有限会社に限定して考えれば、このような会社においては、取締役の地位に付くことは、社員にとって一種の期待利益とも言えるので、それは保護に値すべき被侵害利益を構成するものと考えられる。

すなわち、所有と経営の一致が見られるような閉鎖的資本会社においては、社員は会社に加入する際に、自らが会社の役員または従業員として経営に参加するという期待を有するのが一般的である。なぜならば、このような会社においては、税負担の軽減等の理由から、会社に生じた利益は一般に役員報酬や内部留保に回され、利益配当はあまり行われないため[38]、会社経営に参加することによって給与や役員報酬を受け取ることが、社員のほぼ唯一の利益参加の手段となっているからである。そこで、もし社員間に不和対立が生じてきたときに、多数派社員が少数派社員を任期満了前に取締役の地位から解任した場合はもちろんのこと、任期満了後に少数派社員を取締役に再選しない場合にも、結局、少数派社員は、会社経営から締め出される形となり、それ以降、もはや会社の利益に与れないなど、著しい不利益を蒙ることになるのである。

たしかに、閉鎖的資本会社と言えども、その社員は、取締役の地位に付く権利を当然有するわけではないので、取締役の地位から解任され、または取締役に再選されなかったからといって、その社員たる地位に基づく権利が害されたとは、必ずしも言えない。しかしながら、右のような閉鎖的資本会社における特殊な事情、および会社役員または従業員として共同で事業を営んでいくという社員の合理的な期待が、通常会社加入の際の明示的または黙示的な合意事項となっていることからすれば[39]、このような社員の有する正当な期待利益に対しては、やはり法的保護を与えることが必要であろう[40]。したがって、少数派社員側に責めに帰すべき事由がないにもかかわらず[41]、任期満了後に取締役への再選を不当に拒否するような場合については、少数派社員の有する期待利益に対する侵害として、多数派社員は、誠実義務違反による損害賠償責任を負わなければならないと考える[42]。

他方、少数派社員が役員ではなく、従業員として会社の経営に携わる場合において、不当に解雇されるときも、

右に述べたのと同様の理由から、多数派社員の損害賠償責任が認められるべきだと考える。(43)

（1）　多数派社員の誠実義務理論が一般条項ないし一般原則として、会社法における欠缺を補完する機能を有することについては、一般に認められているところである。Uwe Hüffer, Zur gesellschaftsrechtlichen Treupflicht als richterrechtlicher Generalklausel, Festschrift für E. Steindorff, 1990, 59; Von Marian Paschke, Treupflichten im Recht der juristischen Personen, Festschrift für R. Serick, 1992, 313.

（2）　議決権を中心とする社員の共益権は、もっぱら団体自体の利益のために行使されなければならないとする見解もあったが（田中耕太郎「我が国に於ける社員権理論―社員権否認論一」商法学特殊問題上（昭和三〇年、春秋社）八一頁、同「獨逸に於ける社員権理論―社員権否認論二」同前掲書一四五頁、同「固有権の理論について―社員権否認論三」同前掲書一八五頁、松田二郎「共益権の性質（一）（二）」法学協会雑誌四七巻一〇号一六四一頁、一一号一九一九頁（昭和四年）、同「社員権否認論に反対する新説に就て―鈴木教授の所論に対して―（一）（二）」法学協会雑誌六二巻一一号一一三〇頁、一二号一二一三頁（昭和一九年）（株式会社法研究九三頁以下所収）、同・株式会社の基礎理論（昭和一七年、岩波書店）二三頁以下）、共益権といえども、それは自益権の価値を保障するものとしての意味を有するものであるため、自己の利益のために行使することも当然許されるのであって、ただその行使の結果、他の株主の利益をも処分することになることから、自ずから一定の制約を受けざるを得ないとするのは、現在の通説だと言えよう。鈴木竹雄「共益権の本質―松田博士の所説に対する一批判―」商法研究Ⅲ（昭和四六年、有斐閣）一頁、同「改正法における株主の共益権―特に株主の監督・是正的権利について―」前掲書三七頁以下、鈴木竹雄＝竹内昭夫・会社法［第三版］（平成六年、有斐閣）九六頁、大隅健一郎「いわゆる株主の共益権について」新版会社法の諸問題（一九八三年、有信堂高文社）一四一頁、同「株主権の濫用」前掲書一六三頁、大隅健一郎＝今井宏・会社法論上巻［上巻］（平成三年、有斐閣）四三頁、田中誠二・三全訂会社法詳論上巻（平成五年、勁草書房）二八三頁。

（3）　少数派社員が蒙る損害には、多数派社員の不当な行為により会社財産が減少し、その結果持分の価値が低下することによる損害（間接損害）と、会社財産とは無関係に生ずる損害（直接損害）の二種類のものが考えられる。

前者の間接損害については、会社財産の回復を通じてこれを救済することができるため、多数派社員が取締役である場合には、現行法上の株主代表訴訟（商法二六七条）または社員代表訴訟（有限会社法三一条）の制度に基づいて会社の損害を回復すればよいし、またそうでない場合にも、例えば多数派社員の会社に対する誠実義務違反という法理に基づいて、商法二六六条（有限会社法三〇条ノ二）の類推適用により会社に対する損害賠償責任を認めることが可能ではないかと考えられる（この点については、出口正義・株主権法理の展開（平成三年、文眞堂）一〇五頁以下参照）。したがって、少数派社員の蒙る間接損害については、多数派社員の少数派社員に対する誠実義務違反という法理を持ち出す必要性はほとんどないと考えられるので、ここではもっぱら後者の直接損害について検討することとする。

（4）　有限会社においては、社員は原則として、増加する資本につき各自の持分に応じた出資引受権を有するが（有限会社法五一条本文）、会社は資本増加の決議において、この社員の法定引受権を制限または排除して、特定の者（第三者または特定の社員）に出資引受権を与えることが認められており（同法五一条但書・四九条三号）、また社員総会の特別決議により、将来の増資についても特定の者に出資引受権を付与することが認められている（同法五一条但書・五〇条。なお、以上の点については、塩田親文・新版注釈会社法一四巻（有限会社）四九条注釈一七～二〇、五〇条注釈一、五一条注釈一～五（平成二年、有斐閣）参照）。したがって、有限会社においては、社員が法定引受権を有するとはいえ、社員総会の特別決議（同法四八条）による法定引受権の制限または排除が認められているため、多数派社員は、この特別決議さえ成立せしめられれば、増資によって少数派社員の持分割合を減少させて、最終的に会社から少数派を排除することが可能なわけである。他方、平成二年の商法改正において、定款に株式譲渡制限のある株式会社については、株主の新株引受権が法定されたが（商法二八〇条ノ五ノ二本文）、この新株引受権も、株主総会の特別決議によりこれを排除することが認められているのである（同条但書。これについては、龍田節・新版注釈会社法補巻（平成二年改正）二八〇条ノ五ノ二注釈一～六（平成四年、有斐閣）参照）。したがってここでも、少数派株主の締め出しを狙った不公正な新株発行の問題が存在しうるわけである。なお、定款に株主の新株引受権が定められている場合（商法二八〇条ノ一〇第一項本文・同項五号）にも、このような株主の新株引受権は固有権性を有しないので、定款の規定を変更してこれを剝奪・変更することが可能だとされている。鈴木＝竹内・前掲注（2）三九五頁注一、北沢正啓・会社法［第五版］四九五頁（平成一〇年、青林書院）、田中誠二・三全訂会社法詳論下巻九四二頁（平成六年、勁草書房）。

（5）　有限会社における社員総会の特別決議（有限会社法四八条）または株式会社における株主総会の特別決議（商法三四三条）を経ずに、社員の出資引受権または株主の新株引受権を無視して、増資または新株発行を行う場合には、当然ながら法令違反（有限会社法五一条、商法二八〇条ノ五ノ二違反）となるので、現行法上の新株発行の差止請求（商法二八〇条ノ一〇）、または資本増加無効の訴え（有限会社法五六条）もしくは新株発行無効の訴え（商法二八〇条ノ一五）によって、当該増資または新株発行の効力を争うことが可能である（龍田・前掲注（4）注釈七、米沢明・新版注釈会社法一四巻（有限会社）五六条注釈五参照）。したがってこのような場合については、誠実義務理論を持ち出すまでもないので、ここでは、形式的には法の要求する手続を踏んでいるものの、実質的には少数派の利益を害するような不公正な方法による増資または新株発行の問題を扱うこととする。もっとも、著しく不公正な方法による新株発行については、現行商法はこれを新株発行の差止事由の一つとして定めているため（二八〇条ノ一〇）、この問題を現行法上の規制に委ねてもよさそうであるが、後述のように著しく不公正な方法か否かについての判断基準が必ずしも明確に確立されているわけではないので、この問題を誠実義務理論のもとで考察するのも、あながち無益ではないように思われる。

（6）　社員（株主）の持分割合が低下すると、議決権の比重が下がり発言権が小さくなるのみならず、例えば、増資または新株発行前に行使することができた総会招集権（有限会社法三七条、商法二三七条）、取締役・監査役の解任請求権（有限会社法三一条ノ三・三四条、商法二五七条三項・二八〇条一項）、帳簿閲覧権（有限会社法四四条二項、商法二九三条ノ六）、解散請求権（有限会社法七一条ノ二、商法四〇六条ノ二）などのいわゆる少数社員権（少数株主権）も、持分割合の低下によって行使できなくなるのである。

（7）　ただ、このような場合においては、多数派社員は、当該増資または新株発行における資金調達の必要性などを強調し、目的の正当性を主張することになるので、不公正な方法によるものか否かの認定は非常に困難であるが、後述のいわゆる比例原則によってこの問題を判断することが可能だと考えられる。なお、この点については、詳しくは、次章の新株発行に関する具体例の検討に譲る。

(8)　このようないわゆる兵糧攻めの場合には、会社に存する配当可能な未処分利益を配当しないとする総会の決議が、少数派社員の抽象的な利益配当請求権を侵害するものと考えられる。この問題については、詳しくは、次章の利益配当に関する具体例の検討に譲る。なお、近時、兵糧攻めの問題を論じたものとして、久保欣哉「利益配当請求権と自己金融―兵糧攻め（Aushungerung）に対して何ができるか―」関東学院法学七巻一号一二七頁（平成九年）がある。

(9)　後述のように、小規模閉鎖的な株式会社や有限会社においては、社員が取締役または従業員として、会社の経営に直接携わるのが一般的であり、これはまたしばしば社員の唯一の利益参加の手段でもある。したがって、取締役または従業員の地位から解任（解雇）されれば、少数派社員は会社の利益に与り得ないなどの著しい不利益を蒙ることになるのである。なお、少数派社員を取締役の地位から解任する問題については、詳しくは、次章の取締役の解任に関する具体例の検討に譲る。

(10)　この主観的要件である故意は、いわゆる未必的故意、すなわち自己の議決権行使または勢力行使によって、結果的に少数派社員に損害を生じさせてもやむを得ないという程度のものであってもよいのではないかと考えられる。

(11)　前記の一般的な命題からすれば、誠実義務違反の要件が存在することについての立証責任は、少数派社員側が負うことになるが、利益配当の抑制や取締役からの不当解任といった典型的な少数派締め出しの手法が用いられた場合には、主観的要件の存在は比較的に容易に証明できると思われる。

(12)　この点は、既にドイツ法のところで紹介したように、ドイツの判例・学説においても議論の分かれるところであるが(本書三〇九頁以下参照)、多数派社員の少数派社員に対する誠実義務のみならず、社員相互間の誠実義務の存在を原則として肯定する本書の立場の下では、このように主観的要件を限定したほうが妥当だと考えられる。なお、現在の民法における不法行為理論では、過失は損害の発生を回避すべき行為義務（結果回避義務）に反する行為として定式化されており、いわゆる過失の客観化の結果として、行為者の主観的意思を問題とする故意とは区別

して扱われている（四宮和夫・不法行為三〇三頁（昭和六〇年、青林書院）、平井宜雄・債権各論II不法行為二五頁（平成四年、弘文堂）、幾代通＝徳本伸一・不法行為法三一頁以下（平成五年、有斐閣）参照）。

(13) 既に検討したように、この比例原則は現在、ドイツ株式法において多数決に対する実質的制約の基準として用いられており（本書二八一頁以下参照）、日本法にとってもこの原則は、同様の問題を解決するうえで極めて有用なものだと考えられる。なお、日本の憲法の領域では、比例原則は、基本的人権に対する制約の適法性ないし合理性についての判断基準として用いられており（例えば、芦部信喜・憲法［新版補訂版］（平成一一年、岩波書店）一一六頁。なお、高木光「比例原則の実定化―『警察法』と憲法の関係についての覚え書き―」芦部信喜先生古稀祝賀・現代立憲主義の展開下（平成五年、有斐閣）二三一頁は、比例原則はその大枠としての「必要最小限度の規制」という形で既に憲法一三条に「実定化」されている、と指摘しておられる）、また、行政法の領域でも、この原則は、行政上の法律関係、とくに侵害行政の領域において適用されている（小早川光郎・行政法上（平成一一年、弘文堂）一四四頁、芝池義一・行政法総論講義［第三版］（平成一〇年、有斐閣）八五頁）。

(14) もっとも、小規模閉鎖的な株式会社や有限会社においては、法の規定に従わず社員総会（株主総会）を何年間も開催しないところが多いと言われるのが現状であり（竹内昭夫「閉鎖的会社の実態と改正問題」会社法の理論I（昭和五九年、有斐閣）七〇頁以下、北沢正啓「小規模・閉鎖会社の立法―序説―」商事法務九八三号（昭和五八年）二頁参照）、このような実態を考えれば、比例原則による多数派の決定の審査は、社員総会（株主総会）決議だけでなく、取締役会の決議までその範囲を拡大することが必要である。次章で検討するように、取締役会の決議に基づく新株発行については、この比例原則を用いて新株発行の公正さを判断したほうが妥当である。

(15) 拙稿「閉鎖的資本会社における少数派社員の保護の法理」私法六一号二九三頁（平成一一年）は、総会決議の取消と多数派社員の損害賠償責任という二つの効果のみに言及していたが、議決権行使以外の勢力行使については、個々の行為の効力の否認という効果を認めざるを得ないので、この点を追加する。

なお、右のような法的効果以外にも、例外的に、不公正な扱いを受けた少数派社員による会社解散請求も認められるべきではないかと考える。つまり、多数派社員の誠実義務違反の行為により、社員間の信頼関係が完全に破綻し、もはや社員間の資本的結合関係を解消したほうが望ましいというような場合については、少数派社員からの解散請求を認めたほうが妥当だと考えられる。これまで、閉鎖的株式会社については、多数派株主の抑圧から少数派株主の利益を救済する最後の手段として、株主に解散判決請求権が与えられるべきだとする見解が有力に主張されてきた。酒巻俊雄「会社解散判決請求権の法理」閉鎖的会社の法理と立法二〇四頁（昭和四八年、日本評論社）、青竹正一「株主の解散判決請求権」小規模閉鎖会社の法規整一一七頁（昭和五四年、文眞堂）、同「企業の形態と規模」続小規模閉鎖会社の法規整四六頁（昭和六三年、文眞堂）、吉原和志「小規模閉鎖会社における内部紛争の法的解決」ジュリスト七九四号六〇頁（昭和五八年）、戸塚登「アメリカ法における会社の解散」英米会社法の論理と課題・星川長七先生還暦記念（昭和四七年、日本評論社）二四九頁、平出慶道「人的会社における出資の回収」ジュリスト八六七号六五（昭和六一年）、久保田富也「解散判決について」名城法学四一巻別冊（柏木先生還暦記念）二〇五頁（平成四年）、瀬谷ゆり子「閉鎖的株式会社における株主の期待—解散判決請求権の再考—」公開会社と閉鎖会社の法理・酒巻俊雄先生還暦記念三九七頁（平成二年、商事法務研究会）、野村修也「閉鎖的株式会社における社員関係の解消手段について」西南学院大学法学論集二八巻一・二合併号一八九頁（平成七年）。そして昭和六一年五月に公表された「商法・有限会社法改正試案」はその六2において、「株主数五〇人以下の株式会社及び株式の譲渡制限の定めをした株式会社並びに有限会社にあっては、解散判決（商法四〇六条ノ二、有限会社法七一条ノ二）の請求権を単独株主権・単独社員権とする」としたうえで、商法四〇六条ノ二（有限会社法七一条ノ二）第一項の解散請求事由に「その他やむを得ない事由があること」を追加し、解散判決の請求があった場合に他の株主・社員は原告の株式・持分を買い取ることによって解散請求訴訟を終了させることができる、という趣旨の立法提案を行っており（昭和六一年五月一五日、法務省民事局参事官室「商法・有限会社法改正試案」商事法務一〇七六号二三頁参照）、これについて学説から多くの支持を得たものの（蓮井良憲「解散」金融商事判例七五五号一八一頁（昭和六一年）、大野正道「少数株主の救済制度と会社法改正試案について—英国および西独の法制度を参考にして—」判例タイムズ六四〇号（昭和六二年）五四頁（中小会社法の研究九九頁以下所収）、宍戸善一「商法改正試案と閉鎖会社法の問題点［下］」商事法務一一五六号二六頁（昭和六三年）。なお、法務省民事局参事官室編・商法・有限会社法改正試案各界意見の分析・別冊商事法務九三号八〇頁（昭和六三年）参照）、結局その後の法改正において実現するには至らなかった。本書は、少数派社員に対する誠実義務違反の行為があった場合に、多数派社員による権利行使ないし勢力行使の効果の否認や、少数派社員に対する損害賠償責任を認めるだけでは、少数派社員の利益救済が十分に図れない場合があり得ることも考えられるので、多数派社員の誠実義務違反の行為により社員間の信頼関係が破綻したときには、解散判決請求権を認めることによって少数派社員に対し会社関係から離脱する手段を提供し、社員間の資本的結合関係の解消と投下資本の回収の道を与えたほうが合理的だと考える。ただ、少数派社員に対し解散判決請求権を与える場合に生ずる問題点（例えばこれを単独株主権・単独社員権とすべきかどうか、他の社員や会社債権者の利益をどのように考慮すべきかなど）について、さらに検討を要するので、ここでは問題提起のみに止める。

(16)　例えば、次章で検討するように、取締役会の決議に基づいて不公正な新株発行を行った場合においては、当該新株発行の効力は否認される、つまり、無効と解するのが妥当だと思われる。

(17)　岩原紳作・新版注釈会社法五巻二四七条注釈二二（イ）（昭和六一年、有斐閣）。

(18)　岩原・前掲注（17）注釈二八参照。

(19)　昭和五六年改正前の商法二三九条五項は、株主総会における特別利害関係人の議決権排除を規定していたが、同規定についてはその適用範囲がはっきりせず、理論的な根拠も不明確であるなどの理由から、特別利害関係の範囲は極めて制限的に解釈されていた。そして同年改正でこの規定が廃止され、二四七条一項三号が同規定の文言を引き継いだわけであるが、この現行三号の規定における特別利害関係人の概念については、本号が事後的な救済としての決議取消原因であることから、旧法におけるほど厳格にとらえる必要がないとして、これを広く解するのが多数説である。竹内昭夫・改正会社法解説［新版］一二九頁（昭和五八年、有斐閣）、稲葉威雄・改正会社法一七八頁（昭和五七年、金融財政事情研究会）、田中・前掲注（２）五四六頁、北沢正啓・改正株式会社法解説［改訂版］六二頁（昭和五七年、税務計理協会）、同・前掲注（４）三四三頁、河本一郎・現代会社法［新訂第八版］三六〇頁（平成一一年、商事法務研究会）。なお、岩原・前掲注（17）注釈八および二八参照。

(20)　もちろん、例えば、自己または自派にのみ出資引受権または新株引受権を与えて、増資または新株発行を行う場合のように、総会で議決権を行使する多数派社員が特別利害関係人に当たると解され得る場合があることは、確かであろう。現在も、第三者に対する新株の有利発行の場合において、大株主が自己の個人的利益を図って、不当に有利な発行価額を承認させた場合には、当該大株主は特別利害関係人に当たると解されている。今井宏「決議の瑕疵」民商法雑誌八五巻三号四三四頁（昭和五六年）、服部栄三編・基本法コンメンタール［第六版］会社法１（平成一〇年、日本評論社）二九四頁（今井宏執筆）、鴻常夫＝稲葉威雄＝江頭憲治郎ほか・株主総会（改正会社法セミナー（2））二二〇頁（江頭発言）（昭和五九年、有斐閣）。ただ、大株主が会社外の特定の第三者の利益を図って一般の株主や会社の利益を害する著しく不当な決議を成立させたときや、多数派株主が少数派株主を会社から締め出すために不当に高い比率の株式併合を決議したときのように、決議の内容から特別利害関係の存在を直ちに認めがたい場合についても、決議が多数派の議決権濫用によるものと認められる限り、そこに多数派の個人的動機が存在し、特別利害関係が存在するものとみて、商法二四七条一項三号の決議取消の訴えに服すべきとする見解もあるが（今井・前掲四三四頁、服部編・前掲基本法コンメンタール二九四頁（今井）、小島孝・新版注釈会社法五巻二五二条注釈九（昭和六一年、有斐閣））、そこまで特別利害関係の概念を広げてよいものなのか、問題となりうる。現にこのような解釈は無理があるとする見解も見られる。喜多了祐「特別利害関係株主の議決権行使と総会の決議」金融商事判例六五一号八八頁（昭和五七年）、同「株主総会における特別利害関係理論の再構成」商事法務九一九号二七頁（昭和五六年）、鴻常夫＝北沢正啓＝竹内昭夫ほか「会社法改正要綱をめぐって―第二回」ジュリスト七三七号（昭和五六年）一〇六頁（北沢発言）、北沢・前掲注（4）三四三頁。

(21)　商法二四七条一項三号の取消事由は、昭和五六年商法改正の際に新たに追加されたものであるが、改正試案の段階では、ドイツ株式法二四三条二項に倣って、「一部の株主が自己又はこれと特別の関係のある第三者に特に利益を与える目的で議決権を行使した結果、会社又は他の株主に著しい損害が生ずるとき」という多数決濫用の場合を決議取消事由とすることを提案していた（昭和五三年一二月二五日、法務省民事局参事官室「株式会社の機関に関する改正試案」第一、四１ａハ（商事法務八二四号九頁）。なお、同試案第一、二７（注）（商事法務八二四号八頁）

参照)。ところが、法案作成の途中において、同年改正で廃止される特別利害関係株主の議決権排除に関する同年改正前二三九条五項および議決権排除の場合における不当決議取消変更の訴えに関する同年改正前二五三条の規定の文言をそのまま引き継いだため、現在のような規定となったのである(岩原・前掲注(17)注釈六参照)。このような変更が行われた理由は、必ずしも明らかではないが(鴻＝北沢＝竹内ほか・前掲注(20)一〇六頁(鴻発言)参照)、議決権行使の目的という主観的要件を掲げていた右試案の立場のもとでは、決議取消を主張する者の立証責任が重く、結果的に不当決議の効力否定が困難になることから、このような立場を改め、議決権行使の特別利害関係という客観的要件のみを掲げることによって、決議取消の主張者の立証責任を軽減した、という理解もあり得る(喜多・前掲注(20)金融商事判例六五一号八七頁、同・前掲注(20)商事法務九一九号二六頁参照)。ただ、仮にこのような理解が無理であるとしても、少なくとも本号規定が多数決濫用の一形態を取り上げて規制を加えていることは否定し得ないところである(龍田節「株主総会」企業会計三三巻九号(改正商法詳解)六七頁(昭和五六年)、喜多・前掲注(20)金融商事判例六五一号八八頁、前田庸・会社法入門［第五版］三一一頁(平成九年、有斐閣))。なお、岩原・前掲注(17)注釈六参照。

(22)　ドイツ株式法二四三条二項は、「(総会決議の)取消は、株主が議決権の行使により、自己または第三者のために、会社または他の株主の損害において、特別利益を獲得せんと企て、かつその決議がこの目的に役立つに適していることを理由とすることもできる」と定めて、株主が特別利益の追求のために議決権を濫用した場合には、総会決議は取り消しうるとしているが(訳文は慶応義塾大学商法研究会訳・西独株式法(昭和四四年、慶應義塾大学法学研究会)三八六頁による)、この規定は現在、株主の誠実義務についての実定法上の根拠規定だと解されており、株主の議決権濫用を制限するものだとされている。Marcus Lutter, Die Treupflicht des Aktionärs, ZHR 153 (1989), 446, S. 454ff.; Hartwig Henze, Zur Treupflicht unter Aktionären, Festschrift für Kellermann, 1991, 141, S. 147; Karsten Schmidt, Gesellschaftsrecht, 2. Aufl. 1994, §28 I 4.

(23)　喜多・前掲注(20)金融商事判例六五一号八八頁、同・前掲注(20)商事法務九一九号二七頁、鴻常＝稲葉＝江頭ほか・前掲注(20)二一〇頁(河本発言)、二一五頁(前田庸発言)、加美和照・新訂会社法［第六版］二一九頁（平成一〇年、勁草書房）。

(24)　ただ、ここでは多数派社員の議決権行使により利益を害された少数派社員が総会決議の取消を求めることになるため、提訴権者は社員（株主）に限られ、また裁量棄却（商法二五一条・有限会社法四一条）も当然問題にならないのであろう。

(25)　例えば、田中（誠）博士は、多数派株主が少数派株主を追い出すために株式併合決議を成立せしめた場合には、決議の内容が法令違反（民法一条三項の権利濫用）に当たり、商法二五二条の無効確認の訴えの対象となると主張され、その理由として、このような不当な決議が三カ月の提訴期間の経過により救済不能となるのは適当でないからだと述べられている。田中（誠）・前掲注（2）五四六頁。このほか、著しく不当な決議を無効原因と解する説として、鈴木＝竹内・前掲注（2）二五五頁、二六〇頁注八、松田二郎・会社法概論二〇〇頁（昭和四三年、岩波書店）、龍田節「株主総会における議決権ないし多数決の濫用」末川先生古稀記念・権利の濫用中（昭和三七年、有斐閣）一四三頁（ただし龍田教授は、昭和五六年改正法のもとでは多数決濫用の場合はすべて決議取消事由になると解されている。龍田・前掲注（21）六七頁、同・会社法［第六版］一七〇頁（平成一〇年、有斐閣）参照）がある。しかし、多数決濫用の場合を決議無効事由と解すると、その無効の主張を何時までも認めるのはやはり妥当性を欠くので、この点について鈴木＝竹内・前掲二六〇頁注八は、さらに「考慮を要する」として、この場合における決議無効の主張を何らかの形で制限する必要があることを示唆しているように見受けられる。なお、鈴木竹雄・新版会社法［全訂第五版］一八〇頁注四（平成六年、弘文堂）。

(26)　岩原紳作「株主総会決議を争う訴訟の構造（九・完）」法学協会雑誌九七巻八号一〇五九頁以下、一〇八三頁、一一一一頁（昭和五五年）、同・前掲注（17）注釈二九。つまり、岩原教授の立場によれば、無効も法技術性の面では攻撃・防御方法の一つに過ぎないので、解釈によって取消に近いものを認めることが可能なわけである。岩原・前掲法学協会雑誌九八巻八号一〇六九頁。

(27)　多数決濫用理論の論者の中にも、多数決濫用の決議を決議取消事由と解する見解が有力であり、その理由は、多数決濫用の場合を決議無効事由とすると、特別利害関係人が加わった著しく不当な決議が決議取消事由とされているに過ぎないのに比較して、均衡がとれないからだと説明されている。大隅健一郎・新訂会社法概説一一三頁（昭和五〇年、有斐閣）、大隅健一郎＝今井宏「株主総会」総合判例研究叢書商法（5）二二四頁（昭和三四年、有斐閣）、菱田政宏「決議の動機目的の不法と決議の効力」［判批］会社判例百選［第三版］七三頁（昭和五四年）、龍田・前掲注（21）六七頁、服部編・前掲注（20）基本法コンメンタール二九四頁（今井）、河本一郎「株主総会決議取消訴訟」鈴木忠一＝三ケ月章監修・新実務民事訴訟講座7（国際民事訴訟・会社訴訟）三一九頁（昭和五七年、日本評論社）参照。なお、出口教授は、株主が会社に対して負うべきところの誠実義務に違反して、議決権を行使した場合には、この瑕疵は原則として決議の内容が法令に反するものとして決議無効原因となるとしたうえで、ただこのような場合についても、「商法二四七条一項二号（同三号の誤りだと思われるが——筆者）の取消事由として解する余地もあるであろう」と述べられている。出口・前掲注（3）一二四頁注二〇。

(28)　つまり、決議取消判決には未実行の決議に対する差止の効力はなく、また取消効に止まり、それに伴う請求権の実行ができず、第三者との関係で遡及効が制限されるなど、決議取消判決による救済は非力なものである。岩原・前掲注（26）一〇五七頁。

(29)　例えば、前掲注（8）および本文に触れた、少数派社員に対する兵糧攻めの事例においては、会社に存する配当可能な未処分利益を配当しないとする総会の決議が、著しく不公正な決議として決議取消判決により否認されたとしても、裁判所はそもそも会社に対し積極的に利益配当決議を行うよう命じる権限を有しないため、社員総会（株主総会）において新たに配当決議が行われない限り、少数派社員は依然として利益配当を受けることはできないのであり（この点については、宍戸善一「商法改正試案と閉鎖会社法の問題点（上）」商事法務一一五四号二六頁（昭和六三年）参照）、したがって利益の不配当によって少数派の蒙る損害（本来受け取るべきはずの利益を受け取れないことによる損害）は依然塡補され得ないわけである。

また例えば、多数派株主が少数派株主を会社経営から締め出すために、株主総会で任期満了となる少数派側の取締役を再選しないで、自己に近い者を取締役に選任した場合においては、たとえこの取締役選任決議を否認したとしても、それによって少数派株主が取締役に再選されるわけではないので、結局取締役に再選されず会社経営から締め出されることによる損害は、依然残るわけである。ただ、有限会社においては、取締役の任期に関する規定がないので（商法二五六条対照）、右のような問題が起きる可能性は少ないかもしれないが、定款に取締役の任期に関する規定が設けられている場合には、やはり問題となりうるのであろう。

(30)　この例はあまり適切でないかもしれないが、例えば、前掲注（9）および本文に触れたように、会社の経営権を握っている多数派がその事実上の影響力を行使し、少数派社員を従業員の地位から不当に解雇して会社から締め出すような場合については、労働法上の解雇権濫用法理（最判昭和五〇年四月二五日民集二九巻四号四五六頁など）等による救済はもちろん可能であろうが、純粋に会社法の観点から見ても、多数派社員の誠実義務違反として解雇の効力を否認することが可能だと考える。ただ、解雇の効力を否認しただけでは、少数派社員が不当解雇により蒙った損害のすべて（精神的なものも含めて）が、塡補され得るとは限らないのであろう。

(31)　多数決濫用理論を主張している龍田教授も、多数決の濫用が同時に不法行為の要件を充たす場合には、決議の効力を否認してもなお残る損害について株主は賠償請求できるとして、多数派株主の損害賠償責任を認めておられるが（龍田節「資本多数決濫用とドイツ法（三・完）」法学論叢六九巻一号四一頁（昭和三六年）、同・前掲注（25）末川先生古稀記念一四四頁）、本書の立場と異なるところは、多数決濫用理論の下では議決権の濫用が一般不法行為の要件を充たす必要があるのに対し、多数派社員の誠実義務違反を理由とする損害賠償責任は第三者に対する不法行為責任の性質を有するものの、その要件は一般不法行為の場合と全く同一ではないこと（既述のように主観的要件は故意・重過失に限定されること）、多数決濫用理論の下で主張される不法行為責任は多数派の議決権濫用によるものに限られるのに対し、誠実義務違反に基づく損害賠償責任は多数派による議決権の濫用のみならず勢力の濫用の場合にも成立し得るものであり、その限りにおいて、後者は前者よりも責任範囲が広い、といった点である。

(32)　前記の兵糧攻めの例で言えば、多数派社員が利益配当を全く行わないか、ごくわずかしか配当しない一方、自分（たち）が高額な役員報酬を受け取っていた場合については、会社の配当可能な利益額と、多数派社員および少数派社員のそれぞれ受け取るべき配当金を算出したうえで、多数派社員が合理的な役員報酬の範囲を超えて受け取った金銭を隠れた利益配当と見て、それを吐き出させて、少数派社員の損害塡補に当てさせる。また、取締役への再選を意図的に妨害した場合については、従来の役員報酬の支給基準に基づいて、取締役に再選された場合に得られるはずの報酬等の利益を算定して、これを少数派社員の蒙った損害とみて、会社ではなく、直接に多数派社員に賠償させるわけである。

もちろん、これらの場合においては、現実の損害額の算定は相当複雑なものとなる。とくに後者のような場合においては、そもそも取締役の報酬は実際に取締役に選任された者につき、株主総会の決議でその額を定めてはじめて具体化するものであり(商法二六九条)、配分を取締役会に一任する決議がなされた場合は、取締役会で決定したときに具体化するので、取締役に再選されなかったからといって、直ちに少数派社員に損害が発生しているとは言えないようにも思われるが（この点につき、青竹正一「新株の不公正発行と取締役の損害賠償責任（下）」判例タイムズ九九八号八一頁（平成一一年）参照）、取締役への再選が妨げられた場合には、少数派社員は会社経営ないし会社利益への参加から完全に締め出されることになるので、これにより蒙るところの経済的不利益を現実的損害として評価することは全く不可能ではなかろう。なお、この点につき、青竹教授は、閉鎖会社・同族会社において現経営者によって著しく不公正な新株発行が行われた結果、反対派株主が取締役の選任に関する支配権を失うことにより、役員報酬および役員報酬に含まれる利益配当を得る機会を失った場合は、消極的損害が発生しているとしたうえで、この場合の損害額は当該会社の役員報酬の支給例に基づいて算定すればよい、とされている。青竹・前掲八一頁。

(33)　我妻栄・新訂民法総則三六頁（昭和四〇年、岩波書店）、川島武宜・民法総則五一頁（昭和四〇年、有斐閣）、四宮和夫＝能見善久・民法総則〔第五版〕一九頁（平成一一年、弘文堂）、安永正昭・新版注釈民法一巻第一条注釈Ⅳ(昭和六三年、有斐閣)。川島博士は、民法一条三項の権利濫用と呼ばれる現象について、第一に、行為の外部的性質から一応権利の行使に属する行為がその行為者の主観的意図において一定の限度を超えた不道徳性を有する場合(その典型はいわゆるシカーネの場合)、第二に、権利の範囲に属する行為で、不道徳性を有しないが他人に損害を加えることを目的とする場合、第三に、一応権利範囲に属する行為で、他人に損害を与えることを当面の目的としないが、加害の程度が一定の限度を超える場合、の三つの類型に区分けされている。川島・前掲五二頁以下。

(34)　川島博士の分類法（前掲注（33）参照）に従えば、前者の場合には、社員の権利行使（議決権行使）は不道徳性を有するので、第一の類型に属すると考えられ、また後者は第三の類型になると思われる。

(35)　常識的に考えれば、わずかの株式（持分）しか有しない株主（社員）が議決権行使によって他の社員の利益を害することができるとは思えないが、ただ、例えば商法三七五条の資本減少の決議を阻止しうるほどの株式を有する場合において、総会に提出された資本減少の議案に反対投票して、その結果本来会社全体の利益にとって必要な資本減少の決議を不成立に導いたとき（ドイツ連邦通常裁判所の Girmes 事件判決のような事例―ただこれは正確には少数株主権の濫用の事例ではないが（本書二二三頁）―参照）は、このような少数派株主の議決権濫用による損害賠償責任は、問題になりうるのであろう。

(36)　株式会社における新株発行により旧株主の受け得る不利益の問題については、近藤弘二・新版注釈会社法七巻二八〇条ノ一〇注釈七（昭和六二年、有斐閣）、森本滋「新株の発行と株主の地位」法学論叢一〇四巻二号七頁（昭和五三年）、吉本健一「閉鎖会社における新株発行と法規制のあり方」阪大法学一四五・一四六合併号三二六頁以下（昭和六三年）、倉澤資成「新株発行と株主の利益」横浜国際経済法学二巻一号二九頁以下（平成六年）参照。なお、前掲注（６）参照。

(37)　なお、次章で詳しく検討するが、多数派社員が少数派締め出しという不当な目的のために、少数派社員たる取締役を解任する総会決議を成立せしめた場合は、少数派社員の取締役としての地位を侵害するため、取締役解任決議の取消事由となると解する。つまり、この場合は、多数派社員の不当な議決権行使により成立した取締役解任決議を取り消すことによって、少数派社員の不利益を救済すべきであり、現行法上の取締役に対す損害賠償請求権の付与（商法二五七条一項、有限会社法三二条）という形で、問題解決を図るべきではない。その理由としては、一つは、会社に対する損害賠償請求権のみを認めると、結局、多数派社員は会社の負担において自己の不正な目的（少数派の締め出し）を実現することとなるので、このような結果を認めるのは明らかに不当であること、もう一つは、後述のように、現行法上、定款または選任決議において取締役の任期が定められていない場合は、会社に対する損害賠償請求権がそもそも取得できないと解されているため、任期の定めのない場合には、取締役を解任された少数派社員は全く救済を受けられないおそれがあること、最後に第三は、仮に損害賠償請求権が認められるとしても、その塡補を受けられる損害の範囲は、取締役を解任されなければ残存任期中と任期満了時に得られたであろう利益に限られ、会社経営から締め出されることによって少数派社員として蒙るところの不利益（会社利益に与れないなどの不利益）は塡補され得ないからである。

これに対し、多数派社員が総会で任期満了となる少数派側の取締役を再選しないで、自己に近い者を取締役に選任した場合においては、この選任決議を取り消すことは可能であるが、ただ前掲注（29）にも触れたように、それによって少数派社員が取締役に再選されるわけではないので、結局、この場合については、（会社ではなく）多数派社員に対する損害賠償請求を認める形で、少数派社員の不利益を救済するしかないと思われる。

(38)　この点はしばしば指摘されてきたところである。吉永栄助「中小企業と会社形態」ジュリスト一八三号四三頁（昭和三四年）、青竹・前掲注（15）小規模閉鎖会社の法規整一一、一四頁、宍戸善一「閉鎖会社における内部紛争の解決と経済的公正（三）」法学協会雑誌一〇一巻九号一三七七頁以下（昭和五九年）、大賀祥充「非公開会社における少数派株主・社員の抑圧からの救済—株式・持分の買取請求制度—」修道法学一〇巻二号二七七頁（昭和六二年）。

(39)　この点に関連して、宍戸教授も、閉鎖会社の株主は一般に何らかの形で経営に携わることを目的として出資した機能資本家であり、それゆえ経営に対する発言権および役職を確保することに利益を有しており、少なくとも当該少数派株主の加入時点においては、多数派株主との間でその点に関する何らかの紳士協定が成立していたはずである、と指摘しておられる。宍戸善一「商法改正試案と閉鎖会社法の問題点（中）」商事法務一一五五号三六頁（昭和六三年）。なお、社員の有する期待が合理的なものと言えるためには、それが他の社員によって認識され、かつ認められたものでなければならず、単に一方的な希望や要求だけでは、もちろん足りない。ただし、必ずしも書面（例えば会社の定款や社員間の合意文書等）によって明らかにされる必要はなく、黙示的な合意でもよいのであろう。

(40)　民法においては、条件付き法律行為の場合に、当事者の一方は、条件の成就によって一定の利益を受ける期待を持っており、この期待ないし希望は一種の権利としての保護を受け（民法一二八条）、相手方がこれを害したときは、不法行為ないし債務不履行により、損害賠償の責任を生ずるとされているが（我妻・前掲（33）四一六頁、四宮＝能見・前掲（33）三一九頁、内田貴・民法Ⅰ〔第二版〕二八三頁（平成一一年、東京大学出版会）、金山正信・注釈民法四巻一二八条（昭和四三年、有斐閣）参照）、ここでいう少数派社員の期待利益はもちろんこのような条件付き権利ではなく、むしろ会社加入契約における具体的な契約内容となっているところの利益ないし権利といえよう。

（41）少数派社員側において、例えば取締役としての職務執行中に任務懈怠の行為があったような場合には、これを解任する行為ないしその再選を拒否する行為が正当化され得ることは、言うまでもない。

（42）この点については、アメリカ法において発展してきた合理的期待理論が極めて参考になると思われる。吉原・前掲注（15）六二頁、瀬谷・前掲注（15）三九三頁、拙稿「閉鎖会社の少数派株主に対する抑圧とその法的救済―アメリカ法における展開―」法政大学院紀要三一号二一八頁以下（平成五年）、本書七〇頁参照。

（43）既に前掲注（30）にも触れたように、多数派が少数派社員を従業員の地位から不当に解雇して会社から締め出すような場合については、労働法上の救済はもちろん可能であろうが、会社法の立場から、多数派社員の誠実義務違反を理由に解雇の効力を否認したうえで、少数派社員の蒙った精神的損害等を多数派社員に賠償せしめることも可能ではないかと考える。

第三章　具体例の検討

前章において、誠実義務の適用基準として、誠実義務違反の成立要件およびその効果について検討したが、本章では、多数派・少数派間の紛争対立の典型的な事例である取締役の解任と利益配当の抑制、および不公正な方法による新株発行を扱った三つの裁判例を取り上げ、これらの事例に用いられている判例法理に対する批判的な検討を通じて、多数派社員の誠実義務理論が多数派社員による持分支配権の濫用を抑制し、少数派社員の利益救済を図るうえで、きわめて効果的な法理であることを例証してみたいと思う。

第一節　取締役の解任に関する事例

大阪地判昭和三八年一〇月一六日下民集一四巻一〇号二〇二九頁

［事実］　Y会社（被告）は、土地建物の所有、売買、管理等の事業を目的とする資本金一二〇万円の有限会社で、その社員は設立以来、訴外A、その妻の訴外B、訴外C、その妻のX（原告）、Xの娘の訴外Dの五人であり、Bは代表取締役、Dは取締役であった。Aは、有限会社法三七条・商法二三七条二項による裁判所の招集許可を得たうえで、昭和三七年一〇月三一日午前一〇時、取締役Dを解任するための社員総会を招集した。この総会には、六〇〇口の持分を有するA、五〇〇口の持分を有するCおよびXが出席し、取締役Dを解任する決議は、CおよびXの反対にもかかわらず、Aの賛成投票により可決された。

そこで、Xは次のように主張して、右取締役解任決議の無効の確認を求めた。すなわち、Y社の代表取締役Bは、会社設立後一回も社員総会を招集せず、Y社が相当多額の利益を挙げているのに、その利益金を社員に配当しないで、夫のAと共に勝手に費消していた。また、Xらが少数社員権に基づき裁判所に選任を求めた検査役の昭和三六年三月二三日付報告書によれば、代表取締役Bは、会社の業務の執行に関し不正な行為をなしかつ定款に違反する事実もある。Xらは、その後Bに対し社員総会の招集及び利益金の配当を求めたが、同人がこれに応じなかったため、裁判所に対して代表取締役Bの解任を目的とする社員総会招集の許可を申請し、昭和三七年一〇月二二日にその許可を得た。しかし右申請がなされるや、Aは、妻Bが解任されると、Y社の取締役はD一人が残ることになるので、今後会社財産を勝手に処分することができなくなり、更に従来の不正事実を暴露されることになることを恐れて、裁判所に対して取締役Dの解任を目的とする社員総会招集の許可を申請し、その許可を得て招集された本件社員総会で、Dを解任した。したがって、有限会社法三一条ノ三に定める事由がないにもかかわらず、Dを解任した本件決議は法令に違反し無効であること、また本件決議は右のようにAが不正の目的達成の意図をもってなしたもので、権利の濫用として無効である。

［判旨］　請求棄却。

一「有限会社法第三二条、商法第二五七条一項によれば、有限会社の社員総会は、正当の事由がなくても取締役を解任する旨の決議をすることができるのであるから、仮にX主張事実が認められても、本件社員総会の決議の内容が法令に違反するとはいえず、従って、事実認定をするまでもなく、Xの右主張は理由のないものといわなければならない。」

二「……たとえ右総会における決議に際し、Aの議決権行使がX主張のような意図にでたものであるとしても、株式会社や有限会社のような所謂物的会社では、資金を多く出し株式又は持分を多く持っていればそれで経営を支配できるということが基本原理であって、取締役の選任や解任の決議については株主や社員の主観的意図の如何によって議決権の行使が権利濫用となることはないと解すべく、このことは前記規定が『正当の事由なくして任期満了前に解任された取締役は会社に対し解任によって生じた損害の賠償を請求することができる』旨定め、正当事由の有無を補償問題の基準にすぎないものとしていることからもうかがうことができる。」

［検討］

一　商法二五七条一項および二項によれば、取締役は何時でも株主総会の特別決議をもってこれを解任することができ、ただ任期の定めがある場合において、正当の事由なくしてその任期の満了前にこれを解任したときは、その取締役は会社に対し解任により生じた損害の賠償を請求することができる。この規定は、任期の定めがあるか否か、正当の事由があるか否かを問わず、株主総会の特別決議があれば、何時でも取締役を解任し得ること、すなわち取締役の任意解任制を定めたものと解されている。(1)そして、このような総会の特別決議による取締役の任意解任という制度の趣旨は、所有と経営が制度上も分離している株式会社において、一方で企業の所有者たる株主が企業経営を経営の専門家である取締役に委ねつつ企業に対する実質的な支配権を確保する必要があること、他方で解任を特別決議によらしめることによって手続の慎重さと取締役の地位の安定化を図ること、とされている。(2) このように、株主総会の特別決議さえあれば、取締役は任意に解任されることができ、たとえ正当の事由に基づかない解任であっても、当該取締役は会社に対して損害賠償を請求しうるに過ぎず、(3) これを理由に解任決議の効力自体を否認することはできないのである。(4)

そして、右商法二五七条一項の規定が有限会社法三二条により有限会社に準用される結果、この取締役の任意解任制は有限会社においても認められているわけであり、しかもこの場合には右商法二五七条二項の規定が準用されていないため、有限会社における取締役の解任決議は普通決議で足りるのである。(5) そのうえ、有限会社法においては、取締役の任期に関する規定が設けられていないので(商法二五六条対照)、定款または社員総会の選任決議をもって取締役の任期を定めなかった場合には、具体的な任期が全く存在しないことになり、正当の事由なくして解任されても、取締役は会社に対する損害賠償請求権を取得することができない。

判旨一は、Ｄには解任事由がないから本件社員総会の決議が無効だとするＸの主張について、「有限会社の社員総会は、正当の事由がなくても取締役を解任する旨の決議をすることができる」として、事実認定をするまでもなく、Ｘの主張は理由がないと簡単に斥けているが、この論理は、まさに右のような取締役の任意解任制を前提としたものである。(6) 現行制度の枠内で考える限り、これは、至極当然の結論だと言えるかもしれない。(7)

しかし、事案解決としての具体的な妥当性という点から考えてみると、このような結論を果たして認めてよいものなのか、疑問とならざるを得ない。前記商法二五七条の規定の趣旨から明らかなように、この取締役の任意解任制は本来、所有と経営とが分離し、会社の経営が第三者機関によって行われるいわば理念型としての株式会社を対象として、このような会社における支配権を会社の実質的所有者たる株主に確保せしめるためのものだと考えられている。それゆえ、このような前提に立脚する制度を、所有と経営の分離が行われておらず、会社の所有者が同時に経営者となっているところの、すなわち自己機関によって会社経営が行われているような小規模閉鎖的な株式会社ないし有限会社に一律に適用するのは、そもそも不適切ではないかと思われるのである。(8) 閉鎖的資本会社にこの任意解任制を強制すると、むしろ多数派社員によって恣意的に少数派社員側の取締役を解任する手段として利用され得るのであり、この制度の悪用は、多数派とこれに支持される取締役の専横を容認し、これらの者による会社の利益の独占をもたらす結果になりかねない。(9)

実際に、本件では、Xの主張によれば、多数派社員Aと代表取締役である妻Bは、裁判所からBの解任を目的とする社員総会招集の許可を得たXらによってBの解任が行われると、今後会社財産を勝手に処分することができなくなり、これまでの不正事実も暴露されることを恐れて、裁判所から許可を得て本件社員総会を招集し、Dを取締役から解任したというのであるから、本件解任決議が有効に成立すると、DはY社の経営から完全に締め出されるのみならず、Y社がこれまで利益配当をしてこなかった点を考えると、Dは親のCおよびXと共に、Y社の利益への参加から全く排除されることも予想され得る。その代わり、Y社の取締役はBだけとなるので、それ以降、Bは夫のAとともにY社の経営を完全に支配し、利益を独占することが可能となる。さらに、本件では争点となっていないが、もしY社の定款または取締役の選任決議において取締役の任期が定められていなかったならば、Dは本件解任決議によって自己に直接に生じた損害（残存任期中と任期満了時に得られたはずの利益を失ったことによる損害）についても、Y社に対し賠償請求ができないのである。このように、本件解任決議によって、少数派社員X側が非常に大きな不利益を蒙るにも関わらず、判旨が取締役の任意解任制を理由に、何らの事実認定もせずに、本件総会決議の効力を簡単に是認した点は、疑問がある。本件はまさに右の制度が、Y社のような小規模閉鎖会社において、多数派社員に対し少数派社員を閉め出す格好の手段を提供したことを示す典型的な例だと言える。しかし、もしXの主張が事実であるならば、判旨の結論は多数派社員Aらの横暴を許すこととなり、法の正義の理念に反するものだと言わざるを得ない。(10)

二　近時、取締役の任意解任制それ自体に対しても、次のような有力な批判が加えられている。すなわち、株主総会が理由の如何を問わず、いつでも取締役を解任しうるとするのは、実質的に業務執行の合理性に関する判断を総会に留保していることであって、業務執行に関する決定を取締役会に委ねる方式を採用している建前のもとでは不徹底な立場であり[11]、また累積投票制度を採用した場合にも、多数決による解任を認めたのでは、実質的にみて累積投票制度を無視する結果となり、不当である[12]。さらに、現行法が取締役の会社に対する忠実義務を民法上の委任契約より生ずる善管義務以上に課していると考える立場からすれば、理由を問わない取締役の解任を認め、しかも解任決議に対し弁明・不服も申し立て得ないのは、責任と義務のみを過重にして、取締役の地位の安定をおろそかにすることになる[13]。そして、こうした批判的見解を踏まえ、立法論として、信任投票の機会を増やす意味で取締役の任期を最長一年とするとともに、任期中は著しい法令定款違反行為ないし詐欺的行為がない限り、取締役を解任しえないとするとか[14]、職務上の不正行為・忠実義務違反など故意に会社の利益を侵害する現実の非行等の正当の事由がない限り、解任を認めないとするなど[15]、取締役の解任につき正当事由の存在を必要とすべきことが主張されている。

右のような議論はいずれも、大規模の公開会社を前提としているように思われるが、問題は大規模の公開会社だけに止まらず、本件判旨についての検討からも明らかなように、小規模閉鎖的な株式会社や有限会社についてこの制度を適用すると、むしろ公開会社以上に不都合な結果を生ずるおそれがあるので、何らかの立法的措置をとるべきことは言うまでもない[16]。他方、現行法の解釈論としても、本件のように、この制度の適用が多数派社員の横暴を許すような結果とならないために、後述の通り、取締役の解任決議についても無制約の議決権行使は認められないとする解釈が必要ではないかと考える[17]。

三　X側はこのほか、本件解任決議は、多数派社員Aがこれまでの不正事実の暴露を防ぎ、Y社の利益を独占しようとする不正の意図の下でなしたもので、権利の濫用として無効であると主張しているが、これについて判旨二は、仮にAの議決権行使がX主張のような意図に出たものであるとしても、株式会社や有限会社のような物的会社では、株式または持分の多数を持っていればそれで経営を支配できるのが基本原理であり、取締役の選任や解任の決議については株主や社員の主観的意図の如何によって議決権の行使が権利濫用となることはないとし、このことは有限会社法三二条・商法二五七条一項が解任についての正当事由の有無を補償問題の基準にすぎないものとしていることからも裏付けられるとして、Xの主張を斥けた。

従来の多数決濫用理論によれば、多数派が利己的な利益を追求するために、会社または少数派の損害において議決権を行使した場合には、議決権の濫用に当たり、それにより成立した総会決議の効力は、否認されることになる。[18]そしてこの理論の趣旨は、多数派の議決権行使に法的制約を加えることにより、多数派による少数派の圧迫を是正しようとするところにある、とされている。[19]ところが、本件のような取締役解任決議については、決議対象たる事柄の性質上、多数決濫用を問題にする必要がないとして、多数決濫用理論の適用範囲から除外されているのである。[20]その理由は、この場合に解任の正当事由の存否が損害賠償請求の可否を決めるうえでの基準にすぎないからである、と説明されている。[21]

本件では、Xは、この多数決濫用理論に基づいて救済を求めたのであるが、判旨は、結局、右のような学説の立場に沿った形で、取締役解任決議への多数決濫用理論の適用を否定したわけであり、判旨のこの結論は正当だという評価もある。[22]

たしかに、現行法上の任意解任制により、正当事由の有無は、単に取締役の会社に対する損害賠償請求権の成否の判断においてしか考慮されない。しかし、このことは、解任された取締役との関係において、正当な理由のない解任の場合にも、取締役に生じた損害を塡補すれば足り、解任決議の効力については争わせないということを示しているに過ぎず、取締役に生じる損害が会社によって塡補されるからといって、多数派はいかなる意図のもとで解任決議を成立せしめても許される、すなわちその議決権を濫用してもよい、ということにはならないのではなかろうか。もしそうでなければ、多数派は常に、会社の（取締役に対する損害賠償責任を負うことによる）損害において、もっぱら自己の個人的な利益のために不当に取締役を解任することができることになるのであり、このような結果は、法の衡平の理念からは容認し得ないのであろう。(23) その意味では、現行法上の任意解任制からは、社員が解任決議につきいかなる意図の下でその議決権を行使しても許されるという結論にはならないはずであり、この点で、解任決議における社員の無制約の議決権行使を容認した本件判旨の立場は、問題があると言わなければならない。(24)

そして、仮にこの点をさておくとしても、本件では、さらに、判旨が考えているように、解任された取締役Dに対する損害賠償請求権の付与という形で、事案の妥当な解決が果たして図れるのか、という問題がある。右にも触れたように、本件では争点になっていないため、そもそもDの損害賠償請求権が成立しうるかも不明であるが、仮にDにおいてY社に対する損害賠償請求が認められるとしても、従来の立場によれば、その塡補を受けられる損害の範囲は、Dが取締役を解任されなければ残存の任期中と任期の満了時に得られたであろう利益に限られることになる。(25) しかし、既に繰り返し述べてきたように、所有と経営が一致する閉鎖的資本会社においては、会社の役員または従業員として会社経営に参加し、給与や報酬等を受け取ることが、社員のほぼ唯一の利益参加の手段であり、もし多数派社員が少数派社員を正当な理由もなく任期満了前に取締役の地位から解任し、または従業員の地位から解雇すれば、少数派社員は会社経営から完全に締め出される形となり、それ以降、もはや会社の利益に与れないなど、著しい不利益を蒙ることになるのである。本件について言えば、Dは本件解任決議により、今後Y社の経営から完全に締め出されるのみならず、Y社が利益配当を抑制してきたため、Dが親のCおよびXと共に、Y社の利益への参加からも排除されることは確かである。そして、DないしX側の受け得るこのような不利益が、前記有限会社法三二条・商法二五七条一項の損害賠償請求権によってもカバーされ得ないことは、また明らかである。(26) したがって、仮にDに対するY社の損害賠償責任が認められるとしても、それによって塡補を受けられるのは、Dの取締役としての地位において直接に受けた損害に過ぎず、少数派社員としての経営参加から排除されたことによる損害は、回復され得ないわけである。DないしX側の右のような不利益を完全に救済するためには、むしろ端的に本件解任決議の効力自体を否認しなければならないのである。

このように見てくると、取締役解任の問題については、従来の多数決濫用理論をもってしては、もはや妥当な解決を図ることは困難である。多数派による少数派の圧迫の是正を目的とするこの理論が、取締役の解任という具体的な利益衝突の場面における多数派の濫用を是正できないところに、その限界性が露呈したとも言える。

そこで、この問題は、多数派社員の少数派社員に対する誠実義務の観点から検討したほうが適切ではないかと考える。すなわち、多数派社員は少数派社員に対し誠実義務を負い、その議決権行使につき少数派社員の利益を顧慮しなければならず、利己的な目的から総会における議決権行使を通じて、少数派社員を正当な理由なく取締役の地位から解任した場合には、少数派社員に対する誠実義務違反となり、当該議決権行使により成立した解任決議は、効力を否認されなければならない。

これを本件について見れば、Xは、代表取締役Bが、会社設立後一回も社員総会を招集せず、Y社が相当多額の利益を挙げているのに、その利益金を社員に配当しないで、夫で多数派社員のAと共に勝手に費消していたこと、またXらが裁判所に選任を求めた検査役の報告書によれば、代表取締役Bが会社の業務の執行につき不正行為および定款違反の行為がある、等の事実を挙げ、本件解任決議は、Aが従来の不正事実の暴露を防ぐ等の不正な目的で行われたものだと主張している。Xのこれらの主張については、当然詳細な事実認定を行わなければならないが、もしXの主張が事実であるならば、Dを解任した本件総会決議は、もっぱら多数派社員Aによってその不正の目的を追求するためになされたものと認めることができる。そしてそれは、多数派社員Aが少数派社員Xらの損害においてその議決権を濫用したものであり、少数派社員Xらに対する誠実義務違反となる。その結果、

本件総会決議は瑕疵があるものとして、決議取消となると解すべきである。(27)

このように、私見によれば、現行法上の任意解任制の適用が、本件におけるように、多数派社員の横暴を許すような結果とならないためには、解釈論としても、取締役の解任決議につき多数派社員による無制約の議決権行使を認めないとする解釈が必要である。そして、特に閉鎖的資本会社において一般的に見られるところの、社員が取締役たる場合については、(28)社員でない者が取締役たる場合とを区別して扱う必要があり、(29)前者の場合において、多数派社員が正当な理由なくして少数派社員を取締役の地位から解任したときは、単に現行法上の損害賠償請求権の範囲内において形式的な救済を図るべきではなく、前記のような誠実義務理論に基づいて解任決議の効力自体を否認すべきだと考える。(30)

第二節　利益配当に関する事例

東京地判昭和六二年一二月二五日金融商事判例七九九号二五頁

［事実］　Y会社（被告）は、真珠の養殖および卸小売販売を目的として昭和四八年一一月に設立された資本金四八〇〇万円、発行済株式総数九万六〇〇〇株の株式会社であり、X_1（原告）とX_2（原告）はそれぞれY社の発行済株式総数の八・三%と一七・三%に当たる株式を有する株主である。Y社は設立以来、順調に事業を展開して収益を上げ、初年度を除いて三割の配当を実施し続けてきた。ところが、昭和六〇年一一月二九日開催の第一二期事業年度の定時株主総会、および昭和六一年一一月二五日開催の第一三期事業年度の定時株主総会において、それぞれ利益処分案を承認する旨の決議が行われたが、その各利益処分案は従前の役員賞与（五〇〇万円）を一挙に三倍（第一二期は一五〇〇万円、第一三期は一八〇〇万円）に増額したにもかかわらず、株主に対し配当をしないというものであった。

そこで、Xらは、右各総会でなされた利益処分案の承認決議は、株主の固有権である利益配当請求権を侵害し違法であること、また、X_2はY社の代表取締役である訴外Aとは夫婦であるところ、Y社が株主に無配当とした昭和五九年度は右夫婦が別居した時期に相当し、Y社の無配当の処置はX_2を経済的に困窮させる目的をもって、私情によって行われたもので、公序良俗に反するとして、右各決議の無効確認を求めて訴えを提起した。

［判旨］　請求棄却。

「……株式会社に存する配当可能な未処分利益を配当しないとする株主総会の決議は、それが株主の抽象的な利益配当請求権を阻害することになるにしても、原則としてそれは当不当の問題を生ずるに止まり、直ちにそれが違法の評価を受けるものではないと解される。しかしながら、そのような未処分利益を配当しないとする決議が長期に亙って連続し、かつ、一般的な株式会社における配当政策決定の合理的な限度を著しく超えていると認められるような特別の事情があるときは、単に当不当の問題に止まらず、違法の問題を生ずるものと解するのが相当である。」

本件では、Y社の無配が二事業年度に過ぎなかったこと、Y社の各年の未処分利益が減少してきたこと、この二事業年度における積立金の額も従前の積立金の額に比して相当程度減少していることが認められ、「これらの事実によってみれば、Yのような中小会社においてはこのような場合経営及び財務内容の安定を図るために暫時無配当とする配当政策を選択することも一般的には不合理ということはできないのであって、いまだ無配当を決定した本件決議をして、不当というに止まらず、配当政策決定の合理的な限度を超えた違法があると評価することはできないというべきである。」

役員賞与が一挙に三倍に増額されたことについては、「右の金額は、……三割配当の配当金の合計額一四四〇万円に比して不当に高額であるとの評価が成立し得る余地があるが、役員賞与の額は本来的に当該年度の特殊な事情に左右される度合が極めて大きいというべきであるから、第一二期事業年度および第一三期事業年度において役員賞与を大幅に増額しながら株主に対して無配当としたことをもって、配当政策決定の合理的限度を超えたものと評価することはできないと考えられる。」

本件決議がX_2の経済的困窮を目的として行われたもので公序良俗に反するとの主張についても、「仮にそのような事実が認められるとしても、その当事者は親族法上の各種の財産的請求権を行使することによって救済される余地があるのであるから、そのような事実の故に、配当政策の在り方に関するとはいえ専ら株式会社の利益処分案を承認するにすぎない本件決議の内容が公序良俗に反するとまでいうことは到底できない。」

［検討］

一　会社事業から生ずる利益の分配に参加することは、会社に資本投資をする株主の主たる目的だと言える。その意味において、会社の利益配当に与る権利、すなわち利益配当請求権は、株主の有する諸権利のうち最も重要な権利だと考えられる。そこで通説は、このような利益配当請求権を株主の固有権の一つであると解してきた(31)。

しかし、利益配当請求が株主の固有権とは言っても、それは、株主総会の多数決によっても剝奪・制限され得ないという本来の意味における固有権ほど、絶対的なものではない。すなわち、株主の利益配当請求権を残余財産分配請求権とともに全面的に奪うことは、営利法人たる株式会社の本質に反し許されないものであるが、企業経営のため合理的に必要と認められる範囲内において利益配当の額を制限したり、一時的に停止することは可能だと考えられている(32)。このように通説によれば、株主の利益配当請求権は合理的な範囲内で一定の制限を受けることがあるが、ただこのような合理的な範囲を超えて、あまりに長期にわたり利益配当をしなかったり、或いは恣意的に利益配当請求権を剝奪・制限すれば、それは株主の抽象的な利益配当請求権を侵害するものとなり、違法となるとされている(33)。

本件は、会社に未処分利益があるにもかかわらず、これを配当しないとする総会決議の適法性が問題となった事例であるが、判旨は、配当可能な未処分利益を配当しないとする総会決議は株主の抽象的な利益配当請求権を阻害するものの、原則として当不当の問題に過ぎず、直ちに違法の評価を受けるものではなく、ただ例外的に無配決議が長期にわたって連続し、かつ一般的な株式会社における配当政策決定の合理的な限度を著しく超えるような特別の事情がある場合には、違法の問題を生ずるとの一般論を述べたうえで、本件では、Y社の無配決議がわずか二事業年度に過ぎなかったこと、Y社の各年の未処分利益が減少してきたこと、この二事業年度における積立金の額も従前の積立金の額に比して相当程度減少しているなどのことから、本件各定時総会においてＹ社の経営および財務内容の安定を図るために暫時無配当とする配当政策を選択することも一般的に不合理とはいえないとして、無配当を決定した本件各総会決議は、配当政策決定の合理的な限度を超えた違法があると評価することはできないと結論づけている。

判旨はここで、総会の無配決議が株主の抽象的な利益配当請求権を侵害し違法となることについての具体的な判断基準を明らかにしたのであるが、基本的にそれは、従来の学説の主張に沿ったものだと言える。

そこで、このような判断基準の適否が問題となるが、これによると、無配決議は、それが長期間にわたり連続し、しかも配当政策決定の合理的な限度を著しく超えたときに初めて、違法性を帯びることになる。すなわち、無配当が長期間にわたって継続した場合にも、それが配当政策決定の合理的な限度を著しく超えていない限りは、違法とはならないのであり、また仮にこの合理的な限度を超えたとしても、それが短期間しか経過していないような場合にも、同じく違法性は認められないわけである。このような判断基準は一見して簡単明瞭で操作しやすいように見えるが、その実質は極めて形式的で抽象的なものである。そもそも、長期間とはどのぐらいの期間を指すのか、また配当政策決定の合理的な限度とは具体的にどのようなものなのか、何を基準にこの合理的な限度を決めるかも不明確である。したがって、このような判断基準を提示したところで、具体的な紛争の解決に役立てるとは必ずしも言えないように思われる。むしろ、このような形式的な基準を本件のような事例に適用すると、紛争をめぐる当事者間の実態関係が見逃されるおそれがある。

本件について言えば、Ｙ社が利益配当を行わなかったのはわずか二年に過ぎないため、判旨の示した右一つ目の要件は満たされておらず、既にこのことだけで、本件無配決議の違法性が否定され得たのである。また、本件各無配決議が右二つ目の要件に該当するのか、つまり配当政策決定の合理的な限度を著しく超えていたかの判断も不明確であり、本件では、判旨は単にＹ社の利益が減少傾向にあり、積立金も減少しているとの事実のみをもって、本件各無配決議が合理的な限度を超えていないとしたように見える。しかし、このような形式的な要件を当てはめるだけで、本件事案の妥当な解決が図られるとは思われない。

すなわち本来、個々の具体的事例における紛争の実態関係を把握した上で、当該会社の収益状況などの諸要素を考慮して、当事者間の経済的公正を図る立場から、問題の配当政策の決定の適法性を判断すべきものである。本件についていえば、これまで一〇年間にわたり三割配当を実施し続けてきたY社が突如配当を中止した背景において、Y社の収益状況の悪化ということのほかに、どのような事情があったのか、本件各無配決議についてXらは、代表取締役Aが[34]Xら少数派株主を経済的に困窮させるという不当な目的でなしたものだと主張しているが、果たしてY社の代表取締役Aにそのような不正な動機が存在していたか否かについても、判断すべきだったのではないであろうか。しかし判旨は結局、右のような形式的要件の判断だけに止まり、それ以上、当事者間(Xらと代表取締役A)の具体的な利益衝突を生ぜしめた原因の究明には踏み込まなかったのである。この結果、利益の減少傾向が続く中で、何故にY社は役員賞与の額を一挙に従来の三倍にも増額したのか、Y社の経営および財務内容の安定を図るためであるならば、役員賞与の据え置きを決定しなかったのは何故なのか、こうした政策決定が果たして合理的な理由に基づいていたのかは、全く不問にされたわけである。[35]判旨の認定事実によれば、従来の三割配当の配当金の合計額が一四四〇万だったところ、無配を決定した二事業年度における役員賞与の額は従来の五〇〇万からそれぞれ一五〇〇万円と一八〇〇万円に引き上げられているが、これだけの配当可能な利益があれば、配当を無配とせず、役員賞与の額を減額しても、若干の配当をなすべきではなかったのか、[36]という疑問を禁じ得ない。

二　このように見てくると、判旨のような形式的な基準の下では、利益配当をめぐる当事者間の利害衝突を公正妥当に解決することはできないように思われる。そこで、次のように、総会決議に対する実質的審査という観点から、問題解決を図ったほうが有益ではないかと考える。

すなわち、Ｘらの主張によれば、X_2とＹ社の代表取締役Ａとは夫婦であるところ、婚姻が破綻したため、ＡはX_2を経済的に困窮させる目的で、本件各総会で無配の決議を成立せしめ、これまで実施し続けてきた三割の利益配当を中止したのだという。もしそれが事実であるならば、本件各無配決議は、Ｙ社の経営および財務内容の安定を図るというよりも、むしろ少数派株主であるＸらを会社の利益への参加から排除するために行われたものと認めることができるのであり、それは明らかにＸらの利益配当請求権を不当に侵害するものである。Ａら多数派株主は同時に役員を兼ねているから、たとえ無配であっても、三倍増額された役員賞与により会社の利益の分配に与ることができるが、役員の地位に付いていないＸら少数派株主は、本件各無配決議によって完全に会社の利益への参加から締め出されることになるのである。Ｙ社のような小規模閉鎖的な株式会社において、Ｘら少数派株主が兵糧攻めにされた場合に、多大な不利益を蒙ることになるのは、既に繰り返し指摘してきたところである。

そこで、多数派株主がその議決権行使により利己的な目的を追求し、少数派株主の利益を侵害したとの申し立てがあった場合には、多数派の決定はすべて比例原則の下で実質的な審査を受けなければならないとする本書の立場からすれば、本件各総会決議については次のような実質的な審査を行うべきである。

すなわち、まず、本件各総会で決定された無配という措置が、Ｙ社の事業目的との関連で適合性を有するかが審査されるべきである。ただ、本件では各無配決議により、従来の三割配当の場合に要した一四四〇万の配当金の支出は免れることになるので、利益の低下が続いているＹ社にとっては、経営および財務内容の安定につながることは確かである。つまり、本件で問題となった無配という多数派の措置が、Ｙ社の経営および財務内容の安定という事業目的を達成するのに適切なものであったことは、否定できないように思われる。しかし、仮にこの措置がＹ社の右事業目的との関連において適合性が認められるとしても、次に、Ｘらを含むＹ社の株主に利益配当をしないことが、この経営および財務内容の安定という目的を図るうえで、唯一の選択可能な手段だったのか、少数派株主Xらの利益をより害さない他の手段が存在しなかったのか、すなわち右目的の達成のためにこの措置を取らざるを得なかったか否かについて審査しなければならない。この場合に、例えば役員賞与を据え置くか、あるいは一部増額する代わりに、二割ないし一割の株主配当を行うことが全く不可能だったのか否かが問われるべきであり、利益配当の抑制により少数派株主Xらに不利益を強いる一方で、役員賞与を一挙に三倍も増額したことについての合理的な理由が主張立証されない限り、本件各無配の決定は、比例原則に違反することになる。この結果、本件各無配決議は、Aら多数派株主がXら少数派株主を締め出すことによって、Y社の利益の独占を図るために行われたものと推定され、少数派株主に対する誠実義務違反として、本件各総会決議は取り消されなければならない(37)。

したがって、無配当を決定した本件各総会決議について、もっぱら無配の期間の長短および配当政策決定の合理的限度という極めて形式的かつ抽象的で曖昧な基準の下で審査し、当事者間の利害紛争の真の原因を究明することなく、これを適法だとした判旨は、不当である(38)。むしろ本書のように、多数派株主の少数派株主に対する誠実義務の観点から、少数派株主Xらの利益配当請求権を侵害する本件各総会決議に対して実質的な審査を行うべきであり、本件紛争の実態関係を究明したうえで、当事者間の経済的公正を図るべきであると考える。

第三節　不公正な方法による新株発行の事例

神戸地判平成五年二月二四日判例タイムズ八二四号二三二頁

［事実］　X_1会社（原告）とY会社（被告）は、いずれも貸切霊柩自動車業を目的とする株式会社であり、平成元年頃まで、それぞれ神戸市内の東側半分と西側半分をその営業区域としていた。X_1社においては、X_2が代表取締役、X_2の長女の婿であるX_3が監査役、同次女および三女の婿であるX_4およびX_5が取締役として、経営に当たってきた。X_1～X_5（以下、これを

X一族という）は、Y社の発行済株式総数五万一七〇〇株のうち七七・三六％に当たる四万株を所有しており、X_2はY社の監査役を兼務していたが、Y社の経営権は、Y社の代表取締役でX_2の姉である訴外Aとその一族（取締役でAの長女ないし四女である訴外B、C、D、Eおよびその婿たち）が握ってきた。ところが、平成元年五月頃から、X一族とA一族は、Y社の支配権をめぐって深刻な対立状態となり、同年六月以降は裁判沙汰にまで発展した。

こうした中で、同年七月二三日に、Aとその一族の取締役らがY社の取締役会を開催し、同社定款第六条の「株主は未発行株式の総数について新株引受権を有する。但し、新株の発行に当たり取締役会の決議で、各回の発行株式の全部又は一部を排除することができる」という規定に基づいて、株主の新株引受権を排除して、公募の方法により二万九二〇〇株の新株を発行することを決議した。これを受けて、Y社は、同年八月八日付の官報に新株発行の事項を公告し、同月二五日にCとD、およびBの婿F、Eの婿Gに対して新株を発行したが、X一族に対しては公募による新株発行のことを知らせなかったため、X一族による新株の引受が行われなかった。この結果、A一族とX一族のY社における持株比率が逆転し、A一族はY社の発行済株式総数の過半数以上を有することになった。また、Y社は、本件新株発行の直後に臨時株主総会を開催し、X_2を監査役から解任したほか、右定款六条の規定の削除を含む定款変更の決議を行った。

そこで、Xらは、本件新株発行は、Y社の取締役であるA一族がY社の支配を目的として行った著しく不公正な方法によるものであり、またX一族に新株申込の機会を与えないために、株主への通知という方法をとらず、官報への公告という手段をとったもので、商法二八〇条ノ三ノ二所定の通知公告義務に実質上違反しているなどとして、本件新株発行の無効を求めた。これに対し、Yは、本件新株発行は、Yの事務所となっていた建物の敷地である土地を地主から買い入れる資金調達のために行ったものであり、しかも公募により時価で発行したものであるから、著しく不公正な方法によるものではないし、法律に定める公告等の手続をすべて履践しているので、商法二八〇条ノ三ノ二にも違反していないなどと反論した。

［判旨］　請求認容。

一　Y社には十分な内部留保資産があり、それを取り崩すだけで本件土地購入資金の調達が可能であったこと、本件土地上の建物は実質上Y社の事務所にはなっておらず、本件土地購入はそもそもY社にとって必要ではなかったことが認められ、本件新株発行は、資金調達のためではなく、Ａ一族が、Ｘ一族が株主総会においてＸ一族をＹの取締役に送り込んでくることを恐れて、またX_2をＹの監査役から解任するため、「Ｘ一族のＹ株式持株比率を低下させ、Ａ一族のＹ株式持株比率を上昇させて、Ａ一族がＹの企業支配を揺るぎなくする目的で」行ったものであり、「従って、Ｘら（Ｘ一族）は、本件新株発行前であれば、本件新株発行は著しく不公正な方法によるものとして、その差止請求（商法二八〇条ノ一〇）が認められた事案である。」

二　「Ｙ（Ａ一族）は、本件新株発行を全株主に通知することは容易であるのに、Ｘ一族に新株引受申込の機会を与えず、Ａ一族で新株全部を独占して引受け、Ｘ一族の持株比率の低下を図る目的を達成する手段として、Ｘ一族が事実上知ることの不可能な官報への公告を行い、形式上は、商法二八〇条ノ三ノ二が規定している新株発行事項公示の要件を整えた」が、株主に対し新株発行差止請求をする機会を保障するという右規定の趣旨からすれば、「Ｙ（Ａ一族）は、商法二八〇条ノ三ノ二の規定を潜脱し、実質上右新株発行についての通知公告義務に違反して、Ｘら（Ｘ一族）から、本件新株発行前に新株発行差止請求をする機会を奪い、著しく不公正な方法により本件新株発行を行ったのである。」

三　「本件新株発行では、新株を引き受けた者はいずれもＡ一族であり、これらの者が現在も本件新株を所有しているものであるから、善意の第三者は未だ生じておらず、本件新株発行が無効であるか否かを判断するに際しては、取引の安全を考慮する必要は少ない。」

以上のことに照らせば、「本件新株発行は著しく不公正な方法によるものとして、無効と認めるのが相当である。」

〔検討〕

一　現行法上、会社の成立後、資金調達を目的とする通常の新株発行は、定款に別段の定めがない限り、取締役会の決議で行うことができることとなっている（商法二八〇条ノ二第一項。ただし第三者に対する有利発行の場合には株主総会の特別決議が必要とされる。同条二項）。そして、平成二年改正商法により、定款に株式譲渡制限の定めのある会社の株主については、法律上の新株引受権が付与されているが（商法二八〇条ノ五ノ二第一項本文）、それ以外の会社においては、従来と同様、定款に新株引受権についての定めがない限り、株主は当然には新株引受権を有しないため、取締役会は新株発行の方法として株主割当、募集または第三者割当のいずれか[39]を任意に決定することができる[40]。また、募集の方法を採用する場合にも、取締役会または代表取締役は公募と縁故募集のいずれかを任意に決めることができ、株式の申込があれば、代表取締役は自由に株式申込人に株式の割当をすることができる（割当自由の原則）。

このように取締役会は強力な新株発行の権限を与えられているが、これは、現行法が資金調達の機動性という会社経営上の要請を配慮した結果だと言える。ところが、このような新株発行制度の下では、取締役会がその強力な新株発行の権限を利用して、違法または不公正な発行を決定し実行するという弊害も生じやすい。そこで、これに対処するために、法は、法令・定款に違反する新株発行または著しく不公正な方法による新株発行についての差止の制度を定める一方（商法二八〇条ノ一〇）、著しく不公正な価額で新株を引き受けた者についての特別の責任を認めているのである（商法二八〇条ノ一一）[41]。本件は、著しく不公正な方法による新株発行が問題となった事例であるが、しかし具体的に如何なる場合が不公正な方法による新株発行（以下、単に不公正な新株発行または不公正発行という）に当たるかは、判断が極めて困難な問題である。

従来の学説においては、不公正な新株発行の典型的な例として、会社の支配権をめぐる争いがある中で、取締役が支配力を維持・獲得するために、自己またはその一派の者に不当に多数の株式を割り当てるという場合が挙げられており[42]、また会社に何ら資金需要がないにも関わらず、無用な新株発行を行って株主の持株比率を低下せしめるような場合も不公正な新株発行に当たるとされている[43]。そして、会社に資金調達の現実の必要があり、かつ新株割当の相手方が取締役の一味の者でない場合には、たとえ新株発行によって反対派株主の勢力低下を欲する取締役の希望が実現されるとしても、不公正発行にはならないと解される[44]。

右のような例のうち、何ら資金需要がないのに、新株発行を行い反対派の持株比率を低下せしめるような場合には、これを不公正な新株発行と認めることについては、おそらく異論はないのであろうが、しかし問題は、一方において会社に現実の資金需要があり、あるいは企業提携や従業員持株制度の推進といった合理的な目的があって新株発行が行われ、他方においては発行される新株が取締役自身を含む特定の第三者に割り当てられる結果、反対派の持株比率が低下し、現経営者の支配的地位が保全される場合に、それを直ちに不公正発行と認定してよいものなのか、ということである。従来の学説は基本的に、会社に資金需要があっても、取締役が自己またはその一派に新株を割り当てれば、不公正発行にあたるとしているが[45]、しかしこれに対しては、現行法上、資金調達の方法が原則として取締役の裁量に委ねられていること、および定款に株式譲渡制限の定めのある会社を除き、株主の新株引受権が認められていないことから、資金調達の必要が明確に存在する場合については、たとえ経営者が自派の者にのみ割り当てることによって反対派株主の持分比率を低下せしめる結果になったとしても、不公正な発行方法にはならないとする見解も有力に主張されている[46]。

　これまでの裁判例においても、右のような場合については、不公正発行に当たらないとするものが数多く見受けられる。非公開・閉鎖的な株式会社に関する事例としては、例えば、大阪地裁堺支判昭和四八年一一月二九日判例時報七三一号八五頁(恵美寿織物新株発行差止仮処分異議事件＝取引先および従業員に割り当てた事例)、東京地決昭和五二年八月三〇日金融商事判例五三三号二二頁（弥栄工業新株発行差止仮処分申請事件＝取引先に割り当てた事例)、大阪高判昭和五五年一一月五日判例タイムズ四四四号一四六頁(ユニバース自動車工業新株発行無効請求事件＝監査役に割り当てた事例)、東京地判昭和五八・七・一二判例時報一〇八五号一四〇頁（ウイルソン新株発行無効請求事件＝取締役および従業員に割り当てた事例)においては、新製品開発と設備新設(恵美寿織物事件)、新製品の製造・販売（ウイルソン事件)、資金繰りの悪化した会社の経営の建て直し(ユニバース自動車工業事件)といった資金需要についての会社側の主張が容れられ、あるいは単に資金調達の必要が特にないことを認めるに足りる疎明資料がないとして（弥栄工業事件)、不公正発行が否定されている。

また、公開会社に関する事例では、新潟地判昭和四二年二月二三日判例時報四九三号五三頁（小林百貨店新株発行差止仮処分異議事件）、大阪地決昭和四八年一月三一日金融商事判例三五五号一〇頁（第一紡績新株発行差止等仮処分申請事件）、大阪地決昭和六二年一一月一八日判例時報一二九〇号一四四頁（タクマ新株発行差止仮処分申請事件）、東京地決昭和六三年一二月二日判例時報一三〇二号一四六頁（宮入バルブ新株発行差止第一仮処分申請事件）は、それぞれ冷房設備工事費用の調達（小林百貨店事件）、工場移転等に伴う費用の調達（第一紡績事件）、構造改善総合計画の推進および自己資本比率の改善（タクマ事件）、生産設備の更新および金融機関に対する債務弁済による金利負担の軽減（宮入バルブ事件）といった資金調達の必要性を認め、原告ないし申請人の持株比率の低下または少数株主権の行使を封じるために当該新株発行が行われたのではないかとの疑いを全く否定できないとしつつも（小林百貨店事件、第一紡績事件、タクマ事件）、結論として発行方法が不公正であることを否定している。(47)

しかし、企業には現事業の拡張や新規事業への進出など、さまざまの事業機会があるうえ、会社運営していくうえでの財務体質の改善も、資金調達を必要とする場合があるので、経営者側にしてみれば、資金の必要性は何とでも説明がつくものである。(48)そうであるとすれば、右の一連の判例のように資金調達の必要性をことさらに重視し、それが認められる限り、取締役の実際の意図を問うことなく、縁故募集ないし第三者割当による新株発行が常に正当化され得るという判断は、やや短絡的であるように思われる。実際に学説においては、資金調達の必要性など業務執行上新株を発行する合理的な理由がある場合でも、取締役が特定の第三者に大量の新株を発行することによって株主間の支配関係上の争いに実質的な影響を与えるときは、会社法上の機関の権限分配秩序に違反し、不公正発行に当たるとか、あるいは株主間に支配関係上の争いがあるときにあえて反対派株主を避けて、特定の第三者に支配権変動を及ぼすような大量の株式を割り当てる場合には、資金調達目的のほかに、第三者割当を必要とする会社の事業目的がなければならないなどとして、右のような判例の立場を批判する見解が多い。(49)

そして、最近、特に大規模の公開会社において、株式買い占めなど会社の支配権をめぐる争いがある中で、取締役が資金調達などを理由に、特定の第三者に大量の新株を発行することにより、反対派株主の持株比率を低下させ、自己の支配権の維持・確立を図るといった事例について、取締役の支配権維持目的と資金調達といった会社の正当な事業目的のうち、いずれの目的が優越しているか、すなわち主たる目的となっているかを認定して、不公正発行か否かを判断するといういわゆる主要目的理論(50)を採用する裁判例が増えてきた。

特に、東京地決平成元年七月二五日判例タイムズ七〇四号八四頁（忠実屋・いなげや新株発行差止仮処分申請事件）は、申請人Xに大量の株式を買い占められた被申請人Y_1とY_2が、両社間で業務・資本提携を行うとして、それぞれ発行済株式総数の一九・五%に当たる新株を発行して割り当て合う第三者割当増資の決議を取締役会で行ったところ、Xが、本件各新株発行はもっぱらXの持株比率を低下させるための不公正発行であるなどとして、新株発行差止の仮処分申請を求めたという事案について、「株式会社においてその支配権につき争いがある場合に、従来の株主の持株比率に重大な影響を及ぼすような数の新株が発行され、それが第三者に割り当てられる場合、その新株発行が特定の株主の持株比率を低下させ現経営者の支配権を維持することを主要な目的としてなされたものであるときは、その新株発行は不公正発行にあたるというべきであり、また新株発行の主要な目的が右のところにあるとはいえない場合であっても、その新株発行により特定の株主の持株比率が著しく低下されることを認識しつつ新株発行がされた場合は、その新株発行を正当化させるだけの合理的な理由がない限り、その新株発行もまた不公正発行にあたる」と判示し、新株発行の主要な目的が支配権の維持にあるときは不公正発行にあたること、その主たる目的が支配権維持になくても、特定の株主の持株比率が著しく低下されることを認識しつつ新株発行を行った場合には、それを正当化させるだけの合理的な理由がなければ、また不公正発行にあたる、という判断基準を明らかにした(51)。

その後の裁判例には、この主要目的理論を採用したものが数件見られる。例えば、東京地決平成元年九月五日判例時報一三二三号四八頁（宮入バルブ新株発行差止第二仮処分申請事件＝海外企業の買収と設備更新に伴う資金需要を認め、資金調達が主要目的であるとして不公正発行を否定）、大阪地決平成二年七月一二日金融商事判例八五一号三九頁（ゼネラル新株発行差止仮処分申請事件＝本社工場移転に伴う建設費用の調達と他企業との業務提携の必要性を認定し、申請人の持株比率を低下させることを主目的としたものではないとして不公正発行を否定）、京都地判平成四年八月五日金融商事判例九一八号二七頁（明星自動車取締役損害賠償請求事件＝支配権争奪への介入を主要な目的とする新株発行は不公正発行にあたるとして、支配目的により、しかも瑕疵のある総会決議に基づいて特に有利な価額で第三者割当を行った取締役らの損害賠償責任を肯定）[52]。そして学説においても、資金調達目的を含む複数の目的が存在し、しかもそのうちの一部が不当な目的である場合には、いずれの目的が新株発行にとり決定的であったかにより新株発行自体の公正性を判断すべきであるとして、判例上展開してきた主要目的理論を支持する者が多い[53]。

しかし他方では、この主要目的理論については、不公正発行の判断基準としてそれなりの重要性を認めながらも、それのみが決定的な基準とは言えないとか[54]、商法二八〇条ノ一〇が発行方法の「著しく」不公正であることを新株発行差止の要件として定めていることから、資金調達目的などの存在は、不当目的の不当性ないし不公正が著しいものであることを否定する判断基準になると考えれば足り、不当目的と資金調達その他の会社の事業目的のいずれが主要なものであるかをとくに問題にする必要はない[55]、といった否定的な見解が表明されている。また、主要目的理論を一つの合理的な判断枠組みと評価し、その主要目的の客観化が重要であることを認めながらも、この理論の下においても、真に資金調達の必要性が認められるときには、とくに第三者割当について合理性を疑わせる特段の事情がない限り、取締役の経営判断が尊重され、不公正発行とされることが少ないことから、いずれが主要かという問題設定は結局解決の困難な、したがって現経営者に有利な解釈となるおそれがあるという主要目的理論の限界性を指摘したうえで、むしろ取締役の支配介入意図とは無関係に、新株発行による株主の不利益を正面から取り上げ、当該株主の害される利益と会社経営上の利益を当該新株発行の種々の状況を総合的に観察して考量し、不公正発行かどうかを判断すべきであるとする学説も有力に主張されている[56]。

そしてごく最近の判例では、明確にこの主要目的理論に依拠するよりも、むしろ資金調達の必要性など会社の正当な事業目的の有無のほか、新株発行当時における支配権争いの状況、新株発行の具体的な経緯、株式割当の態様、既存株主の持株比率の変化などの種々の事情を総合的に判断して、不公正発行の有無を認定するという手法が取られているように見受けられる。例えば、大阪高判平成元年一二月二一日金融商事判例九五六号八頁（マンリー藤井新株発行無効請求事件＝大株主に秘して新株発行が行われたこと、発行株式のすべてを代表取締役自身が引き受けたこと、これにより代表取締役らが会社の支配権を完全に掌握するに至ったこと、資金調達の必要性がとくに認められないこと等の事実を認定し、不公正発行を肯定）[57]、名古屋高裁金沢支判平成四年一〇月二六日民集五一巻一号六〇頁（丸友青果新株発行無効請求事件＝会社の支配権をめぐる争いの中で対立派の株主らに秘して新株発行が行われたこと、新株のすべてが代表取締役とその意を受けた者に割り当てられたこと、新株の払込が名目的なもので会社の資本の充実に資するものではなかったことなどを認定し、不公正発行にあたるなどとして新株発行の無効請求を認容）[58]、千葉地判平成八年八月二八日判例時報一五九一号一一三頁（取締役・会社損害賠償請求事件＝違法・無効な取締役会の決議により定款上の株主の新株引受権を排除して公募名目の新株発行が行われ、新株の全部が被告取締役とその一派の者に引き受けられたこと、これにより原告らの持株比率が三分の一以下に低下したことなどの事実を認定し、経営支配権の侵奪を目的とした不公正発行にあたるとして被告取締役と会社の損害賠償責任を肯定）、東京地判平成九年九月一七日金融商事判例一〇四四号四六頁（新日本エスライト取締役損害賠償請求事件＝被告代表取締役と関係のある会社に対する第三者割当増資により、原告の持株比率が過半数割れしたが、工場移転の資金調達の必要があること、原告の代表者が本件新株発行を承諾していたことなどを認定し、本件新株発行による取締役の任務懈怠を否定）、東京地決平成一〇年六月一一日資料版商事法務一七三号一九二頁（ネミック・ラムダ新株発行差止仮処分申立事件＝代表取締役と大株主らとの間で対立が生じ、同代表取締役が取締役として再任されないことが明確になった中で新株発行の決議がなされたこと、新株発行により大株主らの持株が過半数を割ってしまうこと、新規事業計画の具体性および現実性が欠けており、資金調達が現実的に必要ではないことなどの事実を認定して、不公正発行を肯定）は、そのような事例だと考えられる。

また、最判平成一〇年七月一七日（判例タイムズ九八五号一三四頁＝東武ボンド新株発行無効請求事件）は、定款に株式譲渡制限の定めのある会社が、商法二八〇条ノ三ノ二所定の公示（公告または通知）を欠いたまま行った新株発行につき、株主が新株発行無効の訴えを提起し、新株発行差止の事由としての不公正発行の有無が問題となった事案に関して、①新株発行が公示の手続をせずに、上告人ら多数派株主に秘匿して行われたこと、②新株発行により上告人らの持株が過半数を割り込むのに対し、新株の全部を引き受けた代表取締役の持株は過半数を上回り、被上告人会社に対する支配関係が逆転すること、③本件新株発行に関する取締役会決議が平成二年改正商法の施行日の直前になされたもので、もし右施行日後に決議がなされていれば、上告人らは新株引受権を有することになったはずであること、④新株の払込期日も取締役会決議の約二ヵ月先と定められており、新株発行により直ちに運転資金を調達したことにはならず、実際にも被上告人会社において緊急に資金を調達する必要があったとはいえないこと、などの原審の認定事実を踏まえて、本件新株発行は著しく不公正な方法によるものではないとは到底いえず、差止の事由がないとは認められないとして、公示を欠く本件新株発行には無効原因があると判示している。(59)この判決は、不公正発行の問題について具体的判断を示した最初の最高裁判決だとされているが、(60)不公正発行についての具体的な判断枠組みが、近時の一部の裁判例と同じように、資金調達の必要性のみならず、新株発行の具体的な経緯、既存株主の持株比率の変化などの諸事情を総合的に評価して判定するというものであることは、右判旨から見て取れよう。(61)

二　右のように、具体的にいかなる場合が不公正な新株発行に当たるかをめぐり、判例および学説上見解が錯綜しており、現段階ではまだ統一した基準は確立されていないと言ってよい。(62)本件はこうした状況の中で、不公正発行を認定し、また実質的な公示義務違反を認めたうえで、新株発行の無効請求を認容したものであり、判旨の認定事実を前提として考える限り、判旨の結論は動かしがたいものと思われるが、その理由付け、特に不公正発行の認定方法については疑問がある。

判旨は、本件新株発行の無効を認める理由として、①Ａ一族による本件新株の不公正発行という新株発行差止事由の存在、②本件新株発行事項についての実質的な通知公告義務違反、および③本件における取引安全の考慮の不要という三点を挙げているが、まず、②の実質的な通知公告義務違反という点を挙げる必要があったかは、疑問である。

たしかに、判旨の言うように、商法二八〇条ノ三ノ二の規定は、新株発行により不利益を蒙るおそれのある株主に対し、新株発行差止請求権を行使する機会を保障するために、新株発行会社に新株発行事項についての通知公告義務を課したわけであり(63)、この趣旨からすれば、本件のように、Ｘら株主に対し直接通知をしないで、ほとんど目に触れることのない官報に公告するという方法は、結果としてＸら株主に本件新株発行の差止請求権を行使する機会を失わせることになり、Ｙ社が同規定の定める公示義務に実質的に違反していると見ることもできよう。

しかし他方では、現に商法の右規定が、株主への通知か公告かのいずれかによる新株発行事項の公示を認めているわけであるから、Ｙ社の定款に公告の方法として官報への掲載が定められている限り（商法一六六条一項九号、四項参照）、Ｙ社が株主に通知をしないで、本件官報への公告をなしたのも一応適法なものであり、これを全く通知・公告がなされていない場合の公示義務違反と同視するのは、やや無理があるのではないかとも考えられるのである(64)。判旨のように、株主が実際に見ていたか、あるいは見ることができたかという実質的な観点から、官報への公告の効力を判断するという手法は、確かにそれなりの説得性もあろうが、しかしそれは同時に法的安定性に欠ける側面もあるので、なるべく避けたほうがよいのではないかと思われる(65)。ただ本件のような小規模閉鎖会社では、目立たないように公示して株主が見逃してしまうという問題はあるが、この点については、小規模閉鎖会社における新株発行事項の公示を一律に株主への個別的な通知によって行わしめるという立法措置を早急に手当したほうが妥当であろう[66]。

また、実際にも、本件では、仮にＹがＸら株主に個別的に通知をしていたとしても、本件新株発行の差止が果たして可能だったのか、必ずしも明らかではない。というのは、新株の割当の方法については公告・通知の必要がないため、割当に関する不公正を阻止することが困難だからである[67]。すなわち、本件のように、募集による新株発行の場合には、代表取締役は自由に新株を割り当てることができるので、不特定多数の者から新株の応募者を求める一方で、実は自派の者にのみ割り当てようとする意図を有しているときでも、それを証明することができなければ、資金需要が全くないなどの不公正の度合が極めて高い場合でない限り、その新株発行を事前に差し止めることは、ほとんど不可能なのである[68]。判旨は、本件は不公正発行による差止が認められた事案だとしているが、それは本件新株発行の結果に基づいた評価に過ぎず、仮にＸらが事前に本件新株発行の差止請求をした場合に、Ｙは公募と称しながら実はＡ一族のみに割り当てようとしているという不正な意図を果たして証明できたかは疑問であり、そうすると単に資金需要がないという理由だけで差止請求が認容されたかも、また疑問となってくるのである。その意味でも、判旨は本件新株発行の無効事由の判断につき、実質的な通知公告義務違反という点に言及する必要はなかったのであり、この点は、むしろ後述の発行方法が不公正であることを示す一要素として考慮すれば足りたのではないかと思われる。

三　このように、本件では、もっぱら新株の不公正発行という観点から、本件新株発行の無効事由の有無を判断すれば足りると考えるが、本件では、一体どのような基準に基づいて不公正発行が認められたかは、必ずしも明らかではない。

もっとも、判旨は、①本件新株発行は、Ｙの支配権をめぐるＸ一族とＡ一族の深刻な対立状態の中で、Ａ一族の支配する取締役会で定款上の新株引受権を排除して公募の方法で行うことが決定されたこと、②公募としながらＸら株主に本件新株発行事項を通知せず、閲覧可能性のない官報に公告したこと、③発行された新株がすべてＡ一族によって引き受けられたこと、④その結果Ｘ一族の持株比率が七七・三六％から四九・四四％に低下したのに対し、Ａ一族の持株比率は過半数を上回ったこと、⑤本件新株発行直後の臨時株主総会でX_2が監査役から解任され、Ｙの役員はすべてＡ一族によって独占されるに至ったこと、⑥Ｙ社には大量の内部留保金があり、新株発行による土地購入資金の調達が必要でなかったこと、⑦当該土地もＹ社にとって必ずしも必要ではなかったこと、といった事実を認定して、この①～⑦の認定事実から、本件新株発行はもっぱらＡ一族がＸ一族の持株比率を低下させて、Ｙに対する企業支配を揺るぎなくする目的で行ったもので、著しく不公正な方法によるものとの結論を導いたようである。そうであるとすれば、判旨は、近時の一部の裁判例と同様に、いわば総合的な判断枠組みを用いて、本件新株の不公正発行を認定したということができる。

しかしながら、このような判断枠組みは、不公正発行の判断基準としては必ずしも適切とは言えないように思われる。既に見た通り、従来の裁判例は、新株発行当時における会社の資金需要の有無という点にかなりのウエートを置いており、真に資金調達の必要性があるとされるケースについて、不公正発行を認定した裁判例はほとんど存在しないといってよいのである(69)。そして、総合的な判断枠組みを用いたと思われる裁判例でも、不公正発行を肯定した前記大阪高裁平成元年一二月二二日のマンリー藤井事件判決、名古屋高裁金沢支部平成四年一〇月二六日の丸友青果事件判決、東京地裁平成一〇年六月一一日のネミック・ラムダ事件決定、最高裁平成一〇年七月一七日の東武ボンド事件判決などは、いずれも被告ないし被申立人主張の資金調達の必要性が認められなかった事例であり、逆に資金調達の必要性が認められた事例では、不公正な発行方法が否定されているのである（前記東京地裁平成九年九月一七日の新日本エスライト事件判決）(70)。本件においても、判旨は資金調達の必要性についてかなり詳細な事実認定を行っているが、もし仮にＹ社が実際に本件土地を購入する必要に迫られ、かつその購入資金を外部から調達しなければならないとした場合に、本件結論が果たして同じようなものになっていたのかどうかは、疑問のあるところである。学説には、本件のような小規模閉鎖会社では、資金調達の必要性が認められる場合にも、新株の割当先が取締役とその一派であれば、不公正発行にあたるとする見解があるが、(71) しかしこれまでの裁判例では必ずしもこのような立場は取られていない。このように見る限り、いわゆる総合的な判断枠組みとは言っても、結局は、資金調達目的の有無が不公正発行の成否の判断を左右する中心的な要素として据え置かれているわけであり、この点は、従来の主要目的理論を採用する裁判例の立場と基本的に変わりはないものと見てよい。

もちろん、資金調達目的の有無が不公正発行の問題を判断するうえでの一つの重要なファクターであることについては、否定し得ないのであるが、しかしまた、従来の裁判例のように、この目的が認められる限り、取締役の新株発行による支配的地位の維持・獲得が常に正当化されるという結論も、是認し得るものではない。したがって、資金調達目的のみが決定的な要素と見るべきではなく、むしろ、資金調達の必要性が認められる場合でも、既存資金調達の手段として新株発行によるほかないのか、仮に新株発行によらなければならないとした場合に、既存株主の持株比率の維持による利益が最大限守られるような発行方法はないのか、といった側面から、正当な事業目的を追求する会社の利益と株主の持株比率の維持による利益とを比較衡量すべきである。

このような観点から、本書は、次のように比例原則によって本件新株発行の公正さを判断したほうが妥当だと考える。

すなわち、比例原則によれば、まず、株主総会または取締役会で決定された問題の措置が、会社の事業目的との関連で適合性を有しなければならないから、本件では、Ｙの取締役会が定款上の株主の新株引受権を排除して本件新株発行を行うことを決定した前提において、会社の正当な事業目的が存在し、かつ新株発行はこの目的を達成するための適切な手段であることが必要となる。言い換えれば、本件新株発行は、まず、一定の事業目的の達成するための資金調達であるか、あるいは企業提携、従業員持株制度の推進といったＹ社の正当な事業目的を達成するためのものでなければならないわけである。この点について、Yは、本件新株発行はYの事務所となっていた建物の敷地である土地の購入資金を調達するためであると主張しているが、判旨は、Yは実質的にこの建物を事務所としておらず、Yにとって是非とも必要な建物ではなかったので、当該土地を購入する必要もなかったと認定している。そうだとすると、本件ではそもそも正当な事業目的が最初から存在していなかったので、本件新株発行は適合性を有しないことになり、本件新株発行事項をXら株主に通知せず、わざと官報に公告したこと、新株もA一族にのみ割り当てられていたこと、といった点も併せ考えれば、これだけで不公正発行に当たるとの結論を出してもよかったはずである。

ただ、本件のように、事業目的の不存在まで認定できたケースは極めてまれであり、一般的には、会社の主張する事業目的そのものについて否定することが困難であるので、仮にこの事業目的が存在するものとして、不公正発行の問題を考えてみよう。

そこで、仮にY社において本件土地を購入する必要があり、本件新株発行がこの事業目的との関連で適合性を有するとした場合に、次に、比例原則の下で、本件新株発行による土地購入資金の調達の必要性について審査すべきである。具体的には、Xら既存株主の新株引受権を排除して新株発行を行うことが、右の土地購入資金の調達という目的を達成するうえでの唯一の手段だったのか、Xら既存株主の持株比率の維持による利益を害さないような資金調達の手段が他に存在しなかったのかを問題にしなければならない。この場合に、株主割当による新株発行の可否、あるいは金融機関からの借入、内部留保金の取り崩しといった選択肢の実行可能性について審査することになるが[72]、本件では、判旨は、Y社は本件新株発行を行った平成元年一一月末時点で、流動資産二億一〇〇〇万円余（そのうち現金は約三五〇〇万、普通預金約一二〇〇万、積立預金約五六〇〇万、定期預金一億余、有価証券約五二〇〇万など）と固定資産約七四〇〇万円、本件土地の売買契約が締結された平成二年一一月末時点では、流動資産一億五八〇〇万円（そのうち現金は約三六〇〇万、普通預金一〇〇〇万余、積立預金六〇〇万余、定期預金約三三〇〇万、有価証券五五〇〇万余など）と固定資産約一億四五〇〇万円を所有していたことを認定し、本件土地の購入代金約七〇三四万円は、右のＹの内部留保資産を取り崩すだけで賄うことができたとして、本件新株発行による土地購入資金調達の必要性を否定している。この認定事実に従う限り、本件新株発行による資金調達以外にも、Ｘら既存株主の持株比率の維持による利益を全く害さない資金調達の方法が存在していたことになるので、本件新株発行は比例原則に違反することになり、Ｘら既存株主の利益を不当に害するものとして、不公正発行にあたると結論づけることができる。

もっとも、Ｙが土地購入資金の調達ではなく、例えばこれまでの判例にも問題となるような他社との業務提携とか従業員持株制度の推進といった目的から、Ａ一族と関係のある第三者ないし従業員に対して本件新株を発行した場合には、前記のような選択肢はそもそも問題にならないので、新株発行の必要性が認められる可能性は非常に高い。ただ、本書の立場からすれば、このような場合でも、比例原則のもとで、会社と株主間の利益の均衡性という観点から、新株発行の公正さを判断する必要がある。すなわち、第三者割当の新株発行により害される既存株主の利益と、右のような事業目的の遂行によって達成される会社の利益とを比較衡量しなければならず、新株発行により実現される会社の利益と比較して、それにより損なわれる既存株主の利益のほうがはるかに大きい場合には、当該新株発行は既存株主の利益を不当に害するものとして、不公正発行と認めてよいと考える。

右のように、本件も含めて、従来の裁判例は、新株の不公正発行の問題について、基本的に資金調達目的の有無という要素を中心に判断してきたため、新株発行をめぐる会社と株主間の利害関係についての比較衡量が必ずしも十分に行われてこなかったという点に問題があると言わざるを得ない。その意味では、従来の主要目的理論あるいは総合的な判断枠組みよりも、むしろ本書のように、比例原則を用いて不公正発行の問題を判断したほうが、会社と株主間の利益衡量を適切に図ることができ、より妥当な結論を導くことが可能だと考えられる。(73)

四　ところで、本件新株の不公正発行に対して、Xら既存株主が事前的措置として、商法二八〇ノ一〇の規定に基づき、Y会社に対し新株発行差止の訴えを提起し、またはこの訴えを本案とする新株発行差止の仮処分（民事保全法二三条二項）[74]を求めることができるのは、言うまでもない。問題は、本件のように差止請求がなされないまま新株発行が行われた後に、Xらが事後的救済として、不公正発行を理由とする新株発行の無効を求めることができるか、という点である。

商法二八〇条の一五は、新株発行無効の訴えの制度を設けているが、その無効原因については何ら定めていないため、新株の不公正発行が新株発行の無効原因となるかについては、従来から争いのあるところである。

これまでの下級審判例には、取引安全の保護のため、なるべく無効原因を狭く解すべきであるとして、不公正発行が無効原因となることを否定するものが多かった。例えば、釧路地判昭和三八年二月二六日商事法務研究二七三号一〇頁、東京地判昭和五六年三月五日判例タイムズ四四三号一四四頁、京都地判昭和六二年一二月一七日金融商事判例七九四号二七頁、東京高判平成七年一〇月二五日金融商事判例一〇〇四号一一頁などは、そのような事例である。しかし他方、理論的には不公正発行が無効原因となりうることを認めた裁判例もあり（東京地判昭和五八年七月一二日判例時報一〇八五号一四〇頁、大阪高判昭和六三年一二月二二日判例時報一三一一号一二八頁）、特に大阪地判昭和六三年一二月二一日金融商事判例九五六号九頁および同控訴審判決である大阪高判平成元年一二月二二日金融商事判例九五六号八頁（前記一のマンリー藤井新株発行無効請求事件）は、著しく不公正な方法による新株発行は原則として新株発行の無効原因とならないとしながらも、発行された新株がすべてその発行を計画した代表取締役によって引き受けられ保有されていること、発行会社が小規模閉鎖会社であることから、本件新株発行を無効としても株式取引の安全を害さない特別の事情があるとして、不公正発行が無効原因となることをはっきりと認めたのである。つまり、この両判決の立場によれば、不公正な新株発行は、原則として無効原因にはならないが、取引安全の考慮がさほど必要とされないような小規模閉鎖会社においては例外的に無効原因として認められる、というわけである。

ところが、この事件の上告審判決である最判平成六年七月一四日裁判集民事一七二号七七一頁は、株式会社を代表する権限のある取締役が新株を発行した以上、有効な取締役会の決議を欠いた新株発行も有効であるとした最判昭和三六年三月三一日民集一五巻三号六四五頁[75]を引用したうえで、「この理は、新株が著しく不公正な方法により発行された場合であっても、異なるところがないものというべきである。また、発行された新株がその会社の取締役の地位にある者によって引き受けられ、その者が現に保有していること、あるいは新株を発行した会社が小規模で閉鎖的な会社であることなど、原判示の事情は、右の結論に影響を及ぼすものではない。けだし、新株の発行が会社と取引関係に立つ第三者を含めて広い範囲の法律関係に影響を及ぼす可能性があることにかんがみれば、その効力を画一的に判断する必要があり、右のような事情の有無によってこれを個々の事案ごとに判断することは相当でないからである」と判示し、最高裁としては初めて、不公正発行が新株発行の無効原因とならないとの立場を明らかにして、原判決を破棄したのである。そして、この立場は、その後の最判平成六年七月一八日裁判集民事一七二号六七頁、最判平成九年一月二八日民集五一巻一号七一頁[76]においても踏襲されている[77]。

一方、学説においては、従来の裁判例の立場と同じように、現行法上の授権資本制度の下での新株発行が取引上の行為ないし業務執行に準ずる行為であることに重点を置き、とくにそれによって生ずる法律関係の安定を図るという観点から、新株発行の無効原因を極めて狭く解釈し、一旦代表取締役が新株を発行した以上、たとえ不公正発行などの瑕疵があるとしても、新株発行は無効にはならないとするのが通説（有効説）である[78]。そして、この有効説の立場からは、前記最高裁平成六年七月一四日判決を支持する見解が表明されている[79]。しかし、これに対して、もっぱら経営支配等会社組織に影響を及ぼすような目的での不公正発行は、会社の資金調達の目的のために認められている新株発行制度の目的に反するとか、あるいはこのような場合には新株発行を有効とすることによって得られる当初の引受人とその者からの取得者の利益に比べて、そのことによって失われる既存株主の利益を優先すべきであるとして、不公正な新株発行を一律に無効とすべきであるとの見解（無効説）が主張されている。[80] また、近時、新株発行後の取引安全の保護のためには、新株発行は原則として有効とすべきであるとしながらも、発行された新株が当初の引受人またはその者の悪意の譲受人のもとに留まっている場合については、もはや取引安全の保護を考慮する必要がないので、新株発行を無効としても差し支えないとする見解（折衷説）も有力に主張されるようになり、多くの支持を得ている。[81]

本件は、このように判例・学説上の見解が対立している中で、不公正発行を無効原因として認めたものである。判旨は、本件新株発行の無効の判断において、この不公正発行という理由に加え、さらに本件新株発行事項についての実質的な通知公告義務違反、および発行された新株がすべてA一族によって引き受けられ、かつ現在も保有されており、取引の安全を考慮する必要が少ないということも挙げており、特に最後の点を見る限り、判旨は、前記最高裁平成六年七月一四日判決の第一審および原審判決と同じく、いわゆる折衷説の立場を取ったものと見ることができる。右判旨の理由づけについては、既に述べたように、実質的な通知公告義務違反を本件新株発行の無効の理由として挙げる必要はないと考えるが、A一族による本件新株の不公正発行を本件新株発行の直接の無効原因と認めた判旨の結論は妥当である。ただ、そうすると、本件も有効説をとる右最高裁判決の立場と衝突することになるので、この点が問題となる。

しかし、右最高裁平成六年判決のような立場に従うと、本件Xらのような、現経営者の不公正な新株発行により著しい不利益を蒙った株主は、最終的に効果的な救済を受けられなくなるおそれがあるので、事案解決の具体的な妥当性という観点から見れば、そのような立場が果たして妥当なのか、甚だ疑問である。

すなわち、もし不公正発行が新株発行の無効原因とならないとすれば、不公正発行に対する救済措置としては、新株発行の差止（商法二八〇条ノ一〇）と取締役に対する損害賠償請求（民法七〇九条、商法二六六条ノ三）、および取締役の解任請求（商法二五七条三項）の三つが考えられることになる。[82] そのうち、事前防止策としての新株発行の差止についてみると、商法はその実効性確保のために新株発行事項の公示という制度（商法二八〇条ノ三ノ二）を設けているため、不公正発行を阻止するうえで、かなり有効な手段のように見えるが、しかし既に指摘したように、割当の方法は公示の対象となっていないため、割当自体の不公正を阻止することが困難であるうえ、特に小規模閉鎖会社では、本件のように官報への公告が行われる結果、株主が見逃してしまうという現行の公示制度上の問題もあるので、この公示制度とそれを前提とした新株発行の差止制度は、不公正発行の対処策としては必ずしも十分ではないのである。(83) また、事後救済策としての取締役の解任請求については、仮にこれが認められたとしても、発行された新株の議決権を行使すれば、再び取締役に選任される可能性があるので、この救済策もそれほど実効性を有するものとは言えない。(84)

これに対し、取締役に対する損害賠償請求は、不公正な新株発行によって株主の持株比率が低下したことによる損害、すなわち支配的価値の低下による損害の塡補を目的とするものであり、この場合における損害額の算定は確かに困難ではあるものの、現にこのような請求を認めた裁判例もあるので、(85) 一つの有効な救済手段だと言えるかもしれない。しかしながら、問題を小規模閉鎖会社に限定して考えてみると、この救済手段も決して万全なものとは言えないのである。現経営陣の不公正な新株発行により持株比率の低下を余儀なくされた株主は、株主総会で自派の取締役を選出できなかったり、あるいは本件X_2のように監査役の地位を解任され、会社から締め出されることがあるが、小規模閉鎖会社においては、通常利益配当が行われず、役員または従業員に対する報酬・給与の形で利益が引き出されることが多いため、株主が役員の地位を獲得できなければ、もはや実際上会社の利益への参加は期待できないのである。この場合に、不公正な新株発行を行った取締役に対する損害賠償請求が認められるとしても、それは株主の受けた損害のうち、支配的価値が低下した部分についてのみ塡補されるに過ぎず、会社経営ないし会社利益への参加から排除されたことによる損害は完全には塡補され得ないのである。(86) このように考えると、とりわけ、本件のような小規模閉鎖会社における不公正な新株発行については、不公正発行自体を無効原因としない限り、X_2ら既存株主の利益が根本的には救済され得ないのであり、また取締役としてはとにかく新株を発行してしまえば勝ちという結果[87]を容認することになってしまうので、不公正発行は無効原因となると解すべきであろう[88]。そしてこのように解するとしても、右のような会社においては、有効説が危惧しているほど、善意の第三者が登場してくる可能性は高くないので[89]、とくに株式取引の安全を害するおそれはないと考えられる[90]。

さらに、本書の立場によれば、本件Y社のような小規模閉鎖的な株式会社において、対立派の持株比率を低下させ、自派の持株比率を上昇させて、会社に対する支配を揺るぎなくする目的で新株発行を行うという点で、持株比率の面では少数派でありながら、取締役会では多数派であるA ら株主が、持株比率では多数派だが取締役会では少数派であるXら株主に対する誠実義務違反となるので、この誠実義務違反の効果として、A ら株主の行為の効力、すなわち本件新株発行の効力を否定しなければならないのである[91]。

したがって、小規模閉鎖会社における固有の事情を考慮することなく、不公正な新株発行を一律に有効とした前記最高裁平成六年判決は、事案解決の具体的な妥当性を欠くことになるので、これを支持することはできないと考える[92]。

なお、前述のように、平成二年改正商法は、定款に株式譲渡制限の定めのある会社の株主に対し、法律上の新株引受権を付与したが（商法二八〇条ノ五ノ二第一項本文）[93]、今後は、このような会社における不公正な新株発行も問題となってくると思われる。すなわち、右のような会社においては、新株発行は株主割当によるのが原則であり、株主の新株引受権を排除して、募集ないし第三者割当による新株発行を行う場合には、株主総会の特別決議が必要となるため（同条一項但書）、本件のように、取締役会の決議だけで株主割当以外の方法による新株発行は当然できなくなる。しかし、その場合でも、多数派株主が対立派の株主を締め出すなどの目的から、株主総会で新株引受権排除のための特別決議を成立せしめて、不公正な方法で新株発行を行う可能性は依然存在しているのである。(94) 本書の立場によれば、このような場合には、比例原則によって発行方法が不公正であることを認定し得る限り、多数派株主の少数派株主に対する誠実義務違反が成立することになるので、当該新株発行の効力は否認されなければならないと考える。(95)

（1）　石井照久・会社法上巻（商法Ⅱ）三七〇頁（昭和四二年、勁草書房）、大隅健一郎＝今井宏・会社法論中巻［第三版］一七五頁（平成四年、有斐閣）、鈴木竹雄＝竹内昭夫・会社法［第三版］二七一頁（平成六年、有斐閣）、北沢正啓・会社法［第五版］三七〇頁（平成一〇年、青林書院）、今井潔「株主総会の決議による取締役の解任」北澤正啓先生還暦記念・現代株式会社法の課題三一五（昭和六一年、有斐閣）、同・新版注釈会社法六巻注釈九（昭和六二年、有斐閣）。

（2）　大浜信泉「取締役と取締役会」田中耕太郎編・株式会社法講座第三巻一〇四七頁（昭和三一年、有斐閣）、石井・前掲注（1）三七〇頁、大隅健一郎＝大森忠夫・逐条改正会社法解説二四七頁（昭和二六年、有斐閣）、近藤光男「取締役解任の正当事由」［判批］民商法雑誌八七巻一号一四二頁（昭和五七年）、同「会社経営者の解任」鴻常夫先生還暦記念・八十年代商事法の諸相四〇二頁（昭和六〇年、有斐閣）、同「取締役の解任」［判批］会社判例百選（第六版）八二頁（平成一〇年）。

（3）　この会社の損害賠償責任の法的性質については、争いがあるが（これを法定責任と解するのが多数説であるが（田中誠二・三全訂会社法詳論上巻五八六頁（平成五年、勁草書房）、近藤光男「取締役の解任と会社の損害賠償責任の範囲」［判批］ジュリスト八二五号九二頁（昭和五九年）、江頭憲治郎「監査役解任の正当事由の存否」［判批］ジュリスト八六五号一一二頁（昭和六一年）、酒巻俊雄「取締役解任の正当事由—商法二五七条一項但書にいう『正当の事由』がないとはいえないとされた事例—」［判批］税経通信三九巻一号二八〇頁（昭和五九年））、不法行為責任と解する少数説もある（浜田一男・注釈会社法四巻二五七条注釈一二（昭和四三年、有斐閣））、賠償されるべき損害の範囲について、当該取締役が解任されなければ残存任期中と任期満了時に得られたであろう利益の喪失による損害と解されている（松田二郎＝鈴木忠一・条解株式会社法（上）二七〇頁（昭和二六年、弘文堂）、大隅＝今井・前掲注（1）一七六頁、鈴木＝竹内・前掲注（1）二七二頁注一五、北沢・前掲注（1）三七〇頁）。また、解任された取締役にこの損害賠償請求権を認める趣旨については、任意解任制をとることによって生ずる地位の不安定から取締役を保護するためであるとか（伊沢孝平・註解新会社法〔増補版〕四二六頁（昭和二九年、法文社）、西原寛一・会社法〔第二版〕（商法講義Ⅱ）一九五頁（昭和四四年、岩波書店）、近藤（光）・前掲注（2）民商法雑誌八七巻一号一四三頁）、衡平の観点に基づく取締役の利益保護のための政策的措置である（西本寛一「取締役の解任」愛知学院大学論叢法学研究一〇巻一号二六頁（昭和四二年）、酒巻・前掲二八〇頁、中村一彦「商法二五七条一項但書にいう『正当の事由』がないとはいえないとされた事例」〔判批〕法律のひろば三六巻六号（昭和五八年）七二頁（会社法判例の研究一九三頁以下所収））などと説明されている。なお、今井・前掲注（1）注釈一〇参照。

もっとも、この損害賠償請求権も、商法二五七条一項にいう「任期の定めのある場合」、すなわち多数説の説くところによれば、定款または選任決議によって取締役の任期が定められている場合に初めて認められるのであって、もし定款または選任決議による任期の定めがなければ、法定の任期の最長期である二年（商法二五六条一項参照）を経ないうちに解任されても、損害賠償請求権は認められないのである。大浜・前掲注（2）一〇四九頁、青木定行・取締役解任論二九八頁（昭和二九年、財界之指針社）、西本・前掲二七頁、浜田・前掲注釈会社法四巻二五七条注釈一二、大隅＝今井・前掲注（1）一七六頁、今井・前掲注（1）注釈二七、同・前掲注（1）現代株式会社法の課題三五〇頁、服部栄三編・基本法コンメンタール〔第六版〕会社法2（平成一〇年、日本評論社）一二頁（星川長七執筆）。ただし、少数説ではあるが、この「任期の定めのある場合」には、具体的な定めがなく法定の最長期をもって任期が満了する場合も含まれるとする見解や（八木弘・会社法上二七八頁（昭和四〇年、千倉書房））、任期についての具体的な定めがない場合には、当然に法定任期を具体的な任期とする旨の合意が存在するとする見解（酒巻・前掲二八〇頁）も有力である。

（4）　もちろん、解任の手続に瑕疵がある場合（例えば、特別決議（商法三四三条）によらずに解任決議を行ったような場合）には、決議取消事由が存することになる。今井・前掲注（1）注釈一七、一八、浜田・前掲注（3）注釈一六、一八。

（5）　もっとも、有限会社においては、原始定款をもって取締役を定めることができるため（有限会社法一一条一項)、このような定款の規定をもって定められた取締役を解任する場合に、定款変更の手続(同法四八条)を必要とするか否かをめぐり、見解が分かれている。多数説および判例は、定款における取締役の記載は定款の構成部分ではなく、設立に際しての取締役選任の一方法にすぎないから、社員総会の普通決議で解任することができると解している。田中誠二・三全訂会社法詳論下巻一三三一頁(平成六年、勁草書房)、石井照久・会社法下巻(商法III)四四六頁(昭和四二年、勁草書房)、北沢・前掲注(1)七五七頁、江口順一・新版注釈会社法一四巻一一条注釈四(平成二年、有斐閣)、福岡高判昭和三六年九月二八日高民集一四巻七号四七二頁。これに対し、有限会社の人的性格に鑑み、定款上その任期を定めることなく、とくに指名して選任した場合には、定款変更と同様の慎重な手続を要するとする見解も有力である。大隅健一郎＝大橋光雄＝千野国丸＝三宅一夫「有限会社法評説(二)」法学志林四〇巻五号三八頁(昭和一三年)、大橋光雄・有限会社法(増補五版)六八頁(昭和一七年、有斐閣)、椎原国隆「有限会社において、定款をもって定められた取締役を解任するには、定款変更の手続を要するか」[判批]東京大学商法研究会・商事判例研究一二巻(昭和三六年度)三一事件評釈一四三頁(昭和四四年、有斐閣)、山口幸五郎・新版注釈会社法一四巻三二条注釈六(平成二年、有斐閣)、今野裕之「小規模閉鎖会社における取締役の解任」成城法学八号一四八頁(昭和五五年)。

(6) 福岡高裁昭和三六年九月二八日判決(前掲注(5)参照)も、有限会社における取締役解任決議に関して、解任の正当事由がないから決議は取り消し得べき瑕疵があるとの主張について、「取締役に任期の定めがあると否とを問わず、不正、不適任等の解任すべき正当事由の有無にかかわりなく、総会は通常決議をもって取締役を解任し得るものと解すべ」きであるとして、これを斥けた。その後の判例は、この任意解任制を前提に、もっぱら会社に対する損害賠償請求権を取得するための「正当の事由」の有無について判断している。例えば、神戸地判昭和五四年七月二七日判例時報一〇一三号一二五頁、大阪高判昭和五六年一月三〇日判例時報一〇一三号一二一頁、最判昭和五七年一月二一日判例時報一〇三七号一二九頁、東京地判昭和五七年一二月二三日金融商事判例六八三号四三頁、広島地判平成六年一一月二九日判例タイムズ八八四号二三〇頁など。

(7) 王義郎「権利濫用による少数社員の総会招集許可申請と裁判所の許可に基づく招集の瑕疵―不正の目的による

議決権の行使と権利の濫用」［判批］東京大学商法研究会・商事判例研究一四巻（昭和三八年度）六九事件評釈四〇三頁（昭和五〇年、有斐閣）、神田秀樹「資本多数決と株主間の利害調整（二）」法学協会雑誌九八巻六号八〇二頁（昭和五六年）は、判旨に賛成しておられる。

（８）大隅ほか・前掲注（５）三七頁以下、大橋・前掲注（５）六八頁、今野・前掲注（５）一五三頁以下。大隅ほか・前掲文献は、次のような理由から、商法二五七条一項の有限会社への準用を批判している。すなわち、第一は、有限会社と株式会社とでは、取締役の決め方が違うから、解任の仕方も異なるべきである。つまり、有限会社法一一条の規定から予想しうるように、有限会社の取締役は定款をもって定められるのが普通であり、株式会社におけるように総会による選任はむしろ例外である。そうであるならば、定款に定められている取締役の解任に関しては、株式会社におけるのとは異なった考慮がなされるべきであり、選任体制を前提とする株式会社の取締役の解任規定をそのまま有限会社の取締役に準用して、社員総会の特別決議さえあれば何時にでも解任し得るとするのは、全く妥当を欠く。むしろこの場合は会社の解任権を全く認めないことさえ不当ではない。第二は、社員が取締役たる場合と社員でない者が取締役たる場合とを同一に扱うことが妥当でなく、社員たる取締役の解任は慎重になすべきであり、制限的にしなければならない。第三は、任期の定めのない場合に、無賠償解任を認めることも妥当ではなく、任期の定めのないときは、有限会社ではかえって「会社の存続中」として取締役に選ばれたものと見るべきであり、正当な事由もしくは更に制限的に重大なる事由ある場合に限り解任を許すべきである、と。

（９）今野・前掲注（５）一五四頁参照。

（10）この任意解任制の適用が常にこのような弊害を伴い得ることは、従来から指摘されてきたところである。塩田親文「取締役の解任をめぐる若干の問題（一）」立命館法学一九号七頁（昭和三二年）、蓮井良憲「取締役の選任及び解任」企業法研究一四六輯一〇頁（昭和四二年）。もっとも、近藤（光）教授は、閉鎖会社において取締役の任意解任制が多数派による少数派抑圧の手段として利用されるという弊害を認めながらも、この場合の少数派の保護は二五七条一項但書による損害賠償に止まり、それ以上のものである必要はないと指摘されている（近藤（光）・前掲注（２）八十年代商事法の諸相四〇七頁）。ただ、教授は同時に、累積投票によって選任された取締役については、そうでない取締役に比べて保護する必要性は大きい、とされているが（前掲注（2）八十年代商事法の諸相四一三頁注一〇一）、何故通常の方法で選出される少数派の取締役と、累積投票によって選出される少数派の取締役とを区別して扱わなければならないのか、そして前者よりも後者のほうがより法的保護に値するのか、その理由は明らかではない。

(11)　石井・前掲注（1）三七一頁、伊沢・前掲注（3）四二六頁。もっとも、この説に対しては、業務執行の合理性の判断ということは解任権の行使の結果として起こるのであって、行使自体は業務執行ではなく、執行に対する干渉ともいえず、むしろ会社内部の機関相互間における監督規制の機能を果たす、との批判がある。大浜・前掲注（2）一〇四八頁。ただ、これに対しても、取締役の念頭に何時解任されるかも分からないという解任権の存在を意識させること自体が、実質的には業務執行の合理性判断に対する一種の制約であり、ましてや解任権の行使は一種の干渉であって、会社内部の機関相互間における監督規制の機能を果たすと解するならば、理由なき解任を認める論拠が乏しくなる、との批判が加えられている。塩田・前掲注（10）六頁、近藤（光）・前掲注（2）八十年代商事法の諸相四〇二頁。

(12)　石井・前掲注（1）三七一頁、青木・前掲注（3）二九八頁、大浜・前掲注（2）一〇四八頁、塩田・前掲注（10）九頁、西本・前掲注（3）二二頁、大隅＝今井・前掲注（1）一七六頁、鈴木竹雄＝石井照久＝矢沢惇ほか「会社法セミナー第一四回・取締役の選任および解任（その二）」ジュリスト二〇号（昭和二七年）三七頁（矢沢発言）。

(13)　塩田・前掲注（10）八頁。

(14)　石井・前掲注（1）三七一頁、鈴木＝石井＝矢沢ほか・前掲注（12）三七頁（石井発言）、大隅＝今井・前掲注（1）一七六頁。ただし、このような立法論に対しては、会社企業の所有者である株主が取締役を自由に解任しうるのは当然のことであるとして、反対する見解も多い。鈴木＝竹内・前掲注（1）二七二注一三、浜田・前掲注（3）注釈一一、近藤（光）・前掲注（2）八十年代商事法の諸相四〇二頁、河内隆史「取締役解任の訴について―その目的と訴の利益―」法学新報九六巻三・四号一一四頁注三（平成二年）。

(15)　青木・前掲注（3）二八四頁、塩田・前掲注（10）七頁。
(16)　昭和六一年の商法・有限会社法改正試案は、その二3で、「有限会社の取締役の任期は、最長三年とする」とする一方で、同4において、「有限会社の取締役の解任は、議決権総数の過半数で出席社員の議決権の三分の二以上による決議による（商法二五七条二項参照）」との立法提案を行っている（昭和六一年五月一五日、法務省民事局参事官室「商法・有限会社改正試案」商事法務一〇七六号一四頁参照）。この改正試案に対する意見照会において、有限会社の取締役の解任に特別の決議要件を設けることについて、法曹界、大学関係者から寄せられた意見はほぼ一致して賛成しており、経済界にも賛成意見が多ったが（法務省民事局参事官室編「商法・有限会社法改正試案各界意見の分析」別冊商事法務九三号（昭和六二年）三八頁参照）、平成二年の商法改正では結局実現するには至らなかった。

本件におけるように、多数派側（本件では六〇〇〇口）と少数派側（五〇〇〇口）の持分割合が極めて接近しているような場合には、解任決議を特別決議にすれば、多数派による不当な解任決議ができなくなるので、有限会社の取締役の解任については、基本的に株式会社におけるのと同様、特別決議によるべきことを法律上明文化したほうが妥当である。ただ、双方の持分割合にかなりの差があると、特別決議を要求したとしても、不当な解任決議が依然成立し得るので、この特別決議の要件に加え、さらに解任についての正当事由の存在を要求したほうが適切であろう。なお、今井潔「有限会社取締役の解任決議要件」青竹正一＝浜田道代ほか編・現代企業と法（平成三年、名古屋大学出版会）一二八頁、特に一三五頁以下は、右改正試案の提案に反対し、現行法上の解任自由の規定を、有限会社の社員たちが定款自治の原則に基づいて定款で制限できるようにすればよい、とされている。傾聴すべき見解ではあるが、法の知識に詳しくない人が有限会社を作る場合に、このような法の仕組みを知らないまま定款を作成することも考えられなくはないので、それが果たして最善の方策なのか、なお検討の余地があるように思われる。
(17)　結論同旨、青木・前掲注（3）二九二頁、出口正義「株主の誠実義務」株主権法理の展開（平成三年、文眞堂）一一一頁以下。もっとも、このような議決権制約の根拠としては、青木氏は、これを「近代株式会社の性格が持つ、公共性を加味するの社会責任」（青木・前掲二九三頁）に求められているのに対し、出口教授は、株主が会社に対し誠実義務を負うと主張され、解任決議につき会社の利益のために議決権を行使しなければならない、とされている（出口・前掲一一二頁）。

(18)　多数決濫用理論については、詳しくは、本書一一頁以下を参照されたい。

(19)　龍田節「株主総会における議決権ないし多数決の濫用」末川先生古稀記念・権利の濫用中（昭和三七年、有斐閣）一四七頁、王・前掲注（7）四〇五頁参照。

(20)　龍田節「資本多数決の濫用とドイツ法（一）」法学論叢六八巻一号一〇九頁（昭和三五年）、同「資本多数決の濫用とドイツ法（三・完）」法学論叢六九巻一号三八頁（昭和三六年）、同・前掲注（19）一四三頁補注、王・前掲注（7）四〇五頁。龍田教授によれば、解任決議の濫用が問題になり得るのは、Hueckが言うところの三つの良俗違反の類型（これについては本書一四頁参照）のうち、第三の類型、すなわち普通ならば成立させ得ない決議を不正な手段を使って成立させた場合であるが、ただこのような場合については、決議の方法が著しく不公正なものとして、商法二四七条によって決議を取り消すことができるため、多数決濫用理論を持ち出す必要もない、とされる。龍田・前掲法学論叢六八巻一号一〇九頁参照。

(21)　龍田・前掲注（20）法学論叢六九巻一号三八頁、同・前掲注（19）一四三頁補注、王・前掲注（7）四〇五頁。

(22)　王・前掲注（7）四〇五頁、宍戸善一「閉鎖会社における内部紛争の解決と経済的公正（四・完）」法学協会雑誌一〇一巻一一号一七九〇頁（昭和五九年）。

(23)　したがって、例えば、取締役に職務執行上の法令定款違反行為があったとして、解任決議を行ったところ、実際にはそのような事実がなかった場合においても、解任決議の効力自体は何ら消長を来すものではなく、ただ会社の取締役に対する損害賠償責任のみが問題になる。これに対し、例えば、多数派が会社の不正を発見した有能な取締役を、もっぱらその不正をもみ消すために解任したような場合については、従来の学説によれば、これは会社が損害賠償責任を負うべき事例であるが（近藤（光）・前掲注（2）民商法雑誌八七巻一号一四三頁、同・前掲注（2）会社判例百選八三頁）、むしろ議決権の濫用があったとして、解任決議の効力そのものを否認すべきではないだろうか（結論同旨、出口・前掲注（17）一一二頁）。もっとも、解任決議の効力の否認という形で、当該取締役を救済するとしても、任期が満了した後は、おそらく取締役への再選は無理であろうから、結局、損害賠償を認めるのと解任決議を否認するのと、実際的効果はそれほど変わらないだろうと思われる。しかし、後述のように、小規模閉鎖会社において、社員が取締役である場合には、効果は違ってくる。

(24)　おそらくこのような不都合な結果を避けるためだと思われるが、従来の学説においても、取締役の解任決議について著しく不公正な決議という内容上の瑕疵を認める見解がある。すなわち、この見解によれば、会社企業の実質的所有者としての株主が多数決原理のもとで株主総会を通じて、会社支配の一方式として、無制限な取締役の選任解任の権能を持つことは、資本的機構としての株式会社企業においてはやむを得ないことであるが、ただ、多数株主が会社および少数株主の犠牲において自己または第三者の純個人的利益を追求して議決権を行使し、不当に取締役を解任するような場合は、その議決権の行使は権利の濫用であり、これによって成立した決議は、法律上瑕疵があるものとして取り消されることになる（浜田・前掲注（3）注釈一〇）か、公序良俗違反として無効となる（松田＝鈴木・前掲注（3）二五四頁）。もっとも、右のような事由が法律上の瑕疵となるといえるかどうかは疑問である、とする見解もある。近藤（光）・前掲注（2）八十年代商事法の諸相四〇七頁。

(25)　この点については、前掲注（3）の関連部分を参照されたい。

(26)　龍田教授自身も認めておられるように、同規定に基づいて賠償請求できるのは、任期中の報酬など、取締役として蒙った損害に限られ、取締役を出している株主群が経営に参加することについて持つ利益は考慮されないのである。龍田・前掲注（20）六八巻一号一一〇頁注二二。

(27)　もっとも、本件では、Xが解任決議の無効の確認を求めているのに対し、本書のようにこれを誠実義務違反に基づく決議取消として判決を出しうるかが問題となる。しかし、総会決議取消訴訟も、無効確認訴訟および不存在確認訴訟とともに、いずれも決議の効力の否定宣言を求める訴訟であり、同一の決議については訴訟物は共通一個であるとする立場（いわゆる訴訟物一元論）では、当然可能であり、民事訴訟法二四六条（旧民事訴訟法一八六条）違反とはならないとされている。坂井芳雄「株主総会の決議を目的とする訴の性質」松田判事在職四十年記念・会社と訴訟上（復刊版）二七七頁（昭和四三年、有斐閣）、霜島甲一「総会決議の取消・無効を主張する訴訟の訴訟物」

鈴木忠一＝三ケ月章監修・実務民事訴訟講座5（会社訴訟・特許訴訟）三頁（昭和四四年、日本評論社）、小山昇「株主総会の決議を争う訴訟の訴訟物について」鈴木竹雄先生古稀記念・現代商法学の課題上（復刻版）二四五頁（昭和五〇年、有斐閣）、新堂幸司・新民事訴訟法二九二頁（平成一〇年、弘文堂）、中島弘雅「株主総会決議無効確認訴訟における取消判決の拒否―最高裁昭和五四年一一月一六日第二小法廷判決を機縁として―」商学討究（小樽商科大学）三三巻四号六九頁（昭和五八年）。また、最判昭和五四年一一月一六日民集三三巻七号七〇九頁（これについては、中島・前掲七一頁、加美和照「決議無効確認の訴えと決議取消の主張」［判批］会社判例百選［第五版］八八頁（平成四年）、梅津昭彦「決議無効確認の訴えと決議取消の主張」［判批］会社判例百選［第六版］八〇頁（平成一〇年）参照）は、「株主総会決議の無効確認を求める訴において決議無効原因として主張された瑕疵が決議取消原因に該当しており、しかも、決議取消訴訟の原告適格、出訴期間等の要件をみたしているときは、たとえ決議取消の主張が出訴期間経過後になされたとしても、なお決議無効確認訴訟提起時から提起されていたものと同様に扱うのを相当と」すると判示し、決議無効確認の訴えとして請求しているときでも、その主張する理由が取消原因に該当し、その法定期間内に提起されたものであれば、取消の訴えを含むとして訴えの転換を認めている。この最判の基準によっても、本件決議無効確認の訴えが取消訴訟の要件（とくに有限会社法四一条・商法二四八条一項に定める出訴期間）を具備している限り、取消判決をなすことが可能だと考えられる。なお、岩原紳作・新版注釈会社法五巻二四七条注釈六四～六六（昭和六一年、有斐閣）参照。

(28) 社員自身が直接に取締役にならないで、その支配下にある者またはその信頼する者を取締役に就任させた場合も、当然これに含まれてよい。なお、今野・前掲注（5）一五一頁注五三参照。

(29) 大隅ほか・前掲注（5）三八頁参照。なお、増田政章「有限会社における取締役の地位―特に、所有と経営の一致の確立について―」近大法学二五巻二号一頁以下（昭和五三年）は、企業の所有と経営が一致する人的（個人主義的）会社形態においては、社員は社員たる地位に基づき固有の権利として業務執行権を有するとして、このような社員兼取締役の地位について法的保護を強化すべきことを主張されており、興味深いものがある。

(30) つまり、閉鎖的資本会社において、多数派社員が少数派社員を締め出すといった不正な目的で、少数派社員たる取締役を解任する総会決議を成立せしめた場合は、この解任決議を取り消すことによって、少数派社員の不利益を救済すべきであり、現行法上の損害賠償請求権の付与（商法二五七条一項、有限会社法三二条）という形で、形式的な救済を図るべきではない。この理由は、既に前章注（37）（本書三八八頁）においても述べたが、一つは、会社に対する損害賠償請求のみを認めると、結局、多数派社員は会社の負担において少数派締め出しという不正目的を実現することとなるので、このような結果を認めるのは明らかに不当であること、もう一つは、株式会社では定款または選任決議による取締役の任期の定めがなければ、会社に対する損害賠償請求権がそもそも取得できないと解されており、有限会社では法定の任期がないため、具体的な任期の定めのない場合には、取締役を解任された少数派社員は全く救済を受けられないおそれがあること、第三は、仮に損害賠償請求権が認められるとしても、その塡補を受けられる損害の範囲は、取締役として蒙った損害に限られ、経営参加から排除されることによって少数派社員として蒙るところの不利益は塡補され得ないからである。

（31）　石井・前掲注（5）二八九頁、鈴木＝竹内・前掲注（1）三七二頁、実方正雄「利益配当および建設利息の配当」田中耕太郎編・株式会社法講座第四巻一三一四頁（昭和三一年、有斐閣）、竹内敏夫「配当の不当減殺・抑制とその法的規制―『違法配当』の再検討」産業経理二一巻六号二四頁（昭和三六年）、田中（誠）・前掲注（5）八七五頁、大隅＝今井・前掲注（1）四六〇頁、北沢・前掲注（1）五九〇頁。

（32）　鈴木＝竹内・同前掲注（1）三七二頁、鈴木竹雄編・株式実務四三六頁（昭和三一年、有斐閣）、田中（誠）・前掲注（5）八七六頁、大隅＝今井・前掲注（1）四六〇頁、実方・前掲注（31）一三一四頁、北沢・前掲注（1）五九〇頁。

（33）　鈴木＝竹内・前掲注（1）三七二頁、実方・前掲注（31）一三一四頁、大隅＝今井・前掲注（1）四六〇頁、北沢・前掲注（1）五九〇頁、龍田節・新版注釈会社法九巻二九三条注釈二（昭和六三年、有斐閣）。

（34）　Aの地位は不明であるが、Yのような小規模閉鎖的な会社の代表取締役をしていることから推測すれば、おそらく多数派株主であろうと思われる。

（35）　これまでも、アメリカの判例は、法律的争点に関する議論のみならず、その背景にある事実関係も細かくとらえているのに対し、日本の判例は概して高度に技術的、ないしは極めて回りくどく、真の争点がどこにあるのか容易に分からないことが多い、との指摘がなされている。宍戸善一「商法改正試案と閉鎖会社法の問題点（上）」商事法務一一五四号二五頁（昭和六三年）。本件もまさにその一例ではないだろうか。

(36)　田中（誠）・前掲注（5）八七七頁。なお、田中（誠）博士は、本件事例を最近における少数派締め出しの一例だと指摘されている。田中誠二・会社法学の第二の新傾向とその批判（平成二年、千倉書房）五二頁。

(37)　田中（誠）博士は、本件各総会決議について株主の抽象的利益配当請求権という固有権の侵害として、無効を認めるべきであったとする一方、支配株主の議決権濫用により民法一条三項により無効であるとの主張もなし得た、とされている。田中（誠）・前掲注（8）八七七頁。同旨、加藤修「配当可能な未処分利益を配当しないとする株主総会決議の適法性」［判批］法学研究（慶應大）六六巻九号九九頁（平成五年）。なお、龍田・前掲注（33）注釈二は一般論として、会社経営の合理的必要を超える利益留保のために利益配当を不当に抑制した利益処分案が総会で承認されても、その決議が多数決濫用として無効になる可能性がある、と指摘されている。

もっとも、宍戸教授が指摘された通り、アメリカの裁判所は衡平法の下で、取締役会に対し利益配当宣言を行うよう命じたりすることができるが、日本では裁判所は会社に対して積極的に配当決議を行うように命ずる権限を持たないため、無配とした総会決議が無効にされたとしても、株主総会において新たに配当決議が行われない限り、少数派株主は依然配当を受け取ることはできないのである。宍戸・前掲注（35）二六頁。その意味では、本書のように仮に本件各総会決議を取り消してその効力を否認したとしても、少数派株主Xらの利益救済は根本的には図られないのであり（ただし本件では決議の取消により役員賞与の引き上げも同時に効力を失うので、会社財産はそれだけ増えることになろうが）、今後訴訟制度上の問題としても検討されるべきものであろう。なお、本書の立場によれば、利益配当請求権を侵害されたXらは、代表取締役で多数派社員A（ら）に対し誠実義務違反を理由に、損害賠償請求を行うことは可能である。この場合は、前章注(32)（本書三八六頁）にも触れたように、多数派社員A(ら)が合理的な役員報酬の範囲を超えて受け取った金銭を隠れた利益配当と見て、それを吐き出させて、Xらの損害塡補に当てさせることになる。そして、例えば、取締役である多数派社員が過大な役員報酬を受け取っておらず、単に総会で利益配当の決議をしないで、配当を抑制しているに過ぎないような場合については、利益配当を得られないという少数派社員の損害については、それまでの会社の配当実績などにより損害額を算定して、多数派社員の賠償責任を認めてよいのではないかと考える。

(38)　判旨反対の見解として、田中（誠）・前掲注（5）八七七頁、加藤・前掲注（37）九八頁がある。ただこれに対しては、配当金の支払いを突如止めたことは訴外Ａの原告X_2に対する圧迫の手段として行われたものと見る余地があり、かかる代表取締役、取締役会および多数株主による圧迫から少数株主である原告X_2を保護する必要があるとしながらも、まだこの程度の利益処分をもって本件利益処分案を承認した総会決議を、株主の固有権侵害または株主権の濫用の法理によって無効とするのは困難だとして、判旨に賛成する見解も見られる。並木俊守「定時総会の無配当決議の適法性」［判批］金融商事判例八〇九号四七頁（平成元年）。

(39)　一般的に新株発行の方法はこの三種類に分けられているが（竹内昭夫・新版注釈会社法七巻前注（新株の発行）四、五（昭和六二年、有斐閣）、龍田節「企業の資金調達」竹内昭夫＝龍田節編・現代企業法講座3―企業運営一六頁（昭和六〇年、東京大学出版会）参照）、ただ募集のなかには、その範囲を会社の役員や従業員、取引先などの縁故者に限定する縁故募集のように、実質的に第三者割当にかなり近いものがあるため、募集と第三者割当との境界線は必ずしも明確ではない。洲崎博史「不公正な新株発行とその規制（一）」民商法雑誌九四巻五号五六四頁注二（昭和六一年）。

(40)　もっとも、定款をもって株主の新株引受権を定めている場合（商法二八〇条ノ一〇第一項本文、同項五号）においても、このような株主の新株引受権は固有権性を有しないため、会社は定款の規定を変更してこれを剥奪・変更することが可能だとされている。鈴木＝竹内・前掲注（1）三九五頁注一、北沢・前掲注（1）四九五頁、田中（誠）・前掲注（5）九四二頁。本件では、Ｙ社の定款第六条は株主の新株引受権を定めているが、同時に但書で、新株発行についての取締役会決議で、各回の発行株式の全部又は一部についてこの新株引受権を排除することが認められているため、Ｙ社の取締役会はこの但書の規定に基づいて、本件新株発行について株主の新株引受権を排除したうえで、公募（実質的にはＡ一族への第三者割当）を決定したわけである。

(41)　石井・前掲注（5）五五頁、鈴木＝竹内・前掲注（1）四二一頁、大隅＝今井・前掲注（1）六五一頁。

(42)　石井・前掲注（5）五六頁、鈴木竹雄「新株発行の差止と無効」商法研究Ⅲ会社法（2）二二四頁（昭和四六年、有斐閣）、鈴木＝竹内・前掲注（1）四二二頁、大隅＝今井・前掲注（1）六五二頁、北沢・前掲注（1）五三三頁、龍田・前掲注（39）二一頁、服部栄三「第三者の新株引受権に関する商法改正について」企業会計一九巻一号二一頁（昭和四二年）、菱田政宏「特異な第三者割当増資に関する考察」商事法務八二一号一〇頁（昭和五三年）、青竹正一「新株の不公正発行の判断基準」青竹正一＝浜田道代ほか編・現代企業と法（平成三年、名古屋大学出版会）二九七頁（現代会社法の課題と展開一五三頁以下所収）。

(43)　鈴木・前掲注（42）二二五頁、鈴木＝竹内・前掲注（1）四二二頁、青竹・前掲注（42）二九七頁、近藤弘二・新版注釈会社法七巻二八〇条ノ一〇注釈五（昭和六二年、有斐閣）、河本一郎・現代会社法［新訂第八版］二六二頁（平成一一年、商事法務研究会）、志村治美「支配権争奪と新株発行」本間輝雄先生・山口幸五郎先生還暦記念・企業法判例の展開二五三頁（昭和六三年、法律文化社）。学説の挙げているような例がなぜ不公正発行にあたるかについては、これまで必ずしも十分な説明がなされてこなかったが、これについて青竹教授は、次のように説明されている。すなわち、株主割当に限定されない会社でも、取締役が自己またはその一派に多数の新株を割り当てる場合には、現経営者の個人的利益を図ることを目的とする新株発行とみることができるので、それは取締役会の新株発行方法の決定権限または代表取締役の割当自由の濫用であり、自己または会社外の利益のために経営権限を行使してはならないという取締役の忠実義務に違反する。また、通常の新株発行は本来会社が資金を調達するためになされるものであるが、何ら資金の必要がないのに新株を発行するのは、取締役の忠実義務違反ないし善管注意義務違反である、と。青竹・前掲二九七―二九八頁。

(44)　鈴木・前掲注（42）二二五頁以下、鈴木＝竹内・前掲注（1）四二二頁、大隅＝今井・前掲注（1）六五三頁。

(45)　前掲注（42）所掲の学説は、ほぼ全部この立場をとっているものと思われるが、青竹・前掲注（42）二九八頁は、特にこの点を強調しておられる。

(46)　河本・前掲注（43）二六二頁。近藤弘二「新株発行の効力が争われた事例」［判批］判例評論三〇一号五五頁（判例時報一一〇一号二〇一頁）（昭和五九年）、同・前掲注（43）注釈六も同旨だと思われる。
(47)　ただ、初期の判例においても、資金需要がないなどとして、不公正発行を理由とする新株発行差止仮処分が認められたものがある。東京地決昭和三三年四月二八日商事法務一七五号一二頁（東洋製糖事件）。これは上場会社についての最初の新株発行差止の仮処分命令だったとされている。商事法務一七五号一二頁参照。
(48)　龍田・前掲注（39）二一頁、河本一郎＝神崎克郎ほか・第三者割当増資（企業金融と商法改正２）（平成三年、有斐閣）三四頁（森本発言）。なお、鈴木・前掲注（42）二二六頁も、資金を必要とする理由については、取締役は債務弁済のためであるとか新規施設のためであるとか、何らかの理由を用意するであろうから、無用の新株発行であるという主張も実際には容易に成り立ちがたい、と指摘しておられる。
(49)　森本滋「新株の発行と株主の地位」法学論叢一〇四巻二号一六頁（昭和五三年）、龍田・前掲注（39）二一頁、洲崎博史「不公正な新株発行とその規制（二・完）」民商法雑誌九四巻六号（昭和六一年）七二六頁、七三〇頁（河本＝神崎ほか・前掲注（48）書一二七頁以下所収）、川浜昇「株式会社の支配争奪と取締役の行動規制（三・完）」民商法雑誌九五巻四号（昭和六二年）九頁以下、志村・前掲注（43）二五四頁、青竹・前掲注（42）三〇一頁、吉本健一「新株の発行と株主の支配的利益―判例の分析―」判例タイムズ六五八号三三頁（昭和六三年）、阪埜光男「非公開株式の新株発行価額が『特に有利なる発行価額』に当たるとする証拠がなく、その新株発行が『著しく不公正なる方法』によるものでもないとされた事例」［判批］法学研究（慶応大学）五一巻九号一一三頁（昭和五三年）、同「宮入バルブの第三者割当増資の決定をめぐって」株式会社法の理論二一九頁（平成二年、成文堂）、栗山徳子「閉鎖的株式会社における新株の発行と株主保護」立正法学九巻三・四号九九頁以下（昭和五一年）。このほか、株主の支配関係上の利益を保護する観点から取締役の割当自由を制限すべきであるとする見解として、服部栄三「支配の争奪と新株の発行」商事法務研究二八七号四八頁（昭和三八年）、同「新株発行と会社支配」企業法研究創刊十周年記念論文集三九頁以下（昭和三九年、企業法論社）、同・前掲注（42）二一頁、坂本延夫「新株発行に必要な取締役会・株主総会の決議を欠き公示義務違反等の手続上の瑕疵があった場合の新株発行が無効原因とならないとされた事例」［判批］金融商事判例六九八号五〇頁（昭和五九年）、同「新株発行が不存在ではないとされた事例」［判批］

金融商事判例七六五号五〇頁（昭和六二年）、盛岡一夫「著しく不公正な方法・価額であることを理由とする新株発行無効の主張が排斥された事例」［判批］金融商事判例八〇五号五〇頁（昭和六三年）、近藤光男「企業買収と対象会社（経営者）の対応」商事法務一二五九号二〇頁（平成三年）、荒谷裕子「企業買収手段の法理論的検討―第三者割当増資をめぐる学説の動向―」福岡大学法学論叢三六巻一・二・三号二六八頁（平成三年）、西山芳喜「いわゆる非上場会社における第三者割当の新株発行と商法二八〇条ノ一〇」［判批］法政研究（九州大学）四五巻三・四合併号五二六頁（昭和五四年）などがある。しかし、これに対して、特に大規模の公開会社において、現経営者による支配権維持が会社の利益となる場合があるとして、支配権争奪のときでも、会社の経営者は経営判断によって支配権維持のための第三者割当増資をなし得るとする見解が見られる。森田章「第三者割当増資と経営判断」商事法務一一九八号五頁（平成元年）。また、従来考えられてきたように取締役の新株発行権限の範囲が授権資本制度によって画されるわけではなく、またその権限行使も資金調達目的に限定される性質のものではないとし、取締役は株主の利益のみならず、従業員や債権者などの他の会社関係者の利益も考慮することが許されるとの前提で、公開会社の株式買い占めの場合には、取締役は支配権に影響を与える目的で新株発行を行うことができるとする見解も主張されている。松井秀征「取締役の新株発行権限（１・２）」法学協会雑誌一一四巻四号四五九頁以下、六号七一三頁以下（平成九年）。

(50)　主要目的理論ないし主要目的ルールは、もともとアメリカやイギリスの会社法において発展してきたものであり、それが日本の判例・学説にも影響を与えたとされている。これについては、洲崎・前掲注（39）五六五頁、川浜昇「株式会社の支配権争奪と取締役の行動規制（一）（二）」民商法雑誌九五巻二号一六九頁、三号三六〇頁（昭和六一年）（河本＝神崎ほか・前掲注（48）書一五三頁以下所収）、吉本健一「イギリス会社法における新株発行権限の濫用規制―適正目的法理（Proper Purpose Doctrine）の展開とその意義―」阪大法学一四〇号一頁以下（昭和六一年）参照。

(51)　具体的に本件事案については、本件ではY_1とY_2間の業務提携はXの買い占めと合併提案がなされてからそれに対抗するために具体化したものであること、両社が大量の新株を割り当て合うことが本件業務提携上必要不可欠と認めることのできる十分な疎明がなく、しかも調達された資金を業務上使用するものではないこと、Xの経営参加がY_1とY_2の業務に直ちに重大な不利益をもたらすことの疎明もないなどと判断し、本件各新株発行はXの持株比率を低下させ、現経営者の支配権を維持することを主要な目的とし、または少なくともこれによりXの持株比率が低下されることを認識しつつされたものであるのに、本件のような多量の新株発行を正当化させるだけの合理的な理由があったとは認められないとして、本件各新株発行は不公正発行にあたると認めた。本決定は、従来の判例が一貫して既存株主の利益保護よりも会社の資金調達を重視する経営者の主張を支持してきたのに対し、既存株主の利益保護に重点を置いた判断を示した点で、重大な意義を有するとの評価がある。吉本健一「第三者割当増資と新株発行の差止」［判批］会社判例百選［第六版］一四四頁（平成一〇年）。

なお、本決定が示した第一の基準は、主要目的理論にあたるが、この理論は既に、非公開会社の事例である前記恵美寿織物事件判決において示されており、前記大阪地裁昭和四八年一月三一日決定（第一紡績事件）や大阪地裁昭和六二年一一月一八日決定（タクマ事件）などにおいても採用されていたとされている（吉本・前掲注（49）三六頁）。前記恵美寿事件判決において、大阪地裁堺支部は、「新株発行の動機は、一つのみのこともあり、幾つか併存することもありうると考えられるが、……不当な目的を達成するため新株を発行する場合と言うためには、少なくとも、取締役会が新株発行を行うに至った種々の動機のうち、不当な目的を達成するという動機が、他の動機よりも優越し、それが主要な主観的要素であると認められる場合をいうものであり、差止請求においては、その程度の疎明がなされることが必要かつ十分である」と述べているが、ここでは、支配権維持目的が資金調達目的に優越することを証明ないし疎明する責任は、原告または申請人である株主側にあるとされているのである（なお、森本滋「第三者割当をめぐる諸問題」河本＝神崎ほか・前掲注（48）書二二二頁参照）。しかし、新株発行に関する取締役会決議の主観的意図についてこれを外部から認定するのが困難であることに鑑み、前記忠実屋・いなげや事件決定は、第二の基準、すなわち新株発行の主要目的がたとえ支配権維持になくても、新株発行により特定の株主の持株比率が著しく低下されることを認識した場合には、その新株発行を正当化させるだけの合理的な理由がなければ、不公正発行にあたるということを示したのであり、この新しい基準の下では、新株発行の公正さについての疎明ないし立証責任は取締役に転換されるとされている。森本・前掲二二三頁、洲崎博史「新株の発行が時価より著しく有利な価額によるものであり、かつ著しく不公正な方法によるものとして、その発行が差し止められた事例」［判批］判例評論三七四号四三頁（判例時報一三三七号二〇五頁）（平成二年）、平出慶道「二社間の相互引受による新株発行の差止」［判批］ジュリスト一〇三七号二四八頁（平成六年）、蓮井良憲「第三者割当の方法による新株発行の差止請求の許否」［判批］私法判例リマークス一九九〇（1）［平成元年度判例評論］一八五頁（平成二年）、吉本・前掲会社判例百選一四五頁。もっとも、この第二基準を、主要目的理論に従う第一の基準が不公正の有無についての総合的な考察に欠けるという欠点を補うためのものと解する見解もある。柴田和史「新株発行禁止仮処分申請事件―秀和対忠実屋・いなげや事件―」ジュリスト九四四号一一五頁（平成元年）。

(52)　本件は、訴外会社（明星自動車）の代表取締役Ｙらが、原告の一人で、当時同社を被告として株主の地位の確認請求訴訟を提起していた株主X_1に対して招集通知を出さずに株主総会を開催し、同総会で第三者に対する特に有利な発行価額で新株を発行する旨の特別決議を成立せしめ、第三者割当増資を行ったのに対し、X_1らが、瑕疵のある総会決議により新株を発行したことおよび発行方法が不公正であるとして、任務懈怠ないし不法行為を理由にＹら取締役に対し商法二六六条ノ三、民法七〇九条に基づく損害賠償を求めた事案である。第一審判決がX_1らの請求を一部認容したのに対し、控訴審判決である大阪高判平成五年一一月一八日金融商事判例一〇三六号二六頁は、訴外会社が不健全な財務体質を改善し経営の安定を図るために本件新株発行を行ったもので、不公正発行にあたらず、また早急に新株発行を行うために地位確認請求訴訟係属中のX_1に対し招集通知を出さなかったことについても悪意または重過失があったとは認められないとして、一審判決を取り消し、X_1らの請求を棄却した。X_1らの上告に対し、最判平成九年九月九日金融商事判例一〇三六号一九頁（これについては寶金敏明「特定株主に対する総会通知の欠如と取締役の第三者に対する任務懈怠責任の成否」平成一〇年度主要民事判例解説（判例タイムズ一〇〇五号）一八八頁参照）は、X_1に対する招集通知の欠缺の点を取り上げ、地位確認請求訴訟が確定するまでは会社はX_1を株主として取り扱う義務を負うとして、X_1への通知の欠缺はすべての株主に対する関係においてＹらの職務上の義務違反を構成するとして、原判決を破棄し差し戻した。なお、本件第一審判決については、従来の主要目的理論を採用する一方で、会社法の権限分配の見地から、取締役の新株発行権限の限界を、新株発行による支配権争奪への影響の可能性の有無に求め、主たる目的が公正な目的であっても、不公正発行となる可能性があることを認めた点に、特徴があると指摘されている。松井・前掲注（49）四一九頁。

(53)　洲崎・前掲注（49）七二三頁、吉本・前掲注（49）三九頁、田中（誠）・前掲注（5）一〇〇三頁、神崎克郎「第三者割当と株主の保護」ジュリスト九五二号四八頁（平成二年）、坂田桂三・現代会社法（第三版）五五五頁（平成七年、中央経済社）。

(54)　大隅＝今井・前掲注（1）六五四頁。その例として、会社経営の意思がなく、単に株価を釣り上げて高値で会社に買い取りさせることのみを狙って株式買い集めが行われているのに対抗して、取締役が忠実義務に基づく判断により会社の取引先などに対して新株を発行したような場合には、防戦の目的が主要な目的であっても、その新株発行を著しく不公正なものと解することはできない、とされている。なお、河本＝神崎ほか・前掲注（48）書三七頁以下（河合発言）参照。

(55)　青竹・前掲注（42）三〇六頁。青竹教授によれば、不当な目的が存在する限り、不公正発行は原則的に認められるべきであり、資金調達目的の存在は、単に新株の発行方法が「著しく不公正」であることを否定する一つの判断要素にすぎない。また「著しく不公正」であることを否定するためには、資金調達目的が明確に存在し、かつ資金調達を新株発行によること、および新株発行による資金調達を特定の第三者に割り当てる方法によることに合理性がなければならないとされる。青竹・前掲三〇六―三〇七頁。

(56)　森本・前掲注（51）二二四頁、同「第三者割当と支配権の変更」商事法務一一九一号一六頁以下（平成元年）。また、蓮井・前掲注（51）一八六頁も、現経営者に有利な解釈となるおそれを防ぐためにも、主観的要素の入りやすい主要目的理論よりも、間接事実の積み重ねによる客観的な要件を基礎として、不公正か否かを決定すべきだと主張されている。このほか、荒谷・前掲注（49）二五一頁以下、河合伸一「新株発行差止めの仮処分」民事保全講座第三巻（仮処分の類型）二五五頁（平成八年、法律文化社）参照。なお、松井・前掲注（49）法学協会雑誌一一四巻四号四二四頁は、理論的問題として、何故に主たる目的が資金調達目的であれば公正で、支配権維持・確立目的であれば不公正になるのか、その根拠が明らかでないと指摘されている。

(57)　これは、被告Y会社の取締役Aが、創業以来の代表取締役で株式の過半数を有するXと不仲になり、その信頼を失ったことから、株主総会でXによって解任されたり、会社が解散されることを恐れて、これを阻止する目的で、取締役会を開催し、自らが代表取締役に就任した上で、当時入院中のXに招集通知をしないで、取締役会を開催して新株発行の決議を行い、発行された新株をすべて自己が引き受けたという事案である。しかし本件の上告審である最判平成六年七月一四日裁判集民一七二号七七一頁は、不公正発行自体は無効原因にならないとして、原判決を破棄している。なお、この上告審判決については、後記**四**で検討することとする。

(58)　本件の上告審である最判平成九年一月二八日民集五一巻一号七一頁は、原判決が不公正発行および見せ金による払込を理由とする新株発行の無効を認めた点については、不公正発行が無効原因にならないなどとして、これを是認できないとしながらも、本件新株発行は商法二八〇条ノ三ノ二所定の公示を欠いているという原審の事実認定を踏まえ、「新株発行に関する事項の公示を欠くことは、新株発行差止請求をしたとしても差止の事由がないためにこれが許容されないと認められる場合でない限り、新株発行の無効原因となる」と判示して、いわゆる折衷説（鈴木・前掲注(42)二三五頁、鈴木＝竹内・前掲注(1)四二八頁、大隅＝今井・前掲注(1)六四〇頁）の立場から、本件新株発行が不公正発行であることおよび見せ金による払込であった点において新株発行差止請求の事由がないとはいえないとして、結論において原判決を是認している。この最高裁判決については、青竹正一「商法二八〇条ノ三ノ二に定める公告又は通知を欠くことと新株発行の無効原因」民商法雑誌一一七巻四・五号六六九頁（平成一〇年）、同「新株発行事項の公示を欠くことと新株発行の無効原因」［判批］平成九年度重要判例解説（ジュリスト一一三五号）九五頁（平成一〇年）、栗山徳子「新株発行事項の通知・公告義務違反と新株発行の無効原因」［判批］判例タイムズ九四八号（会社判例と実務・理論）一八二頁（平成九年）、近藤崇晴「商法二八〇条ノ三ノ二に定める公告又は通知を欠くことと新株発行の無効原因」［判批］ジュリスト一一一二号一三七頁（平成九年）、並木和夫「新株発行事項の公示の欠缺」［判批］会社判例百選［第六版］一四〇頁（平成一〇年）、山口和男「商法二八〇条ノ三ノ二に定める公告又は通知を欠くことと新株発行の無効原因」［判批］平成九年度主要民事判例解説（判例タイムズ九七八号）一六六頁（平成一〇年）参照。

(59)　本判決が商法二八〇条ノ三ノ二所定の公示を欠く新株発行について無効原因を認めた点は、前記最判平成九月一日二八日（前掲注（58）参照）を踏襲したものである。本件については、青竹正一「新株発行事項の公示を欠く新株発行の無効と不公正発行の判断基準―最高裁平成一〇年七月一七日第二小法廷判決―(上)(下)」判例評論四八〇号二頁、四八一号二頁（判例時報一六五八号一九六頁、一六六一号一六四頁）（平成一一年）、居林次雄「公示を欠く新株発行につき、著しく不公正な方法によるものではないとはいえず、無効原因があるとされた事例」［判批］金融商事判例一〇六二号五五頁（平成一一年）、北村雅史「通知・公告を欠いた新株発行の無効原因」［判批］平成一〇年度重要判例解説（ジュリスト一一五七号）九九頁（平成一一年）、松嶋隆弘「公示を欠く新株発行につき、無効原因があるとされた事例」［判批］日本法学六四巻四号一三九頁（平成一一年）、山口和男「商法二八〇条ノ三ノ二に定める公告又は通知を欠く新株発行につき著しく不公正な方法によるものではないとはいえず無効原因があるとされた事例」［判批］平成一〇年度主要民事判例解説（判例タイムズ一〇〇五号）二〇四頁（平成一一年）参照。なお、井上貴也「商法二八〇条ノ三ノ二に違反する新株発行の効力について」東洋法学四三巻一号七一頁以下（平成一一年）。

(60)　青竹・前掲注（59）判例評論四八〇号二頁（判例時報一六五八号一九六頁）。

(61)　もっとも、判旨は、本件新株発行に関する取締役会の決議が平成二年改正商法の施行日（平成三年四月一日）の直前（同年三月二九日）になされたことをもって、本件新株発行が不公正であることを示す一要素としているところが特徴的である。判旨のいうように、同年改正商法の施行日後に新株発行の決議が行われる場合には、定款に株式譲渡制限のある会社の株主は新株引受権を有することとなるので（平成二年六月二九日法第六四号附則一四条、商法二八〇条ノ五ノ二）、本件新株発行決議が、右法の適用を免れるために急いで行われたものであることは明らかであり、不当目的の存在を推認させる一つの重要な間接事実といえる。青竹・前掲注（59）判例評論四八一号五頁参照。

なお、これらの裁判例と同じように、不公正発行の認定において、割当先の選択如何、資金調達の要否・程度、第三者割当とすることの合理性、その時期、業務提携等の目的の有無・内容などの要素を総合勘案すべきだとする見解が主張されている。河合・前掲注（56）二五六頁参照。

(62)　青竹・前掲注（59）判例評論四八〇号六頁（判例時報一六五八号二〇〇頁）参照。青竹教授は、不公正発行の問題を扱った最初の最高裁判決である前記最高裁平成一〇年七月一七日判決が出たことによっても、あまり変わりはないと指摘しておられる。

(63)　鈴木＝竹内・前掲注（1）四一七頁、北沢・前掲注（1）五一四頁、田中（誠）・前掲注（5）九七三頁、森本滋・新版注釈会社法七巻二八〇条ノ三ノ二注釈一（昭和六二年、有斐閣）参照。

(64)　同旨、丸山秀平「会社支配を目的とする著しく不公正な新株発行が無効とされた事例」［本件判批］金融商事判例九三四号四六頁(平成六年)。小林量「新株の発行が著しく不公正な方法によるものとして無効とされた事例」［本件判批］私法判例リマークス一九九四〈下〉一一八頁（平成六年）も同旨かと思われる。したがって、本件公告の適法性を問題にしようとすれば、むしろY会社の定款に官報への掲載という公告の方法が果たして記載されているかを見るべきだったのではないであろうか。ただこれに対し、青竹教授は、不公正発行は新株発行の無効原因とならないが、小規模閉鎖会社において問題となるような目立たない公示については、実質的な公示義務違反ととらえて、これを無効原因とすべきである、との立場をとっておられる。青竹・前掲注（58）民商法雑誌一一七巻四・五号六八〇頁。

(65)　この問題は、官報のみならず、日刊新聞紙(例えば一般家庭では取ることが相対的に少ないような経済専門紙)で、紙面のあまり目立たないところに一回だけ小さな公告を載せた場合にも生じうると思われる。判旨も、「(Yは)X一族が官報など閲覧する可能性は皆無であることに着目し、本件新株発行を株主に通知せず、官報に公告するという方法によることとした」としており、官報のほかに、日刊新聞紙への公告も場合によっては問題となりうることを示唆しているように見受けられる。

(66)　このような立法の必要性はつとに指摘されてきたところである。鈴木竹雄「新株発行の無効再論」商事法務九九八号五頁（昭和五九年）、吉本健一「閉鎖会社における新株発行と法規制のあり方」阪大法学一四五・一四六号三三九頁（昭和六三年）、浜田道代「閉鎖会社における第三者割当増資」商事法務一一九一号二五頁（平成元年）。なお、昭和六一年五月一五日、法務省民事局参事官室「商法・有限会社法改正試案」の一16ｂは、「株主数五〇人以下の株式会社及び株式の譲渡制限の定めをした株式会社並びに有限会社において、公告をしたときは、株主・社員に対し通知しなければならない」との立法提案を行っている（商事法務一〇七六号一三頁参照）。

(67)　鈴木＝竹内・前掲注（1）四一八頁注三一、森本・前掲注（63）注釈七、洲崎・前掲注（49）七四〇頁、青竹正一「新株の不公正発行に対する救済措置」服部栄三先生古稀記念・商法学における論争と省察（平成二年、商事法務研究会）一二頁（現代会社法の課題と展開一八一頁以下所収）、小林・前掲注（64）一一九頁。

(68)　ただし、上場会社の場合には、公募は通常、証券会社を通じた委託募集によって行われ、また自主ルールによる親引け（発行会社による新株割当先の指定）の制限もあることから、不公正な割当はあまり考えられないと言われている。洲崎・前掲注（49）七四二頁注五一参照。

(69)　この点を指摘したものとして、洲崎・前掲注（49）七二五頁、森本・前掲注（51）二二二頁、二二五頁、蓮井・前掲注（51）一八三頁、荒谷・前掲注（49）二五一頁がある。

(70)　本件では、判旨は、新株発行による資金調達の必要性に関して、Y社の資産構成を詳細に検討したのみならず、土地購入の必要性についても詳細な事実認定を行い、そのうえで新株発行による資金調達の必要性および土地購入の必要性を否定しているが、このように被告の主張する資金調達の必要性についてかなり深く立ち入って審査を行った点は、従来の裁判例にはあまり見られない特徴だと言える。なお、特に大規模の公開会社については、裁判所は資金需要の有無、その調達方法の選択という問題にはあまり深く立ち入ろうとしない傾向があると指摘されている。洲崎・前掲注（49）七二五頁。

(71)　洲崎・前掲注（49）七二九頁、青竹・前掲注（42）三〇二頁、三一五頁。

(72)　なお、株式会社における資金調達方法等の問題については、青竹正一「会社の資金調達と既存株主の保護」竹内昭夫編・特別講義商法Ⅰ（平成七年、有斐閣）二六〇頁（現代会社の課題と展開七五頁以下所収）参照。

(73)　この点に関して、松井・前掲注（49）法学協会雑誌一一四巻六号七一六頁以下は、資金調達目的とその他の目的での新株発行について、ドイツ連邦通常裁判所が示した必要性・相当性の判断枠組み（これについては本書二〇九頁参照）を採り入れて、不公正発行の問題を判断しており、本書の立場に極めて近いアプローチをとっておられる。また、川浜・前掲注（49）四九六頁は、英米法やドイツ法における展開を踏まえたうえで、公開会社における取締役の支配維持目的による新株発行について、会社の事業目的との関連における適合性や必要性を審査すべきだと主張されており、これも本書の立場に近いアプローチではないかと思われる。

（74）これは、商法二八〇条ノ一〇に定める株主の新株発行差止請求権を被保全権利とする仮処分である。河合・前掲注（56）二四二頁。なお、近藤（弘）・前掲注（43）注釈一〇以下参照。

（75）もっとも、瑕疵のある取締役会決議に基づく新株発行を一律有効としたこの最高裁判決に対して、その後の下級審判例は、原則有効としながら、取引の安全を害しない特別の事情がある場合には、無効となるとするものが数多くある。例えば、大分地判昭和四七年三月三〇日判例時報六六五号九〇頁、名古屋地判昭和五〇年六月一〇日判例時報七九二号八四頁、浦和地判昭和五九年七月二三日判例タイムズ五三三号二四三頁、大阪高判平成三年九月二〇日判例時報一四一〇号一一〇頁など。

（76）本件については、前掲注（58）参照。

（77）なお、前にも触れたように、商法二八〇条ノ三ノ二所定の公示を欠く新株発行を無効とした前記最高裁平成一〇年七月一七日判決（判例タイムズ九八五号一三四頁）においても、新株の不公正発行が問題となったが、この判決は、もちろん直接的に新株の不公正発行を新株発行無効の事由として認めたわけではなく、不公正発行は単に、新株発行事項の公示の欠缺を理由とする新株発行無効の訴えにおいて、間接的な無効原因として判断されていたに過ぎないのである。

（78）石井・前掲注（5）六二頁、西原・前掲注（3）一五八頁、山崎悠基・注釈会社法五巻二八〇条ノ一五注釈二〇（昭和四三年、有斐閣）、大隅＝今井・前掲注（1）六六四頁、河本・前掲注（43）二六八頁、神崎克郎・商法II（会社法）［第三版］三四七頁（平成三年、青林書院）、青竹・前掲注（67）一八頁、同「新株の不公正発行と取締役の損害賠償責任（上）」判例タイムズ九九七号（平成一一年）九〇頁（ただし青竹教授は、前掲注（42）二九八頁

において、不公正発行が原則として無効原因とならないとしながらも、取締役が自己またはその一派に多数の新株を割り当てる場合や、何ら資金需要がないのに既存株主の持株比率を低下させる目的で新株発行をする場合においては、重大な瑕疵があるものとして、新株発行の無効原因になるとの見解を述べられている)、近藤弘二「著しく不公正な方法による新株発行の効力─新株発行の個別的無効再論─」青竹正一＝浜田道代ほか編・現代企業と法三二二頁(平成三年、名古屋大学出版会)。なお、近藤(弘)教授は、このほか新版注釈会社法七巻二八〇条ノ一五注釈九(昭和六二年、有斐閣)において、不公正な新株発行は、この発行により不利益を受ける一部の株主の利益を守るための手段であり、取締役の違法行為差止の原因ではないため、株主が会社のためにその機関として提起し遂行する新株発行無効の訴えにはなじまないとして、無効原因となることを否定されているが、後掲注(88)に触れるように、現在は改説されている。

(79)　青竹正一「著しく不公正な方法によってなされた新株発行の効力」[判批]民商法雑誌一一四巻二号三二九頁(平成八年)、同・前掲注(58)民商法雑誌一一七巻四・五号六八一頁、同・前掲(59)判例評論四八〇号七頁(判例時報一六五八号二〇一頁)、佐藤歳二「新株の不公正発行とその効力」味村最高裁判事退官記念論文集・商法と商業登記四四八頁(平成一〇年、商事法務研究会)、山口和男「著しく不公正な方法によってされた新株発行の効力」[判批]平成六年度主要民事判例解説(判例タイムズ八八二号)(平成七年)。

(80)　坂本・前掲注(49)金融商事判例六九八号五一頁、同・前掲注(49)金融商事判例七六五号五一頁、坂田・前掲注(53)五六二頁、丸山・前掲注(64)四七頁、盛岡・前掲注(49)五一頁、山本為三郎「新株発行の法的性質について」法学研究(慶応大学)七〇巻一号一〇九頁(平成九年)。

(81)　鈴木・前掲注(42)二三三頁、鈴木＝竹内・前掲注(1)四二八頁、森本・前掲注(63)注釈一四、洲崎・前掲注(49)七四〇頁、大塚龍児「新株発行無効についての一考察」代行リポート六九号三一頁(昭和五九年)、吉本健一「新株発行による既存株主の法益侵害とその救済」阪大法学一四九・一五〇号一九三頁(平成元年)、同「新株発行の瑕疵」阪大法学三九巻二号(通巻一五二号)三一頁(平成元年)、同「新株発行の無効判断の根拠」菅原菊志先生古稀記念論集・現代企業法の理論六八五頁(平成一〇年、信山社)、浜田・前掲注(66)二三頁以下、山下友信

「新株発行事項の公告・通知の欠缺」［判批］会社判例百選［第五版］一五五頁（平成四年）、吉田直「著しく不公正な方法によってなされた新株発行の効力」［判批］青山法学論集三七巻一号一一一頁（平成七年）。また、北沢教授は、不公正な新株発行については、従来の株主を保護するために、新株発行を無効と解すべきであるとする一方で、このような場合においても、取締役が自己またはその関係者に対し発行した新株がそれらの引受人の手を全く離れ、不公正な状態が消滅すれば、その株式については無効原因が治癒されるとしており、実質的に折衷説に近い立場をとっておられる。北沢・前掲注（1）五四四頁。もっとも、有効説をとっておられる河本教授は、右北沢教授の見解に対して、取締役の関係者とかの概念が甚だしく不明確で、このような概念を基準にして株式の有効・無効を決めることは、株式取引の安全を著しく害するとの批判を加えられている。河本・前掲注（43）二六九頁注一。

(82)　大隅＝今井・前掲注（1）六五二頁、洲崎・前掲注（49）七三九頁、青竹・前掲注（42）二九三頁参照。

(83)　洲崎・前掲注（49）七四〇頁。たしかに、本判決のように、官報への公告を実質的な公示義務違反ととらえれば、不公正発行という新株発行差止事由が認められる場合には、新株発行は無効となるが（前記最判平成九年一月二八日民集五一巻一号七一頁（前掲注（58）参照）および前記最判平成一〇年七月一七日判例タイムズ九八五号一三四頁（東武ボンド新株発行無効請求事件）参照）、しかし官報への公告を直ちに公示義務違反とみることについて問題があるのは、既に指摘した通りである。

(84)　洲崎・前掲注（49）七四〇頁、青竹・前掲注（67）一九頁。

(85)　従来、この場合における株主の損害額の算定が実際上不可能であるため、この救済措置は極めて困難だと考えられてきたが（洲崎・前掲注（49）七三九頁、青竹・前掲注（67）七頁、吉本健一「新株の発行と取締役の責任」阪大法学三九巻三・四号（通巻一五三・一五四号）七八七頁（平成二年）、前嶋京子「第三者割当による新株発行と取締役の株主に対する責任」下関市立大学論集三四巻二号三八頁（平成二年））、前記千葉地判平成八年八月二八日判例時報一五九一号一一三頁（取締役・会社損害賠償請求事件）は、新株の不公正発行による株式の価額の低下による損害の算定はいわゆる純資産方式による株価の算定方式を採用するのが適当だとして、新株発行前の一株当たりの純資産額と新株発行後の一株当たりの純資産額との差額を基礎に損害額を算定しており、また前記京都地判平成四年八月五日金融商事判例九一八号二七頁（明星自動車取締役損害賠償請求事件）は、不公正な方法による新株発行と有利な価額による新株発行が併せて行われたケースについて、新株発行がなかったならば維持していたであろう株式の従前の時価と、有利発行による株価の計算上の低下との差額をもって損害額と認定している。たしかにこのような算定方法が果たして適切かという問題もあるが、ただ判例が積み重ねられていけば、算定基準は徐々に明確化・客観化してくるので、今後は、とくに大規模公開会社における不公正発行については、この救済措置に期待することが可能だと考えられる。なお、この問題に関しては、青竹・前掲注（78）判例タイムズ九九七号九〇頁、同「新株の不公正発行と取締役の損害賠償責任（下）」判例タイムズ九九八号七九頁（平成一一年）、福島洋尚「新株の有利発行と取締役の責任―会社支配争奪の局面を中心に―」南山法学二二巻一号一頁以下（平成一〇年）参照。

（86）青竹教授は、閉鎖会社・同族会社ないし非上場・非公開会社においては、新株の不公正発行によって、株主が取締役の選任に関する支配権を失うことにより、役員報酬および役員報酬に含まれる利益配当を得る機会を失うという消極的損害を受けることはかなり確実であるが、この場合においても、役員報酬を得られなくなる損害は、当該会社の従来の役員報酬の支給例をもとに、取締役に選任されなかった総会から、次の総会までの期間によって算定すべきだとされ、また株主が持株比率を維持していたならば、取締役を解任されなかったといえる場合の損害額については、商法二五七条一項但書により認められる損害を参考に決めればよく、さらに配当が慣行化している会社で、株主が持株比率を維持していたならば、経営者の利益不配当の決定を阻止できたといえる場合は、右の取締役に選任されたといえる場合と同様に考えればよい、とされている。青竹・前掲注（85）判例タイムズ九九八号八一頁。このように教授の立場によっても、持株比率の低下により会社経営から締め出された株主の取得できる損害賠償請求権の範囲は、極めて限定されているわけである。なお、根田正樹「新株発行の手続上の瑕疵が新株発行の無効原因とはならないとされた事例」［判批］法律のひろば三七巻六号六八頁（昭和五九年）、吉本・前掲注（81）阪大法学一四九・一五〇号一九二頁も、不公正発行といった瑕疵のある新株発行によって害される既存株主の会社支配関係上の利益は、その性質上取締役の損害賠償責任等の処理では回復し得ない、と指摘されている。

（87）洲崎・前掲注（49）七四〇頁、浜田・前掲注（66）二二二頁、吉田・前掲注（81）一一一頁。また、服部教授も、

支配権争いの手段として新株発行が利用された場合に対して、日本の裁判所は基本的に放任主義の立場をとっており、それは一見中立的であるかのようであるが、不公正な手段または手続によって勝った者をそのまま肯定することは、結果的にこの者に味方するものであり、勝てば官軍主義ともいうべく、フェア・プレイを担保すべき裁判所のとるべき態度ではない、と批判しておられる。服部・前掲注（49）五八頁。

（88）　吉本・前掲注（81）阪大法学一四九・一五〇号一九三頁、同・前掲注（81）阪大法学三九巻二号三一頁も、不公正な新株発行により支配的利益を侵害された既存株主を救済するためには、その新株発行前の支配関係上の地位を回復する必要があるので、発行された新株の効力自体を否定しなければならないと強調しておられる。なお、近藤（弘）教授は、前掲注（78）に触れたように、これまで通説の立場から、不公正発行は新株発行の無効原因にはならないとの見解を表明されてきたが、新株発行差止の仮処分命令に違反してなされた新株発行が新株発行無効の訴えの無効原因となることを認めた最判平成五年一二月一六日民集四七巻一〇号五四二三頁（これについては、西山芳喜「新株発行差止の仮処分違反と新株発行の無効原因」［判批］判例タイムズ九四八号（会社判例と実務・理論）一八五頁（平成九年）、坂本延夫「発行差止仮処分違反の新株発行の効力」［判批］会社判例百選［第六版］一四六頁（平成一〇年）参照）をきっかけに、著しく不公正な方法による発行により株主の受ける不利益は、損害賠償では回復できない重大なものであるため、この株主の権利は無効の訴えにより保護されるべきものであるとして、不公正発行が新株発行の無効原因となることを認められるに至った。近藤弘二「新株発行の差止と無効」竹内昭夫先生追悼論文集・商事法の展望三六六頁（平成一〇年、商事法務研究会）。

（89）　それは、不公正発行の場合においては、支配維持・獲得という取締役の目的を達成するために株式の長期保有が期待できる引受人を狙って割り当てられるのが普通であること（洲崎・前掲注（49）七四二頁注五五）、会社の事情を知らない普通の第三者が、あえて紛争に巻き込まれるリスクの大きい本件Y会社のような同族・閉鎖会社に資本参加することは、全くないとは言い切れないにしても、それほど多くはないと考えられるからである。なお、鈴木・前掲注（66）五頁、根田・前掲注（86）六八頁、吉本・前掲注（81）阪大法学三九巻二号三四頁、栗山・前掲注（49）一一〇頁参照。

(90) もっとも、前記最高裁平成六年七月一四日判決は、不公正発行が無効原因となることを否定する理由として、「新株の発行が会社と取引関係に立つ第三者を含めて広い範囲の法律関係に影響を及ぼす可能性があることにかんがみれば、その効力を画一的に判断する必要があり、右のような事情の有無によってこれを個々の事案ごとに判断することは相当でないからである」と述べているが、ここでは、「会社と取引関係に立つ第三者」、すなわち会社債権者の利益保護も念頭に置かれているように見受けられる。学説には、このような会社債権者保護の見地から不公正発行は無効原因にならないとする見解も見られるが（森本・前掲注（49）一八頁（ただし森本教授は、前掲注（63）注釈一四においてこの立場を改められている）。なお、吉本・前掲注（81）阪大法学一四九・一五〇号一九五頁、同・前掲注（81）阪大法学三九巻二号三四頁は、新株発行の無効判決の場合については、これを資本減少の一場合ととらえ、会社債権者の保護手続規定を類推適用すべきだとされている）、一般的には、新株発行無効では、債権者の利益保護は問題にならないか（近藤（弘）・前掲注（46）判例評論三〇一号五五頁（判例時報一一〇一号二〇一頁）、大塚・前掲注（81）二九頁、根田・前掲注（86）六八頁）、またはこれを後退させてもやむを得ない（鈴木・前掲注（66）四頁）と考えられている。なお、塩田親文「著しく不公正な方法によって行われた新株発行の効力」［判批］私法判例リマークス一九九五〈下〉一一一頁（平成七年）、洲崎・前掲注（49）七四二頁注五四参照。

(91) 本書はもっぱら多数派社員の有する勢力地位に着目して、多数派社員の誠実義務を強調してきたが、それはもちろん少数派社員ないし個々の社員の誠実義務を無視ないし否認しているわけではない。基本的には社員相互間に誠実義務を負うべきだと考えるが、ただ一般の少数派社員については、その有する影響力が非常に小さいものであるため、一般の少数派社員の誠実義務を強調しても現実的な意味はない。しかし、近時、本件におけるA ら株主のように、持株比率では少数派でありながら、取締役会では多数派を占める株主が、新株発行権限を利用して不当な手段で対立派の株主から会社支配権を奪い取るという事例が頻発しており、このような取締役会における多数派の支配権の濫用が問題となっているので、誠実義務の観点からこのような株主による勢力地位の濫用を抑制する必要があると考える。

(92) 学説においては、新株発行の無効の判断につき小規模閉鎖会社における固有の事情を考慮すべきであるとして、この最高裁判決に対し反対ないし疑問を示す見解が多い。北沢・前掲注（1）五四六頁、柴田和史「著しく不公正な方法によってされた新株発行の効力」［判批］判例評論四三八号七三頁（判例時報一五三二号二一九頁）（平成七年）、前田雅弘「著しく不公正な方法でなされた新株発行の効力」［判批］平成六年度重要判例解説（ジュリスト臨時増刊一〇六八号）一〇一頁（平成七年）、柿崎栄治「著しく不公正な方法によってされた新株発行の効力」［判批］法律のひろば四八巻八号五〇頁（平成七年）、居林次雄「著しく不公正な方法によってされた新株発行の効力」［判批］金融商事判例九六四号五〇頁（平成七年）、吉田・前掲注（81）一一五頁、塩田・前掲注（90）一一一頁、坂田桂三＝松嶋隆弘「著しく不公正な方法によりなされた新株発行の効力」［判批］日本法学六一巻二号二一六頁（平成七年）、吉田正之「著しく不公正な方法によってされた新株発行の効力」［判批］法学（東北大学）五九巻四号一五九頁（平成七年）、吉本健一「新株発行の瑕疵を争う最近の事案―二つの最高裁判決をめぐって―」判例タイムズ九一七号一五八頁（平成八年）、戸川成弘「著しく不公正な方法により行われた新株発行の効力」［判批］富大経済論集四二巻一号二〇五頁（平成八年）、山下友信「新株の著しい不公正発行」［判批］会社判例百選［第六版］一四九頁（平成一〇年）、森まどか「著しく不公正な方法によりなされ、かつ有効な取締役会決議に基づかない新株発行の効力」［判批］名古屋大学法政論集一七七号四七〇頁（平成一一年）。

(93)　小規模閉鎖会社における株主の財産的利益と支配的利益を保護するために、株主の新株引受権を法定すべきだとする見解は、従来から主張されてきたところであるが（酒巻俊雄・閉鎖的会社の法理と立法二〇〇頁（昭和四八年、日本評論社）、青竹正一「企業の形態と規模」竹内昭夫＝龍田節編・現代企業法講座２―企業組織四四頁（昭和六〇年、東京大学出版会）、栗山・前掲注（49）一〇六頁、吉本・前掲注（66）三三二頁、浜田・前掲注（66）二四頁）、昭和六一年の法務省民事局参事官室「商法・有限会社改正試案」三４（商事法務一〇七六号一七頁）およびこれを受けた平成二年の改正商法は、株主の新株引受権を株式譲渡制限のある会社に限定して認めたのである。これについては、新株発行における株主の利益保護の必要性に関して株式譲渡制限のある会社と他の非公開会社とを区別すべき理由がないとして、このような制限的立法に批判する見解が多い。洲崎・前掲注（49）七三〇頁、青竹・前掲注（42）三一五頁、田中（誠）・前掲注（5）九四五頁、吉本・前掲（66）三四二頁、坂本延夫・市場経済体制

と私法二六〇頁以下（平成六年、嵯峨野書院）。

(94)　このような会社においては、不公正な新株発行が行われる蓋然性はたしかに低くなってくると思われるが（青竹・前掲注（42）二九七頁、三一五頁、浜田・前掲注（66）二一五頁参照）、全くなくなるわけではない。これは、同改正商法の下で、株式譲渡制限のある会社における不公正発行を争う事例が既に現れていることからも明らかである。すなわち、東京地判平成六年三月二八日判例タイムズ八七二号二七六頁は、資本金五億円、株主数二七九人の大規模な閉鎖会社である債務者会社が、株主総会の特別決議を得て、株主の新株引受権を排除したうえで、第三者割当による新株発行を行おうとしたところ、同社の筆頭株主が、本件新株発行は不公正発行であること、および特に有利な発行価額であるのに株主総会の特別決議がなかったとして、新株発行差止仮処分申立を行ったという事案であるが、裁判所は、本件新株発行について資金調達の必要性が認められ、その調達方法として第三者割当による新株発行を選択したことについてもこれを不当と認めるべき特段の事情はないなどとして、仮処分申立を却下している。

(95)　なお、浜田教授は、このような会社において、株主の新株引受権を排除して第三者割当による新株発行を決定した株主総会の特別決議が議決権の濫用ないし商法二四七条一項三号に該当する場合には、当該決議が決議無効ないし取消事由となると同時に、著しく不公正な新株発行として直接に新株発行の無効原因となる、と主張しておられる。浜田・前掲注（66）二一五頁。

第五編　結　語

一　会社法規整における最も重要な課題の一つは、多数派社員と少数派社員間の利害衝突問題の恒常的な処理であり、その規整手段の絶え間ない純化である、と言われている。(1)本書において展開してきた多数派社員の誠実義務理論は、多数派社員の持分支配権濫用の法理として、閉鎖的資本会社における多数派社員と少数派社員間の紛争対立を解決するための法的手段の一つである。

すなわち、元来、資本会社における意思決定方法としての資本多数決制度の下では、会社資本の過半数を拠出した者の意思が会社全体の意思として擬制され、貫徹されるのに対し、少数派は多数派の意思＝会社全体の意思に服従することが要求され、その個人の意思の貫徹は認められない。法の理念型とされている多数の構成員から成る大規模の公開会社においては、それは会社の意思を形成し、事業運営を円滑に行っていくうえで、合理的かつ必要不可欠の制度だと言える。

しかし他方では、ごく少人数の社員から成り、株式(持分)の譲渡が定款上または事実上制限されているような小規模閉鎖的な株式会社や有限会社においては、資本多数決制度が行われる結果、少数派社員は、多数派社員の持分支配権の濫用により、会社利益への平等な参加から排除されるなど、その利益に関して著しく不公正な扱いを受けることがある。このため、こうした多数派の抑圧的な行為から少数派の利益を救済し、多数派・少数派間の経済的公正を合理的に図ることが求められるわけである。権利濫用理論に基づいて理論構成されているところの多数決濫用理論は、まさにこのような多数派・少数派間の利害調整の法理として登場してきたものであり、その目的は、少数派の利益を不当に害する多数派の議決権行使を権利濫用としてとらえて、当該議決権行使により成立した総会決議の効果を否認することによって、多数派の圧迫を是正し、少数派の利益を保護しようとすることにある。これに対し、本書は、多数派の濫用を抑制し、社員間の利害調整をより公正妥当に図ることのできる新たな動的規整の法理として、多数派社員の誠実義務理論を展開してきた。権利濫用の構成と誠実義務の構成のいずれをとるべきかは、法律関係を権利の面からみるべきか、それとも義務の面からみるべきかという問題にかかわるもので、判断の分かれるところであろうが、権利濫用の構成が近代法の権利中心の考えから出発し、しかもその純粋性を貫徹し得なくなった場合の救済方法として発展してきた事実からみるとき、義務的観点の強調の率直性、現代性を認めることができよう(2)。また、多数派による議決権行使のみならず、その勢力の行使をも統一的に抑制しうるところに、誠実義務による構成の長所が現れている(3)。さらに、アメリカ法やドイツ法における展開をみても、これらの国では多数派の濫用からの少数派の利益保護の問題は、判例法上、会社および少数派社員に対する多数派社員の義務という観点から図られてきたことが分かる。

もっとも、日本法では従来、ドイツ法的社団理論の影響により、社団と組合とが相対立するものとしてとらえられ、資本会社が社団的構成をとることから、社員相互間に直接的な法律関係が存在しないとされてきた。このため、社員による持分支配権の行使を制約する法理としての誠実義務も否認されてきたのである。しかしながら、既に検討したように、社団と組合は、法技術上の差異が存在しているものの、決して相対立するものではなく、むしろ相互の性質を兼有する概念なのである。特に本書が問題としているところの閉鎖的資本会社についていえば、このような会社は法形式的には社団方式を取っているものの、内部的実質的には少人数の社員が共同事業を営むための小規模の共同事業体であり、社員の個性が濃厚な組合的性格を有するものである。それゆえに、社員相互間に緊密な人的結合関係が存在し、それがまた社員相互間に法的関係を生ぜしめる実体的基礎となるのである。さらに、より重要なのは、資本多数決制度の下で、会社と少数派社員の利益範囲に大きな影響力を及ぼすことのできる多数派社員に対して、その強大な勢力地位に相応した義務と責任を課すべきことである。したがって、これらの諸要素を総合して勘案すれば、日本法においても、閉鎖的資本会社における多数派社員の少数派社員に対する誠実義務を承認することは理論的に可能であり、かつ現実的にも必要であると考える。

二　しかしながら他方においては、本書で展開してきた多数派社員の誠実義務理論は、実定法上の不備を補うための動的規整法理の一種であり、一般条項ないし一般原則に属するものである。一般条項ないし一般原則であるが故に、この理論は、個々の事案における具体的事情を考慮して、紛争の妥当な解決を図ることができる半面、適用基準が必ずしも一義的に決定されることができず、法的安定性に欠ける側面があることも、否めないところである。したがって、法の予見可能性と安定性を重視する見地から、このような動的規整の法理になるべく頼らないようにするためには、実定法上の少数派保護の諸制度が一層整備・改善されることが必要である。

アメリカにおいては、州の立法は早くから、閉鎖会社の特殊性に着目し、閉鎖会社に適した立法を導入することによって、多数派の抑圧から少数派を救済することに取り組んできた。一九三三年のイリノイ州法とペンシルバニア州法を皮切りに、多くの州法は、多数派の少数派に対する「抑圧」または「不当な侵害」を会社の強制解散の事由の一つとして立法化してきた(4)。また、強制解散に代わるより柔軟な救済法として、株式の買取や保管人の任命、不当な行為の差止請求、裁判所による取締役・役員の解任または選任、利益配当の宣言などの諸措置が設けられている(5)。これによって、抑圧を受けた少数派株主は制定法上種々の救済を求めることができ、特に最後の手段として、裁判所に対し会社の解散を請求して、裁判所の解散命令または多数派株主による株式買取請求権の行使によって、その投下した資本を回収し、会社関係から離脱することも可能となっているのである。

そしてドイツ法においても、株主による議決権の濫用と勢力の不当な行使を規制する法規定が存在する。すなわち、株式法二四三条は一項で、法律・定款違反の総会決議が取消の対象となると定めるとともに、その二項一文において「取消は、株主が議決権の行使により、自己または第三者のために、会社または他の株主の損害において、特別利益を獲得せんと企て、かつその決議がこの目的に役立つに適していることを理由とすることもできる(6)」と定めて、特別利益の追求のために議決権を濫用した場合には、これにより成立した総会決議を取り消しうる、としている(7)。また、株式法一一七条一項は、「会社への自己の影響を利用して、取締役会もしくは監査役会の構成員、支配人または番頭手代をして、会社またはその株主の損害となる行為を故意になさしめた者は、これにより会社に生じた損害の賠償につき会社に義務を負う。会社の被害によって株主に加えられた損害を除き、株主が損害を受けた限りは、その者はこれによって株主に生じた損害の賠償につき株主にも義務を負う[8]」と定め、会社に不当な影響力を行使して、会社と他の株主に損害を与えた者に対して損害賠償責任を課している[9]。右二四三条二項の規定は、株主相互間の社員たる地位に基づく顧慮義務、すなわち誠実義務の思想の表出として理解されており[10]、また一一七条の規定も、それが会社と他の株主の利益を害して不誠実に行動することを制約する限りにおいて、やはりその根底に誠実義務の思想が横たわっている[11]、とされている。

一方、日本においては、会社に対する勢力の利用の問題に関して、昭和五九年五月に法務省民事局参事官室から公表された「大小（公開・非公開）会社区分立法及び合併に関する問題点[12]」は、その四の3において、「会社に対する勢力の利用（例えば議決権の行使）により、故意に会社の利益を害する行為をした者の責任規定を設けるとの意見があるが、どうか（ドイツ株式法一一七条・三一一条参照）」という問題提起を行ったことがある。これは、議決権行使などの形で会社に対する勢力を利用して、故意に会社の利益を害する行為をした者について責任を認めるものであり[13]、右ドイツ株式法一一七条と類似の規定を設けようとする趣旨である。この点に関する意見照会に対する回答の中で、法曹界や大学関係者から、これに賛成する意見が多く出されていたが[14]、結局その後公表された改正試案の中には盛り込まれず、立法化するには至らなかった。要件が不明確であることが主な原因だったようであるが[15]、ドイツ株式法一一七条の運用からも明らかなように、もしこの規定が新設されれば、これによって大株主（支配企業）等の権限行使が効果的に規制され得るのである。したがって、要件の明確化など立法上の工夫を凝らして、明文化することが望まれる[16]。

また、昭和六一年五月に公表された「商法・有限会社法改正試案[17]」は、株券が市場において流通しない株式会社または有限会社において、一部の株主または社員の利益に関し著しく不公正な扱いがなされているときは、その株主または社員は会社に対し、その株式または持分につき買受人の指定の請求をすること、株主数五〇人以下の株式会社および株式の譲渡制限の定めをした株式会社ならびに有限会社において、解散判決の請求権を単独株主権・単独社員権とする旨の改正提案を行っている。(18)これらの制度は、株式（持分）の取引市場が存在しない閉鎖的資本会社において、多数派から抑圧を受けている少数派に対し、投下資本の回収と会社関係からの離脱の手段を提供するもので、少数派の利益を保護する上で重要な意義を有するとして、学説から多くの支持を得たが、(19)結局平成二年の商法改正では、この株式買取請求権の制度は買受人不払いの際に解散につながる仕組みについて種々の問題があるとして先送りされ、(20)また単独株主権・単独社員権として提案された解散判決請求権も実現するには至らなかった。しかしアメリカ法において、抑圧規定が少数派救済の上で大きな役割を果たしていることから考えれば、このような規定の立法化は必要不可欠であり、早期になされるべきものであろう。(21)

三　右のように、多数派の濫用を抑制し、少数派の利益保護を図るための実定法上の制度がさらに整備・充実されるべきであることは、言うまでもない。

しかし他面では、仮に右のような立法が実現し、少数派保護の法制度がある程度整備された場合でも、多数派濫用の問題がこれらの実定法上の規整によってすべて処理され得るとはまた限らないのである。前にも触れたように、会社内部における社員間の利益状況が複雑多様であり、かつ企業を取り巻く社会・経済状況がたえず変化していく中で、立法者があらゆる事態を想定して、社員間の利害調整に関する諸規定を漏れなく定めておくのは、そもそも不可能なことである。また仮に可能だとしても、会社の内部関係を固定的かつ強制的な規定によってあまねく規整しておくと、裁量判断の余地が必要とされる企業の経済的活動が大きく損なわれることにもなりかねない。それゆえ、法の空隙を埋めて、個々の事案における具体的事情を考慮して社員間の経済的公正を図ることが可能となるような一般条項ないし一般原則の運用が必要とされるのである。アメリカ法やドイツ法についての考察からも分かるように、これらの国で少数派保護の法制度がかなり整備されてきている現在においても、多数派社員の誠実義務理論の果たす役割は依然大きいわけであり、特にアメリカにおいては実際に多数派と少数派間の利害衝突の問題の多くは、この理論によって解決されているのである。その意味では、実定法上の少数派保護の諸制度の整備が待たされている今日の日本では、この理論の展開がより切実に望まれよう。

(1)　Klaus-Peter Martens, Das Bundesverfassungsgericht und das Gesellschaftsrecht, ZGR 1979, 493, S. 502. なお、森淳二朗「資本多数決支配の基本問題―株主間の利害調整原理の二元的構造―(一)」法政研究（九州大学）五四巻一号三六頁（昭和六二年）参照。

(2)　豊崎光衛「株式会社に於ける多数決の濫用（五・完）」法学協会雑誌五八巻六号八三二頁（昭和一五年）、出口正義「株主の誠実義務」株主権法理の展開一八頁（平成三年、文眞堂）。

(3)　豊崎・前掲注(2)八三二頁。

(4)　例えば、カリフォルニア州法については、本書七六頁参照。詳しくは、O'Neal & Thompson, O'Neal's Oppression of Minority Shareholders, §7: 13 (2nd Ed 1997). なお、川島いづみ「アメリカ会社における少数派株主保護の拡大」専修大学法学研究所紀要二一号（民事法の諸問題Ⅷ）四五頁（平成八年）、同「少数派株主の保護と株主間の利害調整（一）」専修法学論集七〇号一一頁（平成九年）、瀬谷ゆり子「閉鎖的株式会社における株主の期待―解散判決請求権の再考―」酒巻俊雄先生還暦記念・公開会社と閉鎖会社の法理三九一頁（平成四年、商事法務研究会）、拙稿「閉鎖会社の少数派株主に対する抑圧とその法的救済―アメリカ法における展開―」法政大学院紀要三一号二一二頁以下（平成五年）参照。

(5)　これについては、吉原和志「小規模閉鎖会社における内部紛争の法的解決―解散判決に代わる救済―」ジュリスト七九四号六〇頁（昭和五八年）、拙稿・前掲注(4)二二八頁以下参照。

(6)　訳文は、慶應義塾大学商法研究会訳・西独株式法三八六頁（昭和四四年、慶應義塾大学法学研究会）による。

(7)　同条の成立背景やその解釈などについては、豊崎光衛「株式会社に於ける多数決の濫用（四）」法学協会雑誌五八巻五号六六二頁（昭和一五年）、龍田節「資本多数決の濫用とドイツ法（三・完）」法学論叢六九巻一号一頁（昭和三六年）、神田秀樹「資本多数決と株主間の利害調整（三）」法学協会雑誌九八巻一〇号一三一七頁（昭和五六年）

参照。

(8)　訳文は、慶應義塾大学商法研究会訳・前掲注(6)一八三頁による。

(9)　この規定については、三枝一雄「ドイツ株式法における大株主の支配権抑制について」法律論叢四六巻五・六合併号一五頁（昭和四九年)、服部育生「事実上のコンツェルンにおける従属会社の保護（一)〜(三)」名古屋大学法政論集八五号三〇頁、八六号一九二頁、八七号三二二頁（昭和五五、五六年)、同「西ドイツ株式法一一七条および三一七条の責任規範」名古屋学院大学論集社会科学編二五巻二号四九頁（昭和六三年)、篠田四郎「株式会社に対する影響力利用の抑制―西ドイツ法を中心に―」喜多了祐先生退官記念・商事法の現代的課題一四四頁（昭和六〇年、中央経済社）参照。

(10)　Marcus Lutter, Die Treupflicht des Aktionärs, ZHR 153 (1989), 446, S. 457; Karsten Schmidt, Gesellschaftsrecht, 2. Aufl., 1994, S. 672.

(11)　Lutter, a.a.O.S. 456; Hartwig Henze, Zur Treupflicht unter Aktionären, Festschrift für Kellermann, 1991, 141, S. 148.

(12)　これについては、商事法務一〇〇七号一三頁以下（昭和五九年）参照。なお、稲葉威雄「大小会社区分立法等の問題公表について―大小（公開・非公開）会社区分立法及び合併に関する問題点―」商事法務一〇〇七号六頁（昭和五九年)。

(13)　稲葉威雄＝河本一郎＝竹内昭夫ほか「大小会社区分立法等の問題点について（4)」商事法務一〇一六号（昭和五九年）四五頁（稲葉発言）参照。

(14)　法務省民事局参事官室編・大小会社区分立法等の問題点―各界意見の分析・別冊商事法務七七号五三頁（昭和六〇年)。

(15)　経済界を中心とした反対意見の中には、要件の不明確性を指摘するものが多かったようである。法務省民事局参事官室編・前掲注(14)五三頁参照。

(16)　田中誠二「機関改正試案が残した要改正事項」商事法務八三二号（昭和五四年）五頁（会社法研究二巻二一一

頁以下所収）参照。なお、コンツェルン規整の問題に関して、従来から、議決権を基礎に他の会社の業務執行に対して支配的影響力を行使しうる場合に支配従属問題があるものとして、支配企業（支配会社）が従属会社の業務執行に介入するときに取締役と同様の責任を負うべきだとする立法論が有力に主張されている。森本滋「企業結合」竹内昭夫＝龍田節編・現代企業法講座第三巻企業組織一三二頁（昭和六〇年、東京大学出版会）、前田重行「企業の結合・分割に関する立法上の問題点」商法の争点（第二版）一九七頁（昭和五八年）。そしてこうした立法論を踏まえて、企業結合関係における支配会社の責任について、「大株主が会社に対する影響力を行使したことにより、会社または第三者に損害が生じたときは、その大株主は、会社または第三者に対し、生じた損害を賠償する責を負う」とする立法提案が出されている。江頭憲治郎＝岸田雅雄「商法改正追加事項の検討（一一）企業結合」商事法務一〇六八号三七頁（昭和六一年）。なお、江頭憲治郎・結合企業法の立法と解釈一〇三頁（平成七年、有斐閣）。

(17)　これについては、商事法務一〇七六号一一頁以下（昭和六一年）参照。

(18)　同試案三8a、六2a。なお、大谷禎男「商法・有限会社法改正試案の解説（六）―株式・持分―」商事法務一〇八三号三三頁（昭和六一年）、同「商法・有限会社法改正試案の解説（一〇）―資本減少・解散・合併（その一）―」商事法務一〇八七号二九頁（昭和六一年）参照。

(19)　河本一郎「株式・持分の買取請求権」金融商事判例（増刊号）七五五号（商法・有限会社法改正試案の研究）一一二頁（昭和六一年）、竹内昭夫＝稲葉威雄＝前田庸ほか「商法・有限会社法改正試案をめぐって（9）」商事法務一〇八八号二三頁（昭和六一年）、蓮井良憲「解散」金融商事判例（増刊号）七五五号（商法・有限会社法改正試案の研究）一八〇頁（昭和六一年）、平出慶道「人的会社における出資の回収」ジュリスト八六七号六五頁（昭和六一年）、大野正道「少数派株主の救済制度と会社法改正試案について―英国および西独の法制度を参考にして―」判例タイムズ六四〇号（昭和六二年）五〇頁（中小会社法の研究九九頁以下所収）、宍戸善一「商法改正試案と閉鎖会社法の問題点（下）」商事法務一一五六号二四頁（昭和六三年）、大賀祥充「非公開会社における少数派株主・社員の抑圧からの救済―株式・持分の買取請求制度―」修道法学一〇巻二号二七五頁（昭和六三年）。なお、浜田道代「株式・持分の買取請求権―会社法改正試案におけるその構想について―」商事法務一〇九三号二頁（昭和六一年）。

(20)　河本一郎「商法・有限会社法改正についての経緯」金融商事判例八五六号一四頁（平成二年）参照。なお、龍田節「平成二年改正商法の検討」商事法務一二二二号一〇頁（平成二年）も、要件等の詰めが今後の課題である、としている。

(21)　浜田道代「閉鎖会社における株式制度の改正」ジュリスト九六三号五三頁（平成二年）、同「小規模閉鎖会社に関する立法上の問題点」商法の争点Ⅰ三一頁（平成五年）、青竹正一「小規模・閉鎖会社に適合する法規制」判例タイムズ八三九号（平成六年）六六頁（現代会社法の課題と展開三頁以下所収）参照。

ま　行

や　行

ら　行

た 行

は 行

事項索引

あ　行

か　行

さ　行

〈著者紹介〉

潘　阿憲（ばん・あけん）

1963年　中国江蘇省に生まれる

1984年　中国四川外国語大学日本語学部卒業

1992年　法政大学大学院法律学専攻修士課程修了

1996年　法政大学大学院法律学専攻博士課程修了

現　在　横浜市立大学商学部助教授

会社持分支配権濫用の法理——多数派社員の誠実義務理論——

2000年（平成12年）7月20日　初版第1刷発行

著　者　潘　阿憲

発行者　今井　貴
渡辺左近

発行所　信山社出版株式会社

〔〒113-0033〕　東京都文京区本郷6-2-9-102
電話　03（3818）1019
FAX　03（3813）0344

Printed in Japan.

印刷・製本／勝美印刷・大三製本

ISBN4-7972-2170-4 C3332